中國學術思想

研究輯刊

十九編

林慶彰 主編

第 4 冊

儒家人本價值與公共理性的耦合機理研究

李長泰 著

花木蘭文化出版社

國家圖書館出版品預行編目資料

儒家人本價值與公共理性的耦合機理研究／李長泰 著 -- 初版
-- 新北市：花木蘭文化出版社，2014〔民 103〕
目 4+296 面；19×26 公分
（中國學術思想研究輯刊 十九編：第 4 冊）
ISBN 978-986-322-924-7（精裝）
1.儒家
030.8   103014771

ISBN-978-986-322-924-7

9 789863 229247

中國學術思想研究輯刊
十九編　第四冊   ISBN：978-986-322-924-7

儒家人本價值與公共理性的耦合機理研究

作　　者　李長泰
主　　編　林慶彰
總 編 輯　杜潔祥
副總編輯　楊嘉樂
編　　輯　許郁翎
出　　版　花木蘭文化出版社
社　　長　高小娟
聯絡地址　235 新北市中和區中安街七二號十三樓
　　　　　電話：02-2923-1455 ／傳眞：02-2923-1452
網　　址　http://www.huamulan.tw 信箱 hml 810518@gmail.com
印　　刷　普羅文化出版廣告事業
封面設計　劉開工作室
初　　版　2014 年 9 月
定　　價　十九編 25 冊（精裝）新台幣 42,000 元　　版權所有·請勿翻印

儒家人本價值與公共理性的耦合機理研究

李長泰　著

作者簡介

李長泰，男，1971 年 10 月生，湖北大悟人，哲學博士，碩士生導師，湖南農業大學馬克思主義學院教授，湖南省青年骨幹教師。2007 年畢業於中國人民大學中國哲學專業，獲哲學博士學位。主要研究方向有中國哲學、科技與倫理、哲學與文化，發表論文 40 餘篇，出版專著有《天地人和——儒家君子思想研究》、《孟子公共理性研究》、《馬克思主義中國化的文化生態和合論》、《當代中國農業科技倫理思維模式論》四部，主持完成國家社會科學基金課題 1 項和湖南省社會科學基金 2 項。

提　要

　　本書主要研究儒家人本價值與公共理性的耦合機理，以儒家人本價值和儒家公共理性兩大問題爲主線，著手解決二者實現耦合的機理問題，其架構分爲人本價值論、人本價值向公共理性轉換的機理論、公共理性論、當代公共理性建構論四個部分。儒家人本價值體現爲儒家人本價值的發現、人本價值的內容，人本價值的演生三個方面。儒家人本價值的發現是仁義，核心內容是德性人本、知識人本、境界人本，人本價值要從修道、修身、修行三個方面形成。儒家人本價值論與儒家公共理性論的耦合需要通過轉化才能實現，主要體現爲人本人格向普世價值的轉化、普世價值向公共價值的轉化和公共價值向公共人格的轉化三個轉化論。三個轉化的完成，爲普世價值、公共價值、公共人格向公共理性的轉化創造了條件，公共人格和價值順理成章地轉化爲人文理性、國家理性和教育理性，儒家公共理性對當代世界公共理性和公共秩序的建樹具有重要的參考作用。全書凸顯儒家人本價值與公共理性耦合機理的動態研究，重點突出儒家人本價值論、人本價值向公共理性的轉換機理論和公共理性論三個方面。

目次

導　論　人本價值與公共理性

　　社會在發展的過程中有一條主線，按照馬克思主義的觀點來說社會發展有其自身的客觀規律，按照中國哲學的觀點來說社會發展有「道」與「理」的作用和指引。圍繞社會發展的客觀規律，社會意識的發展始終圍繞社會存在的發展而發展，並且反映社會存在。人是社會存在中的重要因素，社會發展最終是人存在和發展的反映，無論是生存方式的變革還是物質生活的追求都以人的存在為核心，人對自身的價值發現、價值追求和價值實現必然是社會發展進步的表現，也是推動社會發展的物質和精神動力。社會總是往前發展的，由簡單走向複雜，由低級走向高級，由落後走向進步，由野蠻走向文明，人在社會發展中不斷實現自身價值的塑造和人類整體價值的提升，人本價值是社會發展中的又一條無形的主線，這種人本價值的提升關係到生產方式的改變和社會文明的進步，社會發展是各種因素的合力，每個社會成員將人本價值的張力凝煉、聚集起來，形成一股強大的合力，在意識領域形成了社會公共理性。從理論上講，人本價值與公共理性存在著二律背反，但人本價值的合力具有向公共理性過渡可能性，關鍵在於對人本身的觀照是由關注每一個人向關注社會整體過渡，這種關注必然具有公共理性的性質和特徵。

一、人文精神與人本關注

　　人生活在的社會之中，凸顯整體性的特徵，這種社會是「群」的社會。「群」的特點體現了群體意識和倫理秩序，群體內部適當地進行關係調和和資源調節、調配。荀子將這種「群」的特點定性為「義」，「水火有氣而無生，草木有生而無知，禽獸有知而無義，人有氣、有生、有知，亦且有義，故最為天

下貴也。力不若牛，走不若馬，而牛馬爲用，何也？曰：人能群，彼不能群也。人何以能群？曰：分。分何以能行？曰：義。故義以分則和，和則一，一則多力，多力則強，強則勝物，故宮室可得而居也。故序四時，裁萬物，兼利天下，無它故焉，得之分義也。」〔註1〕「群」形成了一種整體性的意識，即群體意識，在群體意識中，人與人之間的關係既是一種對個體的關注，也是一種對群體的關注，既考慮個人的存在與發展，也考慮社會的存在與發展。「群」內部就需要調節、調和和調配。荀子認爲「義」可以使「群」內部得到調節，以保持整個「群」的存在和發展。社會在發展過程容易出現各種危機，這是因爲世界在發展過程中必然對原有的平衡產生衝擊和打破原有秩序，使社會危機四伏，必然使人產生一種危機感甚至恐懼感，爲了戰勝危機，人們內心必然萌生一種自我保護意識，致思探究，形成一種共識，這種共識就是社會保護意識，這種社會保護意識是一種群體意識，「群」的意識是一種社會共識，它經過較長一段時間的總結歸納和歷史積澱就形成了人文意識，人文意識逐漸深入到人精神內心深處必然形成一種人文精神。

　　人文精神是人類在對自然和社會的認知基礎上形成的一種共識，人文精神的內容和形式首先來自人類對自然的體悟，南朝梁代文論家劉勰說：「人文之元，肇自太極，幽贊神明，《易》象惟先。」〔註2〕人文精神的基礎出於對自然的體悟、對世界本體的追尋，在中國古代就是古人對世界本體的歸納，太極、易象即是一種人文思想的體現。沒有對自然宇宙的理解與體悟不可能形成深刻的人文思想，古代中國對自然宇宙的體悟可謂「幽贊神明」，形成了歷史悠長、團結和睦的人文氛圍，造就了中華民族幾千年的發展強大，人文來源於天地自然紋理，人文精神卻超越天文地理，民族發展強大，人文精神功不可沒。《周易》說：「剛柔交錯，天文也。文明以止，人文也。觀乎天文，以察時變；觀乎人文，以化成天下。」〔註3〕人文精神的本質就是「文明」，人文不同於天地之「文」。荀子說：「君子以爲文，而百姓以爲神。以爲文則吉，以爲神則凶也。」王先謙注釋說：「順人之情，以爲文飾，則無害；淫祀求福，則凶也。」〔註4〕意思是說，對於颶風下雨等自然現象，不同的人有不

〔註1〕 《荀子・王制》，王先謙《荀子集解》，中華書局，1988年，第164頁。

〔註2〕 《原道第一》，劉勰《文心雕龍注》，人民文學出版社，1988年，第2頁。

〔註3〕 《周易・賁》，《周易正義》，阮元《十三經注疏》，中華書局，1980年，第37頁。

〔註4〕 《荀子・天論》，王先謙《荀子集解》，中華書局，1988年，第316頁。

同的認知，儒家君子認爲這是自然的紋理和表現形式，而百姓以爲這是神靈作怪，君子通過文飾表達出對自然現象和規律的理解，形成了人特有的一種精神狀態，儒家君子是有知識文化和道德品性的社會形象，具有較好的人文精神素養，能夠將天、地、人三要素很好地結合起來，其核心價值觀之一就是天地人和，「天地人和是儒家君子的最高核心價值觀」，〔註5〕天、地、人三才相「和合」就體現爲「文」的特徵，「文」的特徵促使人自身在發展的過程中處於有利的境地，即是「吉」。君子順天正命，成就事業，所謂「元亨利貞」，完全是「文」的特徵，周敦頤詮釋說：「君子修之吉，小人悖之凶。」〔註6〕人類不斷追求對自然的認知，形成人文造化，達到一種人文精神，君子之所以成爲君子是因爲君子具有這種天地人三要素相調和的人文特徵。

　　人文精神實質上是一種人類共識，形成這種共識的目的是爲了趨吉避凶，保持整個人類社會的存在，並且更能推進整個人類社會的發展。人類的存在發展首先是「類」的存在發展，這種「類」體現爲「群」，區別於動物的本能存在。動物的存在以本能的競爭性爲前提，但人類整體的存在發展要以社會內部之間人與人的關係調節、調配和調和爲中心。孟子論述得最爲精準和適當，「人之所以異於禽獸者幾希，庶民去之，君之存之。舜明於庶物，察於人倫，由仁義行，非行仁義也。」〔註7〕人與動物的區別在於是否有仁義的本質，人不同於動物，人與人之間有「文」的特徵，即有仁義，仁義就是人文精神。荀子「群」的思想與孟子「仁義」的思想具有一致性，荀子對孟子的思想具有繼承性。人文精神從某種程度上說是人類理性，反映了一個民族或者種族的理性精神世界，作爲人類主體或者族群主體而言，人文精神在民族或者種族範圍內具有合理性，之所以說是「合理」的，是因爲人文起源於本地的天文、地理、歷史等因素。臺灣林毓生先生說：「從常識的觀點來看，什麼是理性？凡是我們認爲比較合理的東西，我們便可認爲是合乎理性的。」〔註8〕他還說更深層次的理性必然是建立在知識論和思想史的基礎上才能夠詳盡其內涵。林毓生先生基本道出了人類理性的宗旨，即是人文精

〔註5〕李長泰：《儒家君子的核心價值觀及其對當代人才觀的啓示》，《湖南農業大學學報》，2011（3），第78頁。

〔註6〕《太極圖說》，周敦頤《周敦頤集》，中華書局，1990年，第7頁。

〔註7〕《孟子‧離婁下》，朱熹《四書章句集注》，中華書局，1983年，第293～294頁。

〔註8〕林毓生：《中國傳統的創造性轉化》，三聯書店，2011年，第57頁。

神追求現實的合理性。人類爲了自身的發展，需要建立一種較爲理性的人文精神。

　　人文精神是人類在發展中關注的核心內容和話題。社會發展需要一種人類精神的指引，不管是種族、民族，還是整個人類社會都需要一種人文精神導向，類似於「文明以止，」「文明以止」即是人類追求的目標，「止」即是終點和目標，說起來是「止」，但是不可能「止」，因爲人類文明沒有終點，只有進程，永遠「在途中」，因爲文明不斷更新進步，越來越美，不斷步入「美」的境界，而「美」是沒有終結和終點的，正是《大學》所說的「止於至善」〔註9〕，「止於至善」實際上是說追求永遠沒有終結。林毓生先生解說了「人文」產生的根本原因，「因爲我們是『人』而不是『機器』。因爲是『人』，所以有特別對自己的要求；因爲我們是人，所以要肯定人的價值，找尋人的意義。」〔註10〕尋找人存在的意義即是人文精神追求的目標，這種意義和價值實質上是對文明的嚮往和發展，人文學科和人文精神擔當著社會進步發展的功能和責任。人文是對人類自身發展的指引，古代北齊劉晝說：「日月者，天之文也；山川者，地之文也；言語者，人之文也。天文失，則有謫蝕之變；地文失，必有崩竭之災。人文失，必有傷身之患。」〔註11〕意思是說人類失去了人文語言，對人類自身是一種莫大的傷害，因爲人失去了存在的價值。人文話語包含著人文精神導向，劉勰所說「人文之元」來自太極和易象即內含著這種涵義，北宋理學的開山者周敦頤說：「文所以載道也。」〔註12〕意思是人文語言和人文精神需要達到內在的統一。

　　古代中國對人文精神的關注引領了古代中國社會的發展，人們更多地關注和諧的人文社會氛圍，正是文能治國，武能安幫，國家安定需要人文治理。對人文精神的呼喚一直貫穿了整個中國思想發展的歷史進程，包括古代中國和現代中國。對人文精神的呼喚在中國歷朝、歷代都有不同程度的表現，不同形式的人文需求反映到社會思想更替和政治治理之中。春秋戰國時期百家爭鳴，秦朝一統天下，秦朝滅亡後，劉邦建立西漢政權，在文化上推行「無爲而治」，大興「黃老之學」，西漢統治者抓住了時代人文精神的核心話題，從以法家思想治國轉向以道家思想治世，時代話題要求人民能夠休養生息，

〔註9〕　《大學》，朱熹《四書章句集注》，中華書局，1983年，第3頁。
〔註10〕 林毓生：《中國傳統的創造性轉化》，三聯書店，2011年，第14頁。
〔註11〕 《劉子·慎言》，傅亞庶《劉子校釋》，中華書局，1998年，第306頁。
〔註12〕 周敦頤：《周子通書》，《周敦頤集》，嶽麓書社，2002年，第46頁。

治國的核心是人民的安居生息。人文精神以黃老之學爲主。西漢中期，人民生活改善，人心思動，國家出現不穩定的形勢，漢武帝採納了董仲舒的建議，推行「儒術獨尊」的思想政策，也實現了人文精神的轉換。東漢末年到魏晉時期，中國連年戰亂，人們在思想上崇尚「以無爲本」，大談「三玄之學」，即《周易》、《老子》、《莊子》三學問，玄學大興，此時佛教開始傳入中國，南北朝時，佛教興盛，隋唐時，佛教鼎盛，佛教成爲南北朝、隋唐時期的核心話題，唐朝的統治者抓住了時代的核心話題，實行三教並行，儒、釋、道在中國並行發展，促進了中國文化的多元併合，使當時中國文化具有空前的開放性，開放性促使唐代在當時世界上處於空前的輝煌地位。唐朝末年，佛家思想遭到一些儒家的反對，韓愈提出以「人其人，火其書，廬其居」〔註13〕的極端方式排除佛學，此種方式被實踐證明行不通。北宋時期，儒家學者抓住時代人文精神的核心話題，勇敢地挑起解決佛教、道家與儒家思想關係這一核心話題的責任，經過北宋周敦頤、程顥、程頤、張載、邵雍等的努力，儒家學者逐漸將佛、道兩家與儒家思想實現匯通，「援佛道入儒」，到南宋時期，這一文化核心話題的轉換在朱熹那裡得以實現，理學得以正式形成，宋代的統治者也抓住了這一時代核心話題，給文人以施展思維的空間，實現了這一人文精神的轉換，得以有宋明理學的光輝成果。宋明理學是文化上的巨大成果，但也使社會倫理走上了桎梏，社會缺乏生機與活力。明清時期，中國思想文化處於衰落時期，清代的文字獄使這一文化現象達到頂峰。鴉片戰爭後，中國長期處於列強瓜分的時代，中國傳統文化受到西方的衝擊，中華民族在文化選擇上處於兩難的境地，中西文化論爭著實是一件痛苦的事件，選擇中國古代文化還是選擇西方文化都令中國思想者難以決擇，而中國文化必須實現轉向才有新的生機與活力。中國傳統文化從百家爭鳴到黃老之學，從魏晉玄學到隋唐三教並行，再到宋明理學，整個發展過程充滿了變化更新、多元和合，適應了時代人文話題的轉換，這一發展過程說明，轉換則存，不轉換則亡。〔註14〕中國歷史進程凸顯了人文精神的轉換，人文精神是中國發展的靈魂和導向，人文精神運用較好的朝代，社會治理和國家發展比較興旺。

〔註13〕　韓愈：《原道》，引自屈守元、常思春《韓愈全集校注》，四川大學出版社，1996年，第 2665 頁。

〔註14〕　參見李長泰：《馬克思主義中國化的文化生態和合論》，中南大學出版社，2010年，第 80〜82 頁。

　　西方在歷史進程中也牢牢把握了人文精神的引領，主要體現在古希臘時期哲學和近代西方人文學科的發展，西方科技理性發展原因之一在於人文理性的巨大推動。西方以哲學爲智慧，哲學被稱爲智者的學問，古希臘人認爲擁有知識就是擁有智慧，哲學就表現爲對知識的追求〔註 15〕，求知推動人們去進行哲學思考。巴門尼德的「存在」哲學，德謨克利特的原子論，蘇格拉底的「認識你自己」、「德性即知識」，柏拉圖的理念論，亞里士多德的實體學說，無不體現著古希臘人對哲學的追求、對知識的渴望。古希臘的哲學傳統爲歐洲智慧的開啓奠定了重要的思想基礎，由於古希臘的哲學向地中海周圍及整個歐洲大陸的傳播，歐洲形成了愛哲學、愛智慧、好思考的哲學氛圍。古希臘愛哲學的旅程就是西方智者之旅的表現，正是古希臘人對哲學智慧的一貫追求導致西方人對知識的渴望，亞里士多德說「求知是人的本性」〔註 16〕，培根說「知識就是力量」〔註 17〕，西方古代哲學家很多都從哲學的層次上論證了智慧的根源。古希臘愛好哲學的傳統導致了後來古羅馬哲學的發展以及哲學與宗教的相結合，出現了中古時期的教父哲學、中世紀時期的經院哲學，正是古希臘哲學的長期影響與深刻的人文底蘊，導致後來遍及整個歐洲的文藝復興。歐洲古代智者之旅實際上是對哲學智慧無限追求的旅程。這一旅程是對知識追求的旅程，當時哲學實際上囊括了所有的知識，包括數學、物理、醫學，柏拉圖認爲國家建設的目標應該「理想國」，國家的統治者應該是哲學家，用理念治國，維護正義，具有很高哲學素養與專門經過哲學訓練的人才能成爲政治家。正是由於古希臘所開啓的哲學傳統，歐洲經過黑暗的中世紀宗教哲學，人們又開始回味古希臘的經典哲學傳統，主張重溫古希臘的哲學時代，掀起了歐洲文藝復興運動。文藝復興是歐洲近代哲學與近代科學興起的重要根源，哲學爲科學提供了思想基礎，科學爲哲學提供了營養，從此西方在思維與科學上突飛猛進，所以說西方近代科學的發展與古希臘哲學思維的啓迪是分不開的，古希臘哲學催生了近代科學智慧。人類理智和人類理性對人類發展而言是永恒的話題，文藝復興帶來的千年曙光延續了這一古老的話題，對理性的追求即是對眞理的探索。西方人文主義運動的發展和人文理性的提升大大推進了科技理性的發展，黑暗的中世紀以後，歐洲宗教理性逐

〔註 15〕 參見張志偉編：《西方哲學史》，中國人民大學出版社，2002 年，第 5 頁。

〔註 16〕 亞里士多德：《形而上學》，商務印書館，1996 年，第 1 頁。

〔註 17〕 參見陳修齋、楊祖陶：《歐洲哲學史稿》，湖北人民出版社，1983 年，第 262頁。

漸衰退，「世俗文明在宗教文明旁邊自覺地壯大起來了」〔註18〕，文藝復興時期是人文主義和自然科學發展並存的時期，人逐漸從神學的束縛下解放出來，人文理性初見端倪，倡導人性自由，人們迫切需要認識現實的此岸世界，人文理性的發展推動了對自然科學的探索，德國哲學家文德爾斑說：「近代自然科學是人文主義的女兒」〔註19〕，人文理性推動了科學理性的發展。十八世紀啓蒙運動時期，歐洲人文理性得到進一步發展，哲學成爲當時歐洲的顯學，人們用十七世紀形而上學的世界觀和二元對立的認識論來觀照人的本性和人的地位，人文理性得到發展，科技理性也初步呈現，出現了伽利略、牛頓的經典力學、物理學或者數學的光輝成果。文藝復興時期，自然科學取得突破性的成果，哥白尼天文學的革命，伽利略的自由落體定理和慣性定理、牛頓的萬有引力定律、開普勒的天體運動三大規律，等等，都推動科學突飛猛進地發展。科技思維成爲一種理性思維，這一系列的科學成果都是文藝復興運動帶來的結果，文藝復興運動帶來科學的大發展，因爲人文理性推動了人類科技理性的探索和進步。文德爾斑說：「正如在希臘哲學思想開始時一樣，此時這種理論上的推動力把注意力基本上轉向自然科學。」〔註20〕因爲人文精神有一種自我意識，人文理性成爲一種內在的動力推動人類理智對自然的認識和對自然科學的探索。「因爲人文主義哲學運動內在的推動力也就是對嶄新的世界知識的迫切需求，此種需求最後在自然科學的建立和自然科學按原則而擴展的過程中獲得了實現。」〔註21〕文藝復興的結果是人文理性和科技理性的雙重進步。西方文藝復興實際上是對人文精神的凸顯，人文精神對社會發展起了引領作用，就是在中世紀黑暗的宗教時代，人們對人文精神的追尋一直潛藏在哲學與宗教的較量之中。

　　對人文精神的關注最終要落實到對人本身的關注上。人文精神是關於人與人之間關係的一種精神體系，關鍵要落實到人的群體應該在什麼樣的狀態下存在的問題上，最終要體現爲以何種人際關係態勢向前發展。人文精神實

〔註18〕　〔德〕文德爾斑：《哲學史教程》，羅達仁譯，商務印書館，1987 年，第 471頁。

〔註19〕　〔德〕文德爾斑：《哲學史教程》，羅達仁譯，商務印書館，1987 年，第 472〜473 頁。

〔註20〕　〔德〕文德爾斑：《哲學史教程》，羅達仁譯，商務印書館，1987 年，第 471頁。

〔註21〕　〔德〕文德爾斑：《哲學史教程》，羅達仁譯，商務印書館，1987 年，第 473頁。

際是指導人自身發展的精神導向，人是價值主體，必然在精神導向上關注人自身，正如孔子說：「天地之性，人為貴。」〔註22〕人自然而然地是天地的中心和主體，正如笛卡爾所說「物思故我在」，人類中心主義倫理是古代一貫的思維方式。荀子說：「水火有氣而無生，草木有生而無知，禽獸有知而無義，人有氣、有生、有知，亦且有義，故最為天下貴也。」〔註23〕人為貴即是人類自身的存在具有最高價值，人始終關注人類自身的生存與發展。荀子說：「然則人之所以為人者，非特以二足而無毛也，以其有辨也。今夫狌狌形笑，亦二足而毛也，然而君子啜其羹，食其胾。故人之所以為人者，非特以其二足而無毛也，以其有辨也。夫禽獸有父子而無父子之親，有牝牡而無男女之別，故人道莫不有辨。」〔註24〕荀子指出了人與動物有明顯的區別，人有社會親情而動物有明顯的不足。周敦頤也說：「二氣交感，化生萬物。萬物生生，而變化無窮焉。惟人也，得其秀而最靈。」人的主體價值最為貴重的原因是人有靈秀的特徵，朱熹注釋說：「蓋人物之生，莫不有太極之道焉。然陰陽五行，氣質交運，而人之所稟獨得其秀，故其心為最靈，而有以不失其性之全，所謂天地之心，而人之極也。」〔註25〕人的靈秀在於考慮了社會發展的全面性。邵雍說：「人之貴兼乎萬類，自重而得其貴，所以能用萬類。」〔註26〕意思是人是萬物之靈。中國古代儒家對人本身價值的關注基本都以「人為貴」為根本出發點和核心價值觀，因此中國古代的人文精神路向就是以關注人本身的存在發展為路徑，關注此岸的現實世界，不像西方那樣比較關注宗教和神靈而使思維具有宗教性。西方在人文精神上偏重宗教和神靈，比較注重理想和彼岸的世界，人文傳統崇尚哲學，中世紀時期人成為宗教的奴隸。古代中國的人文精神則偏重於現實社會，特別是吃喝穿住，對西方的基督教沒有太多的瞭解，更談不上對基督教的信仰，中國沒有宗教信仰的傳統。基督教在中國的傳播受到很大程度上的抵制，西方基督教在中國很難傳播開來的原因是大多數中國人自古以來沒有信仰宗教的傳統，中國社會群體不相信天國理想，關心「此岸世界」，根本不關心「彼岸世界」，而西方則比較信仰宗教，

〔註22〕 《孝經・聖治章》，《孝經注疏》，阮元《十三經注疏》，中華書局，1980 年，第 2553 頁。

〔註23〕 《荀子・王制》，王先謙《荀子集解》，中華書局，1988 年，第 164 頁。

〔註24〕 《荀子・非相》，王先謙《荀子集解》，中華書局，1988 年，第 78～79 頁。

〔註25〕 《太極圖說》，周敦頤《周敦頤集》，中華書局，1990 年，第 5～6 頁。

〔註26〕 《觀物外篇下之中》，邵雍《邵雍集》，中華書局，2010 年，第 153 頁。

這是中西文化差異的首要特徵。例如，中西文化交流的第一個媒介者利瑪竇先生來到中國傳播西方基督教沒有成功，原因是他不瞭解中國人對現實的關注超過了其他的一切，「他的傳教活動，最後可以說是一場失敗，他不但沒有能用另一種（中世紀天主教神學的）思想體系來改變或者取代中國傳統的思想體系，亦即他所謂的『合儒』、『補儒』、以至『超儒』的工作；而且就其對中國思想的激盪與影響的規模和持久而言，也遠不能望魏晉以來佛教思想影響的項背。」〔註 27〕儘管利瑪竇對西方文化向中國傳播作出了巨大貢獻，並且影響深遠，但是宗教宣傳活動依然失敗，利瑪竇傳教之所以失敗是因為中國人沒有宗教信仰觀念所致。〔註 28〕基督教儘管在西方比較盛行，但在中國古代沒有生存的空間，中國人文精神更關注人本身。西方自文藝復興運動之後哲學在探討自然和人兩個對象以及主客關係的同時，對人本身的關注逐漸成為哲學人文社會科學研究的對象，現代西方哲學對理性和非理性的探討、對科學主義和人本主義的論爭使人文精神的研究逐漸走向對人本身的關注。

二、以人為本與公共人格

　　人類社會是一個整體，在尚古的時候更可能是一個群體形式的存在，因為當時有可能是一個部落。作為整體而言，人類社會隨著交往的增加，社會關係成為人與人之間最本質的關係，在這種社會關係下，對人自身的關注更體現為一種人文精神指導下的自我關懷，更確切地說是一種人文關懷，這也正是《周易》所說「觀乎人文，以化成天下」。對人本身的關注最後要落實到人類社會整體的進步，包括生活水平的提高和精神幸福程度的提升，社會交往的結果不可能是個別人或者部分人的存在價值的實現和提升，人人都要實現各種價值的提升，人人都要得到關注和關照，這就是通常所說的以人為本。

　　為什麼要以人為本？其原因之一是人有「心」、「性」。人不同於禽獸動物，即是說人有「知覺靈明」，也就是說人對自身的存在和社會發展有一定的「覺解」，處於人類意識和人類理智之中，而不是憑藉本能的衝動而生存，人類對自然宇宙和社會現實有深刻的認知和領悟能力。馮友蘭說：「人之所以能有覺解，因為人是有心底。人有心，人的心的要素，用中國哲學家向來用的話說，

〔註 27〕 何高濟、王遵仲、李申譯《利瑪竇中國札記》，中華書局，1983 年，《中譯者序言》第 16 頁。

〔註 28〕 參見李長泰：《馬克思主義中國化的文化生態和合論》，中南大學出版社，2010年，第 43 頁。

是『知覺靈明』。宇宙間有了人，有了人的心，即如於黑暗中有了燈。」〔註29〕人對事物有一定的體會和認知，是心地靈明，因此對待個體的人必須以人爲本，也就是說，「他是人，對待他必須以人的方式」，不能以對待動物的方式對待社會中的每一個人。《禮記》說：「故人者，天地之心也。」〔註30〕人是天地之中能夠思維的動物，故稱爲天地之心。朱熹說：「明德者，人之所得乎天，而虛靈不昧，以具眾理而應萬事者也。」〔註31〕人人都一個「明德」的心，人有心，人有意識，人與人之間的關係是互相的和對等的，要一視同仁，要以人爲本。王陽明將人心說成是良知之心，「虛靈不昧，眾理具而萬事出。心外無理，心外無事。」〔註32〕正是由於本心之明，對待任何一個人都要有善心。孟子向來主張人性本善，以推行「仁義」學說爲根本，「君子所性，仁義禮智根於心。」〔註33〕即是說人心本善，人有善良的本性，這是《大學》所說的「明德」，本性的善不是後天的而是與生俱來的。孟子說：「人皆有不忍人之心。」朱熹注釋說：「天地以生物爲心，而所生之物因各得夫天地生物之心以爲心，所以人皆有不忍人之心也。」〔註34〕人皆有不忍人之心，就必須推行仁義，這實際上是強調以人爲本。

　　以人爲本的原因之二是社會發展需要集體的力量。社會發展是社會集體的行爲，社會必須關照每一個人的存在和發展才能促進社會進步。特別是在古時候，只有每一個人都能存在下去，群體才有生存的希望，因爲當時生產力水平極端低下，每一個人的生命都與他人聯繫在一起，只有團結協作才能催生強大的力量以戰勝惡劣的自然環境，必須關照每一個人的生命，確保每一人的生存，因此這需要以人爲本。

　　以人爲本的第三個原因是共同的幸福才是眞正的幸福。即是說每個人的幸福只有放在集體中的幸福之中才更有價值和意義，幸福既是個人的幸福也是他人的幸福，因爲個人幸福的實現程度與他人的幸福聯繫在一起。這正是孟子所說的與民同樂的問題。孟子問梁惠王：「獨樂樂，與人樂樂，孰樂？」梁惠王說：「不若與人。」孟子問：「與少樂樂，與眾樂樂，孰樂？」梁惠王

〔註29〕　馮友蘭：《新原人》，《三松堂全集》（第四卷），河南人民出版社，2001年，第478頁。
〔註30〕　《禮記・禮運》，阮元《十三經注疏》，中華書局，1980年，第1424頁。
〔註31〕　《大學章句》，朱熹《四書章句集注》，中華書局，1983年，第3頁。
〔註32〕　《傳習錄》，王陽明《王陽明全集》，上海古籍出版社，1992年，第15頁。
〔註33〕　《孟子・盡心上》，朱熹《四書章句集注》，中華書局，1983年，第355頁。
〔註34〕　《孟子・公孫丑上》，朱熹《四書章句集注》，中華書局，1983年，第237頁。

說：「不若與眾。」〔註35〕當代美國倫理學家約翰・羅爾斯明確地說：「個人的原則是要盡可能地推進他自己的福利，滿足他自己的欲望體系，同樣，社會的原則也是要盡可能地推進群體的福利，最大程度地實現包括它的所有成員的欲望的總的欲望體系。」〔註36〕幸福既是個人原則也是他人原則，最大的幸福是社會整體幸福。德國哲學家馬克斯・韋伯認為資本主義倫理追求的是這樣的一種倫理，「這種倫理所宣稱的至善，即盡量多多賺錢，與嚴格規避一切本能的生活享樂結合起來，首先是毫無幸福主義，遑論享樂主義成分的混合物。這種至善被純然視為目的本身，無論是從個人幸福還是個人功利的觀點看，它都顯得是完全超脫的和絕對非理性的。人們被賺錢、贏利所支配，將其視為人生的最終目的。經濟贏利不再屬於人類滿足物質需要的手段。這種對我們應當稱之為自然關係的顛倒，從樸素的觀點來看是很不理性的，但它顯然是資本主義的一條主導原則，沒有處在資本主義影響之下的民族對此聞所未聞，這一點確定無疑。」〔註37〕這說明純粹的個人幸福不是真正的幸福，資本主義以利己主義為中心，不可能實現整個社會的幸福，是不理性的幸福。而以人為本的精神宗旨能夠讓社會成員都實現物質上和精神上的滿足，以實現整體幸福，這是關照了每一個人的存在和發展，實現整體幸福指數的提升。因此資本主義的利己主義體現的是動物本性的東西，它更多地以科技推動人的本能欲望的提升，實際上資本主義在本質上沒有實現以人為本。

　　以人為本是社會發展過程中為化解社會矛盾而探究出人文精神成果，隨著社會精神的發展和人類理智的進步，以人為本的理念會得到不斷地推進和履新，以人為本的理念在人類思維中不斷地得到加強，必然促進公共理性思維的萌芽和形成。人類的進步實際上是對人自身觀照的進步，只有人關照人自身，人類理智才會對自身所在的環境氛圍、現實價值和未來境域作出一個全面的思考和考量，人存在的意義與價值才能進一步凸顯，人的現實與可能才能處於可控制和可調節的狀態，人作為萬物之靈的特徵才能彰顯，人才能成為真正的人。當然這裡說的「人自身」關涉到每一個人，不是個別的人，而是一個「類」的存在，只有每一個人的意義和價值得到

〔註35〕　《孟子・梁惠王下》，朱熹《四書章句集注》，中華書局，1983 年，第 213 頁。
〔註36〕　〔美〕約翰・羅爾斯：《正義論》，中國社會科學出版社，1988 年，第 23 頁。
〔註37〕　〔德〕馬克斯・韋伯：《新教倫理與資本主義精神》，中國社會科學出版社，2009 年，第 31～32 頁。

關照，才能說這是真正意義上以人爲本，這也是正義的本性。約翰·羅爾斯認爲正義的原則有兩個：「第一個原則：每個人對與其他人所擁有的最廣泛的基本自由體系相容的類似自由體系都應有一種平等的權利。第二個原則：社會的和經濟的不平等應這樣安排，使它們（1）被合理地期望適合於每一個的利益；並且（2）依繫於地位和職務向所有人開放。」〔註38〕正義的性質實際上是以人爲本的性質，關係到社會群體中的每一人的存在，正義是每一個社會元素都得到關注和關照。馬克思主義就強調正義是對每一個人的關注，認爲人類進步是實現每一個自由而全面的發展，恩格斯說：「通過社會化大生產，不僅可能保證一切社會成員有富足的和一天比一天充裕的物質生活，而且還可能保證他們的體力和智力獲得充分的自由發展和運用，這種可能性現在第一次出現了，但它確實是出現了。」〔註39〕社會化的大生產需要讓每一個社會成員都能實現富裕和自由發展，實際上是以人爲本。馬克思和恩格斯在《共產黨宣言》中說：「代替那存在著階級和階級對立的資產階級舊社會的，將是這樣一個聯合體，在那裡，每個人的自由發展是一切人自由發展的條件。」〔註40〕以人爲本實際上是以每一個人都得到較充分地發展爲原則。從倫理上看，以人爲本是「善」和「德」本身的要求，因爲人性本善，人就是人，而不是普通的動物和自然界中的事物，人具有靈性，因此每一個人都應該得到關注和關照。正因爲社會實現以人爲本，標誌著人類文明進步的提升，人類理智在社會發展中不斷地觀照人自身，人開始實現人自身的價值，蘇格拉底說「認識你自己」，即有認識人自身價值的內涵。中世紀歐洲的黑暗實際上是人的地位屈從於宗教，人成爲上帝的奴隸，文藝復興運動即是將人的價值與尊嚴重新找回來，回歸到具有古希臘時期人自由特徵的時代，文藝復興運動是找尋人自身價值的運動，凸顯了以人爲本的精神實質。

以人爲本是一個宗旨和原則，更多地體現爲人文關懷，是一種人文精神，這種人文精神落實到現實之中，可以形成一種公共的人格。人類社會複雜多樣，各種矛盾衝突與融合，但人類社會總是向前發展的，追求文明進步是人類社會的最高目標，「文明以止」充分說明這一宗旨。在社會矛盾的變化運動

〔註38〕約翰·羅爾斯：《正義論》，中國社會科學出版社，1988年，第60〜61頁。
〔註39〕《社會主義從空想到科學的發展》，《馬克思恩格斯文集》第三卷，人民出版社，2009年，第563〜564頁。
〔註40〕馬克思、恩格斯：《共產黨宣言》，人民出版社，1997年，第50頁。

中逐漸建立起人與人之間的和諧社會關係，大多數個體在社會矛盾的衝突與
融合中形成了一種公共的人格，公共人格是建立和睦社會關係和人類文明進
步的基礎。

　　人之所以成爲人，關鍵在於人的本質具有人的本性和特徵，一般來說，
人成爲人的本質在於他的德性，這種德性體現了他的社會性。馬克思主義認
爲人的本質在於他的社會性，說的就是人的本質應該體現爲社會實踐性，即
是說人是具有社會責任的人，人的勞動實踐活動是人的本質，人爲了社會發
展進行勞動實踐體現了人自身的德性。人除了爲了自身的存在而活著，還要
爲他人的存在而活著，人的境界除了有自身的功利境界，還有爲社會的存在
所具有的道德境界，功利境界爲自身，道德境界體現爲社會責任。馮友蘭說：
「還有的人，可能瞭解到社會的存在，他是社會的一員。這個社會是一個整
體，他是整體的一部分。有這種覺解，他就爲社會的利益做各種事，或如儒
家所說，他做事是爲了『正其義不謀其利』。他眞正是有道德的人，他所做的
都是符合嚴格的道德意義的道德行爲。他所做的各種事都有道德的意義。所
以他的人生境界，是我所說的道德境界。」〔註41〕馮友蘭的意思是人在社會
中具有道德境界，才是一個有意義和價值的人，人除了自我生存外，還要爲
其他人的存在而盡到應盡的道德責任和義務。中國人民大學張立文教授依據
《周易》中所說的天、地、人三才將世界分爲生存世界、意義世界和可能世
界，「地」是生存世界，「人」是意義世界，「天」是可能世界，他說：「人力
圖賦予進入人的視界的一切對象以意義和價值，使『地』（生存世界）和『天』
（可能世界）不再是自在的存在對象，而是在人之光普照下的有意義、有價
值的存在，即爲我的存在。」〔註42〕天地因爲人而有意義，反過來人因爲他
人、天地而演生出自身的價值和意義。張載說：「爲天地立心，爲生民立道，
爲去聖繼絕學，爲萬世開太平。」〔註43〕爲天地立心就是天地因爲人的存在
而賦予天地一個「心」。

　　正是基於人存在的道德意義，人與人之間的關係是一個道德關係的體
系，沒有道德的人無異於禽獸，這也是孟子所說的人與禽獸的不同在於「仁
義」的特質。《周易》說：「昔者聖人之作《易》也，將以順性命之理。是以

〔註41〕馮友蘭：《中國哲學簡史》，北京大學出版社，1996 年，第 291～292 頁。

〔註42〕張立文：《和合學──21 世紀文化戰略的構想》，中國人民大學出版社，2006
　　　　年，第 103 頁。

〔註43〕《拾遺·近思錄拾遺》，張載《張載集》，中華書局，1978 年，第 376 頁。

立天之道曰陰與陽，立地之道曰柔與剛，立人之道曰仁與義。」〔註44〕人道就是以仁義爲本而確立的人之道。孟子說：「無惻隱之心，非人也；無羞惡之心，非人也；無辭讓之心，非人也；無是非之心，非人也。」〔註45〕孟子將人成爲人的根本條件確立爲人性本善，即是說仁義爲本，也就是「不忍人之心」。孟子確立人性本善的定義實質上是說明人與動物的區別，即是說人類理智戰勝了自然屬性，以仁義作爲人類行動的根本，在社會中以仁義處理人與人之間的社會關係，這就是理性的力量。孟子的仁義思想與德國哲學家恩斯特・卡西爾關於人的思想基本一致，卡西爾說：「理性能力確實是一切人類活動的固有特性。」〔註46〕孟子和卡西爾都比較注重人類理性力量的作用，但不同之處也是顯而易見的，孟子的理性力量是內在的，是本心固有的，卡西爾的理性能力是外在，是符號化的產物，卡西爾說：「我們應當把人定義爲符號的動物（animal symbolicum）來取代把人定義爲理性的動物。」〔註47〕「符號」不能明確人的內涵和本質，只能說明人的外延和表徵。

中國古代儒家將人道確立爲以仁義爲本，這以《周易》思想爲開端，孟子則將仁義爲本的思想進行拓展，後來歷代儒家都以仁義爲宗旨作爲論述人本質的關鍵內容，宋明理學家有過之而無不及，並且上昇到仁義爲本是天理使然。理學家們將仁義直接上昇爲天理的本性，將人與天理合爲一體，實際上是一種人的本質與天的本質相統一的哲學體系，實現了道德形而上學的體系化和形式化。既然人的本質是仁義，以人爲本在中國古代儒家那裡實現了哲學上的歸結，因爲仁義的本原具有既是「天」又是「人」的本質特徵，天人合一，在現實中就更需要堅持以人爲本。

正是基於以人爲本的哲學理論，社會倫理在道德形而上學的基礎上自然而然地就要建立公共人格。公共人格的建立以普遍認同可以得到大多數人接受的道德人格爲基礎，這就需要以仁義爲本，也就是孟子所說的「不忍人之心」。公共人格之所以是「公共」的，其原因就在於這種道德理性具有廣泛的認同性。正是基於這種道德基礎得到人人贊同，人同此心，心同此理，社會倫理才有催生公共人格的可能性。明代哲學家王陽明就說過良知就是現實

〔註44〕《周易・說卦》，《周易正義》，《十三經注疏》，中華書局，1980年，第93～94頁。

〔註45〕《孟子・公孫丑上》，朱熹《四書章句集注》，中華書局，1983年，第237頁。

〔註46〕〔德〕恩斯特・卡西爾：《人論》，上海譯文出版社，2004年，第36頁。

〔註47〕〔德〕恩斯特・卡西爾：《人論》，上海譯文出版社，2004年，第37頁。

社會共同的認知基礎，人同此心，心同此理，他說：「此心同，此理同，苟知用力於此，雖百慮殊途，同歸一致。」〔註48〕大家都有一個共同的心理，都有一個共同的認知，即是「善」與「良知」，即是道德共識，有了道德共識可以建立一種公共人格，一方面大家共同遵守，另一方面形成一種共同的心理，這具有普世倫理的色彩，具有趨同性。萬俊人教授說：「普世倫理的基本主題是人類的基本道德生活及其普遍價值規範。人類的基本道德生活是一個具有不同層次結構的綜合系統。這一綜合性系統大致可以分為三個基本層次，即終極信仰的超越層次、社會實踐的交往層次和個人心性的內在人格層次。」〔註49〕現在姑且不談論普世倫理的一系列複雜問題，普世倫理的建立需要一種公共人格的心理認同，在道德層次上需要達到社會個人的基本認同，最終上昇到普遍性，有了這種認同基礎就為這種道德人格向公共性發展提供了心理基礎。孔子說：「己所不欲，勿施於人。」朱熹注釋說：「推己及物，其施不窮，故可以終身行之。」〔註50〕社會個體都希望別人寬容自己，同樣自己也要寬待他人，己所不欲而勿施於人便成為共同的道德人格基礎，這種人格基礎就是共同的道德人格，稱為公共人格。「己所不欲，勿施於人」實際上就是以人為本，公共人格說到底建立在以人為本的基礎上，公共人格的形成即是仁義人格力量的轉化，「仁」宗旨成為連接社會關係的基本道德共識。儒家將「仁」作為貫通天地人、詮釋社會關係的基礎範疇，力求以「仁」化解、圓融世界的一切矛盾，實際上儒家的這一學術理想最終得到實現，「仁」的思想貫穿了中國儒家哲學發展史。譚嗣同在他的《仁學》中也表達了他以「仁」宗旨達到天下大同的思想，他說：「地球之治也，以有天下而無國也。」「人人能自由，是必無國之民。無國則畛域化，戰爭息，猜忌絕，權謀廢，彼我亡，平等出；且雖有天下，若無天下矣。君主廢，則貴賤平；公理明，則貧富均。千里萬里，一家一人。視其家，逆旅也；視其人，同胞也。父無所用其慈，子無所用其孝，兄弟忘其友恭，夫婦忘其倡隨。」〔註51〕譚嗣同的天下大同思想突出了人自由平等的觀念，而天下大同實現的途徑就是「仁」，以「仁」達到「通」的目的，最後實現天下大同，他說：「仁以通為第一義。」「通之象為平等。」他說通有四義：「中外通」，「上下通，男女內

〔註48〕　《文錄一》，王陽明《王陽明全集》，上海古籍出版社，1992年，第173頁。
〔註49〕　萬俊人：《尋求普世倫理》，北京大學出版社，2009年，第19頁。
〔註50〕　《論語‧衛靈公》，朱熹《四書章句集注》，中華書局，1983年，第166頁。
〔註51〕　譚嗣同：《仁學》，華夏出版社，2002年，第161頁。

外通」，「人我通」。「平等者，致一之謂也。一則通矣，通是仁矣。」〔註52〕
通過「仁」實現「通」，「通」而實現天下大同，可見「仁」是公共人格的基
礎。儒家的「仁」對儒家思想實現普世化的確起到了通達的作用，原因是：
其一是「仁」在社會中具有共同的道德人格基礎，人人都希望「仁」，特別
是別人對待自己希望以「仁」，人同此心，心同此理；其二是「仁」能夠實
現基本的人格尊嚴，確立每一個人的自身價值，眞正做到以人爲本，需要「仁」
的宗旨；其三是「仁」在現實中的實現並不艱難，每個人只要有一點良知和
自我約束就可以實現，「我欲仁，斯仁至矣。」〔註53〕實現「仁」並不是很
艱難，並且這種實現體現在日常生活之中，舉手投足都可以實踐，不需要太
多的實現成本。儒家思想能夠在古代中國存在兩千多年，不能不說「仁」學
思想起了關鍵作用，「仁」實現了天人合一、上下相通、內外結合。譚嗣同
說：「故言仁者不可不知元，而其功用可極於無。能爲仁之元而神於無者有
三：曰佛，曰孔，曰耶。」〔註54〕意思是「仁」是根本，「仁」貫通了儒、
佛、道三家思想，是一種綜合體。

　　總之，公共人格是一種具有普遍認同和可以被普遍接受的道德人格。道
德人格首先是內在的，具有道德上的優先性，沒有內心的道德上的明晰，不
可能具有公共道德人格。一般而言，每一個人都具有道德人格的力量，只不
過存在一定的程度上和內心明晰上的差分，也正是道德人格上差分的存在，
社會才會呼喚公共道德人格的樹立和公共秩序的構建。

三、道德共識和價值理性

　　無論是以人爲本的人本關注還是公共人格的道德呼喚，這些都是價值
觀念建構、普世化、大眾化和社會倫理秩序的建立問題。一種穩固的社會
關係建立需要具有說服力的道德共識爲基礎，不然不可能確立具有穩定可
靠性的人與人之間的社會關係，穩定可靠的人際關係的建立需要上昇到人
的內心深處，成爲精神的家園和靈魂的安頓場所，才具有穩定性、可靠性
和長遠性，我們稱之爲終極關懷和靈魂安頓，正如張載說：「爲天地立心，
爲生民立道，爲去聖繼絕學，爲萬世開太平。」〔註55〕「立心」和「立道」

〔註52〕譚嗣同：《仁學》，華夏出版社，2002年，第6～8頁。
〔註53〕《論語‧述而》，朱熹《四書章句集注》，中華書局，1983年，第100頁。
〔註54〕譚嗣同：《仁學》，華夏出版社，2002年，第1頁。
〔註55〕《拾遺‧近思錄拾遺》，張載《張載集》，中華書局，1978年，第376頁。

就是確立一種價值觀念，樹立道德共識，目的是爲了弘揚人文精神而爲天下開啓太平。爲了天下的安定人們在精神上必須有所安頓，這種精神安頓是一種最起碼的道德共識，正如萬俊人先生說：「它只是也只能是一種起碼程度上的道德共識，是基於平等而充分的道德對話和『商談』的道德共識。」〔註 56〕這種道德共識在終極關懷那裡就上昇爲人類共同的道德共識。學者們對儒家道德共識討論得比較多，普遍認爲，儒家思想可以成爲普世的倫理。胡治洪先生就認爲儒家思想在建構全球倫理方面具有公認的意義，其原因是儒家思想擁有所有文明和主要文明均奉行的倫理信條，是「一種個人、社群、自然、天道面面俱到的包容性人文主義。」〔註 57〕儒家思想的天下大同觀奉行了近似終極的普世倫理信條和終極的人文主義精神。張立文教授在《中國哲學邏輯結構論》中說：「中國哲學邏輯結構系統從象性——實性——虛性的上昇運動，便是單一——衝突——衝突融合範疇體系，呈現了思維的辯證性。」〔註 58〕人們在精神上的需求是思維發展的最終導向，而不是純粹的物質導向決定一切，象、實、虛的發展符合邏輯思維導向，人們在精神上最後會思考終極關懷的問題。終極關懷又體現在文化上，文化最終以價值的形式存在，戰爭與和平的歷史是價值觀念較量和推行的歷史，並且這一態勢還愈演愈烈，「文化存在是一種價值的存在，不同文化的文明都有其合理的價值，都對世界的發展起著應有的作用，對不同的文化存在進行評判不能簡單地以優劣下結論，因爲文化的存在是一個發展的過程，是歷史中的文化，發展的過程使文化不斷變遷，必然使文化在不同的時空之中產生對社會不同的張力。」〔註 59〕儒家在古代中國能夠存在兩千多年並且影響了全世界，達到相當深遠的程度，主要原因就是價值觀念具有普世性的張力。

　　價值觀念的前提是道德共識，即是說公共價值觀念的形成需要社會大多數成員在認識上基本具有一定程度的趨同性，這種趨同性不是一味地求同，而是一定意義上存在著差分的相似性，正是一種百慮而一致、殊途而同歸，

〔註 56〕萬俊人：《尋求普世倫理》，北京大學出版社，2009 年，第 13 頁。

〔註 57〕胡治洪：《全球語境中的儒家論說：杜維明新儒學思想研究》，北京三聯書店，2004 年，第 260～261 頁。

〔註 58〕張立文：《中國哲學邏輯結構論》，中國社會科學出版社，2002 年，第 61 頁。

〔註 59〕李長泰：《價值視閾中的社會進步與文化張力》，《廣西社會科學》，2005 年第 7 期，第 30 頁。

孔子說：「君子和而不同，小人同而不和。」〔註60〕意思是文化層次上的理解應該是和而不同，具有包容性。《中庸》說：「萬物並育而不相害，道並行而不相悖。」〔註61〕不同的價值觀念在思想精神具有一定的趨同性，即可以達到一定的價值共識，首先是道德層次上，我們稱之為道德共識，比如中國古代的良知之學具有普遍的認同性，能夠為社會成員所接受，仁義既是當政者能夠接受的，也是下層普通群眾所希望的，儒家的仁義思想是具有包容主義的文化精神和心靈慰藉。

　　道德共識對社會發展能夠形成精神指引和價值導向的作用，對社會倫理和人際關係起著維繫、調解、制衡甚至改變作用。社會發展需要多方面的共識，包括經濟、政治、文化、倫理等各個方面，經濟是基礎，文化精神是支撐，社會最終穩定需要精神支撐，精神價值滲透到經濟、政治、文化、倫理甚至軍事上，最後體現為民族精神。民族氣質需要民族精神的滲透，沒有強有力精神支撐的和具有德性滋潤的民族不能顯現出與其他民族不同的民族氣質。一個民族的存在和發展需要民族精神支撐，民族精神支撐促使民族團結，形成強大的凝聚力。中華民族五千年興盛不衰，主要是得益於民族精神的有力支撐和維繫。人類永保青春向前發展也是精神至上性的反映，有一種世界人格精神存在於人類社會之中。現代新儒家唐君毅說：「宇宙一切人之有價值之人格精神，無不被保存於天地。然亦唯力求現實世界之文化之保存與進步者之人格精神，為真有價值。此即人之所以可於任何危難之世，皆有所以自慰，而亦當有以自奮者。」〔註62〕意思是說人格精神能夠使人精神得到安慰，在困難和危難之時能夠激勵人奮發圖強。中華民族精神具有自強不息、厚德載物的特質，此種精神能夠激勵國人奮發圖強，使中華民族處於經久不衰的境地，同時中華民族的厚德載物品質又能對外來文化採取包容主義的態度，不斷吸收更新，使自己的智慧不斷得到豐富和發展。中華民族的道德品質在仁義的共識下形成了博大精深的文化系統和民族精神特質，這既是民族長遠發展的力量源泉，也是國民精神存在的文化淵源。長期以來，中華民族在奮鬥的實踐過程中不斷地以道德共識作為動力，以道德理性主導著民族的價值取向，不斷地產生無窮的價值力量，為民族的發展和個人的存在施加力量。儒家思想在中國古代形成的道德共識還在繼續

〔註60〕《論語・子路》，朱熹《四書章句集注》，中華書局，1983年，第147頁。

〔註61〕《中庸》，朱熹《四書章句集注》，中華書局，1983年，第37頁。

〔註62〕唐君毅：《文化意識與道德理性》，廣西師範大學出版社，2005年，第571頁。

影響著當代中國和當代世界，儒家價值的張力正顯示著其精神的永恒，並且還在不斷向前延伸。孔子的「己所不欲，勿施於人」在世界上特別是聯合國已經成爲國際道德共識，影響了整個世界。儒家的包容主義思想正成爲一種價值取向逐漸影響著愛好和平的國家和人民。

　　西方追求科技至上和利己主義的價值觀，這主要起源於資本主義追求利潤實現利己欲望的道德共識，資本主義的道德就是利己主義的道德，資本成爲資本主義世界一切道德的起點。利己主義實際上以自我爲中心，崇尚個人利益的張揚和個人欲望的實現，爲了實現自我利益可以不擇手段，馬克斯・韋伯說：「今天的資本主義已經支配了經濟生活，它通過適者生存的經濟過程，教育並選擇著它所需要的經濟主體。」〔註63〕適者生存，以經濟爲中心，以自我爲中心而不擇手段，其目的是爲了在生存和發展的競爭中佔據有利的境地，這與動物世界的自然競爭具有同一性質，最後的結果是優勝劣汰。資本主義崇尚這種赤裸裸的競爭，主張優勝劣汰，金錢至上，爲了實現自我物質利益，不惜採用一切手段，對他人絲毫沒有同情和憐憫之心，這與孟子所說的「人之所以異於禽獸」的仁義本性完全是背道而馳的。禽獸爲了自身的生存甚至不惜殺死同類群體和同伴，自然本性暴露無疑，資本主義世界多多少少具有動物的這種性質，從這個方面說，資本主義的競爭本性與自然屬性相近，與社會屬性中的道德屬性背道而馳。基於這一點而言，社會主義肯定比資本主義進步和先進，因爲資本主義崇尚沒有仁慈的競爭性，而社會主義以每一個人的生存爲關注點。也正是基於社會中存在著個人主義和利己主義的道德觀，荀子就提出人性本惡，他說：「人之性惡，其善者僞也。」〔註64〕在荀子那裡，人性本惡，儘管社會上有人心向善的傾向，不是心性本善，而是一種外在的追求，不像孟子所說人心是善的。「凡所貴堯、禹、君子者，能化性，能起僞，僞起而生禮義。」〔註65〕聖人化性起僞，才有禮義。資本主義的利己主義道德在資本主義世界形成了一種道德共識，人與人之間關係冷漠，爲了實現自我的物質欲望，崇尚科學主義，科技至上，利用科技工具實現個人欲望和財富的增長。資本主義發展的結果最終與科學發展緊密相連，原因是利益、利潤的增長需要科學技術的推進，有了科學技術就能實現

〔註63〕〔德〕馬克斯・韋伯：《新教倫理與資本主義精神》，中國社會科學出版社，2009 年，第 33 頁。
〔註64〕《荀子・性惡》，王先謙《荀子集解》，中華書局，1988 年，第 434 頁。
〔註65〕《荀子・性惡》，王先謙《荀子集解》，中華書局，1988 年，第 442 頁。

利益的擴大和財富的增長。對科技的關注點和對人類社會關注點大相徑庭，人類社會以社會倫理爲中心，追求社會中的道德本性。自然界以自然倫理爲中心，注重自然本性的暴露。科技領域多以自然界爲研究對象，強調自然力量的發揮，以自然屬性爲中心，缺乏同情與憐愛，類同於冷血動物。資本主義以科技爲先導，意味著以自然倫理爲中心，強調物質本性，不強調人與人之間的道德倫理，具有侵略性和競爭性，優勝劣汰。從這個意義上說，社會主義的公平正義更具有人性。人在社會發展中凸顯人的道德本性，這種道德本性不是利己，而是以仁義爲基礎的人與人之間的關係，這種道德共識必然凸顯包容主義的特質，資本主義是人類社會發展中彰顯物性的社會，處於類同於禽獸競爭的狀態，這一狀態在生產力上非常進步，但人類社會必然要追求一種具有道德共識以公共價值爲導向的社會，除了生產力的發展，還追求價值的重建，儒家的仁義包容主義必然是一種很好的選擇，哈佛大學教授杜維明說：「中國的傳統文化中有很多難得的資源，像『天下爲公』的觀念不是世界上任何國家都能接受的，它不僅突破了個人中心主義和狹隘的家族主義，而且也突破了狹隘的國家利益。所以我覺得，我們應該借用儒家的思想資源，突破個人主義、家族主義乃至狹隘的民族主義和人類中心主義，多關注人類的共同問題，像保護自然的問題，而不是僅僅盯著 GDP 增長 8%還是9%。」〔註 66〕世界現在面臨諸多問題，如天與人的衝突問題、人與人的衝突問題、群體與群體的衝突問題、心靈與心靈的衝突問題，等等，這些問題的解決既需要耐心，更需要建立一種道德共識和公共價值，純粹的利己主義和功利主義不能實現問題的解決和矛盾的化解，利己主義和功利主義只能使問題複雜化和矛盾擴大化，中國儒家的包容主義、「和而不同」的思維或許是一種適中的精神和方法，儒家思想既追求一種道德共識和公共價值，還尋求一種大家基本能接受的萬全之策，這正是《中庸》說的「萬物並育而不相害，道並行而不相悖」〔註 67〕。《周易》說：「天下何思何慮？天下同歸而殊途，一致而百慮。」〔註 68〕儒家思想中的包容主義精神和和而不同的方法的確是值得崇尚和推介的。

〔註 66〕 杜維明、范曾：《天與人——儒學走向世界的前瞻》，北京大學出版社，2010年，第 103～104 頁。
〔註 67〕 《中庸》，朱熹《四書章句集注》，中華書局，1983 年，第 37 頁。
〔註 68〕 《周易·繫辭下》，《周易正義》，《十三經注疏》，中華書局，1980 年，第 87頁。

四、理性價值和耦合機理

　　基於人本關注和道德認同對社會發展的作用極為巨大的緣故，社會發展必須考慮人本身的發展以及整個社會道德人格的形成。當代社會在發展中問題百出，特別是科技日新月異，社會發展以加速度變化的今天需要一種公共價值的建樹、引導和調節，人類的信息化和科技化不能沒有公共價值的引導，人不能生活在純粹的工具理性之中，而是要生活工具理性和價值理性並存的價值體系之中。人片面地追求科技效應，工具理性成為單向度的存在，使社會發展受到扭曲，最終危及人類的生存。當今科技確實是一種實實存在的工具，成為實現了個人、團體或者某些國家的目的的工具，運用科技達到其實現狹隘的價值理性。科技本身並沒有錯，錯誤在於運用科技的人。當人的價值理性已經確立，必然運用一切可能的手段、工具，達到價值目標，工具理性服從價值理性。科技成為其實現價值的手段，科技本身是自然的東西，但若被邪惡運用，會造成巨大的災難和深沉的罪惡，濫用科技去實現個人的欲望必然世界無序甚至人類毀滅。因此，對人本身的關注，對道德共識的追求成為時代發展的核心話題。

　　人本價值成為時代的核心話題根本原因有：一是社會發展造成的各種危機對人本身的發展的嚴重影響，如生態危機、和平危機、公平問題等，應對危機出現，需要以人本價值為導向；二是社會科技的進步使人的存在出現嚴重的異化，人成為機器，人成為物化的生物體，人的異化使人失去了自我，當今的人不是真正意義的人，回歸人本價值成為當代的價值理性；三是社會制度不斷跟進，制度制訂和改革必然有利於自身的發展，人本價值需要跟進制度改革。因此對人本價值的研究成為當代學者關注的焦點之一，也是社會發展進步必須解決的課題。

　　人本價值的內容在學術界有眾多的研究，一般認為人本價值即是人本身，即對人本身的價值追求，這種人本身就是以個體的價值發展為核心導向，西北政法大學劉進田教授說：「價值是人本身，人本身是人生。」〔註69〕既然人本價值就是人本身的價值，那麼人本身的價值就應從低級向高級層次轉換，筆者認為人本價值有五大價值：生存價值（生命）、尊嚴價值（人格）、幸福價值（精神）、崇高價值（境界）、正義價值（社會）。學術界對人本價值有諸多討論和爭議，這裡所說的人本價值只是從一般的意義上進行羅列，對

〔註69〕劉進田：《人本價值與公共秩序》，中國社會科學出版社，2010年，第22頁。

人本價值範疇中存在的問題不進行深層探究和考究。

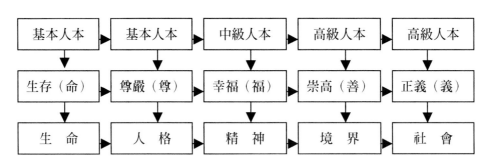

基本人本	基本人本	中級人本	高級人本	高級人本
生存（命）	尊嚴（尊）	幸福（福）	崇高（善）	正義（義）
生　命	人　格	精　神	境　界	社　會

人本價值要素邏輯關係圖

學術界對人本價值的研究頗多，特別是西方對人本價值的研究與張揚尤甚。但學術界對儒家人本價值論的研究甚少，有的學者一般認為儒家人本價值存在著缺失。如王海明教授在《公正與人道》中認為儒家理論是「專制主義」的理論，這些觀點有些偏頗，實質上儒家的人本價值還是比較符合人本身的價值的。本書主要對儒家人本價值思想進行研討和追問，研討的核心是儒家人本價值與公共理性的耦合機理問題，主要內容包括儒家人本價值是否存在、儒家人本價值何以可能，以及儒家人本價值是如何向公共理性進行轉換和度越的。實際上儒家人本價值與公共理性的思想融為一體，儒家比較關注人的存在，但儒家的所謂人是個體性與社會整體性緊密聯繫在一起，因此就有儒家人本價值與公共理性的耦合，儒學實質是公共理性思想的學問。

中國古代各學派大都有公共理性思想，尤以儒家最為突出，雖說儒家沒有直接的「公共理性」一詞，但卻有「公共」一詞。公共理性思想非常豐富。公共理性是在一定歷史條件下的產物，是社會歷史條件演變和社會生活實踐的產物，不是先天的。國內關於公共理性方面的研究非常多，但多數研究的重心和領域專注於馬克思主義的、西方的和現代的公共理性問題研究，對中國古代公共理性思想的研究不是很全面，在學科上研究主要集中在四大領域：一、現代倫理學領域的研究，主要對公共管理倫理、制度倫理進行研究，提出現實公共管理倫理和制度倫理的構建以及對普世倫理的尋求，萬俊人在《尋求普世倫理》中基於倫理學視閾探尋普世價值的可能性與可行性，李仁武在《制度倫理研究》中以道德倫理視閾探尋公共道德理性的生成路徑；二、政治學領域的研究，以國家政治治理和行政管理為目的對公共性實用問題進

行研究，探討行政管理中的公共性問題，如黃建洪在《公共理性視野中的當代中國政府能力研究》中以政治學視閾研究了中國行政管理的能力提升問題；三、社會公共性研究，有兩種：一是以馬克思主義的基本觀點和方法探討社會公共性問題，以人的本質爲切入點進行研究，郭湛等學者在《社會公共性研究》中從馬克思主義關於人的本質的觀點出發探討了社會公共性的建設問題，二是以社會學的方法對現實公共性問題進行研究，如公共物品管理、社會救助以及公共文化的救助與發展問題；四、中國傳統哲學和倫理學領域的研究，有三種：一是以中國古代哲學範疇爲中心，探討了「公私」、「義利」和「理欲」等範疇，分析了中國古代思想家的「公私」、「義利」和「理欲」關係，這些範疇是公共理性思想研究的基礎，如張立文的《中國哲學範疇發展史》分析了古人的這些範疇，一些學者將「公私」之辯作爲對中國古代公共理性研究的主要內容，二是以倫理學範疇爲中心，探討君子、聖人人格的公共性和普世性問題，於丹在《〈論語〉心得》中提到「君子之道」，沒有直接提出公共理性問題，三是個案研究，對古代某一歷史時段的公私問題和政治問題進行研究，分析個案「公私」問題，如劉澤華對春秋戰國時期的「立公滅私」問題進行個案研究。總起來看，國內對公共理性的研究存在的問題是：一是偏重於西方和現代公共理性問題的研究，對中國古代儒家公共理性思想的研究較少；二是對儒家公共理性思想研究的視角主要集中在倫理學、政治學、公共管理、社會學等制度層面的視角，沒有從哲學形而上學的層面進行挖掘，缺乏以中國哲學天地人體系爲視角的研究；三是對儒家公共理性的研究多集中在「公私」、「義利」、「理欲」、君子和聖人等範疇上，有些是個案研究，研究處於零散和表面層次，全面性、深刻性和系統性不足，沒有從中國哲學範疇的系統性和邏輯性上進行考察，中國古代儒家公共理性思想的全面性、系統性研究不足；四是偏重於現代公共理性思想的挖掘和探討，停留在政府制度層次建構的研究上，沒有較好地從公共理性理論本身的哲學根源上進行系統的梳理和研究。

海外對公共理性思想的研究主要集中在倫理學和政治學領域，直接對儒家公共理性的研究不多。羅爾斯繼承霍布斯、盧梭等人關於公共理性的思想，在《萬民法》中提出公共理性是「自由平等公民的理性」，西方學者對公共理性的研究集中於權利平等、政治正義和內容原則的公共性三個方面，著重從人權、民主和憲政制度上建立公共理性問題。馬克斯・韋伯在

《儒教與道教》中認爲中國古代「官職」概念包含著公共福利倫理的思想。日本學者溝口雄三在《中國的公與私‧公私》中對「中國的公與私」有較多的研究，從哲學上探討了中國「公」的原理性和道義性，但其研究局限於「公私」之辯，以政治學和倫理學視閾將公私問題歸結到自由、民主和社會契約等憲政問題上，不是眞正意義上的儒家公共理性思想研究。海外一些華人學者直接研究古代儒家公共理性思想的不多，但多少涉及儒家公共理性思想問題，一是對儒家人格思想的研究，如對「君子」、「聖人」人格的研究涉及到儒家價值的公共性和普世性問題，余英時說「儒學實際上是君子之學」，認爲士、君子的人格是一種具有公共價值的人格；二是提出儒家哲學具有普遍性和公共性，但沒有直接研究儒家公共理性思想，牟宗三先生在《心體與性體》中從儒家哲學形而上學的層次指出道德理性具有先天普遍性，但沒有直接討論儒家公共理性問題，唐君毅先生在《文化意識與道德理性》中認爲「此理與共相」、「無私之心」即是普遍之理，道德理性具有公共性，杜維明先生多次強調儒家價值具有普世性，是「包容性人文主義」，並且在《儒家傳統與文明對話中》提出以「儒家的人文精神以及其他很多在中華土地上所發展的價值」來「塑造全世界都能共享的基本價值」，這種論述突出了儒家思想可以成爲當代公共理性的內容之一，具有公共理性的特徵。總起來看，海外學者對儒家公共理性思想的研究存在的問題是：一是研究比較零散，缺乏系統性；二是以儒家理想人格研究代替了儒家公共理性研究，研究不完善，而個人人格與公共理性之間還是有差距的，君子、聖人的人格理想涵蓋部分公共理性問題，但不能等同於儒家公共理性思想的研究，三是討論了儒家價值的普世性和包容性，部分地涉及到儒家公共價值思想，但沒有以專題形式從中國哲學的視角進行研究，沒有凸顯中國哲學天地人三界體系的架構。

目前學術界對儒家人本價值和公共理性思想相結合的研究不是很多，因此有關這方面的較大著述也不多見，本書力求在儒家人本價值和公共理性研究上撥冗出新。人本價值的內涵是多方面的，人本價值並不是一種純粹的以人爲本，不是以純粹的自我價值爲中心的價值，其內涵豐富和意味深長。關於人本價值的探討存在很多爭議，本書對人本價值的探討只限於普通意義上的理解和流行觀點上的理解，不捲入人本價值內涵等問題的爭議之中。

　　儒學精神的確需要成為一種時代的呼喚，其原因是儒家對人本的論述和對理性的追求具有很大的合理性，成為當代精神的指引無疑具有一定程度的合法性因素。即是說儒家思想對人本身的關注也是對公共理性的觀照，二者實現耦合，達到引導人本身的發展和社會共同進步的目的，對人本價值的追求也是公共理性的追求。儒學不僅教人以成人成聖，而且教人天人合一，既要解決人與人之間關係的衝突，還要化解天人之間的矛盾。

　　作為儒家思想體現的人物形象——君子完全體現了這種儒學精神。君子形象既是一個個人形象，又是一個公共形象。儒家君子在中國古代是一個具有普世化的稱謂語詞，古人言必稱君子，直到當今世界，君子還是人們道德和行為的標準話語。華人學者余英時說：「儒學事實上便是『君子之學』。」〔註70〕君子形象既是現實中的人才形象，還是理想中的精神形象。儒家君子形象滲透到社會經濟、政治、文化甚至軍事領域，既是現實此岸世界的體現者，也是彼岸世界的追溯者。馬克斯・韋伯說：「儒教高雅的君子，是集『仁』與『信』、『智』與『直』於一身的人。」〔註71〕普世化、大眾化和理想化的特徵造就了古代成功的儒家君子形象，也就是說，儒家君子形象得到了社會的廣泛認同和實現了普世化、大眾化，成為社會流行語詞，其形象成為社會崇尚的標準，關於君子的思想成為一種公共理性的思想。儒家以君子思想的構建塑造了儒學的包容主義精神和自強不息的人格，君子既是官方政治的形象也是下層群眾的形象，君子形象的塑造的確是一個巨大的成功，儒學在古代能夠成為社會政治思想和政治意識形態，君子形象的塑造起了重要作用，儒學的普世化關鍵是儒家形象的普世化，君子形象在儒學普世化中起的作用是獨一無二的，實現了官民合一、上下合一、體用合一、內外合一、理想與現實合一。於丹在總結《論語》中的「君子之道」時說：「『君子』這個《論語》中出現最多的字眼，他的道理永遠是樸素的，是溫暖的，是和諧的，是每一個人可以從當下做的，而那個夢想，那個目標，既是高遠的，又不是遙不可及，它其實就存在於當下，也存在於我們每一個人的內心。從這個意義上講，我們每一個人都可以成為一個真君子。」〔註72〕於丹對君子形象的總結比較到位，但卻沒有對君子形象的普世化問題進行一些較詳細地說明。馬

〔註70〕余英時：《現代儒學的回顧與展望》，三聯書店，2004年，第271頁。
〔註71〕〔德〕馬克斯・韋伯：《儒教與道教》，商務印書館，1995年，第213頁。
〔註72〕於丹：《於丹〈論語〉心得》，中華書局，2007年，第71～72頁。

克斯・韋伯說：「『君子』，『高雅之人』，後來亦稱『勇士』，在士大夫時代是達到了全面自我完善境界的人：一件堪稱古典、永恒的靈魂美之典範的『藝術品』傳統儒學正是把這種典範植入蒙生的心靈中的。另一方面，神靈會酬報作爲美好的社會倫理的『仁』，這最遲在漢代已經爲士大夫們堅定不渝的信仰。」〔註73〕馬克斯・韋伯說出了儒家君子形象的實質和社會地位，說的是理想與現實的合一，評價是相當客觀和到位的。有些學者如王海明直接就說儒家的理論是專制主義理論，「我國自大禹開創天下的專制政體以來，直至清朝，不但一直是家天下的專制制度，而且幾乎所有思想家竟然無不是專制主義論者。」〔註74〕王海明教授的這種觀點有些有不妥，他沒有將思想本身和政治操縱二者區分開來，儒家思想本身不存在專制主義，只是儒家思想成爲統治者的政治工具被濫用後轉化爲專制主義的政治，儒家思想本身不是專制主義的。

儒家君子形象不僅僅是一個成功的理想與現實合一的形象，而且也是一個具有重大價值意義的參照人物形象。君子既是社會道德品質的化身，還是社會職業人才智慧的體現者，其對社會人與人關係的調節與制衡作用是顯而易見的。在君子形象之中，君子思想對人本價值的關注體現無遺。前面說過，所謂人本價值即是對人本身的價值，即是人作爲人應該享有的價值，人本價值不同物的價值，也區別於動物的價值。儒家君子思想關於人本價值的內容比較多，比如生命的存在、人格的獨立與尊嚴、人的境界都是人本價值的內容，沒有人本價值，君子也不能成其爲君子。君子對人本價值的追求促成了其個人價值的實現和社會價值的彰顯，君子形象的普世化使君子成爲一個具有自我價值、社會價值的綜合體，君子人本價值向社會擴展使君子人成爲一個具有公共價值的主體，君子思想實際上是具有公共理性的思想，既符合個人發展的需要，也符合公共理性建樹的需要。研究儒家公共理性思想，君子理性當然是不可迴避的重要內容。

儒家人本價值論對當代社會公共理性具有重要的參考價值，當代社會發展突飛猛進，科技至上和個人主義作風甚囂塵上，非理性因素在一定範圍內超過了理性因素，公共問題越來越凸顯出來。社會發展中個人主義與公共理性分庭抗禮，社會發展中後現代主義與現代化氣息交織，傳統社會道德觀念

〔註73〕〔德〕馬克斯・韋伯：《儒教與道教》，商務印書館，1995 年，第 183 頁。
〔註74〕王海明：《公正與人道》，商務印書館，2010 年，第 1 頁。

出現重大轉型，人們失去了基本的價值判斷標準，信仰出現重大危機，社會籠罩在失去精神支撐的可怕陰霾之中，社會發展向何處去成爲學者和有識之士心中探討的重要話題，尋求人本價值的實質、重建社會道德和樹立公共理性成爲他們的共識。儒家君子的普世價值和人本價值爲這一焦慮提供了有益的參照。中國古代的學者和有志之士都有天下責任擔當精神，心憂天下，范仲俺說：「先天下之憂而憂，後天下之樂而樂。」〔註 75〕范仲淹成爲士人擔當精神的代表。《中庸》說：「博學之，審問之，愼思之，明辨之，篤行之。」〔註 76〕學問和行動並行，知行合一，體現了責任意識和理性精神。《大戴禮記》說：「君子既學之，患其不博也；既博之，患其不習也，既習之，患其無知也；既知之，患其不能行也；既能行之，貴其能讓也。君子之學，致此五者而已矣。」〔註 77〕學以致用，君子之學是理論與實踐的合一。當社會發展出現危機時，君子的擔當精神會再次彰顯。當前社會發展面臨的一些困難，儒家君子思想無疑爲這些問題的解決和矛盾的化解提供了出路。

　　學術界對儒家公共理性進行的研究不多，有很多研究是較純粹的關於馬克思主義公共理性思想的研究、西方公共理性思想的研究，國內學者探討了馬克思、阿倫特、哈貝馬斯和羅爾斯等人對公共理性問題的研究，指出公共理性問題是以政治正義和公民民主思想爲基礎的，這些研究沒有參照中國古代儒家思想中的精神和方法，多少有些缺憾，因此以儒家思想爲中心對公共理性問題進行探討的不多。基於此領域研究的不足，本書將以儒家君子思想爲切入點探討儒家公共理性思想以及爲當代社會公共理性的構建找到一條出路。

　　探討儒家人本價值與公共理性的目的是將儒家思想向當代公共理性的構建上進行度越。儒家人本價值以君子的人本價值觀爲典型，但不局限於儒家君子思想，儒家思想強調對人自身的關注，這一關注必然具有公共理性的性質。因爲仁義的價值觀實質上是對人本身的關注，強調以人爲本，仁義的觀念不僅僅是關注少數人，而是關注了每一個人，因爲仁義具有包容性，外延是寬廣的，而不是狹隘的，如果是狹隘的就不能說儒家思想具有包容性，也不能說儒家形象是德性的化身。因此儒家人本價值必然具有公共理性的特

〔註 75〕　《岳陽樓記》，范仲淹《范仲淹全集》，四川大學出版社，2002 年，第 195 頁。
〔註 76〕　《中庸》，朱熹《四書章句集注》，中華書局，1983 年，第 31 頁。
〔註 77〕　《大戴禮記・曾子立事第四十九》，王聘珍《大戴禮記解詁》，中華書局，1983 年，第 70〜71 頁。

質。正是基於儒家的人本價值觀，其思想向社會公共理性的度越具有邏輯必然性和可行性。從儒家人本價值思想過渡到社會公共理性，以儒家人本思想和公共理性思想為參照當然具有重大的意義和深遠的價值。中國是一個具有深厚傳統文化底蘊的國家，以傳統文化的根基開啓現代觀念，這一方法和路徑具有可行性和認同性，因為傳統文化具有血緣關係基礎，利用傳統文化的底蘊開啓現代觀念能夠產生共鳴，能夠得到國人的認可。自身的文化是民族的根，無論如何國人不會敵視自身的文化和血脈。

儒家人本價值與公共理性兩種思想實現了耦合，但二者並不完全能夠等同，本書的目的是為了將二者的耦合機理進行梳理，統言之，其耦合機理實現了六大轉換，即儒家人本價值向人本人格的轉化，人本人格向普世價值的演生，儒家普世價值向公共價值轉生，儒家公共價值向公共人格化成，儒家公共人格向公共理性轉換，儒家公共理性轉化為當代公共秩序。演化的核心範疇是：人本仁人、天地之人、踐行成人、普世價值、公共價值、公共人格、公共理性、公共秩序，演化機理是八大核心範疇依次邏輯轉換。

儒家人本價值與儒家公共理性的耦合機理主要是四大轉化機理：（1）人本人格向普世價值的轉化與耦合：人格獨立的幸福人本價值向幸福的普世價值演生，人格完善的理性人本價值向完美的普世價值演生，人格認同的崇高人本價值向理想的普世價值演生。幸福、完善、理想具有價值的普世性，是人格尊嚴獨立、完善和崇高的人本價值的演生，既是人本價值又具有公共性。（2）普世價值向公共價值的轉化與耦合：人本價值的實現需要公平正義、推己及人和和而不同的途徑以實現人的生存、尊嚴、幸福、崇高和正義的價值，這三個途徑實現了公平公正、民主平等和同存異，進入到公共價值，人本價值與公共價值實現耦合。（3）公共價值向公共人格轉化與耦合：公共公正、民主平等的公共價值實現個人的內化，轉化為存義去利的德性人格、厚生濟世的利他人格、崇高儒雅的藝術人格，三大人格是尊嚴、幸福、崇高和正義的人本價值，同時又具有公共性質，實現了人本價值與公共人格的耦合。（4）公共人格向公共理性轉換與耦合：德性人格、利他人格和藝術人格繼續發展形成人文理性、國家理性、教育理性，實現了價值人生、政治人生和教育人生，人本價值實現了尊嚴、幸福、崇高和正義。人本價值與公共理性最後實現了耦合。整本書的邏輯架構如下圖示：

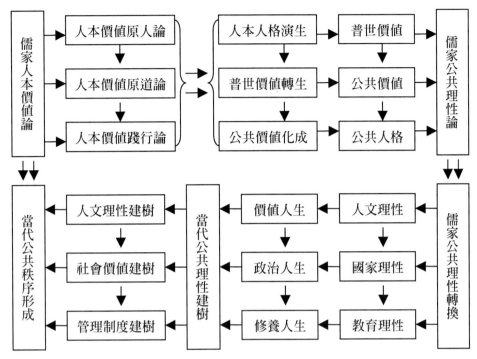

儒家人本價值與公共理性的耦合機理結構圖

　　基於儒家的人本價值觀與公共理性的耦合及其對現代公共理性和公共秩序的建構給出參照，本書在內容上將從儒家人本價值根源開始探討儒家關於人本價值的發現、人本價值的內容，人本價值的演生。第一章探討儒家人本價值的發現，即人本身是什麼，人本身是仁義。第二章以天地人三界為視角探討儒家人本價值，儒家人本價值的核心內容：人本德性、盛德至善；人本知識、天地人通；境界人本，至善高昂。第三章論述儒家人本價值的形成工夫，主要從修道確立人本、修身實現人本和修行保障人本幾個方面展開。第四章以儒家人本人格為中心論述儒家人本人格向普世價值的演生，主要從價值幸福的獨立人格，價值理性的完善人格和價值崇高的人格認同幾個方面展開。第五章論述儒家普世價值向公共價值的轉生，主要分為以人為本的公平正義價值、推己及人的民主平等價值和和而不同的公共和合價值幾個方面展開。第六章論述儒家公共價值向公共人格的化成，主要從存義去利的德性人格、厚生濟世的利他人格和崇高儒雅的藝術人格三個方面展開。第七章論述儒家公共人格向公共理性轉換，主要從價值人生的人文理性、政治人生的國家理性和教育人生的教育理性三個方面展開。第八章論述儒家公共理性轉化

爲當代公共秩序，主要從人文至美的理性建樹、社會至善的價值建樹和管理至眞的制度建樹三個方面展開。

儒家人本價值論主要有三論：人本價值「原人」論、人本價值「原道」論、人本價值「踐行」論，人本價值的三個理論主要說明儒家人本價值是什麼和怎麼樣去實現人本價值。儒家人本價值論與儒家公共理性論的耦合需要通過轉化才能實現，主要體現爲三個轉化論：人本人格向普世價值的轉化、普世價值向公共價值的轉化和公共價值向公共人格的轉化。接著是普世價值、公共價值、公共人格向公共理性的轉換，生成爲儒家公共理性：人文理性、國家理性和教育理性。最後是儒家公共理性向當代公共理性和公共秩序的度越。整本書的架構分爲四個部分：人本價值論、人本價值向公共理性轉換的機理論、公共理性論、當代公共理性建構論。整本書的重點在於儒家人本價值論、人本價值向公共理性的轉換機理論和公共理性論。本書的難點在於儒家人本價值向公共理性轉換的機理是什麼，探討這一機理需要從人本價值、普世價值、公共價值、公共人格、公共理性等各方面進行切入，儘管有些捉襟見肘，還是盡量在研究上有所成效和收穫，儘管不能探賾索隱、鈎深致遠，還是向「窮理盡性」的學問精神奮鬥。

儒家人本價值與公共理性的耦合機理研究突出多種研究方法，主要注重多視角和多維度進行述說。人本價值本身涉及到多種學科和多種哲學思想，西方對人本價值的論述較多，馬克思主義對人本價值的關注也比較多。公共理性思想的研究也非常多，必須從各個角度進行切入，力求探究出儒家公共理性與其他思想學派公共理性的不同。因此必然多視角、多維度地觀照儒家人本價值，挖掘儒家思想的包容主義精神。主要的研究方法主要有以下幾種：

首先，貫穿比較研究的方法，在人本價值觀上，與馬克思主義、西方哲學等思想進行人本價值觀比較研究。在公共理性與當代西方的公共理性思想進行比較研究。中國古代沒有直接出現人本價值範疇，但有人本價值觀念的思想，人本價值一詞實際上源於西方，因此本書對儒家君子人本價值的論述將會適當地與西方人本價值觀和馬克思主義的人本價值觀進行比較研究。同時，不同的學派在人本價值觀上有不同的理解，儒家人本價值觀與道家、法家、墨家的人本價值存在著明顯的分野，會在論述的過程中進行一一比較。

其次，以和合哲學觀觀照儒家人本價值和公共理性思想。儒家思想體現了和的思想，孔子「和」的思想最能體現儒家思想的本質，強調以和爲貴。

有子說：「禮之用，和爲貴。先王之道斯爲美，小大由之。有所不行，知和而和，不以禮節之，亦不可行也。」〔註78〕孔子說：「君子和而不同，小人同而不和。」〔註79〕「和」凸顯了儒家處理社會關係的基本理念和方法準則。中國古代思想中集中體現了「和合」的觀念。「和合」是中國古代重要的思維方式，春秋時期的管子能夠成功治國理政，得到世人傳頌，關鍵在於他運用了和合的理念和準則，「其在治國方面成功的關鍵原因是由於治國理念上的進步與合理，這些理念中最重要的是『和合』理念。」〔註80〕「和合」方式也是現當代世界文化發展的一種基本方式，張立文教授主張世界和合共生共存，提出以「和合學」的觀點解決當前世界危機，他說：「所謂和合，是指自然、社會、人際、心靈、文明中諸多元素、要素相互衝突、融合，與在衝突、融合的動態過程中各元素、要素和合爲新結構方式、新事物、新生命的總和。」〔註81〕他還說：「21世紀的人類文化，既非『東風壓倒西風』，與『西風壓倒東風』的兩極對待形態，亦非『三十年河西，三十年河東』的東方文明的世紀，而是東西文化互學、互動、互滲、互補的世紀；是衝突融合而和合的世紀，即和合而化生新的人類文化——和合學世紀。」〔註82〕儒家人本價值觀和公共理性思想凸顯了「和合」的思維方法，當代社會公共理性的建構和公共秩序的確立需要「和合」思維方法。本書將 「和合」理念貫穿在當代公共理性的建構之中，沒有「和合」思維就沒有當代公共理性和公共秩序的建立。

　　第三，以中國哲學邏輯體系觀照儒家人本價值和公共理性思想。儒家人本價值凸顯出來主要體現在中國哲學體系的天、地、人三才之中，也就是說人本價值的根源來源於天地之道，沒有天地之道的形而上學基礎，儒家人本價值就成爲無源之水和無本之木。人本價值是人道上的價值，天地之道是人道的根源。中國哲學體系中注重天、地、人三界和天、地、人三才，《周易》非常明確地說：「立天之道曰陰與陽，立地之道曰柔與剛，立人之道曰仁與義。」

〔註78〕《論語・學而》，《四書章句集注》，中華書局，1983年，第51頁。
〔註79〕《論語・子路》，朱熹《四書章句集注》，中華書局，1983年，第147頁。
〔註80〕李長泰：《〈管子〉的天地人和合觀探析》，《管子學刊》2010年第3期，第19頁。
〔註81〕張立文：《和合學概論——21世紀文化戰略的構想》，首都師範大學出版社，1996年，第71頁。
〔註82〕張立文：《和合學——21世紀文化戰略的構想》，中國人民大學出版社，2006年，第56頁。

〔註 83〕聖人以天地之道爲參照確立人道，這是典型的中國哲學的思維路徑。中國哲學從天、地、人三道向外演生，從「內聖」走向「外王」，由個人的修身、修道走向社會的致用，在社會上確立社會制度規範，樹立行爲禮儀標準。儒家君子的人本價值觀和公共理性思想對當代社會公共理性、公共秩序的確立與建構具有重要的示範意義，公共理性的確立要有說服力必須以一種哲學的邏輯體系進行建構和樹立，天、地、人體系和內聖外王架構無疑是一種重要的邏輯體系。

〔註 83〕《周易‧說卦》，《周易正義》，《十三經注疏》，中華書局，1980 年，第 93～94 頁。

第一章　人本價值原人：人本仁人

　　儒家學說建構了士人、賢人、君子、聖人等多種形象以表達自己的學術觀點，包括政治、經濟、文化等各種觀點。儒家君子形象是其中最典型的代表，君子不僅僅是一個外在的社會形象，而且也是一個內在的精神象徵，既體現了君子文質彬彬的外在形象特徵，也體現了君子坦蕩蕩的內在精神境界。君子作爲社會中一個具有普遍意義和價值的人，不僅僅是爲他人存在而存在，同時也追求他成爲「人本身」的意義和價值。儒家追求人的社會價值，強調人本身具有社會道德品性和社會功用，但是社會價值的實現是建立在人自我價值實現的基礎上的，是二者的有機結合，並且從邏輯順序上看，人社會地位的體現以人本價值的實現爲前提，沒有人本價值的實現，儒家君子不可能對社會產生功用，不可能實現其社會價值。儒家的人本價值有其重要的哲學根源，以人爲本的根本原因是天地至上，天、地兩個因素是儒家人本價值的形而上學基礎，無論是道家、儒家、法家、墨家在人本價值根源追尋上都有其的相通之處，天地二元素都是不可忽視的重要哲學基礎。儒家追尋人本價值自然而然地以天地二元素作爲其思維的基礎和思維的對象，最後形成特有的思維方式。儒家形象之所以以士人、賢人、君子、聖人爲形象，發現人本身存在的意義和價值，關鍵就在於儒家建立了天地人爲架構的形而上學基礎。本章將述說儒、道、法、墨四家關於人本價值的不同觀點，重點論述儒家發現人本身存在的意義，即是說什麼樣的人才是眞正的人，人在社會上應該認識到自身是一種具有人本價值的人，即人本自覺，成爲一個有理性的人。儒家認爲人是一個具有仁義本性的人，人本來是「仁」人，人本價值即是以仁義爲根本的價值人。

一、各家異說：人的分野

儒家、道家、法家、墨家對人本身的論述非常多，思想非常豐富，他們對人是什麼和人本價值各有不同的觀點，在人本價值上的分野體現了各家的學派主張，由於對人本身的定義不同，而就分化出不同的哲學、政治、經濟、文化、軍事等觀點。道家追求以自然本性爲核心的人本價值，人本價值是無爲而無不爲。墨家強調以生存價值爲根本的人本價值，主張對人生存權利的基本尊重和對鬼神的基本敬畏。法家認爲人性本惡，不追求人本價值的提升，對人本價值實行抑制，總體上反對人本價值的存在。儒家集中了各家關於人存在的價值之長處，凸顯了人本價值是對人本身的觀照，人本身的價值與社會的價值相結合，儒家集中地展現了人存在的個體價值和整體價值。

1、道法自然：無爲爲本

道家對人存在的價值集中體現爲人與自然合一，以自然存在爲根本的人是最有價值的人，「自然」是人存在的客觀依據，人的價值來源於對「自然」的尊重，自然法則是人行爲的依據。從這個意義上說，道家基本不追求人本身的價值，因爲人的價值屈居於自然之下，以自然爲根本，而不是以人爲根本，人的價值是否崇高體現爲是否對自然具有絕對尊重的趨向。如果說道家也崇尚人本價值，它則是以人與自然的合一而體現出來的崇高價值。無論是老子還是莊子都以人與自然的合一爲人存在的崇高價值。羅安憲教授說：「老子言人，亦言天，然其往往是由天而論及人，且其論人又主要從宏觀之社會著眼。莊子論人亦從人之天出發，然莊子論人已與老子有別，他主要之著眼點已不是社會之人，而是個體之人，是人之精神領域，是人之精神生活。」〔註 1〕羅教授的觀點可謂一針見血，說明老子、莊子都以天論人，而不是以人論天，但天主要指的是自然之天而不是具有神性的天。人本價值是人本身應該具有的價值，道家以天論人，天是崇高至上，人則成爲天的附屬物，人本價值則受到巨大抑制，人失去主體性，道家人本價值一說就難以成爲合理性的表達。

不管怎樣我們還是提出道家人本價值的表達範式，目的是爲了挖掘道家關於人本身的思想話題。道家在人本價值上追求以自然爲根本，人地位的實現要遵從自然之道，也就是說人有沒有人本價值關鍵在於是否以自然之道體

〔註 1〕羅安憲：《虛靜與逍遙——道家心性論研究》，人民出版社，2005 年，第 201 頁。

現出來。道家人本價值體現爲「道法自然」、「自然無爲」、「無爲而無不爲」。老子的人本價值觀直接體現爲「無爲而無不爲」，莊子的人本價值觀直接體現爲「眞人」。「無不爲」和「眞人」都呈現了崇高和幸福兩方面的人本價值要素，也呈現人本價值的實現方式，即無爲成爲「眞人」。

　　第一，老子的人本價值觀以「道法自然」爲根本依據。「道法自然」語出老子《道德經》，老子說：「人法地，地法天，天法道，道法自然。」〔註2〕老子認爲，人最終以自然法則爲參照依據，按照自然法則行事的人是具有價值的人，其邏輯順序是：人依照地的法則，地依照天的法則，天依照道的法則，道依照自然的法則。王弼對這一句作注釋說：「法，謂法則也。人不違地，乃得全安，法地也。地不違天，乃得全載，法天也。天不違道，乃得全覆，法道也。道不違自然，乃得其性，法自然也。法自然者，在方而法方，在圓而法圓，於自然無所違也。自然者，無稱之言，窮極之辭也。用智不及無知，而形魄不及精象，精象不及無形，有儀不及無儀，故轉相法也。道法自然，天故資焉。天法於道，地故則焉。地法於天，人故象焉。」〔註3〕王弼的注釋可以說是精確、精緻，點明了「自然」一詞實際是「無稱」之稱謂，沒有稱謂或者不去稱謂則是自然本界。這種「無稱」之稱謂也指的是宇宙之大全，不稱謂它就是「自然」。自然可以有兩種意指，一是指自然本界，意思是宇宙，陸九淵說：「四方上下曰宇，往古來今曰宙。」〔註4〕宇宙說明了空間和時間概念在自然中的稱謂，時間和空間必然是自然本界，二是指本有之狀態，意思是本來之狀態，自然而然的，沒有人爲的干預和造作，也就是王弼所說的本來之狀態，「無稱」之稱謂，人不去稱謂自然本界，不對自然本界進行干預，即是「自然」，這正是莊子所說的自本自根，「今彼神明至精，與彼百化，物已死生方圓，莫知其根也，扁然而萬物自古以固存。六合爲巨，未離其內；秋豪爲小，待之成體。天下莫不沉浮，終身不故；陰陽四時運行，各得其序。悃然若亡而存，油然不形而神，萬物畜而不知。此之謂本根，可以觀於天矣。」〔註5〕莊子說本來之狀態或者本原之狀態即是本根，萬物固存，各得其序，即是本原之狀態。這種狀態也是自然，也是宇宙之大全。莊子說：「夫道，有情

〔註2〕《道德經・二十五章》，朱謙之《老子校釋》，中華書局，1984年，第103頁。
〔註3〕《老子道德經注》，樓宇烈《王弼集校釋》，中華書局，1980年，第65頁。
〔註4〕《雜著》，卷二十二，陸九淵《陸九淵集》，中華書局，1980年，第273頁。
〔註5〕《知北遊第二十二》，外篇，郭慶藩《莊子集釋》，中華書局，1961年，第735頁。

有信，无爲无形；可傳而不可受，可得而不可見；自本自根，未有天地，自古以固存；神鬼神帝，生天生地；在太極之先而不爲高，在六極之下而不爲深，先天地生而不爲久，長於上古而不爲老。」〔註6〕世界宇宙得以存在，其原因不能稱謂，是「自本自根」所致。道家將世界的根源說成是「自本自根」，最後不能稱謂，就取名爲「道」，老子說：「有物混成，先天地生，寂漠！獨立不改，周行不殆，可以爲天下母。吾不知其名，字之曰道。」〔註7〕「道」就是指「自本自根」，不能稱謂，實際上就是「自然」，說到底就是本來之狀態。理學的集大成者朱熹也說：「有質則有文，有本則有末。徒文而無質，如何行得？譬如樹木，必有本根，則自然有枝葉華實。若無本根，則雖有枝葉華實，隨即萎落矣。」〔註8〕儒家對本根的尋求與道家相比有些差分，儒家的「本根」說的是事物的根源和本原，追求哲學上的形而上學，但不是說事物的本來狀態，不追求自然本界，道家則認爲本根是自然本界，是「無稱」之稱。但二者也有一致的地方，即是都從事物的最初根源上去尋求，道家說是自然，儒家說是本根和本體，道家認爲本根不能稱謂而有「自本自根」，取名爲「道」和「自然」，儒家認爲本根能夠稱謂而有「本」、「末」範疇相對照。

第二，道家「道法自然」的邏輯進程是要讓人去「自然無爲」。道家的「道法自然」是他人本思想產生的哲學依據，而人本價值的實現必須依據自然之道，即「道法自然」。「自然無爲」即是以自然的本來性狀爲法則，不要干預自然，行動實現無爲。無爲的意思是指不要過於有所作爲，要依照自然法則處事，無爲不是無所作爲，而是在自然法則的框框內行事，老子認爲超出自然法則的行爲不可能達不到目的，也沒有益處。老子說：「是以聖人處無爲之事，行不言之教。」〔註9〕處事無爲是總綱，是實現人本價值的總原則。王弼注釋說：「自然已足，爲則敗也。智慧自備，爲則僞也。」〔註10〕不能依據自己的主見行事、辦事，智慧會自然而然地產生。文子說：「所謂無爲者，不先

〔註6〕《大宗師第六》，內篇，郭慶藩《莊子集釋》，中華書局，1961年，第246～247頁。

〔註7〕《道德經・二十五章》，朱謙之《老子校釋》，中華書局，1984年，第100～101頁。

〔註8〕《論語七・八佾篇》，卷二十五，黎靖德《朱子語類》，中華書局，1986年，第608頁。

〔註9〕《道德經・二章》，朱謙之《老子校釋》，中華書局，1984年，第10頁。

〔註10〕《老子道德經注》，樓宇烈《王弼集校釋》，中華書局，1980年，第6頁。

物爲也。無治者，不易自然也。無不治者，因物之相然也。」〔註11〕無爲是不以己爲先，而以自然爲先，不先入爲見，而以自然法則爲先導。老子說：「天下之至柔，馳騁天下之至堅。無有入於無間。是以知無爲有益。不言之教，無爲之益，天下希及之。」〔註12〕無爲對人本身是有價值的，因爲「至柔」能征服「至堅」，說明無爲能實現人本身的價值追求。「我無爲，人自化；我好靜，人自正；我無事，人自富；我無欲，人自樸。」〔註13〕無爲處事既能夠實現自身的價值，即以人爲本，同時也能夠實現社會治理，人本價值實現的同時也能實現社會價值，最終可能實現人的崇高價值，而崇高價值是人本價值的一個重要方面。老子總結「無爲」的價值時說：「是以聖人無爲，故無敗；無執，故無失。」〔註14〕無爲、無執，則能實現自我價值，「無爲」能夠把握世界大全。老子以自然爲本，轉換到以無爲本，實際上凸顯了人在「自然」面前人本身應具有的價值，即是人與自然的合一，自然在先，人本價值通過自然來體現。以自然爲本，以無爲本，其結果是人實現了人本價值的崇高和幸福，也實現了人本價值的自由，這也類同於孔子所說「從心所欲，不逾矩」。〔註15〕莊子也認爲人的價值實現需要無爲，「故君子不得已而臨莅天下，莫若无爲。无爲也而後安其性命之情。故貴以身於爲天下，則可以託天下；愛以身於爲天下，則可以寄天下。故君子苟能无解其五藏，无擢其聰明；尸居而龍見，淵默而雷聲，神動而天隨，從容无爲而萬物炊累焉。吾又何暇治天下哉！」〔註16〕治理天下必須「無爲」，「無爲」能夠安定性命之情，得天下要以身爲貴，以身爲貴則要爲天下著想。

第三，道家的人本價值最後以「無爲而無不爲」來實現。「無不爲」實際上是價值目標的實現，也就是說通過自然無爲的行動，最後實現了「無不爲」的人本價值。「無不爲」既能實現自身的利益，又能實現社會的利益，既有物質利益的滿足，又有精神需求的實現。老子說：「上德無爲而無以爲，下德無爲而有以爲。」〔註17〕「無爲」就是以無爲本，結果是無所偏失。王

〔註11〕　《文子‧道原》，卷一，王利器《文子疏義》，中華書局，2000 年，第 11 頁。
〔註12〕　《道德經‧四十三章》，朱謙之《老子校釋》，中華書局，1984 年，第 177～179 頁。
〔註13〕　《道德經‧五十七章》，朱謙之《老子校釋》，中華書局，1984 年，第 232 頁。
〔註14〕　《道德經‧六十四章》，朱謙之《老子校釋》，中華書局，1984 年，第 260 頁。
〔註15〕　《論語‧爲政》，朱熹《四書章句集注》，中華書局，1983 年，第 54 頁。
〔註16〕　《在宥第十一》，外篇，郭慶藩《莊子集釋》，中華書局，1961 年，第 369 頁。
〔註17〕　《道德經‧三十八章》，朱謙之《老子校釋》，中華書局，1984 年，第 151 頁。

弼對此注釋說：「以無爲用，則莫不載也。故物，無爲，則無物不經；有爲，則不足以免其生。是以天地雖廣，以無爲心；聖王雖大，以虛爲主。故曰以復而視，則天地之心見；至日而思之，則先王之至覩也。故滅其私而無其身，則四海莫不瞻，遠近莫不至；殊其己而有其心，則一體不能自全，肌骨不能相容。」〔註18〕王弼的意思是「以無爲用」能夠保全自己，是人實現自身長遠利益的重要方式，也是自我全面發展的方法，因此「無爲而無不爲」。王弼以「無爲」作爲人本價值實現的重要手段。老子說：「爲學日益，爲道日損，損之又損之，以至於無爲。無爲無不爲。取天下常以無事，及有其事，不足以取天下。」〔註19〕無爲可以取得天下，老子提出四大治理天下的原則，即是「無爲」、「好靜」、「無事」、「無欲」，主張「以正治國，以奇用兵，以無事取天下」〔註20〕王弼對老子的這段話注釋說：「有爲則有所失，故無爲乃無所不爲也。」〔註21〕「無爲」具有「大全」的特點，因此需要「無爲而無不爲」。馮友蘭說：「道家的中心問題本來是全生避害，躲開人世的危險。老子對於這個問題的回答和解決，就是如此。謹慎地活著的人，必須柔弱、謙虛知足。」〔註22〕馮友蘭的觀點切中要害，道家以「自然」爲人存在的根本，以「無爲」作爲運用的手段，目的是爲了保全自身和順利治理社會，這是人本價值的重要體現，道家思想表面看來比較注重自然，有些不關注自身，不關注人本價值，但實質上是實現趨利避害，這是人本價值的真正體現，一般認爲道家不太注重人本價值，但從深層次上看，道家人本價值還是比較全面和深刻的。老子說：「以其不爭，故天下莫與之爭。」〔註23〕文子說：「是以聖人無執故無失，無爲故無敗。」〔註24〕他「不爭」的結果是天下沒有辦法與他爭奪勝利，「無爲」而沒有失敗，說的就是「無爲而不爲」的道理，實現了自身的價值目標，人本價值在「無爲」的狀態下最後得以實現，依此而論，道家還是比較關注人本價值的。

〔註18〕《老子道德經注》，樓宇烈《王弼集校釋》，中華書局，1980 年，第 93 頁。

〔註19〕《道德經・四十八章》，朱謙之《老子校釋》，中華書局，1984 年，第 192～194 頁。

〔註20〕張立文、張緒通、劉大椿：《玄境——道學與中國文化》，人民出版社，2005 年，第 8 頁。

〔註21〕《老子道德經注》，樓宇烈《王弼集校釋》，中華書局，1980 年，第 128 頁。

〔註22〕馮友蘭：《中國哲學簡史》，北京大學出版社，1996 年，第 87 頁。

〔註23〕《道德經・六十六章》，朱謙之《老子校釋》，中華書局，1984 年，第 269 頁。

〔註24〕《文子・符言》，卷四，王利器《文子疏義》，中華書局，2000 年，第 180 頁。

　　第四，莊子的人本價值觀是「虛」、「靜」。道家莊子對老子的「無爲而無不爲」作了進一步的解釋，提出「無爲」需要「虛而靜」，文子也以老子「無爲」思想爲原本，對「無爲而不爲」作了闡釋。莊子說：「天地無爲也而無不爲也，人也孰能得無爲哉！」〔註25〕莊子希望人依據天地的特點做到「無爲而無不爲」。「徹志之勃，解心之謬，去德之累，達道之塞。貴富顯嚴名利六者，勃志也。容動色理氣意六者，謬心也。惡欲喜怒哀樂六者，累德也。去就取與知能六者，塞道也。此四六者不盪胷中則正，正則靜，靜則明，明則虛，虛則无爲而无不爲也。道者，德之欽也；生者，德之光也；性者，生之質也。性之動，謂之爲；爲之僞，謂之失。」〔註26〕莊子認爲如果能夠去掉志、心、德、道四個方面，做到心中之虛，則能無爲而無不爲。莊子的無爲即是心中虛而靜，動則容易失去一切。文子說：「是以聖人內修其本，而不外飾其末，屬其精神，偃其知見，故漠然無爲而無不爲也，無治而無不治也。」〔註27〕文子認爲無爲而無不爲能夠實現自身精神上的愉悅，使人自身境界得到提升，一是內修其本，即精神修養，二是不追求物欲，即去掉外飾，不要固執。人本價值重點在精神的自由，精神幸福、境界崇高、個性自由是人本價值的三個方面，道家對精神愉悅、境界崇高的關注相當深刻，這種精神幸福和個性自由不是以社會爲基準，而是跳脫社會對物欲追求的負累，在社會之外尋求一種精神上的自由和境界崇高。這也正是道家出世和儒家入世的分野，道家的人本價值在社會之外去尋求，儒家的人本價值在社會之內去尋求。基於人本價值在社會之內去尋求，必然以仁義爲先，而道家認爲仁義不符合自然之理，仁義在道家看來是有爲，是做作出來的。老子說：「大道廢，有人義」〔註28〕「人義」也可作「仁義」，道家認爲儒家的「仁義」違背了自然法則，是有爲的行徑。自然法則不需要做作，而是自然而然的行徑。自然而然的法則根本不強求仁義。基於此，荀子對儒家的性善論提出質疑，他說：「人之性惡，其善者僞也。」〔註29〕荀子認爲社會中人都追求自身利益，仁義之善是做作，本性是惡的。司馬遷說：「天下熙熙，皆爲利來；天下壤壤，皆爲

〔註25〕　《至樂第十八》，外篇，郭慶藩《莊子集釋》，中華書局，1961年，第612頁。
〔註26〕　《庚桑楚第二十三》，雜篇，郭慶藩《莊子集釋》，中華書局，1961年，第810頁。
〔註27〕　《文子‧道原》，卷一，王利器《文子疏義》，中華書局，2000年，第11頁。
〔註28〕　《道德經‧十八章》，朱謙之《老子校釋》，中華書局，1984年，第72頁。
〔註29〕　《荀子‧性惡》，王先謙《荀子集解》，中華書局，1988年，第434頁。

利往。」〔註30〕荀子認爲追求物質利益是人的本性。道家看到了人追求物質利益而非常苦累，不利於人本身價值的實現，莊子說：「無爲而尊者，天道也；有爲而累者，人道也。主者，天道也；臣者，人道也。天道之與人道也，相去遠矣，不可不察也。」〔註31〕人道即是社會名利物欲追求之道，讓人心累，不讓人快樂，不能實現人本價值。莊子希望擺脫物欲之苦，追求精神上的快樂。莊子說：「『知天樂者，其生也天行，其死也物化。靜而與陰同德，動而與陽同波。』故知天樂者，無天怨，無人非，無物累，無鬼責。」〔註32〕莊子在人的精神上主張追求天樂，有天樂的人不會受物的拖累，超然與天地爲一，自得其樂。莊子說：「天地與我並生，而萬物與我爲一。」〔註33〕莊子的天樂境界與天地萬物融爲一體，是一種超美的境界。莊子之樂不僅僅限於天樂，目的是爲了達到「眞人」境界。

「何謂眞人？古之眞人，不逆寡，不雄成，不謨士。若然者，過而弗悔，當而不自得也。若然者，登高不慄，入水不濡，入火不熱。是知之能登假於道者也若此。古之眞人，其寢不夢，其覺無憂，其食不甘，其息深深。眞人之息以踵，眾人之息以喉。屈服者，其嗌言若哇。其耆欲深者，其天機淺。古之眞人，不知說生，不知惡死；其出不訢，其入不距；翛然而往，翛然而來而已矣。不忘其所始，不求其所終；受而喜之，忘而復之，是之謂不以心捐道，不以人助天。是之謂眞人。若然者，其心志，其容寂，其顙頯凄然似秋，暖然似春，喜怒通四時，與物有宜而莫知其極。」〔註34〕眞人的境界是不拒絕寡貧，不居功自傲，不謀求官位，不後悔時機錯過，眞人的境界沒有恐懼，一切自然而然，沒有憂愁，不害怕死亡，與四時相通，達到與天地萬物相容的狀態。

「古之眞人，其狀義而不朋，若不足而不承；與乎其觚而不堅也，張乎其虛而不華也；邴邴乎其似喜乎！崔乎其不得已乎！滀乎進我色也，與乎止我德也；厲乎其似世乎！謷乎其未可制也；連乎其似好閉也，悗乎忘其言也。以刑爲體，以禮爲翼，以知爲時，以德爲循。以刑爲體者，綽乎其殺也；以

〔註30〕《貨殖列傳第六十九》，卷一百二十九，《史記》，中華書局，2006年，第752頁。
〔註31〕《在宥第十一》，外篇，郭慶藩《莊子集釋》，中華書局，1961年，第401頁。
〔註32〕《天道第十三》，外篇，郭慶藩《莊子集釋》，中華書局，1961年，第462頁。
〔註33〕《齊物論第二》，內篇，郭慶藩《莊子集釋》，中華書局，1961年，第79頁。
〔註34〕《大宗師第六》，外篇，郭慶藩《莊子集釋》，中華書局，1961年，第226～231頁。

禮爲翼者，所以行於世也；以知爲時者，不得已於事也；以德爲循者，言其與有足者至於丘也；而人眞以爲勤行者也。故其好之也一，其弗好之也一。其一也一，其不一也一。其一與天爲徒，其不一與人爲徒。天與人不相勝也，是之謂眞人。」〔註35〕莊子的眞人還是無與倫比的狀態，正如羅安憲教授所說：「眞人神態巍峨無以爲比，率性而動而無所稟承，雍容自得、介然不群而不固執，心志開闊而不浮華，暢然和適而似喜，迫而後動似不得已，內心充實而和藹可親，德行寬厚而令人歸依，胸懷寬廣可以包容一切，高遠超邁而不可限度，沉默不語好似封閉了感覺，不用心機好似無以爲言。」〔註36〕羅安憲教授對莊子眞人的解釋比較到位和貼切。眞人的境界非常專一，好惡都專一。眞人的從總體上說還是以自然爲本，以無爲爲處事方式，但其中卻隱藏著天與人的智慧，是天地合一，更是天人合一。

　　從以上的論述可以看出，道家的人本價值並不追求純粹的以人爲本，其人本價值體現在以自然爲核心價值體系之中，以自然爲法則，以無爲爲處事方法，其目的是爲了實現人本身價值，人本價值是無爲而無不爲。道家人本價值的宗旨是自然無爲而無不爲，雖然不是直接的以人爲本而是以自然爲本，但人本價值還是在較深刻的程度上進行了彰顯，即在遵從了自然規律的基礎上實現人物質和精神需求上的價值，實際上還是以人爲本，人的價值在對自然的遵從中實現價值崇高和精神幸福。爲了達到個性自由和快樂，主張人出世而不被物質欲望所拖累，尋求一種超然的精神快樂，徹底擺脫塵世物欲功利爲目標的價值評價體系，達到一種純粹精神上幸福快樂的絕對境界，從反向尋求一種人本價值的提升。實際上道家的人本價值觀主張部分地符合人本價值的視野，一是實現了人本價值中個性的自由，二是實現了人本價值中精神的崇高和幸福，但問題是道家人本價值主張只能是部分地實現，因爲人是以群體形式和社會關係形式出現在社會之中的，人不可能全部地以避世的態度去尋求純粹的人本價值，人必須處於社會關係中並且必然結成群體關係，人也只有在社會之中才能成爲人的本質，馬克思主義認爲人是社會關係的產物，人的本質要在社會實踐才能眞正體現。人的價值和幸福只有在社會中體現出來才能眞正實現人的價值，而不是脫離社會。要眞正實現人本價值

〔註35〕　《大宗師第六》，外篇，郭慶藩《莊子集釋》，中華書局，1961 年，第 234～235 頁。

〔註36〕　羅安憲：《虛靜與逍遙——道家心性論研究》，人民出版社，2005 年，第 223 頁。

不可能迴避社會現實功利衝突，作爲一個負責的知識分子和有智慧的人不是迴避社會現實和面對社會現實，爲社會建構一個具有實現人本價值的合理的社會秩序。道家不能擔當起這種社會責任，因爲其主張與這種責任存在著巨大的分野，這種擔當精神和人本價值的尋求還必須由其他學派來完成，儒家的仁義學說和人本價值觀擔當起了這種挑戰。

2、墨家功效：生存爲本

墨家在人本價值觀上不同於道家，道家比較迴避社會現實，上昇到玄冥的狀態。墨家不是迴避現實，而是強烈地面對現實，對社會現實中的矛盾提出了自己的見解和並對化解矛盾的方法給出了設計，建議制定相應的社會制度。墨家代表的是下層勞動人民群眾，其學說主張反映的是勞動人民群眾的願望，從人本價值上說，更體現普通勞動人民群眾的人本價值需求，墨家人本價值觀更具有典型的意義，凸顯了以民爲本，這種以民爲本主要是以勞苦大眾的生存爲本，墨子人本價值觀的核心是以生存爲本，處於人本價值要素中的基本要素階段。這裡以《墨子》一書爲中心主要論述墨子本人的人本價值觀。

《墨子》思想代表了下層勞苦大眾的願望，主張以人民爲根本，關照平民階層的人本價值。墨子反對貴族特權，認爲不能純粹以貴族的利益爲根本，而當權者應該考慮普通民眾的疾苦。在墨子所處的時代，儒家的出身多是貴族和上層階級，因此墨子比較反對儒家的主張，因爲儒家沒有堅持以普通民眾爲根本。錢穆說：「先秦學派，不出兩流：其傾向於貴族化者曰『儒』，其傾向於平民化者曰『墨』。儒者偏重政治，墨者偏重民生。」〔註37〕學者將儒家哲學理解爲政治哲學是有道理的。馮友蘭說：「在中國歷史上，儒和俠都源出於依附貴族『家』的專家，他們本身都是上層階級的分子。到了後來，儒仍然大都出身於上層或中層階級；而俠則不然，更多的是出身於下層階級。在古代，禮樂之類的社會活動完全限於貴族；所以從平民的觀點看來，禮樂之類都是奢侈品，毫無實用價值。墨子和墨家，正是從這個觀點，來批判傳統制度及其辯護者孔子和儒家。」〔註38〕正是基於墨子反對儒家的貴族地位，就極力維護平民階層和勞苦大眾的利益，因此墨子提倡「節葬」、「非樂」、「非攻」等主張，這些主張都是人本價值的體現。墨子反對貴族自然要反對貴族

〔註37〕錢穆：《國學概論》，商務印書館，1997年，第59頁。
〔註38〕馮友蘭：《中國哲學簡史》，北京大學出版社，1996年，第45頁。

依賴的制度，這些制度都是以孔子為代表的儒家所宣揚的主張，因此墨子自然而然就反對孔子的學說。馮友蘭說：「墨子反貴族而因及貴族所依之周制。故其學說，多係主張之反面，蓋對於周制之反動也。因儒家以法周相號召，故墨子自以其學說為法夏以抵制之。蓋當時傳說中之禹，本有節儉勤苦之名，觀《論語》所說可知：故墨子樂以此相號召也。」〔註 39〕孔子的確提到禹節儉勤苦，「禹，吾無間然矣。菲飲食，而致孝乎鬼神；惡衣服，而致美乎黻冕；卑宮室，而盡力乎溝洫。禹，吾無間然矣。」〔註 40〕孔子的意思是對大禹不能提出非議，禹在飲食、衣服上非常節儉，勤勞於田間水道，致力民事，因此不能非議他。墨子提倡夏制而不不提倡周制的原因自然清楚明白，夏禹比較勤儉，與墨子的主張有些相似，而孔子提倡周制，周制崇尚禮樂，有些奢侈浪費，自然是墨子所反對的。馮友蘭說：「孔子對於西周的傳統制度、禮樂文獻，懷有同情的瞭解，力求以倫理的言辭論證它們是合理的，正當的；墨子則相反，認為它們不正當，不合用，力求用簡單一些，而且在他看來有用一些的東西代替之。」還說：「孔子是文雅的君子，墨子是戰鬥的傳教士。他傳教的目的在於，把傳統的制度和常規，把孔子以及儒家的學說，一齊反對掉。」〔註 41〕墨子反對孔子所代表的儒家思想無非是為了讓當政者關注老百姓的生存和利益，不僅僅是關注貴族的利益，以百姓的生存為本，墨子的人本價值觀無疑是以大多數民眾的利益為根本。墨子在反對儒家思想時體現了他的人本價值觀，墨子的《非儒》主要是反對儒家思想。

　　首先，他反對「親親有術，尊賢有等」和儒家守喪的時間。墨子說：「若以親疏為歲月之數，則親者多而疏者少矣，是妻、後子與父同也。若以尊卑為歲月數，則是尊其妻子與父母同，而親伯父宗兄而卑子也。逆孰大焉？其親死，列尸弗斂，登屋窺井，挑鼠穴，探滌器，而求其人焉。以為實在，則贛愚甚矣。如其亡也，必求焉，偽亦大矣！」〔註 42〕意思是「親疏有別，尊賢有等」的儒家主張沒有堅持以人為本，實際上親疏有別並沒有親近自己親近的人，「親親」觀點都是錯誤的，人死了再去守喪禮、盡孝道，這都是假的。

〔註39〕馮友蘭：《中國哲學史》（上），《三松堂全集》（第二卷），河南人民出版社，
　　　　2001 年，第 324 頁。
〔註40〕《論語‧泰伯》，朱熹《四書章句集注》，中華書局，1983 年，第 108 頁。
〔註41〕馮友蘭：《中國哲學簡史》，北京大學出版社，1996 年，第 44 頁。
〔註42〕《墨子‧非儒下第三十九》，孫詒讓《墨子閒詁》，中華書局，2001 年，第 287
　　　　～288 頁。

等級制度的存在並沒有堅持人本價值觀，沒有實現以人爲本。

其次，墨子非常反對儒家的命定論。儒家提倡：「壽夭貧富，安危治亂，固有天命，不可損益。窮達賞罰，幸否有極，人之知力，不能爲焉」。他說：「群吏信之，則怠於分職。庶人信之，則怠於從事。吏不治則亂，農事緩則貧，貧且亂政之本而儒者以爲道教，是賊天下之人者也。」〔註43〕墨家反對「命定論」，「命定論」將人的價值歸附於天，人失去了主體性，墨家認爲儒家的天命論對現實治理極爲不利，這容易使官吏瀆職，使老百姓不安於生產而聽天由命，禍害無窮，這不是以人爲本，墨子說：「執有命者不仁。」〔註44〕他認爲應該鼓勵官員和百姓積極有爲忙於治理和農業生產。墨子還對儒家其他方面的主張進行了批評，主要是從百姓利益和人本價值的視角進行審視，具有重要的理論意義和現實價值。

墨子從普通百姓利益出發主張以百姓爲根本，提倡「節葬」、「非樂」、「非攻」等主張實際上就是強調以人爲本、恩惠普適的人本價值觀。在古代社會人的生存價值是首要的價值，生存、生命的存在在當時體現得比較突出，生命的威脅在黎民百姓中時常存在，因此墨子首要的人本價值觀突出了生存價值，也是最基本的人本價值。墨子以「三表」的認識標準倡導以人爲本，強調人本價值。「子墨子言曰：必立儀，言而毋儀，譬猶運鈞之上而立朝夕者也，是非利害之辨，不可得而明知也。故言必有三表。何謂三表？子墨子言曰：有本之者，有原之者，有用之者。於何本之？上本之於古者聖王之事。於何原之？下原察百姓耳目之實。於何用之？廢以爲刑政，觀其中國家百姓人民之利。此所謂言有三表也。」〔註45〕「三表」法雖然是一個認識論的命題，但反映的也是人本價值觀的命題，其中「百姓耳目之實」、「百姓人民之利」兩個對象即是考慮了百姓的生存，以百姓爲本，體現了基本的人本價值內涵。墨子讚揚考慮百姓生存利益的「義人」，反對「執命者」，「今用執有命者之言，是覆天下之義。覆天下之義者，是立命者也，百姓之誶也。說百姓之誶者，是滅天下之人也。然則所爲欲義在上者，何也？曰：義人在上，

〔註43〕《墨子‧非儒下第三十九》，孫詒讓《墨子閒詁》，中華書局，2001 年，第 290 ～291 頁。

〔註44〕《墨子‧非命上第三十五》，孫詒讓《墨子閒詁》，中華書局，2001 年，第 265 頁。

〔註45〕《墨子‧非命上第三十五》，孫詒讓《墨子閒詁》，中華書局，2001 年，第 265 ～266 頁。

天下必治，上帝山川鬼神必有幹主，萬民被其大利。」〔註46〕墨子認爲眞正的「義人」能夠給百姓帶來眞正的利益，使天下得到治理，百姓能夠受到實際利益。百姓得到實惠，生存得到保障必然是以百姓爲本，實現了百姓的人本價值。墨家的人本價值觀是以百姓爲本，滿足百姓的基本生存條件。墨子接著提出「三法」，「是故言有三法。何謂三法？曰：有考之者，有原之者，有用之者。惡乎考之？考先聖大王之事。惡乎原之？察眾之耳目之請。惡乎用之？發而爲政乎國，察萬民而觀之。此謂三法也。」〔註47〕認識事物和處理事情的三種方法的中心焦點在於考察百姓的心情和心聲，體察百姓的生活情況，以百姓的實際情況作爲認識和處理事務的出發點。「三表」和「三法」都強調以百姓的生存和生活條件作爲認識的出發點和切入點，以百姓的生存爲根本，這種認識方法體現了以人爲本、以百姓爲本的人本價值觀。最後墨子對「命定論」的不當之處作了總結：「子墨子言曰：今天下之士君子，中實將欲求興天下之利，除天下之害，當若執有命者之言，不可不強非也。曰：命者，暴王所作，窮人所術，非仁者之言也。今之爲仁義者，將不可不察而強非者此也。」〔註48〕以人爲本，以大多數人的利益爲根本，不能夠相信「命定論」，統治者宣揚「命定論」和相信「命」是爲了其個人的目的，或者是爲了小團體利益，不是關注老百姓的生存、生活。眞正的仁義者不宣揚「命定論」和不相信「命」，仁義者必然以天下之利益爲利益，以百姓爲核心話題。

　　墨子的人本價值觀以大多數人的利益爲重點，突出了以生存和生活爲根本點，其人本價值觀也只是處於最基本的初級階段，即以生存價值爲核心，這與儒家相比顯得較低級一些。實際上，人本價值除了基本的生存價值，還有尊嚴、幸福、崇高、自由、正義的人本價值追求，而墨子的人本價值觀顯然沒有達到這一層次，談不上對崇高、雅致、和美的人本價值追求。張立文教授根據中國古代天、地、人三才哲學體系將世界分爲和合生存世界、和合意義世界和和合可能世界，「地」是生存世界，「人」是意義世界，「天」是可

〔註46〕《墨子・非命上第三十五》，孫詒讓《墨子閒詁》，中華書局，2001年，第267～268頁。

〔註47〕《墨子・非命下第三十七》，孫詒讓《墨子閒詁》，中華書局，2001年，第278頁。

〔註48〕《墨子・非命下第三十七》，孫詒讓《墨子閒詁》，中華書局，2001年，第285～286頁。

能世界，〔註 49〕並且說「生存世界（『地』）是意義世界（『人』）和可能世界
（『天』）的基礎」。〔註 50〕儘管張教授的觀點沒有得到學術界廣泛的贊同，但
其對三層世界的劃分是非常有道理的。很明顯，可能的世界是高雅和藝術的
世界，遠遠超出了生存的世界，並且高於意義的世界。張立文教授說：「藝術
是人類精神家園的一種形式。」〔註 51〕生存是基礎的物質層次，道德是現實
的關係層次，藝術是高雅的精神層次，生存功利、道德倫理和高雅藝術都緊
密相連。墨子以百姓的生存為根本，顯然這是一種基礎的物質層次，還沒有
涉及到藝術的高雅層次，也正是基於此種觀點，墨家反對儒家的禮樂制度，
因為墨子認為老百姓首先是以生存為本，在當時還沒有考慮到禮樂和高雅藝
術的層次，那是貴族的生活和享受，與老百姓無關，這自然不在墨家的思考
範圍之內。牟宗三在論述《人物志·材理篇》中「四理」時說：「四部之理謂
道理、事理、義理、情理。道理是形而上學的，事理是屬於政治社會的，義
理是屬於禮樂教化的，情理是屬於人情屈伸進退之幾微的，此皆是生活密切
相連的具體的內容之理。」還說：「美趣與智悟足以解放人之情性。」〔註 52〕
顯然墨子所說的人本價值處於情理和事理的認識階段，還沒有達到道理和義
理的認識階段，更沒有美趣和智悟的認識，而儒家的禮樂教化則達到了藝術
高雅的精神層次，美趣和智悟自然是儒家思想探究的對象和思量的問題。陸
玉林教授說：「墨家是站在王公大人的立場，從社會中下層的所欲、所需，考
慮如何『為政於國家』。儒家則是站在聖王的立場，從士君子的所欲、所需，
探索修身治國之道。墨家之為學境界，終究比儒家低一層；對問題的觀察與
思考，也比儒家褊狹；儒家維護『周道』而實『維新』；墨家激烈批判『周道』
而實守舊。」〔註 53〕陸教授的觀點儘管有些偏頗，但說明墨家的學術思想是
不及儒家的。從這個意義上說，儒家仁義思想與墨家不差上下，但儒家仁義
的範圍是全體國民，墨家的仁義則限於當政者對於百姓體現為仁義。儒家思
想自然比墨家的豐富得多，具有更大的可接受性和普世性。

〔註 49〕 參見張立文：《和合學——21 世紀文化戰略的構想》，中國人民大學出版社，
　　　　2006 年，第 100～106 頁。

〔註 50〕 張立文：《和合學——21 世紀文化戰略的構想》，中國人民大學出版社，2006
　　　　年，第 102 頁。

〔註 51〕 張立文：《和合哲學論》，人民出版社，2004 年，第 295 頁。

〔註 52〕 牟宗三：《才性與玄理》，廣西師範大學出版社，2006 年，第 53～54、56 頁。

〔註 53〕 陸玉林：《中國學術通史》（先秦卷），人民出版社，2004 年，第 188～189 頁。

墨子關注人本價值的途徑主要是「節葬」、「非樂」、「非攻」。

首先，墨子主張「節葬」。墨子認爲「厚葬」之風浪費嚴重，物產盡埋，令富人失去甚多，令貧者傾家蕩產，「今雖毋法執厚葬久喪者言，以爲事乎國家。此存乎王公大人有喪者，曰棺椁必重，葬埋必厚，衣衾必多，文繡必繁，丘隴必巨。存乎匹夫賤人死者，殆竭家室。乎諸侯死者，虛車府，然後金玉珠璣比乎身，綸組節約，車馬藏乎壙，又必多爲屋幕，鼎鼓、几梴、壺濫，戈劍、羽旄、齒革，寢而埋之，滿意。若送從，曰：『天子殺殉，眾者數百，寡者數十。將軍大夫殺殉，眾者數十，寡者數人。』」〔註54〕「厚葬」既浪費錢財，又傷害人的生命，因爲有殉葬的情況，這的確沒有以人爲本，沒有關注人本價值。墨子主張「節葬」，這是人本價值的基本要求。針對守喪三年的情況，墨子認爲這也是不正確的，實際上沒有顧及人本生存，這使人不從事生產或者不從事本職工作。「『上士之操喪也，必扶而能起，杖而能行，以此共三年。』若法若言，行若道，使王公大人行此，則必不能蚤朝。五官六府，辟草木，實倉廩。使農夫行此，則必不能蚤出夜入，耕稼樹藝。使百工行此，則必不能修舟車爲器皿矣。使婦人行此，則必不能夙興夜寐，紡績織絍。細計厚葬爲多埋賦之財者也，計久喪爲久禁從事者也。財以成者，扶而埋之，後得生者而久禁之，以此求富，此譬猶禁耕而求穫也，富之說無可得焉。是故求以富家而既已不可矣。」〔註55〕意思是守喪三年必然不能使上層統治者進行治理，使手工業者不能製作器皿，使婦女不能紡線織布，「厚葬」使財物盡埋，這些不能使黎民、國家富裕起來，使百姓的生存出現了大問題，沒有做到以人爲本。「今天下之士君子，中請將欲爲仁義，求爲上士，上欲中聖王之道，下欲中國家百姓之利，故當若節喪之爲政，而不可不察此者也。」〔註56〕墨子主張從黎民的利益出發就應該堅持以人爲本，強調人本價值，要推行節葬之風。

其次，墨子主張「非樂」。「非樂」即是不大肆推行禮樂，原因是禮樂造成很大的浪費。「仁之事者，必務求興天下之利，除天下之害。將以爲法乎天下，利人乎，即爲；不利人乎，即止。且夫仁者之爲天下度也，非爲其目之

〔註54〕《墨子‧節葬下第二十五》，孫詒讓《墨子閒詁》，中華書局，2001年，第171～173頁。

〔註55〕《墨子‧節葬下第二十五》，孫詒讓《墨子閒詁》，中華書局，2001年，第174～176頁。

〔註56〕《墨子‧節葬下第二十五》，孫詒讓《墨子閒詁》，中華書局，2001年，第190頁。

所美，耳之所樂，口之所甘，身體之所安，以此虧奪民衣食之財，仁者弗爲也。」〔註57〕「興天下之利，除天下之害」即是強調典型的人本價值，以人爲本，以人爲本則不爲耳、目、口、身的感覺而計較，而以天下人的利益作打算，不是一個感性的人，而是一個理性的人，理性的人即是仁義的人，仁義的人則強調公共理性。「子墨子之所以非樂者，非以大鐘鳴鼓、琴瑟竽笙之聲以爲不樂也，非以刻鏤華文章之色以爲不美也，非以犓豢煎炙之味以爲不甘也，非以高臺厚榭邃野之居以爲不安也。雖身知其安也，口知其甘也，目知其美也，耳知其樂也，然上考之不中聖王之事，下度之不中萬民之利。是故子墨子曰：爲樂非也。」〔註58〕「非樂」的原因是「樂」不符合聖王之事，不符合百姓人民的利益。

再次，墨子主張「非攻」。「非攻」即是不要攻戰，因爲攻戰勞民傷財，凶多吉少，黎民、國家得不到實實在在的利益。「古者有語曰：『君子不鏡於水，而鏡於人。鏡於水，見面之容。鏡於人，則知吉與凶。』今以攻戰爲利，則蓋嘗鑒之於智伯之事乎？此其爲不吉而凶，既可得而知矣。」〔註59〕攻戰是害處多，利益少，最主要是對天下百姓害處多。墨子描述了戰爭對人民百姓的害處，「然而又與其散亡道路，道路遼遠，糧食不繼際，食飲之時，廁役以此飢寒凍餒疾病，而轉死溝壑中者，不可勝計也。此其爲不利於人也，天下之害厚矣。而王公大人樂而行之，則此樂賊滅天下之萬民也，豈不悖哉！」〔註60〕戰爭中人民飢寒交迫，凍死溝壑，戰爭對黎民是有百害而無一利。墨子對戰爭總結說：「今且天下之王公大人士君子，中情將欲求興天下之利，除天下之害，當若繁爲攻伐，此實天下之巨害也。今欲爲仁義，求爲上士，尚欲中聖王之道，下欲中國家百姓之利，故當若非攻之爲說，而將不可不察者此也。」〔註61〕不要戰爭，以黎民的利益爲重，實現人本價值，當然要「非

〔註57〕《墨子・非樂上第三十二》，孫詒讓《墨子閒詁》，中華書局，2001年，第251頁。

〔註58〕《墨子・非樂上第三十二》，孫詒讓《墨子閒詁》，中華書局，2001年，第251頁。

〔註59〕《墨子・非攻中第十八》，孫詒讓《墨子閒詁》，中華書局，2001年，第139～140頁。

〔註60〕《墨子・非攻下第十九》，孫詒讓《墨子閒詁》，中華書局，2001年，第145頁。

〔註61〕《墨子・非攻下第十九》，孫詒讓《墨子閒詁》，中華書局，2001年，第157頁。

攻」。「非攻」即是「兼愛」的一個方面。「兼愛」即是以人爲本，強調人本價值，也就是「有福同享，有禍同當」。馮友蘭說：「照墨子的意思，仁、義是指兼愛，仁人、義人就是實行這種兼愛的人。」〔註62〕「兼愛」是墨子哲學的中心話語，仁義的人是具有「兼愛」品質的人。墨子說：「然即國都不相攻伐，人家不相亂賊，此天下之害與？天下之利與？即必曰天下之利也。姑嘗本原若眾利之所自生。此胡自生？此自惡人賊人生與？即必曰非然也，必曰從愛人利人生。分名乎天下愛人而利人者，別與？兼與？即必曰兼也。然即之交兼者，果生天下之大利者與？是故子墨子曰兼是也。」〔註63〕墨子提倡「兼愛」，主張功利、功效，具有攻利主義的思想。但是墨子的攻利主義思想是以天下百姓即大多數人的利益爲原則，這是人本價值觀的體現。功利主義的原則是「最大多數人的最大幸福」。〔註64〕英國哲學家約翰‧穆勒說：「把『功利』或『最大幸福原理』當作道德基礎的信條主張，行爲的對錯，與它們增進幸福或造成不幸的傾向成正比。所謂幸福，是指快樂和免除痛苦；所謂不幸，是指痛苦和喪失快樂。」〔註65〕墨子的「兼愛」原則可以說是功利與仁義並重的原則，墨子內心也包含著如約翰‧穆勒所說「最大多數人的最大幸福」的功利主義原則。「最大多數人的最大幸福」實際上是以民爲本，提升人本價值，實現黎民百姓的基本而普遍的利益，而不是少數人利益。

綜上所述，墨子以黎民利益作爲其人本價值觀內容的核心，提倡以黎民百姓爲政治治理的出發點，主張「節葬」、「非樂」、「非攻」和「兼愛」，反對儒家的「命定論」和儒家的禮樂制度，關注下層百姓的疾苦，凸顯了人本價值中的基本物質生存價值。墨家開始受到百姓的認可，在社會上得到較大範圍的認同。但是墨家思想後來逐漸衰落，其原因是墨家缺乏社會上層的支持。儒家學說不同於墨家學說中只關注黎民百姓的問題，儒家的視野更開放和廣闊，著眼於解決現實中的社會問題，既解決黎民的問題，又解決政治統治的問題，既符合官方層次的需要，又符合普通民眾的需要，可以稱之爲上下皆宜，因此儒家比道家「避世」的思想、墨家只關注下層百姓的思想更受歡迎。

〔註62〕　馮友蘭：《中國哲學簡史》，北京大學出版社，1996年，第47頁。

〔註63〕　《墨子‧兼愛下第十六》，孫詒讓《墨子閒詁》，中華書局，2001年，第115頁。

〔註64〕　〔英〕約翰‧穆勒：《功利主義》，上海人民出版社，2008年，徐大建《譯者序》第11頁。

〔註65〕　〔英〕約翰‧穆勒：《功利主義》，上海人民出版社，2008年，第7頁。

「墨家雖然提倡非攻、節用，關心百姓疾苦，但不爲官方階層認可，導致墨家思想只在下層群眾中流行。儒家思想比墨家思想更具有普遍意義，儒家最後得到社會獨尊是必然的，因爲致用思維的現實性決定了這一結果。」〔註66〕也就是說儒家思想做到了普世性，而道家和墨家只關注了部分社會群體的利益，不可能具有普世價值，因此二者必然走向衰落，儒家思想必然走向強勢。

3、法家嚴苛：人本缺失

法家思想在人本價值觀上不同於儒家、道家和墨家，自身獨成一系。法家與這幾家既有不同之處，又有相一致的地方。從總體上說，法家注重功效、實利，不注重人本價值的提升，可以歸納爲法家在人本價值上存在巨大的缺失，也就是說法家不追求以人爲本，不追求人本價值，而是追求以法爲本，追求政治統治的實現。法家完全不贊同儒家的仁義，也不強調「道法自然」。但是法家非常注重處事的功效，即是說解決問題注重能夠立竿見影，直接著眼於國家迅速強大，政治統治能夠得到迅速實現和天下絕對順從。

法家在形成的過程中被稱爲「法術之士」，從春秋到戰國，「法術之士」的地位很高，特別是在戰國時期很受諸侯國家的歡迎。「法術之士」是時代的需要，因爲各諸侯國家要迅速崛起以便在天下稱雄，「法術之士」能夠使諸侯實現這一雄心壯志。馮友蘭說：「諸侯常常找這些人打主意，如果他們的建議有效，他們往往就成爲諸侯相信的顧問，有時竟成爲首相。這樣的顧問就是所謂的『法術之士』。」〔註67〕「法術之士」的建議實行起來，具有很高的效率，因此在戰國時期的幾個強大諸侯國中，法家的地位比較顯赫，當時儒家的地位不及法家的地位。馮友蘭說：「各國諸侯需要的不是對百姓行仁政的理想綱領，而是如何應付他們的政府所面臨的新情況的現實方法。」〔註68〕儒家的「仁政」學說實行起來當然沒有法家學說有效，儒家在諸侯中影響慢慢降低。「國君根本不需要是聖人或超人。只要忠實地執行他們的法術，哪怕是僅有中人之資也能治國，並且治得很好。」〔註69〕由此可見法家非常注重實效和實功。在法家實效、實功的價值取向下，「法術之士」急於在政治上有所表現，對「仁義」就不太關注，主張用「法」對黎民百姓進行

〔註66〕參見李長泰：《馬克思主義中國化的文化生態和合論》，中南大學出版社，2010年，第41頁。
〔註67〕馮友蘭：《中國哲學簡史》，北京大學出版社，1996年，第135頁。
〔註68〕馮友蘭：《中國哲學簡史》，北京大學出版社，1996年，第135頁。
〔註69〕馮友蘭：《中國哲學簡史》，北京大學出版社，1996年，第135頁。

治理，以求管理到位，達到意想的效率。運用「法」進行治理也是由於當時社會存在貴族特權的原因造成的，西周的刑罰只適用於平民階層，對貴族則沒有作用，「禮不下庶人，刑不上大夫。」〔註70〕法家希望建立法治國家，以期望人人以法辦事，此其一；其二，隨著周代禮制社會的解體，社會出現混亂，爲了加強社會治理，一些諸侯意識到必須加強君主集權，利用威儀進行統治，「禮」只適用於貴族和知識分子階層，在所謂的「庶人」和「小人」階層則不起作用，爲了達到統治的目的，必須以刑法讓人人服從，「法術之士」自然擔當了這一決策的作用。馮友蘭說：「及乎貴族政治漸破壞，一方面一國之君權漸重，故各國舊君，或一二貴族，漸集政權於一國之中央，一方面人民漸獨立自由，國家社會之範圍既廣，組織又日趨複雜，人與人之關係，亦日趨疏遠。則以前『以人治人』之方法，行之自有困難。故當時諸國，逐漸頒佈法律。」〔註71〕馮友蘭的確道出了當時的社會現實背景，法家適應了時代應運而生，法家順應了春秋戰國時期的亂象，在治亂的需求下產生，「法術之士」抓住了社會核心話題，施展了自己的才能。在這裡主要以《韓非子》中的思想爲代表，解讀法家在人本價值觀上的分野。

法家重視「法」，「法」實際與現在的法律並不完全一致，「法」著重強調法術，主要服務於君主和中央集權的需要，目的是爲了加強君主的權威和上層統治的力量以讓人人服從，以便控制社會混亂的局面，因此法家所謂「法」開始主要是指刑法，從一定程度上說是「刑罰」，與當今的法律條文並不是一回事，並不是一種社會公共秩序的法律，而是純粹的服務於統治的一種政治權術，帶有奸詐玩弄的色彩。馮友蘭說：「把法家思想與法律和審判聯繫起來，是錯誤的。」〔註72〕「法家所講的是組織和領導的理論和方法。誰若想組織人民，充當領袖，誰就會發現法家的理論與實踐仍然很有教益，很有用處，但是有一條，就是他一定要願意走極權主義的路線。」〔註73〕馮先生的意思是說法家所謂的「法」與現今的法律並不完全是一回事，主要是指一種權力的運用。從這一點上說，法家思想實踐起來的確很有效。這種有效性來源於運用了高壓手段，暫時能夠治理社會的混亂，因此法家思想不能不說是以功

〔註70〕《禮記・曲禮上》《十三經注疏》，中華書局，1980年，第1249頁。
〔註71〕馮友蘭：《中國哲學史》（上），《三松堂全集》（第二卷），河南人民出版社，2001年，第530頁。
〔註72〕馮友蘭：《中國哲學簡史》，北京大學出版社，1996年，第135～136頁。
〔註73〕馮友蘭：《中國哲學簡史》，北京大學出版社，1996年，第135～136頁。

效見長。這種功效就是人人只能遵守規矩和法規，韓非子說：「釋法術而任心治，堯不能正一國；去規矩而妄意度，奚仲不能成一輪；廢尺寸而差短長，王爾不能半中。使中主守法術，拙匠執規矩尺寸，則萬不失矣。君人者能去賢巧之所不能，守中拙之所萬不失，則人力盡而功名立。」〔註74〕意思是遵守規矩和法度能夠保證治理萬無一失。由於「法」的至高無上地位，不容半點懷疑和規避，一切皆以「法」為判斷，韓非子說：「明主使其群臣不遊意於法之外，不為惠於法之內，動無非法。」〔註75〕「法」成為判斷是非的標準，無論公與私，是非曲直，都以「法」為準，「人主雖使人必以度量準之，以刑名參之；以事遇於法則行，不遇於法則止；功當其言則賞，不當則誅。以刑名收臣，以度量準下，此不可釋也，君人者焉佚哉！」〔註76〕以法為度，以刑為輔助，嚴格執行，不論什麼原因，必須執行，相當嚴苛。法家強調「法」的嚴苛，強行在社會中進行大眾化，沒有社會認可的心理基礎，「法」不可能是一種普世價值，也不可能是一種公共價值，更不能稱之為公共秩序，只是服務於上層統治者意志的工具，從社會契約上看它凌駕於社會契約之上，沒有社會的廣泛認同性，不能稱之為社會契約，偏離了社會共同意志。「法」從一開始出現就存在著巨大的社會機理上的危機。

　　法家一斷於法，相當嚴苛，正如司馬談所說：「法家嚴而少恩。」〔註77〕即是說法家嚴格，不講仁慈，法家的嚴格在歷史上久負盛名，一切按「法」行事，不得越軌。韓非子說：「法，所以凌過遊外私也；嚴刑，所以遂令懲下也。威不貸錯，制不共門。威制共則眾邪彰矣，法不信則君行危矣，刑不斷則邪不勝矣。故曰：巧匠目意中繩，然必先以規矩為度；上智捷舉中事，必以先王之法為比。故繩直而枉木斲，準夷而高科削，權衡懸而重益輕，斗石設而多益少。故以法治國，舉措而已矣。法不阿貴，繩不撓曲。法之所加，智者弗能辭，勇者弗敢爭。刑過不闕大臣，賞善不遺匹夫。故矯上之失，詰下之邪，治亂決繆，絀羨齊非，一民之軌，莫如法。屬官威名，退淫殆，止

〔註74〕《韓非子‧用人第二十七》，王先慎《韓非子集解》，中華書局，1998 年，第205 頁。

〔註75〕《韓非子‧有度第六》，王先慎《韓非子集解》，中華書局，1998 年，第 37頁。

〔註76〕《韓非子‧難二第三十七》，王先慎《韓非子集解》，中華書局，1998 年，第364 頁。

〔註77〕《太史公自序第七十》，卷一百三十，《史記》，中華書局，2006 年，第 758頁。

詐偽，莫如刑。刑重則不敢以貴易賤，法審則上尊而不侵；上尊而不侵，則主強而守要，故先王貴之而傳之。人主釋法用私，則上下不別矣。」〔註78〕遵法、守法要嚴格，特別是對君王之下的人要以「法」進行嚴格約束，如果違法則進行嚴懲。法不擇人，不論是大臣、匹夫都一樣。法家爲了做到國民遵守法度，一再強調利用重刑進行壓制和懲治，目的是糾正社會上的「淫殆」、「詐偽」。爲了達到守法的目的，人人必須遵守法度，不論實際情況如何變化，一切以法爲度，違法嚴懲不貸。不能夠以仁慈之心放鬆對「法」的遵守，如果有仁慈之心，「法」將得不到有效地遵守，國家將得不到有效的治理。韓非子說：「故其治國也，正明法，陳嚴刑，將以救群生之亂，去天下之禍，使強不陵弱，眾不暴寡，耆老得遂，幼孤得長，邊境不侵，君臣相親，父子相保，而無死亡係虜之患，此亦功之至厚者也。愚人不知，顧以爲暴。愚者固欲治而惡其所以治，皆惡危而喜其所以危者。何以知之？夫嚴刑重罰者，民之所惡也，而國之所以治也；哀憐百姓，輕刑罰者，民之所喜，而國之所以危也。聖人爲法國者，必逆於世，而順於道德。知之者，同於義而異於俗；弗知之者，異於義而同於俗。天下知之者少，則義非矣。」〔註79〕韓非子認爲要使國家得到井然有序地治理，必須施行嚴刑重罰，這對黎民百姓來說是不願意的，但對國家來說卻是有效的治理，從長遠看，對人民還有好處，因爲強不陵弱、眾不暴寡、老有所養、幼有所長、邊境無擾、群臣相親、父子相保、無死亡之患。從長遠看，法家認爲要以嚴刑重罰的法律進行治理，不講仁慈之心，不心慈手軟，即是說不論什麼人，只論實際情況，一切以法律爲斷。法家反對儒家提倡的仁義學說，認爲仁義之心和仁義的主張對國家治理有害。韓非子說：「世主美仁義之名而不察其實，是以大者國亡身死，小者地削主卑。何以明之？夫施與貧困者，此世之所謂仁義；哀憐百姓，不忍誅罰者，此世之所謂惠愛也。夫有施與貧困，則無功者得賞；不忍誅罰，則暴亂者不止。國有無功得賞者，則民不外務當敵斬首，內不急力田疾作，皆欲行貨財，事富貴，爲私善，立名譽，以取尊官厚俸。故奸私之臣愈眾，而暴亂之徒愈勝，不亡何待！夫嚴刑者，民之所畏也；重罰者，民之所惡也。故聖人陳其所畏以禁其邪，設其所惡以防其奸，是以國安而暴亂不起。吾以是明仁義愛

〔註78〕 《韓非子·有度第六》，王先愼《韓非子集解》，中華書局，1998年，第37～39頁。

〔註79〕 《韓非子·奸劫弒臣第十四》，王先愼《韓非子集解》，中華書局，1998年，第102～103頁。

惠之不足用，而嚴刑重罰之可以治國也。」〔註80〕韓非子認為仁義能夠使大的國家亡國，使小的國度變得更為弱小，因為仁義講求照顧貧困的人和不懲罰犯罪的人，其結果是人民不務正業而不從事生產，暴亂不止而姦邪越來越多，最後國家必然滅亡，因此必須以嚴刑重罰治國。

法家不以仁義治國而以「法」和刑罰治國，這正是法家和儒家在治國主張上的分野，也是在人本價值觀上的分野。不以仁義為治國宗旨即是不以人本價值為根本的價值取向，人本價值在「法」的價值面前處於屈從的地位，「法」具有至高無上的地位，在法家那裡更確切地說刑罰具有至高無上的地位，人本價值顯然不及「法」的價值，「法」的尊嚴明顯高於人的尊嚴。因此，法家思想中的人本價值處於缺失的境地，或者說人本價值嚴重不足。法家的「仁義不足取」的價值取向與道家提倡的「不取仁義」有相一致的地方，道家和法家都不主張仁義，道家說：「大道廢，有仁義」，二者不謀而合，其原因是道家強調「道法」，法家強調「國法」，「道法」是自然法則，「國法」是社會法則，道家強調的是自然之道，法家強調的是治國之道，法家比較相信道家的自然之道，法家對道家有一定的繼承關係。馮友蘭說：「法家的治道，也是後期道家所主張的。」〔註81〕法家在治理國家上也強調「主道」，以道治國，而不以「好惡」治國，只有以道治國才能賞罰分明。韓非子說：「道者，萬物之始，是非之紀也。是以明君守始以知萬物之源，治紀以知善敗之端。故虛靜以待令，令名自命也，令事自定也。虛則知實之情，靜則知動者正。有言者自為名，有事者自為形，形名參同，君乃無事焉，歸之其情。故曰：君無見其所欲，君見其所欲，臣自將雕琢；君無見其意，君見其意，臣將自表異。故曰：去好去惡，臣乃見素；去舊去智，臣乃自備。故有智而不以慮，使萬物知其處；有行而不以賢，觀臣下之所因；有勇而不以怒，使群臣儘其武。是故去智而有明，去賢而有功，去勇而有強。君臣守職，百官有常；因能而使之，是謂習常。故曰：寂乎其無位而處，漻乎莫得其所。明君無為於上，君臣竦懼乎下。明君之道，使智者儘其慮，而君因以斷事，故君不窮於智；賢者敕其材，君因而任之，故君不窮於能；有功則君有其賢，有過則臣任其罪，故君不窮於名。是故不賢而為賢者師，不智而為智者正。臣有其勞，君

〔註80〕《韓非子・姦劫弑臣第十四》，王先慎《韓非子集解》，中華書局，1998年，第104～105頁。
〔註81〕馮友蘭：《中國哲學簡史》，北京大學出版社，1996年，第141頁。

有其成功，此之謂賢主之經也。」〔註82〕韓非子認爲國家治理自有其道，其主張是「去賢去智」，國家自然得到治理，這與道家的「天下將自正」、「無爲而不爲」思想有相似之處。道家的「道」實際上也是「法」，法家的「法」實際上也是「道」，二者殊途同歸，正如《周易》說的「天下何思何慮？天下同歸而殊途，一致而百慮」。〔註83〕韓非子強調「道法」，目的是要拚棄儒家的仁義、智謀、尊賢和好惡之心，而以法度爲中心。道家之「道」有其自身規律，「道法自然」，法家之「法」也遵從國家固有的規律，法家反對儒家的不以法辦事，因爲法家認爲儒家以仁義治國達不到治理的目的，以仁義進行政治治理容易出現人情上的隨意性問題。

　　法家以法治國，實行嚴刑重罰，從不考慮人本價值的提升，其原因也與法家的人性本惡論有一定的關係。韓非子是法家的集大成者，他曾以荀子爲老師，荀子主張人性本惡，「人之性惡，其善者僞也。」〔註84〕這對韓非子的思想必然有一定的影響。馮友蘭說：「法家多以爲人之性惡。」〔註85〕韓非子說：「聖人之治民，度於本，不從其欲，期於利民而已。故其與之刑，非所以惡民，愛之本也。刑勝而民靜，賞繁而奸生，故治民者，刑勝治之首也，賞繁亂之本也。夫民之性，喜其亂而不親其法。故明主之治國也，明賞則民勸功，嚴刑則民親法。」〔註86〕意思是人性之本質是喜歡亂而不喜歡法。「夫民之性惡勞而樂佚，佚則荒，荒則不治，不治則亂而賞刑不行於天下者必塞。」〔註87〕人民的本性是不喜歡勞動而喜歡享受。韓非子還說：「人爲嬰兒也，父母養之簡，子長而怨；子盛壯成人，其供養薄，父母怒而誚之。子父至親也，而或誚或怨者，皆挾相爲而不周於爲己也。夫賣庸而播耕者，主人費家而美食，調布而求易錢者，非愛庸客也，曰：如是，耕者且深，耨者熟耘也。庸客致力而疾耘耕者，盡巧而正畦陌畦者，非愛主人也，曰：

〔註82〕 《韓非子・主道第五》，王先愼《韓非子集解》，中華書局，1998 年，第 26～28 頁。

〔註83〕 《周易・繫辭下》，《周易正義》，阮元《十三經注疏》，中華書局，1980 年，第 87 頁。

〔註84〕 《荀子・性惡》，王先謙《荀子集解》，中華書局，1988 年，第 434 頁。

〔註85〕 馮友蘭：《中國哲學史》（上），《三松堂全集》（第二卷），河南人民出版社，2001 年，第 541 頁。

〔註86〕 《韓非子・心度第五十四》，王先愼《韓非子集解》，中華書局，1998 年，第 474 頁。

〔註87〕 《韓非子・心度第五十四》，王先愼《韓非子集解》，中華書局，1998 年，第 474 頁。

如是，羹且美，錢布且易云也。此其養功力，有父子之澤矣，而心調於用者，皆挾自為心也。故人行事施予，以利之為心，則越人易和，以害之為心，則父子離且怨。」〔註88〕韓非子認為人都善於「以利為心」，「皆挾自為心」，這都是人性本惡的表現，因此國家治理要考慮人性本惡的因素，只能施以嚴刑重罰，故賞罰分明可以勝用。即是說由於人性本惡，必須以高壓手段達到治理的目的，仁義在人性本惡的情況根本不能起到任何作用。

綜上所述，在人本價值上法家和儒家存在巨大的分野，主張拚棄仁義，不以人為本，不強調人的價值與尊嚴，不強調人的崇高、幸福和正義，更談不上自由，一切以「法」為準，並且將法術作為至高無上的價值判斷，以期望達到國家和社會治理的目的。法家的人本價值觀也不同於道家，道家雖然不直接注重人本價值的提升，但卻以「道法自然」、「無為而無不為」的形式實現了人本價值的提升，正如老子所說「以其無私，故能成其私」〔註89〕，這就是一種人本價值的實現。法家對人本價值不是關注人本價值，而打殺人本價值，不是提升而是抑制，不是關注人本身，而是關注「法」本身的地位，絲毫不顧及人本身的幸福、崇高價值的實現和社會正義價值的張揚。韓非子的核心話語就是「法」和「嚴刑重罰」，而不是「人」和「仁義」，法家與儒家、墨家的「仁義」背道而馳，儒、墨二家在「仁義」上是一致的，道、法二家對「仁義」都持反對態度，但道家名義是反對「仁義」，實際上也是主張「仁義」的，因為老子說：「我有三寶，持而寶之：一曰慈，二曰儉，三曰不敢為天下先。」〔註90〕「慈」即可以理解為仁慈和仁義。法家在人本價值上的分野來源於法家在人性論上的「性惡論」，這主要以韓非子為突出代表，韓非子的「人性本惡」理論又與荀子的思想有一定的淵源關係，基於人性本惡，因此對人要施以嚴刑重罰，進行約束和治理。法家儘管不關注人本價值的提升，但其主張對社會治理和國家富強非常有效，因此法家思想在社會實踐中能夠起到很好的效果，到了戰國末期，幾個逐漸強大的諸侯國都以法家思想作為治國方針，迅速由弱變強，而秦國運用韓非子的思想最終一統天下。法家看到了儒家思想中不利於國家治理的一些弱點，進而提出自己的主張，司馬談在總結法家思想的優點時說：「然其正君臣上下之分，不可改

〔註88〕 《韓非子・外儲說左上第三十二》，王先慎《韓非子集解》，中華書局，1998年，第273～274頁。

〔註89〕 《道德經・七章》，朱謙之《老子校釋》，中華書局，1984年，第30頁。

〔註90〕 《道德經・六十七章》，朱謙之《老子校釋》，中華書局，1984年，第271頁。

矣。」〔註91〕這說明儒、道、法、墨四家各有自身的優缺點，各自取長補短。但是，社會發展是往前進步的，最終要落實到對人本身的發展和人本價值關注上，即對「人文」的關注，法家不以人本價值的提升爲關注點，必然對人本身的發展極爲不利，也不利於人性的張揚、社會的進步和人類的發展，法家對人本價值的抑制和對人的嚴刑重罰一旦在社會中實施，爲統治者所運用，雖然暫時能夠達到一定程度上的社會治理，但是從長遠來看不利於社會的長治久安，當秦代統一天下後，其嚴刑重罰必然不能在社會上永遠地存在下去，必然遭到人民的反抗，因爲對人本價值的抑制使人的生存權利受到剝奪，更談不上自由、幸福、崇高和正義價值的實現。正是由於法家在人本價值觀上與儒家仁義存在巨大的分野，法家在秦代滅亡後，再也沒有一個封建王朝運用法家思想，後來的儒家又重塑人本價值，使儒學成爲中國封建社會占統治地位的學說。

二、立人爲人：人的發現

　　儒家確立人本價值首先要確立人本身是什麼，即發現人本身是什麼，只有認知了人本身才能確立人本價值。有什麼樣性質的人才有什麼樣的人本價值，物性的人其價值則類同於動物，人本價值則缺乏尊嚴和崇高，靈性的人則區別於動物，人本價值則享有尊嚴、幸福、崇高和正義。人是什麼是認識人本價值的基礎和前提，儒家在確立人的內在價值時強調人之所以爲人以人不同於動物禽獸爲基準，不同於禽獸的東西當然是「仁義」。但是，不同於禽獸的「仁義」是人本價值的根源這一論斷並不能說明此種價值是人本價值，因爲這種價值根源並不一定能有利於人自身的發展，「仁義」往往是利他主義性質的。儒家爲了確立人本價值與「仁義」具有一致性，儒家找尋、確定人的「仁義」是先天固有的，「仁義」是「明德」、「良知」的體現，是天、地、人三才相合一的基礎。即是說儒家立人、發現人本身的存在與天地同流，以「仁義」爲本。人本身就是人的價值，價值就是人本身，人本身來源於天地、道德和良知，人本身就是「仁義」的價值體現。劉進田教授說：「價值是人本身，人本身是人生。」〔註92〕劉教授的觀點直接從人本身出發探討人本價值雖然沒有直接說明人本價值是什麼，但從本體論的視角說明人本價值應該從

〔註91〕《太史公自序第七十》，卷一百三十，《史記》，中華書局，2006 年，第 758 頁。

〔註92〕劉進田：《人本價值與公共秩序》，中國社會科學出版社，2010 年，第 22 頁。

人自身的價值中去尋求和確立，也就是說人本身的存在體現為其自身的價值，人的價值就是人本身應該具有的價值，人是人，而不是「物」，人應該從「人是人」的角度尋求、彰顯人本身應該具有的價值，只要是人就應該具有不同於「物」的價值。儒家發現人本價值也是從人本身的存在中去尋求、思考的，人本身是人性的存在者、社會的存在者和天地的存在者，尋求人本價值必須發現人的存在是本體的存在而不是現象的存在。人本價值確立了人，人的發現確立了人本價值，人之所以為人，人地位的確立與人本價值息息相關，儒家在確立人的本質時，也在追尋人本價值，儒家在認知人的本質時發現了人本價值，人的發現主要包括三個方面：仁義、良知和天人合一，人的發現從這三個方面展開。

1、人本發現：仁義立人

儒家在確立人本價值時，首先要確立人本身，即是確立人存在的本質，也就是確立什麼是人，或者人是什麼，儒家為了建構具有普世性的社會形象必須從人的存在上去下功夫，即是說要發現人本身是什麼，有什麼樣的人才有什麼樣的社會形象，無論是士人、賢人、君子還是聖人的形象，都以人的本質為前提基礎，確立了人的本質才能確立人應該具有什麼樣的價值。關於人是什麼，不同的思想者有不同的觀點，有的以人與動物之間的區別來確立人本身，認為人不同於動物，人是有智力與思維的高級動物，具有靈性，人要超越動物本能性的東西，即是說要具有自覺意識，而不是一種生物性的本能存在，這種自覺性就是意識上的能動性。從人與動物之間的區別上尋求人的本質有其合理性，因為人除了具有動物本能的自然屬性，人還具有不同於動物的思維本性，有精神意識，即思維意識與自覺能動本性，這種本質的尋求將人與動物徹底區分開來，使人的地位凸顯出來，將人徹底解放出來，因為人是高級意識性的「類」，這也是周敦頤所說的人是萬物之中得到「靈秀」之氣的動物。

但是只是從人的智力和思維並不能發現人本身是什麼，不能突出人自身的價值，因為人的智力與自覺雖然高於普通動物，但可以引起人與人之間的競爭與仇殺，使人類之間充滿了殘酷的競爭性，使人類又回歸到動物之間的弱肉強食的自然本性之中，容易扼殺個體人的存在價值，因此人的智力與自覺並不能提升人本價值，相反會使某一個體人的價值降低。馬克思主義將人的本質歸結為「社會關係的總和」，從社會生活實踐的視角理解人存在的本

質，雖然沒有直接說明人的本質是什麼，但卻深刻的地闡明了人的本質處於動態之中，處於社會關係之中，以實踐性理解人存在的本質，這一理解使人的本質超越了自然屬性，與動物的「物性」徹底區別開來。馬克思主義關於人的本質的論述開啓了人的價值實現，因爲人的本質在社會實踐之中，在社會關係之中，只有自我實現和自我創造才能眞正實現人的價值的提升，人不是孤立存在的人，而是處於社會整體關係中，人在社會關係中實現自身價值的提升。馬克思主義關於人的本質的論述是從人的自我創造中去尋求的，這種論述非常深刻，但並沒有直接說明人是什麼樣的本質，即是說沒有像古代西方哲學那樣從本體上去洞明，只是說明了如何理解人的本質，點明了理解的方式。儘管如此，馬克思主義實踐的方法對人本價值的提升是有百利而無一害，因爲人本價值在自我創造和社會實踐中既提升了個體的創造性，又讓社會整體實踐能力得到提升，人本價值得到彰顯。

　　儒家在人的本質上有深刻的論述，正是這種論述發現了人本身，實現了對人本價值的追尋。儒家對人是什麼的問題一直在苦苦追尋，從孔子到孟子、荀子，以至於後面的董仲舒、朱熹等儒家都對人的本質進行了深刻地探討。孔子對人的本質沒有直接說明人是什麼，但是孔子的字字句句都在說「人」的問題，孔子說明了人是什麼，一言以蔽之，人就是「仁」，也就是說孔子雖然沒有直接說明人是什麼，但其核心思想「仁」，就是在說人應該「仁」。張立文教授說：「孔子的仁學，核心是講人，人是有主體人格的人，而不是某種要素的附庸。因此仁是人的哲學昇華，而這個哲學昇華的過程，也就是人的主體性賦予的過程。所以孔子的仁學也可稱爲人學。」〔註93〕張立文教授的觀點基本代表了大多數儒家學者的思想。孔子明確了人應該如何行動實踐，即是以「仁」進行實踐，但沒有說明人是何種性質的人。孔子說：「不患人之不已知，患不知人也。」〔註94〕孔子認爲作爲人要知道人是什麼，不能對自身一無所知。在孔子那裡，只是說明了人的「應然」狀態，而沒有確切說明人的「本原」性質，正如他對人的本性的論述一樣沒有明確說明人性是什麼，「性相近也，習相遠也。」〔註95〕沒有具體說明人性的善惡問題，只是粗略地說明人的本性相近。但是孔子明確地說明了人應該具備的品質是

〔註93〕　張立文：《新人學導論──中國傳統人學的省察》，職工教育出版社，1989 年，第 63 頁。

〔註94〕　《論語・學而》，朱熹《四書章句集注》，中華書局，1983 年，第 53 頁。

〔註95〕　《論語・陽貨》，朱熹《四書章句集注》，中華書局，1983 年，第 175 頁。

「仁」，孔子說：「人而不仁，如禮何？人而不仁，如樂何？」〔註96〕也就是說只要是個人就必須有「仁」，「仁」是天下的正當之理。君子是儒家思想形象的代表，作爲君子必須體現出「仁」的性質，「君子去仁，惡乎成名？君子無終食之間違仁，造次必於是，顛沛必於是。」朱熹注釋說：「君子所以爲君子，必以其仁也。」〔註97〕君子的本質以「仁」爲中心，時時體現「仁」，沒有「仁」的本質，不能成爲君子的稱號。因此孔子建構儒家形象要以「仁」爲中心，孔子發現了「仁」，也就是發現了人必須「仁」。儒家君子是儒家內在的精神形象和外在的示範形象的代表，君子之「仁」就是人本身必須具備「仁」，成爲人就是要求塑造自我，成爲君子。孔子對子夏說：「女爲君子儒，無爲小人儒。」〔註98〕孔子要求子夏成爲君子，不做小人，說明人成爲人要努力成爲君子。於丹說：「『君子』是孔夫子心目中理想的人格標準，一部短短兩萬多字的《論語》，『君子』這個詞就出現了一百多次。」〔註99〕於丹的話儘管存在一些爭議，但說明了君子式的人格是孔子建構人格理想的重要標準，而「仁」是君子的核心。孔子說：「君子道者三，我無能焉：仁者不憂，知者不惑，勇者不懼。」〔註100〕君子之道的三個方面是智、仁、勇，「仁」是其中的核心部分，因爲智、仁、勇三者以「仁」爲核心，「有德者必有言，有言者不必有德。仁者必有勇，勇者不必有仁。」〔註101〕「仁」是「勇」的前提，沒有仁義不可能產生勇氣。總之，孔子以「仁」爲核心建構了人的本質要有「仁」，但並沒有說明人的本質就是「仁」，他的這種思想得到後來儒家的發展，並發揚光大。

孟子直接將「仁義」作爲人存在的本質，直接說出人之所以成爲人是因爲人有「仁義」的本質，也就是說人必須有仁義才能稱之爲人。孟子對人本質的論述清楚明白，風格豪爽直白，直接指向事物本身，這與孔子的風格明顯不同。程子說：「孔子言語句句是自然，孟子言語句句是事實。」〔註102〕意思是孔子的言語比較自然，在交談和對話中體現出大道理，風格有些委婉和循循善誘，孟子的風格則直接，體現爲浩然之氣。孟子的觀點

〔註96〕《論語‧八佾》，朱熹《四書章句集注》，中華書局，1983年，第61頁。
〔註97〕《論語‧里仁》，朱熹《四書章句集注》，中華書局，1983年，第70頁。
〔註98〕《論語‧雍也》，朱熹《四書章句集注》，中華書局，1983年，第88頁。
〔註99〕于丹：《于丹〈論語〉心得》，中華書局，2007年，第57頁。
〔註100〕《論語‧憲問》，朱熹《四書章句集注》，中華書局，1983年，第156頁。
〔註101〕《論語‧憲問》，朱熹《四書章句集注》，中華書局，1983年，第149頁。
〔註102〕《讀論語孟子法》，朱熹《四書章句集注》，中華書局，1983年，第44頁。

則非常眞實，直指事物的哲學本質。張立文教授說：「孔子和管子屬於規範型，老子和孟子屬於元哲學型。」〔註103〕意思是孟子在論述人的過程中已經以哲學的方法論述人本身，以哲學的形式表達其要述說的道理，當然具有元哲學的性質，而孔子則更多地以倫理規範的形式表現出其思想觀點，沒有元哲學的形式，孔子更讓人尊之爲教育家和思想家，但老子和孟子則可以稱爲哲學家。

　　孟子首先提出人性本善，以人性本善論說明人的本質是「仁義」。孟子說：「人性之善也，猶水之就下也。人無有不善，水無有不下。今夫水，搏而躍之，可使過顙；激而行之，可使在山。是豈水之性哉？其勢則然也。人之可使爲不善，其性亦猶是也。」〔註104〕孟子說明人性本善，並且本善之性是不會更改的，不管出現何種情況，人本性的「善」不會改變。即使人在某時沒有表現出本善之性，但本善之性還存在於人的本性之中或者內心良知之中。孟子說：「乃若其情，則可以爲善矣，乃所謂善也。若夫爲不善，非才之罪也。惻隱之心，人皆有之；羞惡之心，人皆有之；恭敬之心，人皆有之；是非之心，人皆有之。惻隱之心，仁也；羞惡之心，義也；恭敬之心，禮也；是非之心，智也。仁義禮智，非由外鑠我也，我固有之也，弗思耳矣。」〔註105〕人具有本善之性，就是惻隱、羞惡、恭敬、是非四心，也就是仁、義、禮、智四個方面，仁、義、禮、智是人本性所固有的，是先天的，不是後天的，是本性使然，不需要後天的置入，這說明人性本善，不需要思考就能得到。孟子說：「君子所性，仁義禮智根於心。」〔註106〕仁、義、禮、智是本心，君子有此心，孟子對人性的論述已經上昇到哲學的層次。孟子說：「人皆有不忍人之心。」朱熹注釋說：「天地以生物爲心，而所生之物因各得夫天地生物之心以爲心，所以人皆有不忍人之心也。」〔註107〕「不忍人之心」即是本善之心。「孟子道性善，言必稱堯舜。」朱熹注釋說：「性者，人所稟於天以生之理也，渾然至善，未嘗有惡。」〔註108〕孟子提出人性本善論，也說明了人本心沒有「惡」，人的本質是「善」。孟子論述人性本善是爲了說明人的本質是

〔註103〕　張立文：《新人學導論——中國傳統人學的省察》，職工教育出版社，1989年，第62頁。

〔註104〕　《孟子‧告子上》，朱熹《四書章句集注》，中華書局，1983年，第325頁。

〔註105〕　《孟子‧告子上》，朱熹《四書章句集注》，中華書局，1983年，第328頁。

〔註106〕　《孟子‧盡心上》，朱熹《四書章句集注》，中華書局，1983年，第355頁。

〔註107〕　《孟子‧公孫丑上》，朱熹《四書章句集注》，中華書局，1983年，第237頁。

〔註108〕　《孟子‧滕文公上》，朱熹《四書章句集注》，中華書局，1983年，第251頁。

「仁義」，他說：「人之所以異於禽獸者幾希，庶民去之，君之存之。舜明於庶物，察於人倫，由仁義行，非行仁義也。」〔註109〕人與禽獸的區別在於人具有「仁義」的本質，而禽獸沒有「仁義」的本質，例如禽獸由於自身存在的需要而不惜拋棄、餓死或者殺死同伴，毫無「不忍之心」，即是說禽獸沒有善心和仁義之心。

董仲舒繼承了先秦儒家關於人本質的論述，以元哲學的性質論述人的本質與「仁義」具有等同的性質。「故仁之爲言人也，義之爲言我也，言名以別矣。」〔註110〕董仲舒認爲談論「仁」的問題就是談論「人」的問題，「仁」是「人」的問題。「故曰仁者人也，義者我也，此之謂也。」〔註111〕人之所以成爲人，關鍵在於人的本質是以仁爲根本。「仁人者正其道不謀其利，修其理不急其功，致無爲而習俗大化，可謂仁聖矣。」〔註112〕仁人以「道」和「理」爲準，不計利、不計功。不以功利主義爲原則，而以「仁義」爲原則。自先秦到漢代董仲舒，對人是什麼的問題在不斷地探討，並且不斷取得進步，對人的發現有了較深刻地認識，意識到人在社會上的存在要上昇到德性本質才能解決問題，無德之人不是本質上的人，眞正的人要對社會承擔責任，即是以仁義爲本，因此確立了人道之人才能稱爲眞正意義上的人，人道是不同於天地的自然屬性、不同於動物的獸性，人道是「仁義」，一方面強調人與動物上有本質的區別，另一方面追求人本體上的性質，即從元哲學上進行探討，正是《周易》所說「立人之道曰仁與義」。〔註113〕以人道立人已經上昇到哲學的性質上。至此，儒家發現了人是什麼，這一發現能夠認識自我，以確立人本價值是什麼。人即是以「仁義」爲本質的人，人本價值就在於人是否體現了「仁義」的本質。蘇格拉底說：「認識你自己」、「德性即知識」。〔註114〕這是將人自身的發現與德性內容聯繫起來，將認識論和「德性論」較好地結合

〔註109〕《孟子·離婁下》，朱熹《四書章句集注》，中華書局，1983 年，第 293～294 頁。

〔註110〕《春秋繁露·仁義法》，蘇輿《春秋繁露義證》，中華書局，1992 年，第 249 頁。

〔註111〕《春秋繁露·仁義法》，蘇輿《春秋繁露義證》，中華書局，1992 年，第 254 頁。

〔註112〕《春秋繁露·對膠西王越大夫不得爲仁》，蘇輿《春秋繁露義證》，中華書局，1992 年，第 268 頁。

〔註113〕《周易·說卦》，《周易正義》，《十三經注疏》，中華書局，1980 年，第 94 頁。

〔註114〕張志偉：《西方哲學史》，中國人民大學出版社，2002 年，第 74～75 頁。

起來，人要認識自己就要認識到自身是一個德性的存在體，人即是德性之人，人的本質在於德性，有德性才能說明人的存在具有真正價值，因此人的發現即是發現了「仁義」的根本性質。正是因為儒家發現了人存在的價值是「仁義」，人本價值即是以「仁義」為基礎的存在體，所以人的發現對人自身的發展具有至關重要的意義。正是發現人的存在以「仁義」為基礎，這對儒家在社會上建構起儒家價值觀念具有重要的理論作用，儒家以利他主義的普世價值觀建立了尊嚴、幸福、崇高和正義的價值觀，這些都對儒家人本價值的確立具有引領作用。

2、本原立人：明德良知

儒家發現了人的本質是「仁義」，即是說人的確立最基礎的性質就是以「仁義」為根本，以「仁義」確定人本價值在於所有的人都能實現人本價值，因為推己及人，自己想要別人對自己「仁義」，同樣也要對他人實行「仁義」，仁義能夠讓雙方都具有可接受性，「己欲立而立人，己欲達而達人。」〔註115〕「仁義」對人本身而言是為了保護自己，具有人本價值的內涵，因為只有對他人「仁義」才能得到同樣的「仁義」回報。儒家以「仁義」的本質發現了人的存在，接著便要從道德形而上學的高度闡明「仁義」的價值觀來源於內心良知，具有良知上的自明性和本原性，即是說人在本原上具備某種特質才能稱得上是真正具有這種性質的人。古代儒家為了建構儒家價值的普世性，在本原上探求人的本體根源，以「仁義」為理論基礎，從心性上入手，挖掘出人的本心具有良知上的自明性，將「良知」與「仁義」結合起來，並且實現了「良知」向「仁義」的自然過渡，試圖建構儒家價值的普世化體系。因為本心具有良知，人就必然有「仁義」本質，在社會中必然推行仁、義、禮、智、信。在本原上尋求人本身的根源，屬於元哲學的方法，達到人本價值的形而上學層次，這種價值的建構具有無比的說服力，因為價值的源泉在於本體的張力，本心良知自明必然導致價值的外化和社會演化。人的價值根源在於本心具有良知，良知就是人本價值的原初標準。由於人具有良知，良知則可以演化為人本價值，人在尊嚴、幸福、崇高和正義等等方面可以得到發展。因此儒家不僅僅發現了人本身的本質特性是「仁義」，還發現了「仁義」的本原是內心的明德和良知。

〔註115〕《論語・雍也》，朱熹《四書章句集注》，中華書局，1983年，第92頁。

　　人本價值的本體根源是明德和良知，一切人本價值的產生和演化在於本心的良知、良能和虛靈不昧，儒家稱之爲「明德」。《大學》說「明德」之性，「大學之道，在明明德，在親民，在止於至善。」〔註116〕朱熹對「明德」作了較詳細的注釋：「明德者，人之所得乎天，而虛靈不昧，以具眾理而應萬事者也。但爲氣稟所拘，人欲所蔽，則有時而昏；然其本體之明，則有未嘗息者。故學者當因其所發而遂明之，以復其初也。」〔註117〕人內心的本體是明亮和聖潔的，它根源於天，是純粹至善的，也是虛靈不昧的。王船山也將「明德」的內涵解釋爲天德和本性，「明德」是聖明之德性，即是說「明德」是天之德和本原之性，「其以外觀於事物，內儘其修能，將以何爲也？蓋以明明德也。人之所得於天者德也，而其虛而無欲，靈而通理，有恒而不昧者則明德也，但形氣累之，物欲蔽之，而或致失其本明。大學之道，則所以復吾性具知之理，以曉然於善而遠於惡，而勿使有所累、有所蔽也。」〔註118〕人的本原之性即是「明德」，也是「良知」。孟子解釋了「良知」，「人之所不學而能者，其良能也；所不慮而知者，其良知也。」朱熹注釋說：「良者，本然之善也。」程子注釋說：「良知良能，皆無所由；乃出於天，不繫於人。」〔註119〕不學而知，不思而得，本原是善，從道德形而上學的角度說明人有良知、良能，人天生就有良知，而這種良知即是善德，是仁義之心，本心是純善的，正是孟子所說的人性本善。王陽明以良知學說而著稱，認爲良知是心的本體，人的學問就是致良知之學，他說：「無善無惡是心之體，有善有惡是意之動，知善知惡是良知，爲善去惡是格物。」〔註120〕人有良知，本心在善惡問題的取向上清楚明白，知道該做什麼不該做什麼，因此致良知就是一種價值導向，由此而產生巨大的張力，能夠行仁義，人心以良知爲發端，建構一種具有普世價值意義的價值觀念。「知是心之本體，心自然會知：見父自然知孝，見兄自然知弟，見孺子入井自然知惻隱，此便是良知不假外求。若良知之發，更無私意障礙，即所謂『充其惻隱之心，而仁不可勝用矣』。」〔註121〕王陽明在此明確地闡明了「良知」是心的本體，本心之明具有很大的價值張力，能夠

〔註116〕《大學》，朱熹《四書章句集注》，中華書局，1983年，第3頁。
〔註117〕《大學章句》，朱熹《四書章句集注》，中華書局，1983年，第3頁。
〔註118〕《四書訓義》，王船山《船山全書》第七冊，嶽麓書社，1996年，第44頁。
〔註119〕《孟子・盡心上》，朱熹《四書章句集注》，中華書局，1983年，第353頁。
〔註120〕《傳習錄下》，王陽明《王陽明全集》，上海古籍出版社，1992年，第117頁。
〔註121〕《傳習錄上》，王陽明《王陽明全集》，上海古籍出版社，1992年，第6頁。

直接導致儒家所提倡的孝悌、惻隱之心，仁義成為行事準則，明德、良知是心的本體，導致的結果是仁義運用。

「明德」即是道德的根源，道德源於個體內心的明亮和聖潔，儒家認為每個人的心在本體上都有「明德」，其本質都是一樣的，無論是孟子的「人性本善」論，朱熹的「虛靈不昧」論，還是王陽明的良知學說，都是要強調人本心的善性是確信無疑的，正如《中庸》所說的「誠」，「自誠明，謂之性。」朱熹注釋說：「德無不實而明無不照者，聖人之德。」〔註122〕誠實無妄，德無不明，每一個人都有善德天性，正是基於人人都具有善德天性，才有有仁、義、禮、智的善端，孟子認為人本心之善是天性所致，善性是與生俱來，這為儒家建構普世價值提供了道德形而上學依據，因為這種理論承認了每個個體和每個公民存在的合法性，即是說個體都存在著「善」的價值品質，「善」與生俱來，先天是一個善人而不是一個邪惡之人，至於後天發生價值觀的偏向則是另外一回事。朱熹說：「明德如明珠，常自光明，但要時加拂拭耳。若為物欲所蔽，即是珠為泥涴，然光明之性依舊自在。」〔註123〕意思是說「明德」本身光明依舊，不會被泥土污染。儒家以「明德」光明不變的本性確立人性的純粹本善，實際上是樹立人性的偉大，以人性本善說明人人都是可以教育的，天生本性是善的，具有可教化性，這是儒家理論的合理之處，也是儒家思想得以發揚光大的哲學基礎，因為這一點得到每一個人的認同。《大學》中的「明德」和康德的「純粹理性」都具有普遍意義，因為其本身是至善的。康德說：「我們終究被賦予了理性，作為實踐能力，亦即作為一種能夠給與意志以影響的能力，所以它的真正使命，並不是去產生完成其他意圖的工具，而是去產生在其自身就是善良的意志。」〔註124〕康德的「理性」本身指的是善良的本性，能夠產生善良意志。康德說：「善良意志，並不因它所促成的事物而善，並不因它期望的事物而善，也不因它善於達到預定的目標而善，而僅是由於意願而善，它是自在的善。」〔註125〕無論是中國的「明德」還是康德的「純粹理性」都將人的本性說成是善的，並且與生俱來，這種理論建構無疑具有廣泛的可接受性和認同性。

〔註122〕《中庸》，朱熹《四書章句集注》，中華書局，1983年，第32頁。

〔註123〕《大學二·經下》，卷第十五，黎靖德《朱子語類》，中華書局，1986年，第308頁。

〔註124〕康德：《道德形而上學原理》，上海人民出版社，2002年，第11頁。

〔註125〕康德：《道德形而上學原理》，上海人民出版社，2002年，第9頁。

　　基於儒家確立人的本質是仁義，在此理論基礎上尋找到道德形而上學的根源，即是人的道德源於「明德」、「良知」、人性本善。儒家終於確立了人的本體是良知純善，這爲「發現人」和「塑造人」尋找到了堅實的哲學基礎。人是什麼的問題得到了一個比較滿意的答案，「人」既是本體純粹至善之人，又是一個現實仁義之人，現實仁義的哲學根源是明德、良知的純粹至善。這種「良知」和「明德」的善性爲建構社會的普世價值奠定了重要的理論基礎，因爲沒有「善」源就難以有「善」行，沒有「善體」不可能有「善用」。《周易》說：「是故形而上者謂之道，形而下者謂之器。化而裁之謂之變，推而行之謂之通，舉而錯之天下之民謂之事業。」〔註126〕道是本體，器是發用，道通可以變化，可以成就事業。人之所以成爲人，必然有「道」的成分，有了「道」則可以發用爲「器」，明德、良知類同於「道」，而在社會中發用爲仁義，是「道」之用。明德、良知與生俱來，是本原之性，是純粹至善，必然可以影響到現實社會中的行動。

　　確立「明德」和「良知」的純粹善性爲儒家人格普世化打通了一個方便之門，也爲儒家確立人本價值尋求到以下幾個方面的內容：人本身就具有善的價值，個人具有明德和良知，整個社會群體也追求社會良知，個人具有人本價值即是善德良知，社會追求幸福、崇高和正義的價值。儒家在「人的發現」的過程中，將個人價值的純粹至善與社會價值至善合爲一體。儒家的人本價值實際上就是社會價值，人有尊嚴，尊嚴是人本價值，個人尊嚴需要整個社會維護，才有幸福、崇高和正義等價值的演生，因此人本價值的確立需要明確人本性的明德和良知，從人的本原之性上去尋求。儒家君子就規定君子本身是一個「仁義」的化身，「仁義」的本性存在於個人內心之中，哈佛大學教授杜維明先生將「君子」一詞翻譯成「the profound person」，意思是具有深刻內涵的人，說明君子本身追求內涵修養，而不僅僅是一種紳士的風度。杜維明先生說：「君子一方面僅僅實現了作爲人的本性，另一方面卻達到了一個通常的人。」〔註127〕他的意思是君子作爲儒家人格的典範和儒家形象，既是深刻內涵的體現者，又是一個簡單行爲的實踐者，「君子的一個規定性特徵在於他對人性的信仰。依照君子的說法，人道近在身邊，而且追求它的方式也十分容易、十分簡單。」〔註128〕杜維明先生並沒有認識到儒家君子形象的

〔註126〕《周易·繫辭上》，《十三經注疏》，中華書局，1980年，第83頁。
〔註127〕杜維明：《〈中庸〉洞見》，人民出版社，2008年，第29頁。
〔註128〕杜維明：《〈中庸〉洞見》，人民出版社，2008年，第27頁。

塑造的根源在於天、地、人三才，但他說明了儒家君子形象的可大、可小的伸縮性質。儒家君子形象正是抓住了人本身價值的深刻性和實踐行為的簡單性，使儒家人本價值在社會上實現了普世化。

3、人本存在：天人合一

儒家確立人的本性具有純粹至善性，為人本身的存在作出了重大理論鋪墊，即是說儒家人物形象是一個可以接受和認同的人格形象，這個人格形象類同於儒家君子形象。儒家君子的價值觀念不僅僅是仁義的存在，也不只是明德和良知所致，人本價值首先保證生命的存在進而實現幸福、崇高和正義的價值，其關鍵在於人的存在是在一個系統之中，人存在於這個系統之中才能實現人自身的價值，這種系統超出了人自身所在的群體系統，即超出了人與人之間的關係系統，而在價值提升上需要尋求一個更大的關係系統，因為人的群體不能確立人的地位，在人之外還有其他因素影響人的存在，其他因素有可能影響人的生命和生存。中國古人為了確立人本價值，從一開始就在思考人只有在天人系統之中才能確立人自身的價值，以實現人本價值。這也就是說人的價值只有在天人系統才能實現，人不是孤立的存在體，孤立的人在價值上得不到認可，也不可能產生實實存在的價值。人在天地之間凸顯價值要以天地為參照對象，儘管孔子說「天地之性，人為貴」〔註129〕，但人本身的價值是在天地人系統之中的價值。

中國古代的道家、儒家、墨家等各家學派都直接或者間接地論述了天人關係，以確立人存在的價值以及如何實現人的價值。法家沒有太多地論述天人關係，但也少量地述及「道」在社會中的作用，「道」與「法」相承接，人行為處事要遵從「道」，他說：「道者，萬物之始，是非之紀也。是以明君守始以知萬物之源，治紀以知善敗之端。」〔註130〕「道」既是天道又是人道，君主要遵從「道」而行事，儘管法家不太推崇天道，但還是非常注重遵道行事，只不過他將「道」偏向了「法」，「法」即是賞罰法規。《周易》在建構世界哲學體系中確立了天、地、人三個要素，「是以立天之道曰陰與陽，立地之道曰柔與剛，立人之道曰仁與義。兼三才而兩之。」〔註131〕《周易》

〔註129〕《孝經・聖治章》，《孝經注疏》，阮元《十三經注疏》，中華書局，1980年，第2553頁。

〔註130〕《韓非子・主道第五》，王先慎《韓非子集解》，中華書局，1998年，第26頁。

〔註131〕《周易・說卦》，《周易正義》，《十三經注疏》，中華書局，1980年，第93～94頁。

是中國古代哲學思想的開端，以天、地、人三要素的相互作用作爲重要思想，開啓了儒、道兩家的哲學思想，儒家和道家都以天、地、人範疇論述自己的哲學思想，主張天人合一，天人合一實質上是天地人合一，人的價值盡量體現在天地之中，在天地之中實現人自身的價值。《周易》說：「天地設位，聖人成能。」〔註132〕意思是聖人的價值只有在天地之中才能得以實現，沒有天地聖人的價值不可能呈現。老子說：「人法地，地法天，天法道，道法自然。」〔註133〕人依照天地行動，沒有天地，人的行動就沒有依靠，天地人合一實際上是人與自然性質的天地合一。儒家的天人合一是人與人格之天的合一，道家的天人合一是人與自然合一。莊子比老子更進一步，徹底將人融入天地之中，甚至是人化爲自然的一部分，他說：「天地與我並生，而萬物與我爲一。」〔註134〕他的天人合一程度在中國古代思想中達到最高，最後實現天人相混淆，達到莊周夢蝶的程度。孟子的天人合一思想以「誠」範疇來實現，「誠」是天人合一思想的中介和轉換系統，他說：「是故誠者，天之道也。思誠者，人之道也。」〔註135〕「誠」即是天人合一，既是天道又是人道。按照朱熹對「誠」的注釋，「誠」是天道，朱熹說：「誠者，眞實無妄之謂，天理之本然也。」〔註136〕墨子也注意到天人合一問題，墨家作爲下層人民的代表，其思想一般不太關注哲學問題，但他們在提出自己思想主張的過程中發現一些根本的問題解決不了，必須上昇到一定的哲學高度才能將問題說得清楚明白，他們試圖以「天」述說「人」，通過天人合一達到解決百姓現實生活的目的，他說：「天之志者，義之經也。」〔註137〕意思是「天志」是「人義」的方向，人遵照天行事。墨家的「天志」思想比較神秘和模糊，表現出下層勞動人民對一些問題的思考處於朦朧階段，但他們認識到人的價值實現受到天的限制，不遵從「天志」不可能實現人的價值，墨家「天志」思想的提出凸顯了古人對自身價值問題的思考，試圖提出解決的辦法。董仲舒是天人合一思想的集中體現者，天人感應也就是天人合一，人的價值

〔註132〕《周易・繫辭下》，《周易正義》，《十三經注疏》，中華書局，1980年，第91頁。
〔註133〕《道德經・二十五章》，朱謙之《老子校釋》，中華書局，1984年，第103頁。
〔註134〕《齊物論第二》，內篇，郭慶藩《莊子集釋》，中華書局，1961年，第79頁。
〔註135〕《孟子・離婁上》，朱熹《四書章句集注》，中華書局，1983年，第282頁。
〔註136〕《中庸章句》，朱熹《四書章句集注》，中華書局，1983年，第31頁。
〔註137〕《墨子・天志下第二十八》，孫詒讓《墨子閒詁》，中華書局，2001年，第220頁。

實現受到天的限制，因此人的價值要遵從天的意志。他說：「事各順於名，名各順於天，天人之際，合而爲一。」〔註138〕天人合一即是人與天的合一，人順從天的意志。北宋思想家張載將「天人合一」說成是「天人相用」，用「誠」範疇概括天人關係，人的價值需要在天人合一中實現。他說：「天人異用，不足以言誠；天人異知，不足以盡明。所謂誠明者，性與天道不見乎小大之別也。義命合一存乎理，仁智合一存乎聖，動靜合一存乎神，陰陽合一存乎道，性與天道合一存乎誠。」〔註139〕天人合一最後在「誠」中實現，人的才能體現出來需要知天知人，不知天、不知人不能實現自身的智慧，人的一切價值都要以知天、知性爲基礎。理學的集大成者朱熹進一步認爲人自身價值的實現離不開天的作用，言行舉止、舉手投足都在天之中，沒有天也無所謂人的價值，他說：「天即人，人即天。人之始生，得於天也；既生此人，則天又在人矣。凡語言動作視聽，皆天也。只今說話，天便在這裡。」〔註140〕意思是人一方面是從天而生，沒有天，人不能生，就更談不上人的價值，人的價值從天而得，另一方面天又通過人來體現，人的言行舉止都體現了天的特徵，因此人的價值即是天的價值，人離不開天。

以上儒、道、法、墨四家都以天作爲人本價值實現的依據，一是人受制於天，人本價值的彰顯需要考慮天地條件的限制，人本價值的實現不是自由的，而是在天地之中，二是人本價值不是孤立的、單純的價值，必然是在天地系統中的價值，天地廣大，人在其中，人與天地廣大同位同體，人也能體現出廣大的價值，正如《中庸》說：「君子尊德性而道問學，致廣大而盡精微，極高明而道中庸。」〔註141〕朱熹說：「君子之道，近自夫婦居室之間，遠而至於天地之所不能盡，其大無外，其小無內，可謂費矣。然其理之所以然，則隱而莫之見也。蓋可知可能者，道中之一事，及其至而聖人不知不能。則舉全體而言，聖人固有所不能盡也。」〔註142〕天地廣大無間，促成人也具有廣大的價值。

〔註138〕《春秋繁露・深察名號》，蘇輿《春秋繁露義證》，中華書局，1992年，第288頁。

〔註139〕《正蒙・誠明篇》，張載《張載集》，中華書局，1978年，第20頁。

〔註140〕《大學四或問上・傳一章》，卷第十七，黎靖德《朱子語類》，中華書局，1986年，第387頁。

〔註141〕《中庸》，朱熹《四書章句集注》，中華書局，1983年，第35頁。

〔註142〕《中庸章句》，朱熹《四書章句集注》，中華書局，1983年，第22頁。

　　人本價值在天地之中實現，人有仁義的本質，有先天明德和良知的發用，人的價值體現最後通過天人合一加以證實和實現。人的發現不是一種簡單的思維，而是在理智的思考和現實的摸索中不斷推向進步。儒家發現人的存在是在天地之中的存在，人的價值的實現也是在天地之中，人與天地的磨合實現人的價值，一是人認識到人在天地之中才能提升自身的價值，二是人與天地的磨合逐步實現自身的幸福和自由，三是人在天地之道的感召下培養了自身的德性，實現天人共同進步而提升自身的價值。「萬物並育而不相害，道並行而不相悖，小德川流，大德敦化，此天地之所以爲大也。」〔註143〕人在天地的「大德」之中推進自身發展和智慧演生，實現尊嚴、幸福、崇高和正義的人本價值。

　　綜上所述，儒家對人的發現關鍵在於幾點：首先，發現人不同於普通動物禽獸，人有仁義，人有人倫，人本價值以這種本質作爲基礎；其次，發現人有先天的明德和良知，這爲儒家人本價值的生成找到了哲學形而上學的依據，尊嚴、幸福、崇高和正義都依賴這一哲學基礎；第三，發現人本價值的實現是在天人系統之中，離開天人系統，人就是孤立的，不能實現人本價值的提升。人的發現說到底是人本質的發現，這一發現對人本價值奠定了重要的理論基礎。仁義、明德、良知的人無疑對公共理性的產生和發展具有重要的理論意義，後來儒家人本價值與公共理性的耦合機理與儒家關於人的發現理論具有直接的因果關聯。

三、理性爲人：人本自覺

　　儒家人本價值通過「人的發現」理論建立起自身價值提升的哲學基礎，人的發現表明，自身的存在與系統的存在是聯繫在一起的，人不是孤立的人，而是社會關係中的人，還是世界中的人，不僅僅是一個自然公民，還是一個社會公民，還是一個宇宙公民。儒家講「天地聖人」，聖人不是一般的人，聖人就是一個宇宙公民的存在者。馮友蘭說：「儒家認爲，處理日常的人倫世務，不是聖人分外的事。處理世務，正是他的人格完全發展的實質所在。他不僅作爲社會的公民，而且作爲『宇宙的公民』，即孟子所說的『天民』，來執行這個任務。他一定要自覺他是宇宙的公民，否則他的行爲就不會有超道德的價值。他若當眞有機會爲王，他也會樂於爲人民服務，既作爲

〔註143〕《中庸》，《四書章句集注》，中華書局，1983年，第37頁。

社會的公民，又作為宇宙的公民，履行職責。」〔註 144〕「宇宙公民」說明人自身的存在與宇宙的存在息息相關，沒有宇宙的存在也就沒有自身的存在。但人本價值不會無緣無故地得到提升，人在社會關係之中必須實現人倫教化，逐步提升自身價值，這一價值的提升過程實際也是一個不斷實踐和深化的過程。人的發現也是人本價值的發現，這一發現需要主體理性和主體自覺意識的提高。一個有主體理性和主體自覺精神的人必然是一個不斷提升人本價值的人。儒家在社會之中善於承擔責任，具有責任擔當精神，《大學》說：「大學之道，在明明德，在親民，在止於至善。」〔註 145〕「明德」、「親民」、「至善」的大學精神充分體現了責任擔當精神，《中庸》中的「修道」和「守道」精神也體現了這一精神，「天命之謂性，率性之謂道，修道之謂教。道也者，不可須臾離也，可離非道也。是故君子戒慎乎其所不睹，恐懼乎其所不聞。莫見乎隱，莫顯乎微，故君子慎其獨也。」〔註 146〕這都體現了一種責任擔當精神。儒家不同於道家，儒家主張「入世」，道家主張「避世」，因此大都認為儒傢具有責任擔當精神。儒家主張提升人的價值要在主體自覺意識的主導中實現，主要包括三個方面：一是自覺成人，二是安身立命，三是至善玄理。

1、人本自覺：立人成人

儒傢具有主體自覺理性，主張自我修身養性，為天下、社會、國家服務，以天下為己任。中國古代的「士」從總體來說具有儒家的特點，馮友蘭說：「中國文化傳統中的士的道德標準，就是儒家的標準。」〔註 147〕「士」具有責任擔當精神，儒家的「士」主張為國家和社會盡心盡力。曾子說：「士不可以不弘毅，任重而道遠。仁以為己任，不亦重乎？死而後已，不亦遠乎？」〔註 148〕「士」的責任是弘揚「仁義」。馮友蘭對中國古代「士」的性質作了總結，他認為「士」是一個兼有倫理學意義的範疇，「士和知識分子階層，這兩個名詞並不完全相當。後者只有社會學上的意義，前者兼有倫理學上的意義。」〔註 149〕古代稱「士」，現代則以知識分子相稱，但「士」具有倫理

〔註 144〕馮友蘭：《中國哲學簡史》，北京大學出版社，1996 年，第 8～9 頁。
〔註 145〕《大學》，朱熹《四書章句集注》，中華書局，1983 年，第 3 頁。
〔註 146〕《中庸》，朱熹《四書章句集注》，中華書局，1983 年，第 17 頁。
〔註 147〕馮友蘭：《中國哲學史新編》（下卷），人民出版社，2007 年，第 9 頁。
〔註 148〕《論語・泰伯》，朱熹《四書章句集注》，中華書局，1983 年，第 104 頁。
〔註 149〕馮友蘭：《中國哲學史新編》（下卷），人民出版社，2007 年，第 9 頁。

學的性質，注重「仁義」，知識分子具有社會學的性質，注重社會發展。馮友蘭也沒有完全斷定「士」的性質，用「兼有」一詞說明二者不能完全進行倫理學和社會學的區分。「知識分子當然需要在才學方面有足夠的準備，才能為國家社會服務。」〔註 150〕知識分子的重要性質在於才能和學問，要為國家和社會服務。哈佛大學教授余英時先生與馮友蘭的觀點有相似之處，他在《士與中國文化》中說：「中國史上的『士』大致相當於今天所謂的『知識分子』，但兩者之間又不盡相同。」〔註 151〕但余英時在更多地時候將知識分子區分為古代的知識分子和現代的知識分子，實際上「士」成了知識分子的一個部分，即古代知識分子，余英時稱之為「中國知識分子的古代傳統」〔註 152〕，這充分說明他已經將「士」視為知識分子了。余英時運用西方學術界的觀點說明知識分子也具有道德倫理的內涵，他認為現代知識分子「就其所關切者是終極的價值而言，他們仍可以說是代表了一種『神聖』的傳統。」「知識分子主要是以自由人的身份來批判一切的」，「知識分子的批判性來自他們所代表的神聖傳統」。〔註 153〕余英時認為西方學者「肯定知識分子有一個共同的性格，即以批評政治社會為職志。這在中國也不例外。」〔註 154〕余英時所謂的共同性格即是馮友蘭所說的「士」的獨立自由意志，是一種社會責任擔當精神。余英時與馮友蘭都將「士」與知識分子區分開來，「士」是一種古代的稱謂和傳統，具有道德上的內涵，強調一種社會擔當精神，知識分子則是近現代的稱謂，或多或少地延續了古代的傳統，也有獨立的人格與社會擔當精神。不同的是馮友蘭認為「士」是一個道德倫理的範疇，知識分子則是社會學意義上的範疇，不一定強調道德倫理上的內涵。余英時則有古代知識分子與現代知識分子之分，古代知識分子是「士」，現代知識分子則延續了古代「士」的傳統，「士」更凸顯出文化史學意義上的內涵，余英時運用的是史學的方法。總之，儒家「士」代表了一種自覺意識和理性的標準，具有弘揚社會「仁義」的道德精神，凸顯了一種社會責任擔當意識。

儒家君子也是儒家的重要形象，這種形象具有全面性，「儒家君子是中國古代社會現實與理想的重要形象，既是現實社會治理人才形象又是一種理想

〔註150〕馮友蘭：《中國哲學史新編》（下卷），人民出版社，2007年，第9頁。
〔註151〕余英時：《士與中國文化》，上海人民出版社，2003年，《引言》。
〔註152〕余英時：《士與中國文化》，上海人民出版社，2003年，第103頁。
〔註153〕余英時：《士與中國文化》，上海人民出版社，2003年，第103頁。
〔註154〕余英時：《士與中國文化》，上海人民出版社，2003年，第104頁。

道德的化身，是外在形象與內在精神的合體。」〔註155〕「儒家君子在中國古代社會具有普世性，原因是君子範疇的發展演變適應了時代的需要，不斷變化更新其內涵，凸顯了才與德的統一。」〔註156〕儒家君子是具有責任擔當意識的人，與「士」具有相同的特點。孔子說：「君子道者三，我無能焉：仁者不憂，知者不惑，勇者不懼。」〔註157〕君子具有智仁勇三德，顯然君子是一個理性人，而不是一個感性人，自覺立人成人，「君子進德修業。忠信所以進德也。修辭立其誠，所以居業也。知至至之，可與幾也。知終終之，可與存義也。」〔註158〕君子進德修業，以理性自覺立人、成人。《中庸》說：「道也者，不可須臾離也，可離非道也。是故君子戒慎乎其所不睹，恐懼乎其所不聞。莫見乎隱，莫顯乎微，故君子慎其獨也。」〔註159〕君子戒懼、慎獨，充分說明君子具有自覺理性，時時以「仁義」的德性來參照自己，守道不離，這是一個完全的理性人。朱熹說：「君子者，才德出眾之名。德者，體也；才者，用也。君子之人，亦具聖人之體用。」〔註160〕君子既有才又有德，體用合一，是一個地地道道的理性化身。孔子說：「夫仁者，己欲立以立人，己欲達以達人。」〔註161〕仁者具有自覺性，成爲人即是要有仁義，士、君子、賢人都是仁者，自覺立人、成人。孔子說：「所謂賢人者，好惡與民同情，取捨與民同統，行中矩繩而不傷於本，言足法於天下，而不害於其身，躬爲匹夫而願富，貴爲諸侯而無財。如此則可謂賢人矣。」〔註162〕賢人行爲以仁義爲本。漢代賈誼說：「故守道者謂之士，樂道者謂之君子；知道者謂之明，行道者謂之賢，且明且賢，此謂聖人。」〔註163〕守道不離仁義才能稱爲仁者，可見士、君子、賢人、聖人都是仁者，儒家人物形象以理性自覺爲顯著特徵。

〔註155〕李長泰：《儒家君子範疇內涵新論》，《江西社會科學》，2011 年第 10 期，第39 頁。

〔註156〕李長泰：《儒家君子範疇內涵新論》，《江西社會科學》，2011 年第 10 期，第41 頁。

〔註157〕《論語・憲問》，朱熹《四書章句集注》，中華書局，1983 年，第 156 頁。

〔註158〕《周易・上經・乾》，《周易正義》，《十三經注疏》，中華書局，1980 年，第15 頁。

〔註159〕《中庸》，朱熹《四書章句集注》，中華書局，1983 年，第 17 頁。

〔註160〕《論語六・爲政篇下》，黎靖德《朱子語類》，中華書局，1986 年，第 578 頁。

〔註161〕《論語・雍也》，朱熹《四書章句集注》，中華書局，1983 年，第 92 頁。

〔註162〕《大戴禮記・哀公問五義第四十》，王聘珍《大戴禮記解詁》，中華書局，1983年，第 10～11 頁。

〔註163〕《新書・道術》，閻振益、鍾夏《新書校釋》，中華書局，2000 年，第 305 頁。

正是由於儒家提倡自覺理性，促成其對人本價值的理解比較注重仁義。儒家探索了人本身是什麼，人即是以仁爲本的人，人本價值即是要有「仁」的自覺性，孔子說：「人而不仁，如禮何？人而不仁，如樂何？」〔註164〕人做不到「仁義」即不可能實現「禮」和「樂」。范氏說：「人而不仁則非人。」〔註165〕人以仁爲根本，人的本質即是「仁」。王陽明說：「仁者，心之德，人而不仁，不可以爲人。」〔註166〕人即是「仁」，沒有「仁」不可成爲眞正的人。「仁」即是一種儒家推行的自覺理性，沒有「仁」不能實現人本身的價值。

由於儒家有一種主體的自覺理性，其主體性也就是一種自覺性，主張在天下弘揚正義，這種正義即是以「仁」爲基礎的正義，人成爲人即是要成爲具有仁心的正義之人，人首先要有仁義才能說明此人的存在具有現實價值，因爲個人的價值要以整個社會的價值追求爲基礎，個人價值在「仁」原則的指導之下，不斷地得到自我完善，最後也實現自身價值。正如北京大學王海明教授證明說：「人本身的發展、完善、自我實現是最高價值。」〔註167〕爲了追求自我最高價值的實現，必須以主體自覺和主體創造的理性實現自身價值。儒家以天下爲己任，不斷自我創造，自我完善，以「仁」作爲己任，以弘道精神實現人自身的存在和發展。孔子說：「人能弘道，非道弘人。」朱熹注釋說：「然人心有覺，而道體無爲；故人能大其道，道不能大其人也。」〔註168〕人有自覺性就能將儒家仁義道統發揚光大。張載說：「心能盡性，『人能弘道』也；性不知檢其心，『非道弘人』也。」〔註169〕說明人的本性在於心其本性，即「仁」性，實現人本身價值的提升。

總之，主體的自覺理性使人成爲一個自我價值不斷得到提升的人，這種人成爲一個最高價值的實現者不是存在於純粹的「自我」之中，而是以天下爲己任的「自我」，是弘揚「仁義」的「自我」。主體的自覺理性既存在於社會價值之中，又存在於自我價值的不斷完善之中，人本價值就在個人與社會的關係中得到實現。儒家的士、賢人、君子、聖人都以自覺理性立人、成人，儒家發現人的存在價值以理性自覺爲主要方法。人本價值的實現是在理性自

〔註164〕《論語·八佾》，朱熹《四書章句集注》，中華書局，1983年，第61頁。
〔註165〕《論語集注》，朱熹《四書章句集注》，中華書局，1983年，第90頁。
〔註166〕《外集三》，王陽明《王陽明全集》，上海古籍出版社，1992年，第811頁。
〔註167〕王海明：《公正與人道》，商務印書館，2010年，第283頁。
〔註168〕《論語·衛靈公》，朱熹《四書章句集注》，中華書局，1983年，第176頁。
〔註169〕《正蒙·誠明篇》，張載《張載集》，中華書局，1978年，第22頁。

覺中得到豐富完善，從人本質的仁義，到道德形而上學的良知，再到「仁」
的自覺，儒家發現了人本價值的存在。

2、人本安頓：安身立命

儒家確立人本身的存在是以仁義爲根本，以自覺理性成就人本身，人
的價值也在於其自覺理性。從眞正意義上講，人的發現在於心有所安，安
身立命，知道自身有所依託，即是說人成爲人必須在精神上有所觀照，知
道自身精神有所安頓。人的精神沒有一個安頓處，人也不成其爲人。儒家
非常注重安身立命，沒有精神上的安頓，也就不可能成爲眞正意義上的人。

儒家都將人的精神安頓在仁義之上，目的是爲了求得心安理得，即是求
「放心」，「放心」即是一種心靈上的安頓。孟子說：「仁，人心也；義，人
路也。舍其路而弗由，放其心而不知求，哀哉！人有雞犬放，則知求之；有
放心，而不知求。學問之道無他，求其放心而已矣。」〔註 170〕孟子所說的
「放心」即是將心放到一個可安頓的地方，心才能實現安定。孟子認爲這個
心的安頓場所就是「仁」，因此說「仁」是人的心。學者做學問，增長知識
也是爲了將心找到一個可安頓的地方。楊氏說：「《孟子》一書，只是要正人
心，教人存心養性，收其放心。」〔註 171〕《孟子》一書的宗旨即是要爲人
的身心精神找到一個可以寄託的地方。人的精神安頓場所在儒家那裡最終是
找到可修身、可「明明德」之道路，《中庸》說：「天命之謂性，率性之謂道，
修道之謂教。道也者，不可須臾離也，可離非道也。」〔註 172〕「天命」所
給的是「明德」與「良知」，即人性本善，人道即要承繼天道之善，時時刻
刻守道不離。眞正的人從精神層次上來說就是精神上有一個安頓場所，有一
個終極關懷或者關切，有一個比較高級的精神信仰。人只有在精神得到安
頓，行爲處事才能做到踏實。《中庸》說：「故君子不可以不修身；思修身，
不可以不事親；思事親，不可以不知人；思知人，不可以不知天。」〔註 173〕
修身、事親、知人、知天，最後將人的精神找到一個安頓處。張載說：「爲
天地立心，爲生民立道，爲去聖繼絕學，爲萬世開太平。」〔註 174〕張載的

〔註 170〕《孟子·告子上》，朱熹《四書章句集注》，中華書局，1983 年，第 333～334
　　　　 頁。
〔註 171〕《孟子序說》，朱熹《四書章句集注》，中華書局，1983 年，第 199 頁。
〔註 172〕《中庸》，朱熹《四書章句集注》，中華書局，1983 年，第 17 頁。
〔註 173〕《中庸》，朱熹《四書章句集注》，中華書局，1983 年，第 28 頁。
〔註 174〕《拾遺·近思錄拾遺》，張載《張載集》，中華書局，1978 年，第 376 頁。

學問之道即是要將人心尋找到一個安頓處，表面看起來是確立天地之心，實際上最終是落實到人心，確立天地之心是爲了確立人心，人的精神最後要歸入到天地之中。

　　一般認爲儒家思想不同於宗教，不具備宗教的基本性質，儒家是比較現實的，儒家學說被南懷瑾先生稱之爲「糧店」，「儒家像糧食店」〔註175〕，比較關注此岸的世界，而宗教比較關注彼岸的世界。但是儒家對人精神的安頓作用並不低於宗教，儒家在精神安頓上也有終極關懷，有些學者稱之爲儒家學說的宗教性。儒家比較強調「道也者，不可須臾離也」，這實質就是建構一個精神上的終極關切問題。儒家思想在發展的過程中逐漸凸顯了其宗教性，在先秦比較關注「德」和「善」的問題，到了宋明理學時期則非常突出宇宙、人生的形而上學問題，宋代理學的形成突出了「天理」的核心地位，正如程顥說：「吾學雖有所受，天理二字，卻是自家體貼出來。」〔註176〕「理」實際上是指一種精神的關注之點和精神安頓的場所。因此儒家學說也是具有宗教性的，其中的一些範疇和概念明顯帶有宗教的性質，從一定的程度上給人帶來了一種精神的信仰和安頓。牟宗三說：「終極關心的問題，就是不管你在社會上做什麼事情，是什麼地位，都必須關心的問題。依西方文化來說，就是宗教的問題。在東方，則是印度教和佛教。中國以前雖然沒有產生像這樣類型的宗教，惟道家、儒家的學問，並也都有宗教的作用，故也可以稱爲一種宗教。因爲，他們所要解決的都是屬於宗教性的終極關心問題。」〔註177〕中國儒家學者非常關注終極關懷問題，中國儘管沒有西方宗教式的終極關切，但也有一個「至善」的關切。「中國文化中的終極關心問題，是如何成德，如何成就人品的問題，無論貧富貴賤都是如此。」〔註178〕朱熹說：「明德者，人之所得乎天，而虛靈不昧，以具眾理而應萬事者也。」〔註179〕「明德」即是內心澄明、聖潔，萬事皆由此出，人的行動就是要達到「明德」，「明德」成爲儒家學者的終極關切。王陽明說：「虛靈不昧，眾理具而萬事出。心外無理，心外無事。」〔註180〕「心」與「良知」成爲王陽明學問的終極關切。西方哲

〔註175〕南懷瑾：《老子他說》，復旦大學出版社，2000年，第6頁。

〔註176〕《河南程氏外書》，卷第十二，程顥、程頤《二程集》，中華書局，1981年，第424頁。

〔註177〕牟宗三：《寂寞中的獨體》，新星出版社，2005年，第282頁。

〔註178〕牟宗三：《寂寞中的獨體》，新星出版社，2005年，第283頁。

〔註179〕《大學章句》，朱熹《四書章句集注》，中華書局，1983年，第3頁。

〔註180〕《傳習錄上》，王陽明《王陽明全集》，上海古籍出版社，1992年，第15頁。

學家蘇格拉底稱這種虛靈和關切為「德性」，柏拉圖稱之為「理念」，康德稱之為「純粹理性」，黑格爾稱之為「絕對精神」，都是人類精神的寄託、存在場所。黑格爾說：「人體（國民）的個人意志不反省地適應那為正義與法律所規定的行為習慣。因此，個體是不自覺地統一於理典——社會公益。」〔註181〕黑格爾所說的「理典」即是一種終極關切，成為一種心靈所向，自覺或者不自覺地得到遵守。儒家學說在終極關切上具有明確的取向性，即是成為聖人、實現一種完善，完善即是人性的完善，這種自我轉化具有一種宗教性。杜維明教授在論述儒學的宗教性時說：「儒家深信，經由自我努力，人性是可以不斷完善的。這樣一種信念，嚴格地說，就是對自我超越的一種信念。像神一般的聖人之所以能夠成為宇宙的共同創造者，並不是因為這個超越者被全部人化了，而是因為這人通過同這個超越者的誠敬的對話性的回應而實現了終極的轉化。」〔註182〕杜維明教授的意思是，人在現實中不斷超越而實現自我完善，向聖人轉化，聖人人格成為一種具有宗教信念的超越對象，這種觀點使儒學具有宗教性。由此觀之，儒家學說對人精神的安頓是以其終極關切和其宗教性來實現的。

儒家發現人本身的存在不僅僅是因為其仁義的本質，也不僅僅是因為其「明德」和「良知」上的道德形而上學，還因為其在精神上具有追求安身立命的終極關切，這種宗教性使人具有不斷完善的性質。人成為真正的人不僅僅要說明人是一個現實的人，不僅僅要說明人也是一個理想中的人，人既是一個具體的人，還是一個具有美學意義上的人，人的形象正是在這種不斷轉化中得到完善，實現人本價值，人本價值的崇高、正義都是這種終極關切所致。儒家對人本價值的追求正是在這轉化中實現和提升。

3、價值玄理：至善之美

儒家學者對人本身的價值認知處於不斷演化的過程中，人本價值在自覺理性中實現，這種實現最後要達到美學程度，儒家通過這種自我轉化發現了人是什麼，人不僅僅是一種現實中的人，還是一個有美學意義的人。人從追求現實道德逐步上昇到追求完美，追求精神至上。《大學》說：「大學之道，在明明德，在親民，在止於至善。」〔註183〕「止於至善」即是追求完美。《說

〔註181〕轉自牟宗三：《才性與玄理》，廣西師範大學出版社，2006年，第324頁。
〔註182〕杜維明：《〈中庸〉洞見》，人民出版社，2008年，第125頁。
〔註183〕《大學》，朱熹《四書章句集注》，中華書局，1983年，第3頁。

文解字》說：「善，吉也。從言從羊，此與義、美同意。」〔註184〕可見，追求「善」即是追求「美」。儒家對善的追求的目的是實現人的完善，這種完善即是虛靈不昧，也是道德至善，還是行動至善，是內外合一。張載說：「可欲之謂善，志仁則無惡也。誠善於心之謂信，充內形外之謂美，塞乎天地之謂大，大能成性之謂聖，天地同流、陰陽不測之謂神。」〔註185〕與天地合而爲一即是至善至美、盡善盡美，即是一種「誠」，「誠」是眞實，眞實即是一種美。美是一種「和」和「中」，《中庸》說：「中也者，天下之大本也；和也者，天下之達道也。致中和，天地位焉，萬物育焉。」〔註186〕「美」體現爲「中和」，因爲萬事萬物和，各得其位，一幅完美的圖畫。「唯天下至誠，爲能盡其性；能盡其性，則能盡人之性；能盡人之性，則能盡物之性；能盡物之性，則可以贊天地之化育；可以贊天地之化育，則可以與天地參矣。」朱子注釋說：「天下至誠，謂聖人之德之實，天下莫能加也。盡其性者，德無不實，故無人欲之私，而天命之在我者，察之由之，鉅細精粗，無毫髮之不盡也。人物之性，亦我之性，但以所賦形氣不同而有異耳。能盡之者，謂知之無不明而處之無不當也。」〔註187〕至誠之道即追求完美之道，與天地相合，人參與天地之中，與天地同爲化育。董仲舒說：「中者，天地之所終始也；而和者，天地之所生成也。夫德莫大於和，而道莫正於中。中者，天地之美達理也，聖人之所保守也。詩云：『不剛不柔，布政優優。』此非中和之謂與？」〔註188〕聖人之美在於他與天地合爲一體，通達天地之道，實現「中和」，具有天地之德。他還說：「陰陽之道不同，至於盛，而皆止於中，其所始起，皆必於中。中者，天地之太極也，日月之所至而卻也，長短之隆，不得過中。天地之制也。兼和與不和，中與不中，而時用之，盡以爲功。是故時無不時者，天地之道也。順天之道，節者天之制也，陽者天之寬也，陰者天之急也，中者天之用也，和者天之功也，舉天地之道，而美於和，是故物生，皆貴氣而迎養之。」〔註189〕董仲舒以天地之道爲根本，認爲天地之道遵守「中和」

〔註184〕許愼：《說文解字》，中華書局，1963年，第58頁。

〔註185〕《正蒙‧中正篇》，張載《張載集》，中華書局，1978年，第27頁。

〔註186〕《中庸》，朱熹《四書章句集注》，中華書局，1983年，第18頁。

〔註187〕《中庸》，朱熹《四書章句集注》，中華書局，1983年，第32頁。

〔註188〕《春秋繁露‧循天之道》，蘇輿《春秋繁露義證》，中華書局，1992年，第444頁。

〔註189〕《春秋繁露‧循天之道》，蘇輿《春秋繁露義證》，中華書局，1992年，第447頁。

原則，達到一種盡善盡美的效果。儒家都以「中和」爲原則，這種原則是一種美的原則。人在「中和」原則下實現自我完善，達到美的理想。

爲了實現完美的追求，儒家注重在各個方面的調節。《周易》說：「君子以見善則遷，有過則改。」〔註190〕儒家君子以完善爲原則，時時改過自新，實現完美。孔子說：「君子成人之美，不成人之惡。」〔註191〕君子使他人向完美發展，不使人走向邪惡。桓譚在《新論》中說：「夫言行在於美善，不在於眾多。出一美言善行，而天下從之，或見一惡意醜事而萬民違，可不慎乎？」〔註192〕儒家君子言行注重「美」、「善」。揚雄說：「聖人存神索至，成天下之大順，致天下之大利，和同天人之際，使之無間也。」〔註193〕天人合一、成就天下是聖人的理想。德國哲學家馬克斯・韋伯認爲君子是一種理想，他說：「『君子』，『高雅之人』，後來亦稱『勇士』，在士大夫時代是達到了全面自我完善境界的人：一件堪稱古典、永恒的靈魂美之典範的『藝術品』傳統儒學正是把這種典範植入蒙生的心靈中的。」〔註194〕馬克斯・韋伯說明了儒家君子自始至終都追求一種美善的形象，而這種美既是現實的，又是理想的，最後上昇到「理」的程度，正如《中庸》說：「君子尊德性而道問學，致廣大而盡精微，極高明而道中庸。」〔註195〕「理」即是中庸之道，是一種美學之道。儒家發現人是一個至善至美這人，達到價值玄理的層次，這種人的發現有利於人本價值的提升，因爲人成爲人，有各種層次，較高層次也是人本價值的重要方面，人除了初級和中級層次，還要生活在精神價值的最高層次，而價值上的崇高也是人本身價值的重要方面，價值玄理上發現人的有盡善盡美的人，正是實現儒家人本價值崇高的形而上學基礎。

儒家在人本價值上發現了人的存在，人必須具有以下幾個層次：首先，人追求了現實的道德價值，人成爲人首先是一個道德的人，即是以仁義爲本。其次，人追求一種精神上的寄託，要安身立命，心有所歸，即追求成人、成德。第三，人追求美的存在，以「中和」爲美，以至誠爲美，追求「止於至

〔註190〕 《周易・下經・益》，《周易正義》，《十三經注疏》，中華書局，1980 年，第 53 頁。

〔註191〕 《論語・顏淵》，朱熹《四書章句集注》，中華書局，1983 年，第 137 頁。

〔註192〕 《新論・言體》，朱謙之《新輯本桓譚新論》，中華書局，2009 年，第 14 頁。

〔註193〕 《法言・問神》，汪榮寶《法言義疏》，中華書局，1987 年，第 141 頁。

〔註194〕 馬克斯・韋伯：《儒教與道教》，商務印書館，1995 年，第 183 頁。

〔註195〕 《中庸》，朱熹《四書章句集注》，中華書局，1983 年，第 35 頁。

善」的玄理，這種玄理即是一種美的藝術，實現藝術人格。張立文教授說：「藝術是人類精神家園的一種形式。」〔註196〕在藝術上實現了人類精神的美妙安頓，在藝術層次上人類精神得到最後慰藉。人的精神達到玄理的層次，使人真正認識到自身的存在具有一種深刻的價值，正如老子說：「玄而又玄，眾妙之門。」〔註197〕「玄理」是人類精神運動的必然結果。人的發現通過這三個層次逐步實現人本身價值的提升。

綜上所述，人本價值原人論論述了中國古代各家學派人本價值的分野，儒家「原人論」發現了人是什麼，人是仁義的人，核心是「仁義」。與其他學派相比，儒家人本價值的理路具有社會合理性，突出了以人為本和以仁為本。儒家的人本價值的確立是在人的發現基礎上建立起來的，人的發現主要包括三個方面：人是「仁義」的人、有明德和良知的人，是天人合一的人。發現人的存在以「仁義」為基礎，這對儒家建構尊嚴、幸福、崇高和正義的人本價值具有引領作用。發現人是具有明德和良知的人，這整個社會群體也追求社會良知，人本價值則追求幸福、崇高和正義的價值。儒家發現人本價值的實現是在天人系統之中，人不是孤立的，人本價值的實現與社會、宇宙聯繫在一起，這對儒家公共理性的產生和發展具有重要的理論意義，後來儒家人本價值與公共理性的耦合機理與儒家關於人的發現理論具有直接的因果關聯。儒家發現人還一個主體自覺的理性人，使人本價值處於不斷完善之中，主體理性自覺使人本價值在理性自覺中得到豐富完善。儒家發現人本身的存在還是追求安身立命的人，這種宗教性的終極關切使人不斷完善人本價值。人不僅僅是一個現實的人，也是一個理想中的人，還是一個具有美學意義上的人，人的形象正是在這種不斷轉化中得到完善，實現人本價值，人本價值的崇高、正義都是這種終極關切所致。儒家發現人是美的存在者，以「中和」和「至誠」為美，追求「止於至善」的玄理，這種玄理即是一種美的藝術，實現藝術人格。在藝術上實現了人類精神的美妙安頓，在藝術層次上人類精神得到最後慰藉。人的精神達到玄理的層次，使人認識到人本價值向深刻層次發展，這一發現實現儒家人本身價值的崇高、儒雅。

〔註196〕張立文：《和合哲學論》，人民出版社，2004年，第295頁。
〔註197〕《道德經·道經·第一章》，高明《帛書老子校注》，中華書局，1996年，第227頁。

第二章　人本價值原道：天地人境

　　儒家發現人的存在和人的本質是以仁義爲本，人是什麼的問題即是仁義的問題，人之所以成爲人的關鍵在於仁義的本性，即是說只有具有仁義本性的人才稱得上是眞正意義上的人。孔子說：「吾十有五而志於學，三十而立，四十而不惑，五十而知天命，六十而耳順，七十而從心所欲，不逾矩。」〔註1〕三十而立，即是以「仁義」立人，也就是以《大學》所說的「大學之道」，明德、親民、至善是人本價值追求的目標，「大學之道」直接表明了人本價值的三個方面：尊嚴、崇高、正義，儒家人本價值確立了「仁義」在人成爲人的過程中的核心作用，「明德」喻示著「尊嚴」，「親民」喻示「崇高」，「至善」喻示「正義」，或者三者兼而有之。儒家通過人之所以爲人的核心標準——仁義，說明人本身的價值與「德」、「善」範疇聯繫在一起，而「德」、「善」的根源在於天地有「德」、「善」，天地人合一才是人本價值的形而上學基礎。天、地、人的境域即是人本價值的源頭，我們稱之爲人本價值原道。之所以說是「原道」，是因爲此要素要說明儒家人本價值從哪裏來？儒家人本價值是什麼？要述說所以來、所以去，要述說人本價值的規律內容。人本價值之道即是人之所以爲人的本原之道，說明人本價值的內在根源和規律。韓愈說：「其所謂道，道其所道，非吾所謂道也。其所謂德，德其所德，非吾所謂德也。凡吾所謂道德云者，合仁與義言之也，天下之公言也。」〔註2〕因此尋求人本價值的根源應該追溯本原之道。「道」是一種軌迹、道路，是指人生存、生活的規律或者依據，也是人行爲處事的規矩和標準，人本價值的來龍去脈也會

〔註1〕《論語・爲政》，朱熹《四書章句集注》，中華書局，1983年，第54頁。
〔註2〕《原道》，《韓愈全集》，屈守元、常思春《韓愈全集校注》，四川大學出版社，1996年，第2662頁。

遵循規矩和依據，因此必須有「人本價值原道」的論述。

　　儒家人本價值之道是什麼？關鍵要考察儒家的人是一種什麼樣的存在者。儒家所謂的人是天、地、人要素中的存在者，人不能脫離天、地，也不能脫離社會群體，因此儒家人本價值的「原道」是天地人境域中的「道統」，天、地、人的境域造就了人本價值，造就了人的生存、尊嚴、幸福、崇高和正義的人本價值。儒家的天地人思維架構成就了人本身，人是天、地、人境的現實人，也是天、地、人境中的崇高人，人本價值既現實又崇高，核心是現實的。馮友蘭在談到人要想達到最高境界時提出了一種思考，即人是不是要脫離普通生活？「照出世間底哲學底說法，最高底的境界，與人倫日用是不相容底。」〔註3〕普通的人倫日用不能說明真正意義上的人，因此人本價值應該從天地之道中去尋求，人本價值之道即是在天地人境域之中。《淮南子》說：「夫道者，覆天載地，廓四方，柝八極，高不可際，深不可測，包裹天地，稟授無形。」〔註4〕真正的「道」與天地融為一體。主要從道德人本、知識人本和境界人本三個方面展開。

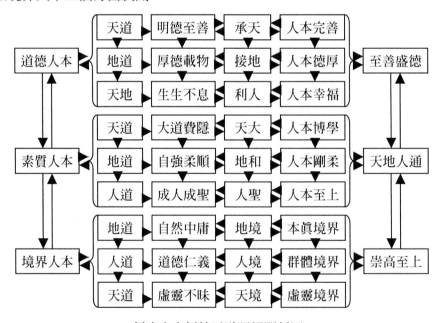

儒家人本價值原道邏輯關係圖

〔註3〕馮友蘭：《新原道》，《三松堂全集》（第五卷），河南人民出版社，2001年，第4～5頁。

〔註4〕《淮南子·原道訓》，何寧《淮南子集釋》，中華書局，1998年，第2頁。

　　從儒家人本價值原道論中的邏輯關係圖可以看出，天、地、人是儒家人本價值理論形成的核心因素，儒家人本價值來源於天、地、人三才的特性，人本價值如何形成？儒家認為人參照了天、地的性質和特質。人之所以成為人，是因為在人本價值上人具有道德為本、素質為本和境界為本，意思是人是一個有道德的人，有素質的人，有境界的人，道德人、素質人和境界人是怎麼形成的？儒家認為他來源於天、地、人三道，正是天、地、人三道的本質才催生人本價值，要具有道德人本、素質人本和境界人本。首先，道德人本是天道、地道的根源所致，天道明德至善，人承接天道的標準而實現人本完善，地道厚德載物，人順接地道的標準而實現人本厚德，天地生生不息，人順承天地變化發展的道理而實現人本幸福，人根據天、地二道形成了道德人本價值，其核心宗旨是至善盛德。其次，素質人本是天、地、人三道的根源所致，天道廣大而費隱，人要「知天」，因此要實現博學的人本素質，地道柔順而中和，人要「知地」，因此要實現剛柔並存的人本素質，人道要成人成聖，人要「知人」，因此要實現「至上」的人本素質，即是要不斷進步向上發展，人的素質是「知天」、「知地」、「知人」，核心宗旨實現天、地、人相通。再次，境界人本也是天、地、人三道所致，地道自然而中庸，人順承地道境界形成自身本真境界，人道道德仁義，人按照人道境界形成社會群體境界，天道虛靈不昧，人稟承天道境界形成精神虛靈境界，人的境界要具有從自然、社會到靈魂不斷進步發展的境界，核心宗旨是崇高至上，實現崇高的人本價值。道德人本、素質人本和境界人本成就了儒家的人本價值，道德人本是社會現實要求所致，素質人本是治世的根本要求，境界人本是社會理想的要求，從道德人本到素質人本再到境界人本的邏輯過程是從現實到理想、從低級向高級的人本價值發展過程。儒家人本價值的根源是天、地、人三道的昭示和訓示，人本價值的根源在天、地、人相通的境域之中，人本價值是一種「道」，「道」根源於天、地、人三個因素。

一、道德人本：至善盛德

　　天地人境域是儒家人本價值的核心體系，儒家人本價值建立的依據是天、地、人相併存的境域，儒家人本價值的中的仁、義、德、善來源於天、地、人三才結構為依託的體系。由於天地人體系的建構，儒家的核心價值範疇仁、義、德、善來源於天地之本性，正如《中庸》所說：「天命之謂性，率

性之謂道，修道之謂教。」〔註5〕人依照天之本性形成人道，通過人道訓示修養成爲人，人的價值來源天道，人的價值來源於天，天所賦予的價值體現在人身即是天道外化，形成人本價值，此即是人本價值的根源。天地人境域形成了人本身所具有的價值，這種價值不是自然屬性的價值體系，而是依照天道本性中的「善」、「德」建構的價值體系。主要從包括三個方面：天道明德，人本價值體現爲至善之性；地道厚德，人本價值體現爲德性醇厚；天地和諧生生不息，不斷髮展進步，人本價值體現爲人本幸福利貞，追求發展進步，實現個人或者整體的生存和幸福。

1、人本完善：天道明德至善

天地人的境域昭示著人依賴天、地、人體系建構自身價值的構架體系，形成了天、地、人相統一的系統，天、地、人三才系統使人的價值得以形成和最終實現，脫離這一體系人不能存在和生存，人的價值不可能實現。天、地、人體系使人從現實走向理想和完美，實現了自身價值的幸福和崇高。天有德，地有德，儒家人本價值自然而然地體現爲德性價值。一般而言，德性的產生是因爲對群體關係的調節，以此爲基礎就需要人人具有德性，德性是整體、群體的價值實現的基礎，只顧單個個體價值的實現而不計整體、群體的價值實現，甚至損傷整體、群體價值的實現，一般不視爲是一種良性的德性。德性的群體性要求德性是一種善良、正義和光明的德性。

對德性內涵的討論有很多，主要有目的論的方式和自身價值論的方式，「德性倫理學有兩種方法解釋德性：一種是目的論的方式，即以人類繁榮（或幸福）來作爲解釋德性的基礎；一種是非目的論的方式，即從其自身價值來解釋。」〔註6〕從目的論來解釋德性的內涵是中國古代的固有方式，即從人類繁榮的目的出發，考慮人類整體的進步和繁榮發展。但也不盡然，中國古代的德性論也可以認爲是否德性是自身價值存在與否的重要內容，德性是人的根本價值。《管子》書中說：「德者，道之舍，物得以生生，知得以職道之精。故德者，得也。得也者，其謂所得以然也。」〔註7〕「道」體現出來就是「德」。張載說：「至當之謂德」，「德者得也，凡有性

〔註5〕《中庸》，朱熹《四書章句集注》，中華書局，1983年，第17頁。
〔註6〕楊時：《當代西方德性研究綜述及其啓示》《武漢科技大學學報》，2008年第5期，第12頁。
〔註7〕《管子・心術上》，黎翔鳳《管子集注》，中華書局，2004年，第771頁。

質而可有者也。」〔註 8〕說的是擁有「性」的實質就是德。「性」的含義是
指天道本來之性質。許慎對「性」解字說：「性，人之陽氣。性善者也。」
〔註 9〕段玉裁注釋說：「董仲舒曰：性者，生之質也。質樸之謂性。」〔註 10〕
「性」來自於「天」，是天道所給予的實質，正如《中庸》所說的「性」，「天
命之謂性，率性之謂道，修道之謂教。」〔註 11〕使用「天」的本性就是符
合「道」。綜合「德」與「性」解字的含義，可以得知「德性」的本來含義
是得到天道的本性，因此，人的德性源於天道，是天命所賦於人的性質。

　　天道有「德」，具有與生俱來的質性，德性是天道在人道上的體徵，天
道之德是善德，人秉承天道的善德即是說有德性。《尚書》說：「天命有德。」
〔註 12〕人的德性與天德是一致的，天有德，人就應該有德性。孔子說：「道
者所以明德也，德者所以尊道也，是故非德不尊，非道不明。」〔註 13〕明德
之性也就是本善之性，「德」是與生俱來的。張載說：「德性所知，不萌於見
聞。」〔註 14〕即是德性的本來性質是善的，與生俱來。《大學》說：「大學之
道，在明明德，在親民，在止於至善。」〔註 15〕明德是本善之性，人之德性
是無所不備。德性是受之於天的純善之性，是純天理，人行此明德之性即為
有德性。因此，德性是天的「明德」向個體的度越。德性從一開始就是至善
的，無論個體差異如何，德性至善卻是一致的，因此德性的至善原則符合社
會公平與正義的要求，社會公平與正義又要求人人能夠實現至善的德性。中
國儒家哲學從德性是天之「明德」向個體的德性度越邏輯路徑說明了德性是
本善的，這種德性內涵的揭示方法具有重要意義，一是對社會個體人的肯
定，說明每個人、每個社會個體都具有德性的本性和前提；二是每個個體都
具有可教育的性質，即使一時沒有體現出德性要求，但還是可以通過「明明
德」教育的方式，恢復其應有的德性。因此「明德」向「德性」的度越，是

〔註 8〕　《正蒙・至當篇》，張載《張載集》，中華書局，1978 年，第 32～33 頁。

〔註 9〕　許慎：《說文解字》，中華書局，1963 年，第 217 頁。

〔註 10〕　段玉裁：《說文解字注》，上海古籍出版社，1988 年，第 502 頁。

〔註 11〕　《中庸》，朱熹《四書章句集注》，中華書局，1983 年，第 17 頁。

〔註 12〕　《尚書・虞書・皋陶謨》，《尚書正義》，《十三經注疏》，中華書局，1980 年，
　　　　　第 138 頁。

〔註 13〕　《大戴禮記・主言第三十九》，王聘珍《大戴禮記解詁》，中華書局，1983 年，
　　　　　第 2 頁。

〔註 14〕　《正蒙・大心》，張載《張載集》，中華書局，1978 年，第 24 頁。

〔註 15〕　《大學》，朱熹《四書章句集注》，中華書局，1983 年，第 3 頁。

社會理想境界與個體功利境界的合一。

　　天道「明德」向「德性」的度越說明人的價值在天德之中，與天德一致，人本價值與天德要求具有一致性。人只有與天德保持一致才能證明自身價值的存在，《周易》說：「天行健，君子以自強不息。」〔註16〕明德是一種至善之性，是天的本性，天的本性走向健康，不斷髮展，不斷完善，體現為自強不息的人本價值，即是「止於至善」，「至善」即是一種完美，人也應該實現「止於至善」。也就是說，人之所以為人，其價值是不斷地向前發展，奮發有為，不斷自強，不是碌碌無為，這樣的人才能稱得上是一個具有人本價值的人。董仲舒說：「天德施，地德化，人德義。天氣上，地氣下，人氣在其間。」〔註17〕意思是天將德性施予於人，人行天德而有義。要想實現聰明睿智，提升自我，必須與天德達到一致，「唯天下至誠，為能經綸天下之大經，立天下之大本，知天地之化育。夫焉有所倚？肫肫其仁！淵淵其淵！浩浩其天！苟不固聰明聖知達天德者，其孰能知之？」〔註18〕要想認識天、認識仁、認識世界必須與天德保持一致。荀子說：「君子養心莫善於誠，致誠則無它事矣，惟仁之為守，惟義之為行。誠心守仁則形，形則神，神則能化矣。誠心行義則理，理則明，明則能變矣。變化代興，謂之天德。天不言而人推高焉，地不言而人推厚焉，四時不言而百姓期焉。夫此有常，以至其誠者也。」〔註19〕儒家認為天的德性具有變化發展走向興旺的性質，人向著這一崇高的方向發展，才具有德性，這正是自強不息的特性。

　　人德與天德保持一致，自強不息，奮發有為，人不斷健康發展，走向完美，實現人本身的完美價值，儒家認為完美、完善是人本價值的重要方面。古人認為，天無所不能，具有完美的特性，正如老子說：「天之道，不爭而善勝，不言而善應，不召而自來，坦然而善謀。天網恢恢，疏而不漏。」〔註20〕孔子說：「天何言哉？四時行焉，百物生焉，天何言哉？」朱熹注釋說：「四時行，百物生，莫非天理髮見流行之實，不待言而可見。聖人一動一靜，莫

〔註16〕《周易・上經・乾》，《周易正義》，《十三經注疏》，中華書局，1980 年，第 14 頁。

〔註17〕《春秋繁露・人副天數第五十六》，蘇輿《春秋繁露義證》，中華書局，1992 年，第 354 頁。

〔註18〕《中庸》，朱熹《四書章句集注》，中華書局，1983 年，第 38～39 頁。

〔註19〕《荀子・不苟》，王先謙《荀子集解》，中華書局，1988 年，第 46 頁。

〔註20〕《道德經・七十三章》，朱謙之《老子校釋》，中華書局，1984 年，第 287～289 頁。

非妙道精義之發，亦天而已，豈待言而顯哉？」〔註21〕天雖然什麼都不說，但在功能上卻無所不能。由於天的性質具有完美的內涵，因此儒家認爲人也應不斷地走向完善、完美，人只有追求完美、完善才能推動人成爲眞正意義上的人。任何人都有追求完善、完美價值的願望，人之所以追求完美的價值的人，目的是減少自身的缺陷，使人成爲眞正的人，《中庸》說：「君子尊德性而道問學，致廣大而盡精微，極高明而道中庸。」〔註22〕廣大、精微、高明，都是完美、完善的體現，這種完美、完善以德性爲核心，達到天人合一的境界，儒家君子向著這一目標奮鬥，實現完美至善的人本價值。

人本價值有完美、完善的內容，人有追求尊嚴、幸福、崇高、正義的願望，既是提升自我價值，又是提升社會價值，這些價值都是人作爲人的價值，是人本價值不可或缺的部分，實現這些人本價值的形而上學依據是天道所指，天道的昭示對人成爲人具有參照和訓示作用，沒有「天」不能生成「人」，「天」是「人」的參照，這種不是自然之天，而是具有形而上學意義上的本體之天。「君子之道，造端乎夫婦；及其至也，察乎天地。」〔註23〕天地是人的指引，參照天地是人的核心宗旨。在古人眼中，天無所不能，天是完美、完善的，人就要向「天」靠攏，「天」具有至高無上的價值，人也要實現這種完美至善的價值。張載說：「天體物不遺，猶仁體事無不在也。」〔註24〕「體物」沒有丟失遺漏說明天道完美至善，「天不言而四時行」，「天不言而信」。〔註25〕天不說什麼但四時運轉而讓人信服，說明天是一種完美和全面的宇宙本體。這樣的本體對於人具有引導和示範作用，人本價值當然來源於天道的至善性質，天道「至善」而自強不息向人道奮發有爲而戰鬥不止轉換，演生出尊嚴、幸福、崇高、正義等內容的人本價值，因爲人只有實現了這些人本價值，才能稱爲是一個較完美和完善的人。

2、人本德厚：地道厚德載物

從天德到人德，以天德比照人德，使人具有剛健的價值追求，這是人存在的關鍵價值，預示著人在生存、生活中的本質需要是比照天道剛健有爲的價值觀。但人作爲人還必須注重本身的存在與周圍環境包括個體、群體、社

〔註21〕 《論語・陽貨》，朱熹《四書章句集注》，中華書局，1983 年，第 180 頁。
〔註22〕 《中庸》，朱熹《四書章句集注》，中華書局，1983 年，第 35 頁。
〔註23〕 《中庸》，朱熹《四書章句集注》，中華書局，1983 年，第 22 頁。
〔註24〕 《正蒙・天道篇》，張載《張載集》，中華書局，1978 年，第 13 頁。
〔註25〕 《正蒙・天道篇》，張載《張載集》，中華書局，1978 年，第 14 頁。

會等方面不斷地進行著信息與能量的交換，這種存在必然是一種對自身價值追求的控制、調節和穩定，才能確保自身「剛健」價值的存在，價值公共性問題就凸顯出來，個人與整體相連，因此「地」因素的作用就顯現出來。「天」有「德」，「地」也同樣有「德」。「天」凸顯了剛健的主體性，具有「動」和「陽」的特性，但主體性過強也容易導致災禍，《易·大象》說：「天行健，君子以自強不息。」〔註26〕但是天道剛健，存在有「潛龍」的凶兆，不能使用「潛龍」，所以「九三」說：「君子終日乾乾，夕惕若厲，無咎。」〔註27〕因此不能只參照天道剛健的因素，還必須以柔性的因素調節人的生存與生活，這就是「地」因素發揮作用的時候，「地」體現了「靜」和「陰」的特性，「地」因素昭示著人本價值是厚德載物。

《周易》凸顯了天、地、人三才結構，「地」的因素指導了人的行動要有忍性、德性和柔性，調節了「天」的主體性而彰顯「地」的客體性即被動性的特點。「坤厚載物，德合無疆。……君子攸行，先迷失道，後順得常。」〔註28〕「地」的特點是「坤」、「厚」，意思是包容萬物，容納一切，海納百川，這是一種德性。君子人要想順利前行，必須有「坤」、「厚」的性質，這種德性不是自身價值實現的單獨性，而是自身價值實現的整體性，即是自身價值的實現在整體價值的實現中才能得到保障，地道「坤」、「厚」的特性是德性的本質要求，是對「剛」、「健」德性的一種調整。在中國古代對德性的要求即是「坤」、「厚」所體現的特點，「坤」的意思是柔順，「坤」、「厚」的特性就是要求能包容其他事物、海納百川。「《大象》曰：地勢坤，君子以厚德載物。」〔註29〕「《大象》曰：山下出泉，蒙。君子以果行育德。」〔註30〕「地」的特性是「厚」和承載萬物，人則比照「地」的特性實現厚德載物，君子應該培育這種柔順的品德。「坤至柔而動也剛，至靜而德方，後得主而有常，含萬物

〔註26〕 《周易·上經·乾》，《周易正義》，《十三經注疏》，中華書局，1980 年，第14 頁。

〔註27〕 《周易·上經·乾》，《周易正義》，《十三經注疏》，中華書局，1980 年，第13 頁。

〔註28〕 《周易·上經·坤》，《周易正義》，《十三經注疏》，中華書局，1980 年，第18 頁。

〔註29〕 《周易·上經·坤》，《周易正義》，《十三經注疏》，中華書局，1980 年，第18 頁。

〔註30〕 《周易·上經·蒙》，《周易正義》，《十三經注疏》，中華書局，1980 年，第20 頁。

而化光。」〔註31〕「坤」體現了柔順的特點，君子以柔順爲宗旨建立地與人的關係，實現關係健順。王弼說：「地形不順其勢順」，「坤，順也。」〔註32〕因此「坤」除了「厚」，還是「順」和「柔」。孔子將君子之德比如成水，子貢問：「君子見大川必觀，何也？」孔子說：「夫水者，君子比德焉。偏與之而無私，似德；所及者生，所不及者死，似仁；其流行庳下倨句，皆循其理，似義；其赴百仞之谿，不疑，似勇；淺者流行，深淵不測，似智；弱約危通，似察；受惡不讓，似貞；苞裹不清以入，鮮潔以出，似善化；必出，量必平，似正；盈不求概，似厲；折必以東西，似意，是以見大川必觀焉。」〔註33〕水是「地」的物體，具有善性、柔性，又是一種正義品質，能化解矛盾，儒家君子追求這種事物，因此一定會仔細觀察「大川」。「非爲碈之多，故賤之也，玉之寡，故貴之也。夫昔者君子比德於玉焉。溫潤而澤，仁也；縝密以栗，知也；廉而不劌，義也；垂之如隊，禮也；叩之其聲清越以長。其終詘然，樂也；瑕不掩瑜、瑜不掩瑕，忠也；孚尹旁達，信也；氣如白虹，天也；精神見於山川，地也；圭璋特達，德也。天下莫不貴者，道也。《詩》云：『言念君子，溫其如玉。』故君子貴之也。」〔註34〕玉也是一種「地」的物體，具有柔順的特點，儒家君子以此爲貴。可見儒家在人本價值上以地道厚德爲參照，人本價值要具有「厚德」的價值。《周易》升卦說：「地中生木，升，君子以順德，積小以高大。」〔註35〕「地道」厚實，「地道」生長樹木，本是一種實然現象的描述，但比附了君子的特點，君子由此向前發展，依照這一德性發展，積少成多。

儒家主張從「地道」到人德，將「地」的特性轉化人的德性，《詩經》也具有代表性。《詩經》通過起興的方式寓意儒家君子以地道確立人德，以景寓情、以景寓德。景是「地」之景，從哲學的意蘊上說就是「地道」。情是人之情，德是人之德。寫景的目的在於興起一種德性，德性的建立是最終的落腳

〔註31〕《周易‧上經‧坤》，《周易正義》，《十三經注疏》，中華書局，1980 年，第18 頁。
〔註32〕《周易‧說卦》，《周易正義》，《十三經注疏》，中華書局，1980 年，第94 頁。
〔註33〕《大戴禮記‧勸學》，王聘珍《大戴禮記解詁》，中華書局，1983 年，第135 頁。
〔註34〕《禮記‧聘義》，《禮記正義》，《十三經注疏》，中華書局，1980 年，第1694 頁。
〔註35〕《周易‧下經‧升》，《周易正義》，《十三經注疏》，中華書局，1980 年，第58 頁。

點。孔穎達說:「夫詩者,論功頌德之歌,止僻防邪之訓,雖無爲而自發,乃
有益於生靈,六情靜於中,百物蕩於外,情緣物動,物感情遷。」〔註36〕「地」
中包含了萬物,物物相動而產生「情」,《詩經》就是爲了達到良好德性建立
的目的。孔子對《詩經》的總結是:「《詩》三百,一言以蔽之,曰:『思無邪。』」
〔註37〕朱熹注釋說:「凡《詩》之言,善者可以感發人之善心,惡者可以懲創
人之逸志,其用歸於使人得其情性之下而已。然其言微婉,且或各因一事而
發,求其直指全體,則未有若此之明且盡者。」〔註38〕程子注釋說:「『思無
邪』者,誠也。」〔註39〕《詩經》的宗旨就是爲了追求一種善良的人本價值。
「關關雎鳩,在河之洲。窈窕淑女,君子好逑。」〔註40〕以雌雄兩鳥在洲上
對唱來比喻君子追求和諧團結進步的美好價值。

　　張載在解說《周易》時說:「柔中極尊,不拒來者,使物皆階己而升,正
而且吉,志宜大獲也。《易》所謂『得志』者,聖賢獲其願欲。得臣无家,堯
之志也,貞吉升階,舜之志也。」〔註41〕柔順載物,物來順應,大志必成,
大吉大利。「地」爲坤,其勢「順」,因此,君子效法之,「君子厚德載物」,
以地道比喻人道。朱熹在解釋「厚德載物」時說:「地勢至順,故君子體之以
厚德載物。」〔註42〕「地」的因素培育厚德載物的人本價值。

　　基於儒家「地道厚德」的形而上學依據,儒家追求「德厚」的人本價值,
即是要求人自身具有德性厚實的性質。曾子說:「慎終追遠,民德歸厚矣。」
朱熹詮釋爲:「慎終者,喪盡其禮。追遠者,祭盡其誠。民德歸厚,謂下民
化之,其德亦歸於厚。蓋終者,人之所易忽也,而能謹之;遠者,人之所易
忘也,而能追之:厚之道也。故以此自爲,則己之德厚,下民化之,則其德
亦歸於厚也。」〔註43〕人民的德性要歸於到厚實,要求君王具有厚德的品
質,下民自然受到感化,形成德厚的事實。朱熹說:「德厚者流光,德薄者

〔註36〕　《毛詩正義序》,《毛詩正義》,《十三經注疏》,中華書局,1980 年,第 261
　　　　頁。
〔註37〕　《論語‧爲政》,朱熹《四書章句集注》,中華書局,1983 年,第 53 頁。
〔註38〕　《論語集注》,朱熹《四書章句集注》,中華書局,1983 年,第 53~54 頁。
〔註39〕　《論語集注》,朱熹《四書章句集注》,中華書局,1983 年,第 54 頁。
〔註40〕　《詩經‧國風‧周南》,《毛詩正義》,《十三經注疏》,中華書局,1980 年,第
　　　　273 頁。
〔註41〕　《橫渠易說‧下經‧升》,張載《張載集》,中華書局,1978 年,第 149 頁。
〔註42〕　《易‧坤》,卷第六十九,黎靖德《朱子語類》,中華書局,1986 年,第 1735
　　　　頁。
〔註43〕　《論語‧學而》,朱熹《四書章句集注》,中華書局,1983 年,第 50 頁。

流卑。」﹝註 44﹞朱熹直接說明了德厚是人本價值，具有德厚的價值逐漸落實到人本身之中，體現爲人本價值的崇高性，能夠流放光彩。荀子說：「無德不貴。」﹝註 45﹞司馬遷說：「德厚者位尊。」﹝註 46﹞因此「德厚」的人本價值在於位置尊貴，具有價值崇高的特點。

　　儒家以「地道厚德」爲依據提出德厚的人本價值，也是人成爲人的基本價值觀念，這種「德厚」既是對君王的本質要求，也是對黎民百姓的基本要求，「德厚」的人本價值體現爲位置達到尊貴，能夠流芳百世，具有一種文化上的內涵和高雅的人本氣息。自古以來「地道厚德」和人本德厚一直是儒家的奮斗目標，基於此，以德化民、以德報怨成爲儒家治世和處世的基本準則。孔子說：「以德報怨，則寬身之仁也；以怨報德，則刑戮之民也。」﹝註 47﹞以「德」的方式回應怨恨，以「德」的方式治理人民一直是儒家治世、處世的方式，「德厚」成爲儒家成人、爲人的不懈追求，「德厚」成爲儒家的人本價值觀。

3、人本幸福：天地生生不息

　　儒家人本價值從「天」、「地」兩道的形而上學依據出發，尋求到人本價值「剛健」和「德厚」的理論目標，這種人本價值既具有一種積極向上的發展功能，又具有一種柔順寬容的社會調節功能，這有利於解決現實問題。人生的基本價值也在於生存、生活上的幸福，人得到不斷髮展。儒家將天地生生不息作爲幸福的人本價值的哲學基礎。

　　儒家本身在思想發展宗旨上主張面對現實，以解決現實問題作爲思想的出發點。儒家學說被南懷瑾先生稱之爲「糧店」，「儒家像糧食店」。﹝註 48﹞儒家哲學屬於「入世」哲學，馮友蘭說：「儒家哲學是社會組織的哲學，所以也是日常生活的哲學。儒家強調人的社會責任，但是道家強調人的內部的自然自發的東西。」﹝註 49﹞中國儒家哲學比較注重政治、道德層面上的東西，「有些哲學，注重人倫日用，講政治，說道德，而不講，或講不到最高底境界。」

﹝註 44﹞《論語七・八俏篇》，卷第二十五，黎靖德《朱子語類》，中華書局，1986 年，第 617 頁。

﹝註 45﹞《荀子・王制》，王先謙《荀子集解》，中華書局，1988 年，第 159 頁。

﹝註 46﹞《史記・禮書第一》，司馬遷《史記》，中華書局，2006 年，第 121 頁。

﹝註 47﹞《禮記・表記》，《禮記正義》，《十三經注疏》，中華書局，1980 年，第 1639 頁。

﹝註 48﹞南懷瑾：《老子他說》，復旦大學出版社，2000 年，第 6 頁。

﹝註 49﹞馮友蘭：《中國哲學簡史》，北京大學出版社，1996 年，第 19 頁。

〔註50〕儒家就是人倫日用的哲學學派。本人認爲儒家學說具有普世性的原因就是解決了當時社會的現實問題，「儒家學說解決了現實中的社會問題，既符合官方層次的需要，又符合普通民眾的需要，可以稱之爲上下皆宜，因此比道家避世的思想更受歡迎。」〔註51〕但是，儒家並不是不講最高境界，其天地境界是儒家境界的最高追求。

「天」、「地」二才結合起來構成了中國古代在「人」之外的基本架構，古代講天人合一，實際上是要說明天、地、人合一，天地範疇籠統以「天」來稱之，在中國哲學史上「天人」是常見的話語範式，而「地人」範式並不常見，「天地」多以「天」代替，「天地人」多說成「天人」。「天地」二才變化無窮，生生不息，變化發展是「天地」的基本規律，人的價值也在天地變化之中得到訓示和發展，人本價值在這種變化中得到實現。《周易》說：「富有之謂大業，日新之謂盛德，生生之謂易。」〔註52〕「生生」意思是豪華更新，眞正的德性也以變化爲內涵。「澤中有火，革。君子以治曆明時。」〔註53〕君子因時而變，與時俱進。「君子豹變，小人革面。」〔註54〕意思是君子治理時世要因地因時而制其宜，君子要善於因時變通。「天地之道，貞觀者也；日月之道，貞明者也；天下之動，貞夫一者也。夫乾，確然示人易矣；夫坤，隤然示人簡矣。……天地之大德曰生，聖人之大寶曰位。」〔註55〕天地之道是人的參照糸，天道變化無窮，地道簡易，二者生生不息，不斷創造新事物。天地「生生」變化，給人以價值參照，「窮則變，變則通，通則久。」〔註56〕天地生生不息變化無窮，是長久的法寶。

〔註50〕 馮友蘭：《新原道》，《三松堂全集》（第五卷），河南人民出版社，2001 年，第5 頁。

〔註51〕 李長泰：《馬克思主義中國化的文化生態和合論》，中南大學出版社，2010 年，第 41 頁。

〔註52〕 《周易・繫辭上》，《周易正義》，《十三經注疏》，中華書局，1980 年，第 78 頁。

〔註53〕 《周易・下經・革》，《周易正義》，《十三經注疏》，中華書局，1980 年，第 60 頁。

〔註54〕 《周易・下經・革》，《周易正義》，《十三經注疏》，中華書局，1980 年，第 61 頁。

〔註55〕 《周易・繫辭下》，《周易正義》，《十三經注疏》，中華書局，1980 年，第 86 頁。

〔註56〕 《周易・繫辭下》，《周易正義》，《十三經注疏》，中華書局，1980 年，第 86 頁。

　　基於天地變化無窮，人本價值也得到顯現，「乾道變化，各正性命。保合太和，乃利貞。首出庶物，萬國咸寧。」〔註57〕「利貞」即是向好的方面發展變化，人都有追求嚮往生存、生活幸福的願望和目標，追求、成就一番事業是人本價值實現的體現，人本價值的實現也是向「吉利」的方向發展。崇高是人本價值，成就幸福也是人本價值，「利貞」即是幸福的基礎，向正確的吉利方向發展，朱熹說：「利貞，謂利於正也。」〔註58〕「『元亨利貞』，譬諸穀可見，穀之生，萌芽是元，苗是亨，穟是利，成實是貞。穀之實又復能生，循環無窮。」〔註59〕因此天地變化無窮、嚮往成就、追求幸福必然也是人本價值追求的目標。儒家哲學以此為基礎，希望人本價值具有幸福成就的傾向，但是「利貞」不是單方面的，必須依據天地之道的變化才能實現，「生生之謂易」。張載說：「惟君子為能與時消息，順性命、躬天德而誠行之也。精義時措，故能保合太和，健利且貞，孟子所謂始終條理，集大成於聖智者與！易曰：『大明終始，六位時成，時乘六龍以御天。乾道變化，各正性命。保合太和，乃利貞』，其此之謂乎！」〔註60〕「利貞」既是成就的實現和發展，但也是一種「和」，即是天地之和，《周易》說：「元者，善之長也；亨者，嘉之會也；利者，義之和也；貞者，事之幹也。」〔註61〕意思是在「利貞」上成就發展必須講究調和、調節，才能實現自身的人本價值，實現幸福感。

　　人都有追求發展和實現成就的願望，這也一種人本價值，實現了這一價值目標，我們就稱之為幸福價值的實現，幸福的實現以精神滿足為標準，一般是指精神上的滿足，這種滿足主要體現在物質欲望上的滿足，但也有精神欲望上的滿足，劉進田教授說：「幸福價值是指人的物質欲望得到滿足後的身心愉快狀態。」〔註62〕劉進田教授對幸福價值的定義有些偏頗，只限於物質上的滿足。實際上幸福還有精神上的滿足，而且精神上的滿足才是關鍵的，

〔註57〕《周易‧上經‧乾》，《周易正義》，《十三經注疏》，中華書局，1980年，第14頁。

〔註58〕《易二‧綱領上之下》，卷第六十六，黎靖德《朱子語類》，中華書局，1986年，第1622頁。

〔註59〕《易四‧乾上》，卷第六十八，黎靖德《朱子語類》，中華書局，1986年，第1689頁。

〔註60〕《正蒙‧大易篇第十四》，張載《張載集》，中華書局，1978年，第51頁。

〔註61〕《周易‧上經‧乾》，《周易正義》，《十三經注疏》，中華書局，1980年，第15頁。

〔註62〕劉進田：《人本價值與公共秩序》，中國社會科學出版社，2010年，第23頁。

精神上的滿足也可以實現幸福價值。儒家以「知足」作爲幸福價值的基礎，一方面要向有利的方向發展，另一方面又要知足常樂，在宋明時期這一幸福價值觀念發揮到極致，要求「存天理、滅人欲」。儒家的幸福價值是建立在天地生生不息的基礎上，由此而演生出仁、義、禮、智、信，這就是我們所說的「利貞」調和。

二、素質人本：天地人通

儒家對天地之道的認知結果是建立了天、地、人三系的架構，強調天地人和，但儒者對實現人本價值的思考從「天道明德」、「地道厚德」、「天地生生」三個方面展開，進而找到人本價值的形而上學根源，人本價值也依此而演生，即人的「完善價值」、「德厚價值」和「幸福價值」，這三個價值基本使人成爲一個具有完整意義上的人，這種人本價值主要體現爲道德爲本。但儒家認爲人本價值與知識體系的建立聯繫在一起，實現人本價值要對天地人體系進行一個較全面的瞭解，才能成爲一個眞正的人。人不僅僅是一個道德人，還是一個知識素質人，以此爲基礎形成了一個素質人，即是說人本價值是一個素質的問題，沒有素質談不上人本價值的實現。儒家的素質人本主要通過天地人相通知識體系的建立，主要從博學素質、剛柔品質和成人成聖三個方面展開。

1、人本博學：大道費隱

儒家認爲人要有知識才能實現自身價值，要知天、知地、知人，才能稱得上是一個完整意義上的人，實現天地人相通。天地人相通是人的最高境域，這種價值觀要求儒者知識廣博，博學匯通。天地人相通的人是掌握了大道的人，掌握了大道，這樣的人具有至高無上的價值。

儒家較早地提出「大人」概念，以「大人」概念作爲博學的典範，「大人」即是知天、知地、知人的人。《周易》說：「夫大人者，與天地合其德，與日月合其明，與四時合其序，與鬼神合其吉凶，先天而天弗違，後天而奉天時。」〔註63〕大人與天地、日月融合爲一體，遵守天地之道，「大」的意思就是廣博。大人有天地之德，有日月之明，掌握了春夏秋冬的更替規律，能預測吉凶禍福，非常聰明睿智。荀子說：「明參日月，大滿八極，夫是之

〔註63〕 《周易・上經・乾》，《周易正義》，《十三經注疏》，中華書局，1980 年，第17 頁。

謂大人。」〔註64〕大人的知識與日月相參照，達到廣大的程度，遍及八方。
揚雄說：「大人之學也，爲道；小人之學也，爲利。」〔註65〕大人的學問是
爲了學「道」。「道」就是規律，具有運籌帷幄的特點，考慮全面和長遠。揚
雄說：「通天、地、人曰儒，通天、地而不通人曰伎。」〔註66〕儒者要有通
天、地、人的學識，不僅僅是掌握某一方面技能的人，而是一種博學的人才。
「君子博學於文，約之以禮，亦可以弗畔矣夫！」〔註67〕在人文方面博學則
行爲順利。孔子說：「君子學道則愛人，小人學道則易使也。」〔註68〕儒家
君子重點在「道」上博學，博學則會對人施以「仁愛」。子夏說：「博學而篤
志，切問而近思，仁在其中矣。」程頤注釋說：「學不博則不能守約，志不
篤則不能力行。切問近思在己者，則仁在其中矣。」子夏還說：「百工居肆
以成其事，君子學以致其道。」〔註69〕儒家君子博學的核心是「道」，「道」
即是以儒家「仁義」爲核心的「道」。「學道」是君子之學的中心。《中庸》
說：「博學之，審問之，愼思之，明辨之，篤行之。」〔註70〕博學才能行動，
博學才能深思，博學做事才能謹愼，博學才能有分辨能力。「思事親，不可
以不知人；思知人，不可以不知天。」〔註71〕建立良好的社會關係要知天、
知地、知人，天地人相統一是博學的基本要求，知天才能知人。孟子主張儒
家要能「盡心、知性、知天」。荀子說：「志安公，行安修，知通統類，如是
則可謂大儒矣。大儒者，天子三公也。」〔註72〕眞正的大儒能夠觸類旁通，
在認識能力上具有「類」的特徵，而不只是認識一事物，天地人相統一就是
要有全面的知識體系，有宏觀認識能力和綜合分析能力，不拘泥於一事一
物，而是觸類旁通、統籌兼顧，抓住事物的發展規律。總而言之，儒家認爲
人要成爲一個有知識的人，能夠管理天下，達到運籌帷幄的效果。儒家之所
以提出儒者要知天地人，是因爲當時知識人才的缺乏、生產力水平極低，社
會對有知識能力和管理能力的人有極度需求，有知識能力的人具有至高無上

〔註64〕　《荀子・解蔽》，王先謙《荀子集解》，中華書局，1988 年，第 397 頁。
〔註65〕　《法言・學行》，汪榮寶《法言義疏》，中華書局，1987 年，第 31 頁。
〔註66〕　《法言・君子》，汪榮寶《法言義疏》，中華書局，1987 年，第 514 頁。
〔註67〕　《論語・顏淵》，朱熹《四書章句集注》，中華書局，1983 年，第 137 頁。
〔註68〕　《論語・陽貨》，朱熹《四書章句集注》，中華書局，1983 年，第 176 頁。
〔註69〕　《論語・子張》，朱熹《四書章句集注》，中華書局，1983 年，第 189 頁。
〔註70〕　《中庸》，朱熹《四書章句集注》，中華書局，1983 年，第 31 頁。
〔註71〕　《中庸》，朱熹《四書章句集注》，中華書局，1983 年，第 28 頁。
〔註72〕　《荀子・儒效》，王先謙《荀子集解》，中華書局，1988 年，第 145 頁。

的社會地位，因此儒家認爲人本價值體現爲有知識水平，人的尊嚴、幸福、崇高、正義等價值的實現需要知識廣博，《中庸》說：「尊德性而道問學，致廣大而盡精微，極高明而道中庸」〔註73〕爲了達到德性，必須要博學，既能達到廣大又能認識精微，最後達到高明。高明的前提是知識廣博、觸類旁通、知天地人相統一。

儒家對知識結構的把握比較全面，是「道」與「器」相結合，「文」與「禮」相結合，「德」與「能」相結合，「大」與「小」相結合，天地人相結合。知識不僅僅限於技能知識，還在於道德知識、數學知識、地理知識、文藝知識的綜合。孔子說：「志於道，據於德，依於仁，游於藝。」〔註74〕由於各個方面都要顧及和學習，比較勞神費力。正是基於儒家這個方面的特點，司馬談對儒家進行了述評：「儒者博而寡要，勞而少功，是以其事難盡從。」「道家使人精神專一，動合無形，贍足萬物。其爲術也，因陰陽之大順，採儒墨之善，撮名法之要，與時遷移，應物變化，立俗施事，無所不宜，指約而易操，事少而功多。」〔註75〕儒家的確有這個方面的問題，儒家要求天文、地理、人文、象數等各個方面都要精通，過於廣博而不精細，導致勞神費力。道家在這方面顯比較精要，抓住了事物發展的關鍵，並且能夠與時俱進，沒有勞神費力，事情做得少，但效果非常明顯。

儒家在人文素質上要求知識廣博的原因與儒家對「道」的理解密切相關。儒家之道是「大道」，不是關注小的方面，而是力求從大的方面入手，符合哲學本身的特點。這種思維取向方式也錘鍊了儒家的人文性格，並且經過儒家思想的普世化，影響了中國古代的政治治理，顧全大局成爲經濟思維、政治思維的重要方法。人的價值也體現在是否具有大局思維，個人的前途發展與大局思維有著千絲萬縷的聯繫，人本價值追求大的方面。從《周易》思想可以看出「大」的思維、全方位思維的重要性，「廣大配天地，變通配四時，陰陽之義配日月。」〔註76〕以天道爲根本，力求大道思維，天地與廣大相配，四季與變化相配，陰陽與日月相配，都是關注大的方面。「可久則賢人之德，

〔註73〕《中庸》，朱熹《四書章句集注》，中華書局，1983 年，第 35 頁。

〔註74〕《論語‧述而》，朱熹《四書章句集注》，中華書局，1983 年，第 94 頁。

〔註75〕《史記‧太史公自序第七十》，司馬遷《史記》，中華書局，2006 年，第 758 頁。

〔註76〕《周易‧繫辭上》，《周易正義》，《十三經注疏》，中華書局，1980 年，第 79 頁。

可大則賢人之業。」〔註77〕賢人的事業是大事業，不是小事業。《中庸》說：「君子之道費而隱。夫婦之愚，可以與知焉，及其至也，雖聖人亦有所不知焉；夫婦之不肖，可以能行焉，及其至也，雖聖人亦有所不能焉。天地之大也，人猶有所憾。故君子語大，天下莫能載焉；語小，天下莫能破焉。《詩》云：『鳶飛戾天，魚躍於淵。』言其上下察也。君子之道，造端乎夫婦；及其至也，察乎天地。」〔註78〕儒家君子之道既可大也可小，至大無外，至小無內，與天地相一致。朱熹注釋說：「君子之道，近自夫婦居室之間，遠而至於天地之所不能盡，其大無外，其小無內，可謂費矣。然其理之所以然，則隱而莫之見也。蓋可知可能者，道中之一事，及其至而聖人不知不能。則舉全體而言，聖人固有所不能盡也。」〔註79〕大道之行即是天地之行，是一種全體思維，是一種「和」的思維，「萬物並育而不相害，道並行而不相悖，小德川流，大德敦化，此天地之所以為大也。」〔註80〕這句話體現了「和」的思維，關注大的方面和天下和合。

儒家之道是大道，從大處著眼，孔子說：「君子謀道不謀食。耕也，餒在其中矣；學也，祿在其中矣。君子憂道不憂貧。」朱熹注釋說：「耕所以謀食，而未必得食。學所以謀道，而祿在其中。然其學也，憂不得乎道而已；非為憂貧之故，而欲為是以得祿也。」尹和靖注釋說：「君子治其本而不恤其末，豈以在外者為憂樂哉？」〔註81〕儒家君子關注立身之「道」，不太關注「食」，處世之道是生存的根本，「道」是人本價值的關鍵。「天命之謂性，率性之謂道，修道之謂教。道也者，不可須臾離也，可離非道也。是故君子戒慎乎其所不睹，恐懼乎其所不聞。莫見乎隱，莫顯乎微，故君子慎其獨也。」〔註82〕對「道」的關注是儒家的根本所在，並且一直遵守篤行。

綜上所述，儒家的人本價值體現在知識廣博，精通天地人知識體系，從大的方面著眼，與天地、日月、陰陽相一致，致力於「道」的瞭解和遵守，成為一個真正的人需要有較全面和廣博的知識，才能實現人本價值，即實現

〔註77〕　《周易‧繫辭上》，《周易正義》，《十三經注疏》，中華書局，1980 年，第 76頁。

〔註78〕　《中庸》，朱熹《四書章句集注》，中華書局，1983 年，第 22 頁。

〔註79〕　《中庸章句》，朱熹《四書章句集注》，中華書局，1983 年，第 22 頁。

〔註80〕　《中庸》，《四書章句集注》，中華書局，1983 年，第 37 頁。

〔註81〕　《論語‧衛靈公》，朱熹《四書章句集注》，中華書局，1983 年，第 166 頁。

〔註82〕　《中庸》，朱熹《四書章句集注》，中華書局，1983 年，第 17 頁。

尊嚴、幸福、崇高和正義，否則人本價值不能真正實現，哪怕是一個政治人物，必須具有全方位和大局意識。

2、人本剛柔：自強柔順

儒家與天地保持一致，遵從天地之道，實現天地人相通，自然符合「天道剛健」和「地道柔順」的道理，實現天地人的和合。人成為一個什麼樣的人才是具有價值的人，儒家認為人既要具有剛健的品質，又要具有柔順的品格，人本價值是剛健有為和厚德柔順的結合，實際上是天地人的統一。

人本價值首先是為了實現自身的存在和發展，為了確保自身的存在和發展，就必須剛健有為、奮發圖強，必須有一種居安思危的憂愁之心。「子在川上，曰：『逝者如斯夫！不捨晝夜。』」程子注釋說：「此道體也。天運而不已，日往則月來，寒往則暑來，水流而不息，物生而不窮，皆與道為體，運乎晝夜，未嘗已也。是以君子法之，自強不息。及其至也，純亦不已焉。」〔註83〕這種晝夜不停運轉的精神就是自強不息。儒家非常注重自強不息，儒家繼承了《周易》思想中「動」的思想，道家繼承了《周易》思想中「靜」的思想，形成了兩個不同的學派。天道自強不息，運動不已，必然使人效法而自強不息。

天道剛健促進人奮發圖強，正如「天行健，君子以自強不息」〔註84〕但是剛健的結果往往使事情走向反的方面，因為物極必反，因此對剛健必須進行適當限制和調和，自強不息的同時也需要柔順道理的運用。這實際上是「天」、「地」二因素特點的運用。「闔戶謂之坤」〔註85〕，開張發展意味剛健自強，關閉後退意味著柔順隱藏，「坤以藏之」〔註86〕柔順也是收藏，「效法之謂坤」〔註87〕，坤的特點即是遵從、順從的意思，「坤，順也。」〔註88〕「地」有柔順的特質，人按照這種特點進行比附，則稱其有大德，德的形成是人思考天地而形成的，以「人」觀照天地而說天地有「德」。「夫坤，天下之至順

〔註83〕《論語‧子罕》，朱熹《四書章句集注》，中華書局，1983年，第113頁。

〔註84〕《周易‧上經‧乾》，《周易正義》，《十三經注疏》，中華書局，1980年，第14頁。

〔註85〕《周易‧繫辭上》，《周易正義》，《十三經注疏》，中華書局，1980年，第82頁。

〔註86〕《周易‧說卦》，《周易正義》，《十三經注疏》，中華書局，1980年，第94頁。

〔註87〕《周易‧繫辭上》，《周易正義》，《十三經注疏》，中華書局，1980年，第78頁。

〔註88〕《周易‧說卦》，《周易正義》，《十三經注疏》，中華書局，1980年，第94頁。

也，德行恒簡以知阻。」〔註89〕地道柔順，以簡易行事，「坤至柔而動也剛，至靜而德方，後得主而有常，含萬物而化光。坤道其順乎，承天而時行。積善之家必有餘慶，積不善之家必有餘殃。臣弒其君，子弒其父，非一朝一夕之故，其所由來者漸矣，由辯之不早辯也。《易》曰：『履霜，堅冰至』，蓋言順也。」〔註90〕柔順是對陽剛的一種調和，但並不是說柔順就是退縮，不是說「柔順」不能成就事物，柔順也是成事的一種方法，因爲靜以生動，靜是積累，待時而發。在這裡，柔順具有向剛健方面發展的意味，張載把「地道」的「靜」說成是「無爲」，無爲最後達到無不爲，「坤以不爲而爲，故其成也廣。」〔註91〕柔順具有「不爲」的特點，不爲也是一種爲，不爲之爲有時也可以發展廣大。朱熹說：「乾道奮發而有爲，坤道靜重而持守。」〔註92〕「剛健有爲」和「柔順不爲」都是必須的，是事情的兩個方面，因勢而用。不能一味地剛健，也不能一味地柔順，柔順至極則成小人，不能成就事業。

天道剛健與地道柔順最終要互相配合。程子解釋坤卦時說：「以含、弘、光、大四者形容坤道，猶乾之則、健、中、正、純、粹也。」還說：「行地無疆，謂健也。乾健坤順，坤亦健乎？曰：非健何以配乾？未有乾行而坤止也。其動也剛，不害其爲柔也。柔順而利貞，乃坤德也，君子之所行也。君子之道合坤德也。」〔註93〕天地遵循剛健和柔順的道理，儒家君子的行動既要符合乾道剛健又要符合坤道柔順之理，二者必須互相配合。儒家以天地人相通達的思想爲其建構一種合理的人本價值找到一種很好的調和方法。

人本價值追求一種品格，品格是價值追求的重要體現，人之所以成爲人，關鍵在於品格，因爲人在本質上是一個道德的化身，是一個社會人，本質決定了自身存在的價值，人的價值之所以是一個「價值體」在於人實現了一種社會認同，即是說人是一個社會價值的人而不是一個生物人或者說是自然人，人的自我發現是對自然人的超越，人與人之間的倫理首先是一種社會倫

〔註89〕《周易·繫辭下》，《周易正義》，《十三經注疏》，中華書局，1980年，第90～91頁。

〔註90〕《周易·上經·坤》，《周易正義》，《十三經注疏》，中華書局，1980年，第18～19頁。

〔註91〕《橫渠易說·繫辭》，張載《張載集》，中華書局，1978年，第178頁。

〔註92〕《論語·顏淵篇下》，卷第四十二，黎靖德《朱子語類》，中華書局，1986年，第1076～1077頁。

〔註93〕《周易程氏傳·上經上·坤》，程顥、程頤《二程集》，中華書局，1981年，第707頁。

理而不是生物倫理，因此人在社會中的品格成為確立人本價值的重要信條。自強不息與柔順厚德是人成為人的兩個重要品格，剛柔相濟成就人本價值，成就人的品格，成就人本身，也就是說人本身要具有剛柔並存的品格。正是人剛柔並舉的素質成就了人本身的幸福、崇高和正義的人本價值。

3、人本至上：成人求聖

天道剛健和地道柔順的道理通過人的比附使人也具有自強不息和厚德柔順的品格，儒家認為人的價值是雙面體，既要發展自身又要顧全他人。天地人相通的意義在於實現人與人的和諧發展，實際上柔順的品格就是要求人本價值具有整體性和和諧性，不是一種單純的唯我獨尊的自我價值，人本價值不是一種自我價值，人本價值凸顯每一個人的基本尊嚴，但不是去損害另一些人尊嚴，而是強調在社會中的共同人本價值存在。人本價值只有在社會之中才能真正實現崇高至上，單純的唯我獨尊不可能實現自我價值的提升，因為這種價值不能得到他人的承認，不是完整和完善的人，根本不具有崇高性。人都有一種得到群體認可的價值需求，即是說在精神上需要得到一種慰藉，靈魂才能得到安定。荀子說：「故人生不能無群，群而無分則爭，爭則亂，亂則離，離則弱，弱則不能勝物，故宮室不可得而居也，不可少頃舍禮義之謂也。能以事親謂之孝，能以事兄謂之弟，能以事上謂之順，能以使下謂之君。君者，善群也。群道當則萬物皆得其宜，六畜皆得其長，群生皆得其命。」〔註94〕荀子認為群體是和諧的保證，有群體的存在，各自的價值才能各得其所，人本價值才能真正實現，生命才能得到保證。每個人在群體中都想得到他人的認可，以實現自身價值的崇高和幸福。正是基於此，儒家在人本價值歸屬上追求一種崇高的價值。

儒家的最高人本價值是成為聖人，聖人理想是崇高的人本價值。馮友蘭說：「專就一個人是人說，所可能有的最高成就是成為什麼呢？照中國哲學家們說，那就是成為聖人，而聖人的最高成就是個人與宇宙的同一。」〔註95〕馮友蘭認為中國古代的聖人既是「入世」又是「出世」的，即在思想上強調超越現實社會功利的精神狀態，但又注重社會政治倫理的問題，聖人是二者的統一，聖人不是超越社會現實的，在理想人格上力求成為一個道德完善的人。「中國哲學以為，一個人不僅在理論上而且在行動上完成這個統一，就是

〔註94〕《荀子·王制》，王先謙《荀子集解》，中華書局，1988年，第164～165頁。
〔註95〕馮友蘭：《中國哲學簡史》，北京大學出版社，1996年，第6頁。

聖人。」〔註 96〕儒家注重道德完善，追求理想人格，使聖人不同於佛教和基督教中的「聖」，「中國哲學中所謂聖人，與佛教中所謂佛，以及耶教中所謂聖者，是不在一個範疇中的。從表面上看，儒家所謂聖人似乎尤其是如此。在古代，孔子以及儒家的人，被道家的人大加嘲笑，原因就在此。」〔註 97〕意思是儒家的「聖人」是「入世」的而不是「出世」的。王陽明《別諸生》詩句可以描寫聖人的狀態：「不離日用常行內，直造先天未畫前。」〔註 98〕意思是儒家是「入世」與「出世」的統一。成人成聖是儒家的最高人本價值，聖人是道德完美和完善的人，孟子說：「聖人，人倫之至也。」〔註 99〕聖人之所以是「入世」的，是因為聖人在人際關係的把握上做到了盡善盡美，達到極致。漢代思想家鄭玄對「聖」內涵作了詮釋：「聖，通而先識。」〔註 100〕「聖，通也。」〔註 101〕意思是聖人達到通達的程度，因此聖人不僅僅在知識上具有全面性，在方法上具有周全性，而且在實踐上具有通達性。

聖人一直是儒家人本價值追求的目標，在儒家的眼中，聖人是完善的，人成為人就是應該成為一種具有完美性質的聖人。儒家認為人的一生不是碌碌無為的，而應該成為一個令人稱道的、具有名望的完善性質的人，這種完善性質的人既可以是「君子」，也可以是更高層次的聖人。這是一種理想的層次，這種理想滲透到中國古代封建社會人們的心靈之中，然後進行外化，融入到封建社會倫理秩序之中。人成為人，就是成為以君子、聖人理想建構起來的既具有理想性又具有現實性的人，人本價值就是具有君子、聖人品格所體現出來的價值理想。

在這個問題上也必然產生質疑，因為君子、聖人所體現的完善性質並不是一種人本身具有的內在價值，有學者認為君子、聖人理想是一種社會教育的結果和社會倫理的薰陶作用造成的，是一種環境生態驅使的結果，並不是人本身所具有的價值追求，這是有道理的。但在儒家看來，這種觀點必然站不住腳，原因是儒家認為，君子、聖人所具有的品格在於仁義，仁義本身內

〔註 96〕 馮友蘭：《中國哲學簡史》，北京大學出版社，1996 年，第 7 頁。
〔註 97〕 馮友蘭：《中國哲學簡史》，北京大學出版社，1996 年，第 7 頁。
〔註 98〕 《外集二》，王陽明《王陽明全集》，上海古籍出版社，1992 年，第 791 頁。
〔註 99〕 《孟子·離婁上》朱熹《四書章句集注》，中華書局，1983 年，第 277 頁。
〔註 100〕 《周禮·地官司徒》，《周禮注疏》，《十三經注疏》，中華書局，1980 年，第 707 頁。
〔註 101〕 《禮記·鄉飲酒義》，《禮記正義》，《十三經注疏》，中華書局，1980 年，第 1683 頁。

存於人的內心，正如孟子所說的「君子所性，仁義禮智根於心」。〔註102〕從這個意義上說，君子、聖人的理想追求即是人本價值的體現，這種人本價值不僅僅是一種自然生命的人本價值，還是一種社會倫理的本體價值，也就是說人成爲人，本身就應該具有君子、聖人所具有的價值目標。因此，成人成聖是儒家人本價值的體現。成人成聖的價值觀是儒家人本價值理論的重要組成部分，人都想成長爲一個實實在在的人，都想成爲一個有益於社會的人，都想成爲一個對社會具有巨大作用的聖人，這一理想使儒家的人在人本價值上養成了崇高、正義、幸福的價值取向，培養了儒者追求品德至上的人本價值觀。

綜上所述，儒家提倡人本價值的知識素質體系的建立，強調人的素質是一個人成爲人的重要內容，素質人通過知天、知地、知人三個方面來實現，首先人本價值以博學爲本，這源自天道「廣大」和「費隱」特徵，其次人本價值必須剛柔並舉特徵，這源自「天」、「地」二才的剛健和柔順的特徵，第三天地人相通達到通達的程度使人追求成人成聖的理想，實現價值崇高。人的真正素質是對天地人三才的體悟，人本價值通過自身的知識結構和運用體現出來，有知識素質的人能夠實現生命、尊嚴、幸福、崇高和正義爲內容的人本價值，沒有知識素養的人不能夠提升人本價值。

三、境界人本：崇高至上

正是基於儒家人本價值的道德體系、知識體系和目標體系的建構，儒家人本價值得到初步的形成，輪廓初現端倪。儒家思想以《周易》爲重要的思想來源，吸取了易學中的動靜之理、剛柔之道和健順之則，儒家著重發展了易學中「動」的思想。爲了建構一個既具有現實性又具有理想性的儒者，儒家追求一種現實與理想集於一身的人本價值理論，確實花費的廣大和精微的工夫，用功甚深和周到，《周易》說：「備物致用，立成器以爲天下利，莫大乎聖人。探賾索隱，鈎深致遠，以定天下之吉凶。」〔註103〕中國古代儒家爲了探尋人的本質以及建構一個什麼樣的人本價值，的確走過了不同尋常的路。儒家所說的人，最後應該是一個具有境界意義上的人，境界是人本價值的重要方面，意思是人不僅僅是社會現實中的價值人，還是具有崇高境界的

〔註102〕《孟子·盡心上》，朱熹《四書章句集注》，中華書局，1983 年，第 355 頁。
〔註103〕《周易·繫辭上》，《周易正義》，《十三經注疏》，中華書局，1980 年，第 82 頁。

意義人。張立文教授根據《周易》天、人、地三才結構的劃分將世界分為生存世界、意義世界和可能世界三個層次，〔註 104〕可能層次的世界即是一種理想、至高境界上的世界，處於這種層次境界上的人是一種具有自我崇高境界意義上的人。人作為人不僅僅是一個自然存在中的生物體，也不僅僅是現實中的社會人，還是一個精神上具有自我超越、虛靈境界的人，因此人本境界是人本價值的重要組成部分，沒有超越的境界不能真正造就一個真正的、可以稱道的人。儒家認為人的境界通過逐級提升和至上以實現人本價值，從自然境界上昇到道德境界，從道德境界度越到天地境界，逐級提升，層層推進，以儒家君子為代表，君子形象可大可小，小至「夫婦之愚」，大至聖人，「夫婦之愚，可以與知焉，及其至也，雖聖人亦有所不知焉；夫婦之不肖，可以能行焉，及其至也，雖聖人亦有所不能焉。天地之大也，人猶有所憾。故君子語大，天下莫能載焉；語小，天下莫能破焉。《詩》云：『鳶飛戾天，魚躍於淵。』言其上下察也。君子之道，造端乎夫婦；及其至也，察乎天地。」〔註 105〕因此儒家境界的等級具有層次性，以適應其思想的大眾化和價值的普世化。「儒家君子的這三層境界是邏輯晉升的，不是彼此孤立的，看儒家的精神境界應該將三者聯繫起來，才是一個完整的君子形象。」〔註 106〕人本價值也在這種境界中得到不斷完善和逐級提升，儒家境界的逐級至上實現幸福、崇高的人本價值。

1、本真境界：自然中庸

對於人境界問題的探究，馮友蘭先生將人的境界分為四層，「我們可以把各種不同的人生境界劃分為四個概括的等級。從最低的說起，它們是：自然境界，功利境界，道德境界，天地境界。」〔註 107〕這種概括一般被認為具有權威性。自然境界是本真的境界，也是最初的境界，自本自根，沒有過於受到社會功利的影響，可以稱之為純真的境界，以區別於社會現實的功利境界。

自本自根即是這種本真境界的客觀原因。道家比較強調這種本真的境界，老子說「道法自然」、「自然無為」，莊子說「自本自根」，都追求這種本

〔註 104〕參見張立文：《和合學——21 世紀文化戰略的構想》，中國人民大學出版社，2006 年，第 100～105 頁。
〔註 105〕《中庸》，朱熹《四書章句集注》，中華書局，1983 年，第 22 頁。
〔註 106〕李長泰：《天地人和——儒家君子思想研究》，人民出版社，2012 年，第 247 頁。
〔註 107〕馮友蘭：《中國哲學簡史》，北京大學出版社，1996 年，第 291 頁。

眞的自然境界。莊子說：「夫道，有情有信，無爲無形；可傳而不可受，可得而不可見；自本自根，未有天地，自古以固存；神鬼神帝，生天生地；在太極之先而不爲高，在六極之下而不爲深，先天地生而不爲久，長於上古而不爲老。」〔註108〕自本自根完全是一種本眞的狀態，這種狀態即是「道」。能眞正做到這種自本自根即是「眞人」狀態，「何謂眞人？古之眞人，不逆寡，不雄成，不謨士。若然者，過而弗悔，當而不自得也。若然者，登高不慄，入水不濡，入火不熱。是知之能登假於道者也若此。古之眞人，其寢不夢，其覺無憂，其食不甘，其息深深。眞人之息以踵，眾人之息以喉。屈服者，其嗌言若哇。其耆欲深者，其天機淺。古之眞人，不知說生，不知惡死；其出不訢訢，其入不距；翛然而往，翛然而來而已矣。不忘其所始，不求其所終；受而喜之，忘而復之，是之謂不以心捐道，不以人助天。是之謂眞人。若然者，其心志，其容寂，其顙頯凄然似秋，暖然似春，喜怒通四時，與物有宜而莫知其極。」〔註109〕「眞人「是一種本眞的境界，是一種「純素」的境界，「本眞」即是「純素」，「故素也者，謂其無所與雜也；純也者，謂其不虧其神也。能體純素，謂之眞人。」〔註110〕道家思想的人本本眞境界體現得淋漓盡致。

從表面上看，儒家顯然不追求這種本眞的境界，但儒家思想並不否認這種本眞境界的存在，從這個意義上說，儒家與道家在境界上至少有一定相近的地方，這也是中國傳統文化包容精神的體現。《周易》說：「天下何思何慮？天下同歸而殊途，一致而百慮。」〔註111〕說的是思想可以不同，百家爭鳴，但最後都會表達同一個意思，殊途同歸。《中庸》也說：「萬物並育而不相害，道並行而不相悖，小德川流，大德敦化，此天地之這所以爲大也。」〔註112〕「道」不同而並行，但並不相互牴觸。儒家、道家都持有自然境界觀點。

儒家的自然境界追求一種自然心境，這是基本的人本價值。儒家的「心境自然」理論主要依據人性來源於自然天命，「性」、「理」是自然的：一是指

〔註108〕《大宗師第六》，內篇，郭慶藩《莊子集釋》，中華書局，1961年，第246～247頁。

〔註109〕《大宗師第六》，外篇，郭慶藩《莊子集釋》，中華書局，1961年，第226～231頁。

〔註110〕《刻意第十五》，外篇，郭慶藩《莊子集釋》，中華書局，1961年，第546頁。

〔註111〕《周易・繫辭下》，《周易正義》，阮元《十三經注疏》，中華書局，1980年，第87頁。

〔註112〕《中庸》，朱熹《四書章句集注》，中華書局，1983年，第37頁。

心性自然，有仁、誠、善；二是德性自然，有義、有德，即是說人性本身來源沒有特殊之分，雖然在社會地位上有分別，但人本身的性質來源沒有貴賤之分，不能因爲現實地位特殊而自高自大、目空一切，因此在心境上要有自然的境界。孔子認爲人性相近，孟子認爲人性善，告子認爲人性無善無不善，荀子認爲人性惡，揚雄認爲人性善惡混，王陽明說「無善無噁心之體」，實際上都是從自然本性上論述人性本身，儒家的「心境自然」與自然之性有密切關聯，力求人性與自然合一，以求實現善心、誠心、仁心。儒家提倡自己是平凡的人，執行庸言、庸行，「庸」即是平常、常理的意思，這無疑表現爲心境自然的境界。《中庸》說：「故君子之道，暗然而日章；小人之道，的然而日亡。君子之道：淡而面不厭，簡而文，溫而理，知遠之近，知風之自，知微之顯，可與入德矣。」〔註113〕君子之道是暗然、淡、簡、溫，這是自然狀態。「故君子不動而敬，不言而信。」〔註114〕「守靜」即是「無爲」、「自然」的境界。「是故君子不賞而民勸，不怒而民威於鈇鉞。」〔註115〕對天下百姓的「不賞」、「不勸」，即是無爲而治。「《詩》云：『予懷明德，不大聲以色。』子曰：『聲色之於以化民。末也。』《詩》曰：『德輶如毛。』毛猶有倫，上天之載，無聲無臭，至矣！」〔註116〕天地承載一切，無聲無臭，即是一種自然狀態。不過於「有爲」而黎民自然感化。儒家君子行動無聲無息，完全是自然境界，庸言庸行。這與孔子所說的自然之天相一致，孔子說：「天何言哉？四時行焉，百物生焉，天何言哉？」〔註117〕這體現了自然心境。朱熹詮釋「天命之謂性，率性之謂道，修道之謂教」時說：「於是人物之生，因各得其所賦之理，以爲健順五常之德，所謂性也。率，循也。道，猶路也。人物各循其性之自然，則其日用事物之間，莫不各有當行之路，是則所謂道也。」〔註118〕性理是自然之理，人依自然之理而行動，是一種自然境界。這種自然境界實際上是一種自然心態，不會超過也不會達不到，處於適中的位置。孔子說：「君子泰而不驕，小人驕而不泰。」〔註119〕「泰」就是是一種自然的狀態，既不

〔註113〕《中庸》，朱熹《四書章句集注》，中華書局，1983年，第39頁。
〔註114〕《中庸》，朱熹《四書章句集注》，中華書局，1983年，第39頁。
〔註115〕《中庸》，朱熹《四書章句集注》，中華書局，1983年，第40頁。
〔註116〕《中庸》，朱熹《四書章句集注》，中華書局，1983年，第40頁。
〔註117〕《論語‧陽貨》，朱熹《四書章句集注》，中華書局，1983年，第180頁。
〔註118〕《中庸章句》，朱熹《四書章句集注》，中華書局，1983年，第17頁。
〔註119〕《論語‧子路》，朱熹《四書章句集注》，中華書局，1983年，第148頁。

超過也不會達不到。「君子不憂不懼。」〔註120〕不憂愁、不恐懼、寵辱不驚是儒家提倡的基本心態，是一種自然狀態。「內省不疚，夫何憂何懼？」〔註121〕自然心態能夠保持的原因就是能夠經常內心反省。

正因爲儒家有自然的心境，不刻意強求不現實的事物，因此能夠與人爲善，不因爲地位高寵而驕狂，寵辱不驚，做到與人爲善，與人爲善反過來又能促成其自然心態的形成，自然心態的形成也能形成其善性，「善」體現爲平心氣和，平心氣和是自然心態的表現，即使有過錯也能心平氣和地看待過錯，正是常言道「人非聖賢，孰能無過」。張載說：「故君子心和則氣和，心正則氣正。」〔註122〕儒家君子心氣平和，達到自然之境。儒家的自然心境體現爲：中庸中和，庸言庸行；與世無爭，淡簡溫順；改過遷善，與人爲善；心平氣和，自然自在；不多偏私，心境超然。自然境界是一種人本境界，其行爲低調，不受地位高低而影響，默默無聞，心情溫順，對物質利益不偏私，符合自然而然的特性。人作爲人必須具備此種境界，利於身心健康發展。

自然心境還體現爲一種「愚」的狀態，即大智若愚。董仲舒說：「仁人者正其道不謀其利，修其理不急其功，致無爲而習俗大化，可謂仁聖矣。」〔註123〕不謀利，不求功，看起來有些愚鈍，並且的確是愚鈍，但卻是大智若愚，是一種心境自然的狀態。大智若愚，表面是「愚」，實際上是「智」。孔子說顏回就是大智若愚，「吾與回言終日，不違如愚。退而省其私，亦足以發。回也不愚。」〔註124〕顏回表面看起來有些愚鈍，實際不愚，「聞夫子之言，默識心融，觸處洞然，自有條理。故終日言，但見其不違如愚人而已。及退省其私，則見其日用動靜語默之間，皆足以發明夫子之道，坦然由之而無疑，然後知其不愚也。」〔註125〕顏回勤奮，看起來像個愚鈍之人，實際上是大智若愚。荀子說：「我欲賤而貴，愚而智，貧而富，可乎？曰：其唯學乎。彼學者，行之，曰士也；敦慕焉，君子也；知之，聖人也。」〔註126〕說的是愚智相通，就是聖人也知道愚智的辯證關係。孔子說：「甯武子，邦有道，則知；

〔註120〕《論語‧顏淵》，朱熹《四書章句集注》，中華書局，1983 年，第 133 頁。
〔註121〕《論語‧顏淵》，朱熹《四書章句集注》，中華書局，1983 年，第 133 頁。
〔註122〕《經學理窟‧氣質》，張載《張載集》，中華書局，1978 年，第 265 頁。
〔註123〕《春秋繁露‧對膠西王越大夫不得爲仁》，蘇輿《春秋繁露義證》，中華書局，1992 年，第 268 頁。
〔註124〕《論語‧爲政》，朱熹《四書章句集注》，中華書局，1983 年，第 56 頁。
〔註125〕《論語‧爲政》，朱熹《四書章句集注》，中華書局，1983 年，第 56 頁。
〔註126〕《荀子‧儒效》，王先謙《荀子集解》，中華書局，1988 年，第 125 頁。

邦無道，則愚。其知可及也，其愚不可及也。」〔註127〕大智是智愚兼用，邦有道有智慧，邦無道也有智慧，正如：「有道則見，無道則隱。」〔註128〕儒家提倡大智若愚的境界，希望儒家成爲心境開闊、志向廣大、德行深厚的天下之才。自然的心境、大智若愚的狀態使自身得到健康發展，對心情、對身體都是有利的，是一種人本價值的關照。孔子說：「君子坦蕩蕩，小人長戚戚。」程頤注釋說：「君子坦蕩蕩，心廣體胖。」〔註129〕心廣體胖是心與身的有機結合，是人本價值的本質體現。

　　自然心境和大智若愚之所以說是人本價值，關鍵在於人處事、處世受到各個方面的衝擊和限制，沒有自然的心態使人無所適從。道家強調自然的境界，但達到了「避世」的程度。儒家強調自然的境界，但還是「入世」的，在程度上沒有道家那麼厲害，儒家借用了道家的部分精神提升人本價值。北京師範大學教授於丹說：「中國人的人格理想很有意思，儒家和道家從來都不是徹底分離的，而是人格理想的兩端。用林語堂先生的話來講，中國每一個人的社會理想都是儒家，而每一個的自然人格理想都是道家。」〔註130〕爲了達到一種生存的目的和適應環境，必須有這種心境，這是一種人本價值關照，按照林語堂的話說，即是「無可無不可」，「冷淡之在中國，具有明顯的『適生價值』。」〔註131〕適應與生存的價值即是人本價值的重要內容，自然心境實現了生存、生活的保障，是對生命、尊嚴、幸福和崇高人本價值的關照。

　　自然心境從人本價值上說是一種關於生存與適應的價值觀，一方面人以自然爲依託，必須保持一種自然心態，另一方面人爲了適應自然環境和社會環境，必須防止過猶不及，以一種自然的心境面對現實的世界利於人本發展。自然心境是一種生存人本價值觀，是保身、存身的關鍵，是人本價值的重要組成部分，沒有自然心境的人本價值不可能形成後面的德、福、義等方面的人本價值。

2、群體境界：道德仁義

　　如果說爲了生存和適應環境的需要而形成了自然心境，那麼面對社會人

〔註127〕《論語·公冶長》，朱熹《四書章句集注》，中華書局，1983年，第81頁。
〔註128〕《論語·泰伯》，朱熹《四書章句集注》，中華書局，1983年，第106頁。
〔註129〕《論語·述而》，朱熹《四書章句集注》，中華書局，1983年，第102頁。
〔註130〕于丹：《于丹〈論語〉心得》，中華書局，2007年，第62頁。
〔註131〕林語堂：《吾國與吾民》，長江文藝出版社，2009年，第47頁。

際關係必須自我克制和消磨自我，從群體的角度來思考問題，人成為人必須
有道德價值的支撐，形成了道德境界。自然心境屬於天、地、人三要素中「地」
因素的轉化，道德境界則是「人」因素的生成。人成為人，本質的東西是「仁
義」，德性是關鍵和核心的內容。儒家境界由最初的自然境界向道德境界的轉
換，提升了人本價值。道德境界主要以仁義為本，人心嚮往「善德」。儒家不
追求自己的功利，在人生境界上不提倡功利境界，不同於墨家和法家的功利
思想。群體道德境界是一種「利他」的價值觀，這種價值看起來不利於人自
身的發展，但從整體社會現實來看，是利於人自身發展的，因為道德境界實
現了彼此之間的尊嚴和幸福，因此也是一種人本價值。

　　道德境界首先體現為人作為人必須遵從道德。朱熹將「道」與「德」分
開解釋：「故《中庸》分道德曰，父子、君臣以下為天下之達道，智仁勇為天
下之達德。君有君之道，臣有臣之道。德便是個行道底。故為君主於仁，為
臣主於敬。仁敬可喚做德，不可喚做道。」〔註132〕《大學》說「修身、齊家、
治國、平天下」。這些都是道德境界。夏、商、周三代思想凸顯了對道德境界
的追求，言必稱「道」、「德」，《尚書》體現無遺，各場戰爭前的誓詞都以討
伐無道、無德之王作為戰爭的起因，可見道德是先王的至高境界。儒家君子
以仁為德，遵循仁德之道，《周禮》說：「四曰儒，以道得民。」〔註133〕「以
三德教國子：一曰至德，以為道本；二曰敏德，以為行本；三曰孝德，以知
逆惡。」〔註134〕儒家在社會現實中希望達到「德」的境界，行「道」至「德」。
曾子說：「可以託六尺之孤，可以寄百里之命，臨大節而不可奪也。君子人與？
君子人也！」〔註135〕「大節」即是德性的較高要求。「君子之道：淡而面不厭，
簡而文，溫而理，知遠之近，知風之自，知微之顯，可與入德矣。」〔註136〕
君子之道即以道德為核心。荀子認為道德境界是贏得威望、實現快樂的重要
精神源泉和支柱。「禮樂則修，分義則明，舉錯則時，愛利則形，如是，百姓
貴之如帝，高之如天，親之如父母，畏之如神明，故賞不用而民勸，罰不用

〔註132〕《性理三・仁義禮智等名義》，卷第六，黎靖德《朱子語類》，中華書局，1986
　　　　年，第100～101頁。
〔註133〕《周禮・天官冢宰》，《周禮注疏》，《十三經注疏》，中華書局，1980年，第
　　　　648頁。
〔註134〕《周禮・地官司徒》，《周禮注疏》，《十三經注疏》，中華書局，1980年，第
　　　　730頁。
〔註135〕《論語・泰伯》，朱熹《四書章句集注》，中華書局，1983年，第104頁。
〔註136〕《中庸》，《四書章句集注》，中華書局，1983年，第39頁。

而威行。夫是之謂道德之威。」〔註137〕帝王威望來源於道德之威。總之，道德境界是儒家的最根本境界，是社會現實對人的心理及德性提出的要求，道德境界使人確立為人，行「道」以「德」，言行必以道德，不計功名利祿，一心為家為國，道德使人在價值判斷與價值選擇時以身殉道，以道為樂，以道德為貴超過以物質為貴。

群體道德境界最終要落實到「義」上，儒家認為人本價值也要「義以為上」。什麼是「義」？說簡單些就是「事得其宜」。揚雄說：「事得其宜之謂義。」〔註138〕韓愈說：「行而宜之之謂義。」〔註139〕「義」即是行為合適、合宜，就是事情符合基本的價值導向，符合基本的儒家道德價值觀，並且一直按照這種價值觀來進行踐履和執行。具有義氣即是具有基本的儒家道德價值觀，又言必行，行必果，「宜」即是適合、適宜。儒家認為執行儒家價值觀的人才是具有人本價值的人。孔子說：「君子義以為質，禮以行之，孫以出之，信以成之。君子哉！」〔註140〕儒家君子的根本價值是「義」，「義」成為人的本質特徵，人有「義」方稱為君子。又說：「見得思義。」子張說：「士見危致命，見得思義，祭思敬，喪思哀，其可已矣。」〔註141〕士都能「見得思義」，儒家君子具有士的品德，其境界更高。孔子說：「君子義以為上。君子有勇而無義為亂；小人有勇而無義為盜。」〔註142〕「勇」是一種行為，而義是一種導向，沒有「義」的價值導向，「勇」就失去了方向。孔子將「義」上昇為人本價值。孟子的「義」境界更為突出，有殺身成仁、捨生取義的英雄氣慨，「義」的境界躍然呈上，「大丈夫」的境界觀就是「義」，孟子的言辭論述鏗鏘有力，語義慷慨，凸顯孟子立場堅定，價值觀明確，論述有理有據，「義」的人本價值一目了然，是「義」本身的堅定體現。孟子本人即是「義」的化身，是「義」價值觀的驅使促使其慷慨陳詞。孟子說：「大人者，言不必信，行不必果，惟義所在。」〔註143〕大人的言行只是以「義」為本質，大人與「義」的本質等同。孟子的人本價值凸顯了捨生取義的境界，「魚，我所欲也，熊掌亦我所欲

〔註137〕《荀子・彊國》，王先謙《荀子集解》，中華書局，1988年，第292頁。

〔註138〕《法言・重黎》，汪榮寶《法言義疏》，中華書局，1987年，第395頁。

〔註139〕《韓愈集・原道》，屈守元、常思春《韓愈全集校釋》，四川大學出版社，1996年，第2662頁。

〔註140〕《論語・衛靈公》，朱熹《四書章句集注》，中華書局，1983年，第165頁。

〔註141〕《論語・子張》，朱熹《四書章句集注》，中華書局，1983年，第188頁。

〔註142〕《論語・陽貨》，朱熹《四書章句集注》，中華書局，1983年，第182頁。

〔註143〕《孟子・離婁下》，朱熹《四書章句集注》，中華書局，1983年，第292頁。

也；二者不可得兼，舍魚而取熊掌者也。生亦我所欲也，義亦我所欲也；二者不可得兼，舍生而取義者也。」〔註144〕在生命與大義二者的選擇上，如果要二者選一，則是捨生取義，義大於生命，義的境界具有至上性。孟子說：「仁，人心也；義，人路也。舍其路而弗由，放其心而不知求，哀哉！人有雞犬放，則知求之；有放心而不知求。學問之道無他，求其放心而已矣。」〔註145〕義是必由之路。董仲舒將「義」作爲「養人」的重要内容，以義養人大於以利養人，「義」是人本價值的體現，他說：「天之生人也，使人生義與利，利以養其體，義以養其心，心不得義不能樂，體不得利不能安。義者心之養也，利者體之養也。體莫貴於心，故養莫重於義，義之養生人大於利。」〔註146〕以義養心，「義」成就人心、充實人心，「義」是人本價值。張載說：「君子行義以達其道，精一於義，使不思而得，不勉而中，如介於石，故能見幾而作。」〔註147〕儒家君子義以爲上，居守於仁，行爲於義，時時以「義」爲最高道德境界，能達到中和，能見幾而作，「智」體現在其中，這是「義」的境界。

儒家追求人本價值的道德境界在尊道貴德、義以爲上的基礎上繼續向前發展，目的是爲了達到明德至善，明德至善是儒家道德境界的最高追求，主要有兩個價值導向：一是與人爲善，二是明德至善。「善」本是天道，但是儒家以天道確立人道，表現爲心善、向善、行善、言善，儒家内聖外王都充滿了「善」的本性，人生的整個境界都有「善」的境界。《周易》說：「君子以見善則遷，有過則改。」〔註148〕儒家君子遇「善」則行動，一心向善，改過自新，「見善則遷」成了儒家境界。「君子居其室，出其言善，則千里之外應之。」〔註149〕善是一種本體上的善，善言善行，千里相合。孔子說：「親於其身爲不善者，君子不入也。」〔註150〕儒家認爲有「善」的境界，君子則不做不善的事。聖人一心向善，善的境界幽深高遠。孔子甚贊聖人具有大智，「舜

〔註144〕《孟子・告子上》，朱熹《四書章句集注》，中華書局，1983年，第332頁。
〔註145〕《孟子・告子上》，朱熹《四書章句集注》，中華書局，1983年，第333～334頁。
〔註146〕《春秋繁露・身之養重於義》，蘇輿《春秋繁露義證》，中華書局，1992年，第263頁。
〔註147〕《橫渠易說・繫辭下》，張載《張載集》，中華書局，1978年，第215頁。
〔註148〕《周易・下經・益》，《周易正義》，《十三經注疏》，中華書局，1980年，第53頁。
〔註149〕《周易・繫辭上》，《周易正義》，《十三經注疏》，中華書局，1980年，第79頁。
〔註150〕《論語・陽貨》，朱熹《四書章句集注》，中華書局，1983年，第177頁。

其大知也與！舜好問而好察邇言，隱惡而揚善，執其兩端，用其中於民，其斯以爲舜乎！」〔註151〕舜之所以成就其名是因爲其善的境界與眾不同，因此成就其名，境界高尚是重要方面。儒者把「善」的境界作爲人存在的基礎，是促成人本價值形成的重要方面，同時社會的理想境界也是以善德治理天下，「儒皆聞善以相告也，見善以相示也。」〔註152〕儒家君子聞善以相告，善的境界至深至極，互相通告說明心有善心，力求達到「善」的境界。《中庸》說：「大學之道，在明明德，在親民，在止於至善。」〔註153〕意思是儒家追求完美至善，是人本價值終始不渝的追求。

儒家的道德境界體現了遵從道德、義以爲上和明德至善的價值，這是儒家的群體境界的人本價值觀，即在面對人與人之間的關係上追求一種整體和諧的價值觀，做到內聖外王，道德境界是一種人本價值的調節體系，雖然不直接體現爲人本身的自我價值，但儒家認爲道德、仁義禮智信、善等價值體系與生俱來，因此也是一種人本價值觀，道德境界是一種人本價值境界。道德境界首先體現在「道」境上，「道」是仁、義、禮、智、信，君子「尊道」才能形成道德至善的境界，接著是「義」境，將「道」化爲現實，演生爲「義以爲上」的境界。能尊道行義，就很自然地生成至善之德，達到明德至善的境界，因此「道」、「義」、「善」是一個邏輯晉升的過程。群體道德境界的形成促成了社會和諧穩定，實現尊嚴、幸福、崇高、正義的人本價值。群體境界的核心是道德境界，關鍵內容是道德仁義，人成爲一個人是一個社會人，在社會中人的尊嚴、幸福、崇高、正義從哪裏來，從群體的道德關係中來，沒有道德爲本的人本價值，社會人的尊嚴、幸福、崇高不可能生成，人本價值不可能實現，社會充滿著黑暗，人本價值丟失。

3、虛靈境界：虛靈不昧

如果說儒家群體道德境界是一種調節與調適的境界，表面看來是一種自我調節，並受外在條件的影響，但儒家認爲這種道德是人本身所具有的，因此是人本境界。自然心境是一種自然狀態的「自我」，道德境界則是一種現實狀態「無我」。但儒家最後要上昇到一種「超我」的境界，這種境界即

〔註151〕《中庸》，朱熹《四書章句集注》，中華書局，1983 年，第 20 頁。
〔註152〕《禮記·儒行》，《禮記正義》，《十三經注疏》，中華書局，1980 年，第 1670 頁。
〔註153〕《大學》，朱熹《四書章句集注》，中華書局，1983 年，第 3 頁。

是天地虛靈的境界。天地境界是說人成為人要與天地合為一體，是一種完美的人本價值。人成為人就是要成為一種具有超越現實自我的人，達到虛靈境界的存在。在現實社會中普遍存在一種具有現實功利或者道德的人，這兩種形式的人都是現實的人，功利的人為自身的存在而現實地生活著，道德的人為社會存在的發展而現實地生活著，前者為了利益而存在，後者為天下而存在。但是社會發展中必須有一種至上的精神虛靈境界的指引，才能引導社會走向自由和光明，這種虛靈精神好比黑夜裏遙遠的熒光若隱若現，卻不在眼前，但總給黑夜中摸索的人帶來希望和動力，也帶來了前行的方向。虛靈境界不一定是宗教，但卻具有一定的宗教性質，無論是佛教的「來世」還是基督教的「天國」，無論是康德的「純粹理性」還是儒家的「明德」，都是一種虛靈境界的完美書寫。康德說：「有兩樣東西，我們愈經常愈持久地加以思索，它們就愈使心靈充滿日新又新、有加無已的景仰和敬畏：在我之上的星空和居我心中的道德法則。」〔註154〕意思是追求一種道德上的虛靈法則，星空則給人心以無限的嚮往。虛靈境界是人類思想無限追求的價值，每個人應該具有這種人本價值。德國哲學家馬克斯‧韋伯認為儒家君子是一種理想，他說：「『君子』，『高雅之人』，後來亦稱『勇士』，在士大夫時代是達到了全面自我完善境界的人：一件堪稱古典、永恒的靈魂美之典範的『藝術品』傳統儒學正是把這種典範植入蒙生的心靈中的。」〔註155〕由此可以看出儒家追求一種完善的人格，追求一種虛靈的境界，追求一種純粹的東西，以實現人生的價值，這種價值儘管具有超越性，但也是人本身應該具有的價值。

儒家的天地境界實際是一種虛靈不昧的境，這種境界是一種超越現實的理想境界，完美與至善是這種境界的真實名稱，真正的完美與完善即是天地人的合一。道家莊子說：「天地與我並生，而萬物與我為一。」〔註156〕這種境界即是一種天地人相合的虛靈不昧境界。這種境界雖然不是人人都能達到的境界，但儒家也追求天人合一理想目標，達到這一境界是一種精神上的需要，屬於靈性的範圍。

〔註154〕康德：《實踐理性批判》，商務印書館，1999年，第177頁。

〔註155〕馬克斯‧韋伯：《儒教與道教》，商務印書館，1995年，第183頁。

〔註156〕《莊子‧內篇‧齊物論》，郭慶藩《莊子集釋》，中華書局，1961年，第79頁。

天地虛靈境界的重點在於人自身善於超越和獨處，不被現實功利所迷惑，其境界具有超然自樂、大人丈夫和天地聖人三個方面，〔註157〕達到「明德」的聖境和自由的程度，以實現人本身所應該具有的價值。這種價值是一種可能的價值，這種價值是一種天地人和合的可能價值。張立文說：「和合可能價值世界（美的價值世界）是邏輯化的藝術虛擬世界，是自由度極大的價值創造公設，是化解價值衝突。慰藉精神生命的終極關懷。在和合可能價值境界裏，有生意流行的脈動旋律，有意義尺度的公正程序，有邏輯結構的審美趣味。這些境界性存在是虛擬化的生命智慧及其體悟狀態，不是物化的客觀實在，不是既成的經驗事實，而是顯現著和合精神的優美性原理，所以亦稱其爲美的價值世界。」〔註158〕這種可能價值在思維上是一種虛擬的價值，思維達到虛性邏輯階段，「虛性範疇邏輯結構，是指那種以凝縮的形式把握事物的一般規定性的思維模型。這種思維模型，既是共性和個性的融合，又是抽象性和具體性的融合，以及靈活性和確定性的融合。它的形式是空虛的，內容是客觀的。它的功能與作用，與代數學的原理公式一樣，諸如象性範疇和實性範疇，只要納入這個道的居所或思維模型，即可由此道的居所或思維模型的已有規定性和關係，而推演出諸範疇的規定性及關係。」〔註159〕虛靈境界的到達需要思維不斷地推進，「人的思維發展有『事』、『勢』、『理』的邏輯，概念範疇的發展也有『象』、『實』、『虛』的晉升，精神的發展也有『生存世界』、『意義世界』、『可能世界』的提升。」〔註160〕人作爲人不是與世界對立的，而是與世界相融相合的，《中庸》說：「唯天下至誠，爲能盡其性；能盡其性，則能盡人之性；能盡人之性，則能盡物之性；能盡物之性，則可以贊天地之化育；可以贊天地之化育，則可以與天地參矣。」朱子注釋說：「天下至誠，謂聖人之德之實，天下莫能加也。盡其性者，德無不實，故無人欲之私，而天命之在我者，察之由之，鉅細精粗，無毫髮之不盡也。人物之性，亦我之性，但以所賦形氣不同而有異耳。能盡之者，謂知之無不明而處之無

〔註157〕參見李長泰：《天地人和——儒家君子思想研究》，人民出版社，2012年，第247頁。

〔註158〕張立文：《和合可能價值世界的詮釋》，《中華文化論壇》，2003年第1期，第108頁。

〔註159〕張立文：《中國哲學邏輯結構論》，中國社會科學出版社，2002年，第306～307頁。

〔註160〕李長泰：《馬克思主義中國化的文化生態和合論》，中南大學出版社，2010年，第255頁。

不當也。」〔註161〕「贊天地之化育」,「與天地參」,成為儒家重要的思維方式,正是這種思維方式才能做到與天地相合、虛靈不昧的境界。虛靈不昧的境界即是一種天地虛靈的「明德」聖境,也就是人與天地相通、相合。朱熹解釋「明德」說:「明德者,人之所得乎天,而虛靈不昧,以具眾理而應萬事者也。」〔註162〕內心都是澄明的、聖潔的。王陽明說:「「虛靈不昧,眾理具而萬事出。心外無理,心外無事。」〔註163〕虛靈不昧即是具有眾理,做到天地人相合。張立文教授說:「『虛靈不昧』既是和合可能世界的存在品格,又是整個和合世界創造者的超越品格。換言之,和合可能世界之所以『虛靈不昧』,正是因為其中有作為和合輔相者、和合參贊者人的自我創造活動存在。」〔註164〕因此人的天地境界是虛靈不昧的境界。牟宗三將「虛靈」解釋為「精靈」,「這個『精靈』,隨感而應,無不至當。輕重厚薄,毫髮不容增減。這是它的妙用。這個精靈,無方體,無窮盡,語大天下莫能載,語小天下莫能破。這是它的屬性。它有這樣的屬性與妙用,所以及其發也,無不中節,無不至善,即所謂『恰好』。」〔註165〕因此虛靈不昧的境界即是一種至善的境界。

　　虛靈不昧的境界實際上是天地聖人境界,儒家追求天地聖人境界實現了人本價值的提升。儒家的最高境界是聖人境界,聖人是人理想的價值目標,學者力求成為君子、聖人,聖人之道是儒家追求的價值目標。《周易・說卦》說:「昔者聖人之作《易》也,將以順性命之理。是以立天之道曰陰與陽,立地之道曰柔與剛,立人之道曰仁與義。」〔註166〕聖人作《易》確立了天地人三道。揚雄說:「『耕道而得道,獵德而得德,是獲、饗已。吾不觀參、辰之相比也。』是以君子貴遷善。遷善者,聖人之徒與!百川學海,而至於海;丘陵學山,不至於山,是故惡夫畫也。」〔註167〕意思是君子追求「善」與完美,並且實現這一目標就可以成為聖人,聖人境界是儒家嚮往的最高境界。聖人的內涵主要是指通達天地人三界的人才。「聖」是「通」的意思。「以鄉三物教萬民而賓興之:一曰六德:知、仁、聖、義、忠、和。」鄭玄注釋說:

〔註161〕《中庸》,朱熹《四書章句集注》,中華書局,1983年,第32頁。
〔註162〕《大學章句》,朱熹《四書章句集注》,中華書局,1983年,第3頁。
〔註163〕《傳習錄上》,王陽明《王陽明全集》,上海古籍出版社,1992年,第15頁。
〔註164〕張立文:《和合哲學論》,人民出版社,2004年,第69～70頁。
〔註165〕牟宗三:《寂寞中的獨體》,新星出版社,2005年,第164～165頁。
〔註166〕《周易・說卦》,《周易正義》,《十三經注疏》,中華書局,1980年,第93～94頁。
〔註167〕《法言・學行》,汪榮寶《法言義疏》,中華書局,1987年,第31頁。

「聖，通而先識。」〔註168〕「聖」的功能在於精通和提前覺悟。「仁義接，賓主有事，俎豆有數曰聖。」鄭玄對此注釋說：「聖，通也。」〔註169〕聖人的境界即是「聖」，「聖」即是「通」，這說明聖人具有知識、智慧和德性，三個方面相合一。揚雄說：「通天、地、人曰儒，通天、地而不通人曰伎。」〔註170〕「伎「的特點有知識技能而沒有德性。揚雄還說：「聖人之材，天地也；次，山陵川泉也；次，鳥魯草木也。」〔註171〕聖人是天地之才。孔子對聖人的內涵作了一個明確的定義：「所謂聖人者，知通乎大道，應變而不窮，能測萬物之情性者也。大道者，所以變化而凝成萬物者也。情性也者，所以理然不然取捨者也。故其事大，配乎天地，參乎日月，雜於雲蜺，總要萬物，穆穆純純，其莫之能循；若天之司，莫之能職；百姓淡然，不知其善。若此，則可謂聖人矣。」〔註172〕聖人的特性是知識上通達天地人三道，方法技能上能夠應變無窮，德性上能夠盡職盡責、服務百姓而盡善盡美，因此聖人是天地人相通達。作為儒家的普世化形象君子就是追求這種聖人的境界。揚雄在《法言》說：「好盡其心於聖人之道者，君子也。」〔註173〕即是說君子追求聖人之道。孔子說：「所謂君子者，躬行忠信，其心不買；仁義在己，而不害不志；聞志廣博而色不伐；思慮明達而辭不爭；君子猶然如將可及也，而不可及也。如此可謂君子矣。」〔註174〕聖人境界是天地人和合的境界。聖人樂天知命，「聖人樂天知命，樂天則不勤，知命則不憂。」〔註175〕因為知天知命故能樂而不憂。聖人善於精通天地，與天地合一，「觀乎賢人，則見眾人；觀乎聖人，則見賢人；觀乎天地，則見聖人。」〔註176〕聖人與天地的和合，天地神明，聖人神明洞知幽明，聖人與天地同流，天地大化流行，聖人富有大業、日新盛

〔註168〕《周禮·地官司徒》，《周禮注疏》，《十三經注疏》，中華書局，1980 年，第707 頁。

〔註169〕《禮記·鄉飲酒義》，《禮記正義》，《十三經注疏》，中華書局，1980 年，第1683 頁。

〔註170〕《法言·君子》，汪榮寶《法言義疏》，中華書局，1987 年，第514 頁。

〔註171〕《法言·五百》，汪榮寶《法言義疏》，中華書局，1987 年，第282 頁。

〔註172〕《大戴禮記·哀公問五義》，王聘珍《大戴禮記解詁》，中華書局，1983 年，第11 頁。

〔註173〕《法言·寡見》，汪榮寶《法言義疏》，中華書局，1987 年，第215 頁。

〔註174〕《大戴禮記·哀公問五義》，王聘珍《大戴禮記解詁》，中華書局，1983 年，第10 頁。

〔註175〕《法言·修身》，汪榮寶《法言義疏》，中華書局，1987 年，第88 頁。

〔註176〕《法言·修身》，汪榮寶《法言義疏》，中華書局，1987 年，第104 頁。

德,「窮理盡性以至於命」。聖人通天地人,聖人之知是天地人之知,是人之中的至高神明者。聖人是一種理想的虛靈不昧的精神境界。

聖人境界至高至遠,一般人難以達到,但作為一種境界也是人本價值追求的目標,人人都有追求崇高價值的願望,價值崇高是人本價值的重要方面,儘管境界難以達到,這並不妨礙聖人境界是儒家立人、立命的重要標準,孔子說:「吾十有五而志於學,三十而立,四十而不惑,五十而知天命,六十而耳順,七十而從心所欲,不逾矩。」朱熹注釋說:「天命,即天道之流行而賦予物者,乃事物所以當然之故也。」﹝註177﹞達到天理,實現天命,七十從心所欲而不逾矩,即是一種聖人境界,儒家追求自由,恪守天理即是實現人本價值,這種人本價值一方面是崇高至聖,另一方面是達到天理而虛靈不昧。

儒家所謂的人是一個有境界的人,不是一個沒有思想覺悟的人,還不僅僅是一個關注自我功利的人。儒家的人本價值也體現為一種境界的人本價值,境界在不斷轉換中提升人本價值,從自然中庸的本真境界向道德仁義的群體境界轉換,使儒家人本價值從個體走向整體,從道德仁義的群體境界向虛靈不昧的虛靈境界轉換,使儒家人本價值從現實走向理想,實現價值崇高。

綜上所述儒家人本價值來源天地人三道,主要從三個方面展現了儒家人本價值觀是一種天地人境域中的價值觀,首先,人本價值體現為道德人本,形成至善盛德的人;其次,人本價值體現為素質人本,人成為一個有價值的人需要知識體系的建立,實現天地人知識的相通;第三,人本價值體現為境界人本,核心是人是一個有道德境界和虛靈理想境界的人。正是由於道德人本、素質人本和境界人本的邏輯演化,使人實現生存、幸福、崇高和正義等內容的人本價值。

﹝註177﹞《論語・為政》,朱熹《四書章句集注》,中華書局,1983 年,第 54 頁。

第三章　人本價值踐行：身心家國

　　人本價值的實現需要很多條件，一是需要個人的勤奮修爲工夫，二是要現實的社會條件。這兩個方面在儒家那裡著重關注了個人的勤奮修爲工夫，即是說儒家人本價值的尊嚴、幸福、崇高和正義需要個人主體工夫的專注踐行才能實現。這種踐行工夫的目標是實現人本身的價值，實現人的主體性價值，豐富人生歷程，踐行工夫主要圍繞立人、立心、立行三個方面展開。

　　儒家在人本價值的實現上沒有特別強調社會條件，沒有從主體性的自由實現上去思維和考量，也就是說儒家沒有過多地考量自身存在的社會條件對人本自由的限制，沒有責備社會環境對人本自由發展的不足，而是從自身內在的因素上去考慮人本價值的實現，其主要原因是中國古代的思維方式特別是儒家的思維方式追求內聖外王的思維徑路，強調從自我走向社會，以自我的修身養性工夫逐步達到對整個社會的和諧治理，從而實現人本價值的崇高、幸福和自由。馮友蘭說：「照中國的傳統，聖人的人格既是內聖外王的人格，那麼哲學的任務，就是使人有這種人格。所以哲學所講的就是中國哲學家所謂內聖外王之道。」〔註1〕而社會條件在儒家看來是以帝王爲首的治理和管理，帝王只要實現英明治理，以王道治理而不是以霸道治理，整個社會就會實現太平，在這個基礎上，社會人人都能實現人本價值，因此，儒家對社會條件的思考同樣是以帝王「守道不離」來實現儒家的願望，以整個社會包括帝王和社會上層的個人自律約束來達到社會條件的整體提高，從而實現人本價值。馮友蘭說：「儒家認爲，處理日常的人倫世務，不是聖人分外的事。處理世務，正是他的人格完全發展的實質所在。他不僅作爲社會的公民，而

〔註1〕馮友蘭：《中國哲學簡史》，北京大學出版社，1996年，第8頁。

且作爲『宇宙的公民』，即孟子所說的『天民』，來執行這個任務。他一定要自覺他是宇宙的公民，否則他的行爲就不會有超道德的價值。他若當眞有機會爲王，他也會樂於爲人民服務，既作爲社會的公民，又作爲宇宙的公民，履行職責。」〔註2〕儒家希望帝王統治者都是「聖王之治」，如果以「聖王之治」來治理社會，自然能夠實現整個社會條件的和諧穩定，實現人人可以在契約範圍內的自由，從而實現人本價值。儒家歷來對帝王的身心行爲都進行了規定和限制，與對普通百姓的限制一樣，有一套嚴格的規範原則和規範規則。《尙書》說：「天視自我民視，天聽自我民聽。」〔註3〕這種思想被後來儒家全面的繼承和發展，形成了「民本」論。正是基於儒家對社會條件的疏於思考也使儒家對社會發展的理論建樹略顯不足，對人本價值中的自由內容涉及甚少。因此在本章對人本價值實現的社會條件不作過多的論述。

　　儒家人本價值的踐行論的目的爲了人本價值的實現，主要從修道、修身、修行三個方面進行論述。首先，修道確立人本。修道即修成仁義之道，修道是爲了確立人，通過立仁守道來實現，立人實現了人本尊嚴的價值。其次，修身實現人本。修身即修成身心有所依靠，修身是爲了確立心，通過立心誠意來實現，立心實現了人本崇高的價值。再次，修行保障人本，修行是爲了行動與仁人身心一致，實現身心言行合一，修行是爲了確立行，通過言行示範來實現，立行爲民實現了人本幸福的價值。立人、立心、立行三個方面的展開，最終達到身心符合家庭和睦、國家興旺、國泰民安，人本價值得到實現。

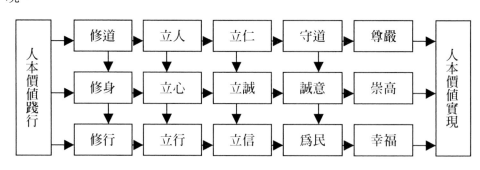

儒家人本價值踐行邏輯關係圖

〔註2〕馮友蘭：《中國哲學簡史》，北京大學出版社，1996年，第8～9頁。
〔註3〕《尙書・周書・泰誓》，《尙書正義》，《十三經注疏》，中華書局，1980年，第181頁。

一、修道確立人本：立仁守道

　　無論是儒家還是道家，人本價值的實現工夫都是從主體個人自律上開始的，以個人的主體約束爲主要特徵。前面說過人成爲人要以仁義爲根本，孟子說「人之所以異於禽獸」的原因在於人有仁義。儒家爲了實現這一根本的價值目標，必須確立仁義的根本。仁義確立人、實現人、成就人，儒家以此爲基礎踐行主體工夫以達到仁義的人本價值。爲了實現仁義的人本價值，主體自律是關鍵，儒家強調立道、守道的重要性，「道」是規律，「道」原則，既然是規律和原則，就規約了人的思想、思維，規範了人行爲，對言行舉止進行了統攝。「道」是總綱和總領，處於知識體系的頂端，身心行動都受其制約。儒家爲了踐行仁義必須恪守儒家道統。「道」首先必須得到遵守，儒家修道工夫是起始。修道工夫從知識上明白「道」、從人格人確立「道」、從日常生活中堅守「道」三個方面展開。

1、格物致知、博學慎思

　　儒家提倡修道實現人本身的價值。首先要懂得、明白儒家道理，儒家知識體系的建立是修道的起始，也是基礎的基礎。《大學》的宗旨在於「三綱」：「大學之道，在明明德，在親民，在止於至善。」〔註4〕「明明德」首先在於「明」，即是明白、通曉、通達。朱熹說：「明德者，人之所得乎天，而虛靈不昧，以具眾理而應萬事者也。但爲氣稟所拘，人欲所蔽，則有時而昏；然其本體之明，則有未嘗息者。故學者當因其所發而遂明之，以復其初也。」〔註5〕意思是「明德」是人心的本質，但由於現實「氣」的迷惑，人有所昏迷，必須通過學習使其達到本體原初的虛靈不昧。從《大學》的「明明德」可以看出，儒家之學從最根本的地方開始，即恢復原初的「明德」，一方面建立明德的知識體系，另一方面恢復「明德」所具有的本善性質。本善之性是人本價值的來源，儒家認爲應該讓天下人都明白這一道理，因此「明明德」就是一個重要的修道工夫，朱熹說：「『明明德』乃是爲己工夫。」〔註6〕還說：「『明明德』是知，『止於至善』是守。」〔註7〕可見「明明德」從起點上說是一個

〔註4〕《大學》，朱熹《四書章句集注》，中華書局，1983年，第3頁。
〔註5〕《大學章句》，朱熹《四書章句集注》，中華書局，1983年，第3頁。
〔註6〕《大學一・經上》，卷十四，黎靖德《朱子語類》，中華書局，1986年，第261頁。
〔註7〕《大學一・經上》，卷十四，黎靖德《朱子語類》，中華書局，1986年，第270頁。

知識體系的建立問題，首先要明白「明德」是什麼，即「明德」是人的本質，然後再去恢複本身所具有的本善性質。王陽明說：「天理即是『明德』，窮理即是『明明德』。」〔註8〕「窮理」即是建立知識體系，明白天理、明德。「明明德」是一個工夫，這一工夫的起點又是一個知識體系的建立問題，因為恢複本原善性需要明白「明德」本身是什麼。

「明德」知識體系的建立又必須從「格物致知」開始。《大學》說：「古之欲明明德於天下者，先治其國；欲治其國者，先齊其家；欲齊其家者，先修其身；欲修其身者，先正其心；欲正其心者，先誠其意；欲誠其意者，先致其知；致知在格物。」朱熹注釋說：「明明德於天下者，使天下之人皆有以明其明德也。心者，身之所主也。誠，實也。意者，心之所發也。實其心之所發，欲其一於善而無自欺也。致，推極也。知，猶識也。推極吾之知識，欲其所知無不盡也。格，至也。物，猶事也。窮至事物之理，欲其極處無不到也。」〔註9〕以「明明德」為儒家大學之道的根本宗旨，但實現這一目標卻是從「格物致知」開始。因此「明明德」工夫首先在於人的知識體系的建立。朱熹對「格物致知」解釋的重點在於對事物之「理」需要本心明白，「致知，則理在物，而推吾之知以知之也；知至，則理在物，而吾心之知己得其極也。」〔註10〕格物即是對事物之理的正確認識，致知即對事物之理的認識達到通徹明白和融會貫通。王陽明說：「格者，正也。正其不正，以歸於正也。」〔註11〕「格物」即是使心中的不正之念去掉以達到真知。真知即是「明德」之知，明白「本心之明」，「知是理之靈處。就其主宰處說，便謂之心，就其稟賦處說，便謂之性。孩提之童無不知愛其親，無不知敬其兄，只是這個靈能不為私欲遮隔，充拓得盡，便完；完是他本體，便與天地合德。自聖人以下不能無蔽，故須格物以致其知。」〔註12〕意思是格物致知工夫在於使本心明達，達到與天地本善之性一致，達到「明德」的程度。因此格物致知的工夫即是

〔註8〕《傳習錄上》，卷一，王陽明《王陽明全集》，上海古籍出版社，1992年，第6頁。

〔註9〕《大學》，朱熹《四書章句集注》，中華書局，1983年，第3頁。

〔註10〕《大學三·傳五章釋格物致知》，卷十六，黎靖德《朱子語類》，中華書局，1986年，第324頁。

〔註11〕《傳習錄上》，卷一，王陽明《王陽明全集》，上海古籍出版社，1992年，第25頁。

〔註12〕《傳習錄上》，卷一，王陽明《王陽明全集》，上海古籍出版社，1992年，第34頁。

對本體「明德」的認知工夫，只有格物致知才能做到本心之明，本心之明是對仁義本體的「明」，要想實現仁義的人本價值必須具有格物致知的「明明德」工夫。

儒家在「格物致知」和「明明德」上追求「博學」和「慎思」的工夫。這兩樣工夫是修道的關鍵，也是知識體系建立的重要基礎。只有博學才能全面地對「道」進行理解和掌握，而「慎思」又是對「道」的全面體悟。博學首先需要學習，學習可以增長知識和提高素質。孔子說：「君子學道則愛人，小人學道則易使也。」〔註13〕儒家君子通過學習「道」以達到仁愛之道，小人學習「道」也能有所長進。子夏說：「博學而篤志，切問而近思，仁在其中矣。」程頤注釋說：「學不博則不能守約，志不篤則不能力行。切問近思在己者，則仁在其中矣。」子夏還說：「百工居肆以成其事，君子學以致其道。」〔註14〕意思是博學才能守約、篤志、力行。學習之中不斷地切問近思、反求諸己，才能有仁心和仁德，儒家君子通過博學才能達到儒家道理。《禮記》說：「玉不琢，不成器；人不學，不知道。」〔註15〕儒家強調學習才能增長「道」的知識，才能專心致志於修道。《周易》說：「君子學以聚之，問以辯之，寬以居之，仁以行之。」〔註16〕君子通過學習才能積累自身培養德性，才能形成仁義的性質。《尚書》說：「惟學遜志，務時敏，厥修乃來。」〔註17〕意思是學習能夠成就心志，才能修道修德，學道則自然能夠修道。由此可見，儒家認為學「道」才能知「道」、修「道」。張載說：「惟博學然後有可得以參較琢磨，學博則轉密察，鑽之彌堅，於實處轉篤實，轉誠轉信。故只是要博學，學愈博則義愈精微，舜好問，好察邇言，皆所以盡精微也。」〔註18〕人只有博學才能精義入神，才能尊重德性、達到精微，也只有博學才能志堅篤志，道通為一。《禮記》說：「博學之，審問之，慎思之，明辨之，篤行之。」〔註19〕

〔註13〕 《論語・陽貨》，朱熹《四書章句集注》，中華書局，1983 年，第 176 頁。

〔註14〕 《論語・子張》，朱熹《四書章句集注》，中華書局，1983 年，第 189 頁。

〔註15〕 《禮記・學記》，《禮記正義》，《十三經注疏》，中華書局，1980 年，第 1521 頁。

〔註16〕 《周易・上經・乾》，《周易正義》，《十三經注疏》，中華書局，1980 年，第 17 頁。

〔註17〕 《尚書・商書・說命下》，《尚書正義》，《十三經注疏》，中華書局，1980 年，第 175 頁。

〔註18〕 《經學理窟・氣質》，張載《張載集》，中華書局，1978 年，第 270 頁。

〔註19〕 《中庸》，朱熹《四書章句集注》，中華書局，1983 年，第 31 頁。

博學篤志而不窮，爲學之道需要行動不停止，真正的「學」是學行結合，知行合一，博學與「慎思」相結合。「儒有博學而不窮，篤行而不倦。」〔註20〕博學是儒家修行工夫追求的目標，博學是一種人本素質，沒有知識不能提升自我尊嚴，不能實現人本價值。《大戴禮記》說：「君子既學之，患其不博也；既博之，患其不習也，既習之，患其無知也；既知之，患其不能行也；既能行之，貴其能讓也。君子之學，致此五者而已矣。」〔註21〕博學是君子之學的基本要求，君子之學即是儒家之學，只有通過博大精深的學習才能成爲一個真正的儒家君子。

博學與「慎思」相輔相成，「學」與「思」相結合。「思」即是對學問的一種研究、玩味和品味，是不斷地思考琢磨。「君子之學也，入乎耳，箸乎心，布乎四體，形乎動靜。」〔註22〕儒家學道需要全面體貼，五臟六腑全部投入。學道需要細細品味，在時間與精力上下工夫，《詩經》說：「有斐君子，如切如磋，如琢如磨。」《大學》釋說：「『如初如磋』者，道學也。」〔註23〕學「道」要切磋琢磨，仔細玩味，在時間和精力上都必須下工夫。孔子說：「不學而好思，雖知不廣矣。」〔註24〕常學常思，有知識並且廣大。「故學而不已，闔棺乃止。《詩》曰：『日就月將。』言學者也。」〔註25〕學「道」沒有時間界限，終身不停止，活到老學到老。曾子說：「君子愛日以學，及時以行，難者弗辟，易者弗從，唯義所在。日且就業，夕而自省思，以歿其身，亦可謂守業矣。」〔註26〕朱熹說：「學者實下功夫，須是日日爲之，就事親、從兄、接物、處事理會取。其有未能，益加勉行。如此之久，則日化而不自知，遂只如常事做將去。」〔註27〕學「道」需要工夫，在灑掃應對之間都要學習，日日如是，

〔註20〕 《禮記‧儒行》，《禮記正義》，《十三經注疏》，中華書局，1980年，第1670頁。
〔註21〕 《大戴禮記‧曾子立事第四十九》，王聘珍《大戴禮記解詁》，中華書局，1983年，第70～71頁。
〔註22〕 《荀子‧勸學》，王先謙《荀子集解》，中華書局，1988年，第12頁。
〔註23〕 《大學》，朱熹《四書章句集注》，中華書局，1983年，第5頁。
〔註24〕 《韓詩外傳》，卷六第九章，許維遹《韓詩外傳集釋》，中華書局，1980年，第212頁。
〔註25〕 《韓詩外傳》，卷八第二十三章，許維遹《韓詩外傳集釋》，中華書局，1980年，第295頁。
〔註26〕 《大戴禮記‧曾子立事第四十九》，王聘珍《大戴禮記解詁》，中華書局，1983年，第69頁。
〔註27〕 《學七‧力行》，卷十三，黎靖德《朱子語類》，中華書局，1986年，第232頁。

天長日久自然能成就事業。

　　從以上的論述可以看出，儒家提倡博學篤志、切問近思，「博學」和「愼思」是重要的學道工夫，是儒家知識體系建立的重要方面。博學的對象是儒家仁、義、禮、智、信之道，「愼思」的對象是學習是否切近於儒家仁、義、禮、智、信之道。只有「博學」和「愼思」才能做到眞正懂得儒家道統。儒家思想博大精深，需要不斷的學習、玩味、體悟，才能建立一種眞正的知識結構，既熟悉儒家提倡的天地人三才體系，又熟悉儒家仁義道統。儒家的人本價值即是以仁義爲核心的價值，沒有一定知識體系的建立不能實現這一價值，因此格物致知、博學愼思的工夫爲這一價值的建立提供了初步的基礎。知識體系的建立是實現人本價值的關鍵一環，沒有知識的人不受人尊重，不能實現尊嚴上的人本價值，儒家深刻認識知識對人本價值確立的重要性，因此主張博學的修道方法。

2、立人達人、爲仁由己

　　人本價值的實現需要個體在主體性上使用工夫，如何「修道」，儒家認爲需要主體自覺。內聖外王之道強調主體自覺和主體自律，不是依靠一種外在的強制力和他律來實現，人的素質和價值體現爲人有自覺性，因此修道的行爲在於自我自覺地追求和自我自覺地實現價值，包括尊嚴、幸福、崇高、正義和自由的價值。在儒家看來，人本價值的實現完全依靠整個社會中個體的自覺和努力，需要個體的自覺意識，正如孔子說：「夫仁者，己欲立以立人，己欲達以達人。」〔註28〕主體自覺是仁者的必然意識，立人、達人完全依靠主體的自覺意識。儒家對社會有一種主體的責任感，儒學是「入世」的學說，不同於道家「避世」的傾向，這種責任感凸顯了主體的自覺意識。張載說：「爲天地立心，爲生民立道，爲去聖繼絕學，爲萬世開太平。」〔註29〕正是儒家自覺地承擔社會責任，才主動地以學問之道開啓社會心智之路，以良知、天理等學問啓發社會道德倫理。「大哉！聖人之道洋洋乎！發育萬物，峻極於天。優優大哉！禮儀三百，威儀三千。待其人然後行。故曰：苟不至德，至道不凝焉。故君子尊德性而道問學，致廣大而盡精微，極高明而道中庸。」〔註30〕社會責任感體現爲尊德性、致廣大、極高明，社會倫理學說是中庸學說。范

〔註28〕　《論語・雍也》，朱熹《四書章句集注》，中華書局，1983年，第92頁。
〔註29〕　《拾遺・近思錄拾遺》，張載《張載集》，中華書局，1978年，第376頁。
〔註30〕　《中庸》，朱熹《四書章句集注》，中華書局，1983年，第35頁。

仲俺說：「先天下之憂而憂，後天下之樂而樂。」〔註31〕這體現了儒家一種地地道道的社會責任擔當精神。

儒家的責任意識和責任感以擔當精神為主線，對社會、對他人有積極性和主體性，也就是說儒家所謂的人是積極的人而不是消極的人，人本價值體現為有所作為，有作為的人才是有價值的人。孔子說「吾十有五而志於學，三十而立，四十而不惑，五十而知天命，六十而耳順，七十而從心所欲，不逾矩。」〔註32〕孔子這種學習的精神即是一種積極主動的精神，體現了一種積極有為的人本價值觀。人在社會上活著要有一定的貢獻，無論是為己還是為人都應該有所作為，這種作為既可以是德性的作為，也可以是事業上的作為，還可以是自我境界上的提陞進步。《周易》說：「顯諸仁，藏諸用，鼓萬物而不與聖人同憂，盛德大業至矣哉！富有之謂大業，日新之謂盛德。生生之謂易，成象之謂乾。」〔註33〕儒家以《易》思想為基礎主張順承天德，與天一樣不斷更新變化，達到仁義禮智，不斷立志修身，成就天道盛德，是一種有作為、幹事業的思想。「富有」既是事業上的進步，又是德性的進步。《繫辭》說：「天地之大德曰生。」〔註34〕由於乾道盛德仁義，儒家也提倡「日新」生生不息，不斷進德修業，積極主動地生活在社會之中。大學之道就是一種積極有為之道，其中的「明德」、「親民」、「止於至善」是一種積極的狀態，體現了儒家積極有為的人本價值觀。

儒家君子強調自身主體性、積極性。孔子說：「克己復禮為仁。一日克己復禮，天下歸仁焉。為仁由己，而由人乎哉？」〔註35〕即是說成人成聖完全在於個體的自覺，成就人本身、實現人本身的仁義完全在於自我的努力實現。儒家以仁義為根本，成人成聖是儒家理想，這種理想的實現不在於他人，完全依賴主體的自覺性。孔子說：「仁遠乎哉？我欲仁，斯仁至矣。」朱熹注釋說：「仁者，心之德，非在外也。放而不求，故有以為遠者；反而求之，則即此而在矣，夫豈遠哉？」程子說：「為仁由己，欲之則至，何遠之有？」〔註36〕

〔註31〕 《岳陽樓記》，范仲淹《范仲淹全集》，四川大學出版社，2002 年，第 195 頁。
〔註32〕 《論語・為政》，朱熹《四書章句集注》，中華書局，1983 年，第 54 頁。
〔註33〕 《周易・繫辭上》，《周易正義》，《十三經注疏》，中華書局，1980 年，第 78 頁。
〔註34〕 《周易・繫辭下》，《周易正義》，《十三經注疏》，中華書局，1980 年，第 86 頁。
〔註35〕 《論語・顏淵》，朱熹《四書章句集注》，中華書局，1983 年，第 131 頁。
〔註36〕 《論語・述而》，朱熹《四書章句集注》，中華書局，1983 年，第 100 頁。

儒家認為成就人本身的仁義價值即成人成聖並不遙遠，只要有主體自覺努力，仁義聖境就會實現，願望所指和主觀努力就會成為現實，「為仁由己」完全是一種人本工夫，實現仁義的人本價值完全在於個人。孟子說：「人皆可以為堯舜。」〔註37〕荀子也說：「塗之人可以為禹」〔註38〕意思是人人都可以成為聖人，聖人離現實並不遠，只要努力去實現，人人都能成就為聖人，關鍵在於人要能夠盡量達到自己的良知、良能，去追求仁義，實現盡心、知性、知天的認知效果，孟子說：「盡其心者，知其性也。知其性，則知天矣。存其心，養其性，所以事天也。殀壽不貳，修身以俟之，所以立命也。」〔註39〕孟子的邏輯思維體系非常嚴密，首先是從本體上論說「人性本善」，接著述說人有良知、良能，然後說明人發揮自我「善端」與天一致，達到「仁聖」的效果，因此孟子指出「人皆可以為堯舜」，以主體自覺工夫實現人本價值。他說主體自覺工夫是現實的，仁義為本的願望完全可以實現，「求則得之，舍則失之，是求有益於得也，求在我者也。求之有道，得之有命，是求無益於得也，求在外者也。」〔註40〕仁義的人本價值只要去尋求就能實現，但這種尋求不在「外求」，而是「內求」。孟子高揚了自我的能力，凸顯了主體的自覺性，給個體實現仁義、成人成聖提供了理論依據，「萬物皆備於我矣。反身而誠，樂莫大焉。強恕而行，求仁莫近焉。」〔註41〕「反身而誠」即主體自覺，個人內求，能夠實現「仁」。孟子從心出發，突出了主體的自覺性，張揚了主體性，這種思想開啟了儒家的「心」路哲學，陸九淵、王陽明的「心學」即是以主體工夫作為成人成聖的先決條件。陸九淵說：「改過遷善，固應無難，為仁由己，聖人不我欺也。」〔註42〕主體自覺性並不難辦到，只要自我努力。王陽明說：「為仁由己，固非他人所能與。」〔註43〕主體的自覺性不是他人能夠辦到的，完全依賴個人的努力。

　　綜上所述，儒家實現人本價值強調人的主體自覺性，以主觀努力通過「內求」實現人本價值，立人達人，為仁由己，這種主動性是一種修為工夫，一

〔註37〕　《孟子‧告子下》，朱熹《四書章句集注》，中華書局，1983年，第339頁。
〔註38〕　《荀子‧性惡》，王先謙《荀子集解》，中華書局，1988年，第442頁。
〔註39〕　《孟子‧盡心上》，朱熹《四書章句集注》，中華書局，1983年，第349頁。
〔註40〕　《孟子‧盡心上》，朱熹《四書章句集注》，中華書局，1983年，第350頁。
〔註41〕　《孟子‧盡心上》，朱熹《四書章句集注》，中華書局，1983年，第350頁。
〔註42〕　《書》，卷五，陸九淵《陸九淵集》，中華書局，1980年，第65頁。
〔註43〕　《文錄一》，卷四，王陽明《王陽明全集》，上海古籍出版社，1992年，第158頁。

是承擔天下責任，爲天下社會服務；二是成人成聖，爲個人事業的發展和人本價值的實現進行踐行。爲仁由己的自覺功夫高揚了自我，確立了人的尊嚴，人的尊嚴從哪裏來，從自覺實現仁義中來，修道在於自覺主體性，尊嚴的人本價值來源自我主觀上的努力。自覺是一種「德」，儒家認爲尊嚴、幸福需要生生不息的奮鬥，需要有成人成聖的努力，需要知識的豐富和積累，因此「爲仁由己」符合人本幸福的「道德人本」觀。

3、守道不離、一以貫之

儒家爲了論證修道工夫以實現人本價值，先從知識體系的建立——「格物致知」，再到主體自覺能動性的發揮——「爲仁由己」，最後到主體的恪守修道——「守道不離」，完成了一條合理的邏輯心路歷程。修道之路是一條艱辛之路，儒家修道最終需要守道，「修」即是「守」，只有始終不離道統才能修道成功。

儒家君子修道的過程重點在於堅持，即「終日乾乾」。《周易》說：「天行健，君子以自強不息。」〔註44〕剛強之道是自強不息之道。「地勢坤，君子以厚德載物。」〔註45〕柔順之道是厚德載物之道。儒家君子踐行剛柔之道，誠心懇懇，堅持不懈，因此「君子終日乾乾」。「『終日乾乾』，反覆道也。」〔註46〕儒家君子始終堅持自強不息的要旨，以柔剛爲德性，反覆實行，就是「乾乾」。君子「乾乾終日」的宗旨是以「進德修業」爲本，以成就君子本身。孔子說：「君子進德修業。忠信所以進德也。修辭立其誠，所以居業也。知至至之，可與幾也。知終終之，可與存義也。」〔註47〕君子修道工夫在於「乾乾終日」，在時間上不懈怠不停息，在心性上保持忠誠。沒有「忠」不能修道，因爲「天命之謂性，率性之謂道」， 心來源於性，道不離性，修道在於「誠」。周敦頤說：「君子乾乾，不息於誠，然必懲忿窒欲，遷善改過而後至。乾之用其善是，損益之大莫是過，聖人之旨深哉！」

〔註44〕《周易・上經・乾》，《周易正義》，《十三經注疏》，中華書局，1980 年，第14 頁。

〔註45〕《周易・上經・坤》，《周易正義》，《十三經注疏》，中華書局，1980 年，第18 頁。

〔註46〕《周易・上經・乾》，《周易正義》，《十三經注疏》，中華書局，1980 年，第13 頁。

〔註47〕《周易・上經・乾》，《周易正義》，《十三經注疏》，中華書局，1980 年，第15 頁。

〔註48〕始終守道，不離誠、善，遵守聖人要旨。

修道是修儒家仁義之道，一要堅持不懈，二要不偏離道。《中庸》說：「道也者，不可須臾離也，可離非道也。」〔註49〕道不能偏離，一刻也不能偏離。孔子說：「君子之道四，丘未能一焉：所求乎子，以事父未能也；所求乎臣，以事君未能也；所求乎弟，以事兄未能也；所求乎朋友，先施之未能也。庸德之行，庸言之謹，有所不足，不敢不勉，有餘不敢盡；言顧行，行顧言，君子胡不慥慥爾！」〔註50〕孔子自謙，說明他時時反省自己是否與「道」一致。孔子說：「道不遠人。人之為道而遠人，不可以為道。」〔註51〕修道的主體是人，人堅守仁義之道就要始終不渝，凸顯了主體在時空上的堅持性質。《繫辭》說：「苟要入德，必始於知幾。君子見幾而作，不俟終日。」張載解釋說：「君子既知其幾，則隨有所處，不可過也，豈俟終日？」〔註52〕儒家君子時時守道，不會過猶不及。孔子對曾參說：「參乎！吾道一以貫之。」曾參說：「唯。」孔子出，門人問：「何謂也？」曾參說：「夫子之道，忠恕而已矣！」〔註53〕「一以貫之」成為儒家守道的至理真言。子夏說：「君子之道，焉可誣也？有始有卒者，其惟聖人乎！」〔註54〕「一以貫之」既是指時間上的有始有終，又是指空間上的由此及彼。朱熹說：「蓋至誠無息者，道之體也，萬殊之所以一本也；萬物各得其所者，道之用也，一本之所以萬殊也。以此觀之，一以貫之之實可見矣。」〔註55〕「一以貫之」是從本體到工夫的過程。宋代理學家特別注重「一本而萬殊」，即是從本體向工夫上進行推演和發用，無論是心學家還是理學家都注重體用的相互作用，由道及器，道器互動。「一以貫之」是修道工夫的體現，既是時間上的終始，又是空間的一本萬殊，其目的是實現人本身的仁義價值。

儒家守道在性質上體現為「剛毅」。時間上有始終，空間上做到推演和發用，這本身即是一種「剛毅」。孔子說：「剛毅、木訥近仁。」程子注釋說：「木

〔註48〕《通書·乾損益動第三十一》，周敦頤《周敦頤集》，中華書局，2009年，第38頁。
〔註49〕《中庸》，朱熹《四書章句集注》，中華書局，1983年，第17頁。
〔註50〕《中庸》，朱熹《四書章句集注》，中華書局，1983年，第17頁。
〔註51〕《中庸》，朱熹《四書章句集注》，中華書局，1983年，第23頁。
〔註52〕《橫渠易說·繫辭下》，張載《張載集》，中華書局，1978年，第222頁。
〔註53〕《論語·里仁》，朱熹《四書章句集注》，中華書局，1983年，第72頁。
〔註54〕《論語·子張》，朱熹《四書章句集注》，中華書局，1983年，第190頁。
〔註55〕《論語集注》，朱熹《四書章句集注》，中華書局，1983年，第72頁。

者，質樸。訥者，遲鈍。四者，質之近乎仁者也。」〔註56〕「仁」本身就是剛毅，「仁」中「剛」，修道沒有「剛」不可能達到「仁」。孔子說過有「仁」才有「勇」。剛毅的品格一直是儒家追求的價值觀念，也是一種修道工夫，貴在堅持。曾子曰：「士不可以不弘毅，任重而道遠。仁以爲己任，不亦重乎？死而後已，不亦遠乎？」朱熹注釋說：「非弘不能勝其重，非毅無以致其遠。仁者，人心之全德，而必欲以身體而力行之，可謂重矣。一息尚存，此志不容少懈，可謂遠矣。」程頤注釋說：「弘而不毅，則無規矩而難立；毅而不弘，則隘陋而無以居之。」又說：「弘大剛毅，然後能勝重任而遠到。」〔註57〕儒家君子胸懷寬大，因爲果敢剛毅，才能實現久遠。荀子說：「剛強猛毅，靡所不信，非驕暴也。」〔註58〕儒家君子剛毅，能屈能伸。《禮記》也說：「儒有可親而不可劫也，可近而不可迫也，可殺而不可辱也。其居處不淫，其飲食不溽，其過失可微辨而不可面數也。其剛毅有如此者。」〔註59〕儒者以剛毅修道處世，能殺身成仁。《韓詩外傳》說：「君子崇人之德，揚人之美，非道諛也。正言直行，指人之過，非毀疵也。詘柔順從，剛強猛毅，與物周流，道德不外。」〔註60〕朱熹說：「學者須養教氣宇開闊弘毅。」〔註61〕剛毅顯然成爲儒家的修道方法，逐漸形成爲一種品格工夫。正是因爲儒家的修道中的守道不離和一以貫之的工夫使儒家不斷地向仁義的人本價值靠近，也正是這種忠貞不渝的工夫使儒家養成了爲天下竭心盡力的品格，使儒家贏得社會的尊重，實現了人在社會中的尊嚴價值和崇高價值，爲儒家思想普世化奠定了基礎。

二、修身實現人本：立心誠意

修道的下一步即是實現修身，修道從總體上說注重知識體系的建立，並且對知識體系進行踐行，但並不一定實現了內化，而修身則是一個內化的過

〔註56〕 《論語·子路》，朱熹《四書章句集注》，中華書局，1983 年，第 148 頁。

〔註57〕 《論語·泰伯》，朱熹《四書章句集注》，中華書局，1983 年，第 104 頁。

〔註58〕 《荀子·不苟》，王先謙《荀子集解》，中華書局，1988 年，第 41～42 頁。

〔註59〕 《禮記·儒行》，《禮記正義》，《十三經注疏》，中華書局，1980 年，第 1669 頁。

〔註60〕 《韓詩外傳》，卷六第十九章，許維遹《韓詩外傳集釋》，中華書局，1980 年，第 223 頁。

〔註61〕 《學二·總論爲學之方》，卷八，黎靖德《朱子語類》，中華書局，1986 年，第 145 頁。

程。修身啓動的關鍵點在於內心的恐懼，修身的根本在於「誠」，修身的效果在於成爲仁人、成就聖人品格。儒家修身在於修心，通過修身實現人本價值。爲什麼是修心？儒家認爲心是身的主宰，修身在於修心。張載說：「心是神明之舍，爲一身之主宰，性便是許多道理得之於天而具於心者，發於智識念慮處皆是情，故曰『心統性情者也』。」〔註62〕朱熹說：「心者，一身之主宰；意者，心之所發；情者，心之所動；志者，心之所之，比於情、意尤重。」〔註63〕可見「道」必須依賴「心」才能成爲遵守的原則，「道」離開了「心」，不可能有一個著落處，因此儒家價值的實現需要「心」，修養工夫在於「心」上的修養。

1、愼獨戒懼，天下中和

修身是工夫，修身即是修養心性，與其說是修養心性，不如說是恢復人固有的善性，即仁、義、禮、智之本性，這在前面已經較詳盡地論述過。從心而言，修養的發動在於對事情感到迫切才會去修養，因此修養是由於一定的恐懼而進行的，害怕失去了自我必然加強修養，必須通過修身才能實現人、成就人本身。修身需要「愼獨」，只有「愼獨」才能實現誠心和主靜。「愼獨」是儒家君子修身的一個必須途徑，能「愼獨」才能誠意正心、主靜寡欲，不爲外界所干擾，「愼獨」才能踐行善事、致廣大而盡精微，因此愼獨戒懼是儒家修身的眞實工夫。

所謂「愼獨」，即是一個人獨處時或者處於高位時必須謹愼反省，他人不知而自己有所知時，既不要欺人，也不要自欺。《大學》說：「所謂誠其意者，毋自欺也。如惡惡臭，如好好色，此之謂自謙。故君子必愼其獨也。小人閒居爲不善，無所不至，見君子而後厭然，掩其不善，而著其善。人之視己，如見其肺肝然，則何益矣。此謂誠於中，形於外，故君子必愼其獨也。曾子曰：『十目所視，十手所指，其嚴乎！』富潤屋，德潤身，心廣體胖，故君子必誠其意。」朱熹注釋說：「獨者，人所不知而己所獨知之地也。言欲自修者知爲善以去其惡，則當實用其力，而禁止其自欺。」〔註64〕修身即是修心，必須眞正做到內心不自欺，要重視實際情況。荀子說：「天不言而人推高焉，

〔註62〕《張子語錄・後錄下》，張載《張載集》，中華書局，1978年，第339頁。
〔註63〕《性理二・性情心意等名義》，卷五，黎靖德《朱子語類》，中華書局，1986年，第96頁。
〔註64〕《大學》，朱熹《四書章句集注》，中華書局，1983年，第7頁。

地不言而人推厚焉，四時不言而百姓期焉。夫此有常，以至其誠者也。君子至德，嘿然而喻，未施而親，不怒而威。夫此順命，以慎其獨者也。善之爲道者，不誠則不獨，不獨則不形，不形則雖作於心，見於色，出於言，民猶若未從也，雖從必疑。天地爲大矣，不誠則不能化萬物；聖人爲知矣，不誠則不能化萬民；父子爲親矣，不誠則疏；君上爲尊矣，不誠則卑。夫誠者，君子之所守也，而政事之本也。唯所居以其類至，操之則得之，舍之則失之。操而得之則輕，輕則獨行，獨行而不舍則濟矣。濟而材盡，長遷而不反其初則化矣。」〔註65〕「慎獨」是實現君子威信的重要途徑，即是不欺騙，「慎獨」能夠感化黎民百姓，是政事推行見效的根本。王船山也認爲正意誠心必須做到慎獨戒懼，「《大學》言慎獨，爲正心君子言也。《中庸》言慎獨，爲存養君子言也。唯欲正其心，而後人所不及知之地，己固有以知善而知惡。唯戒慎恐懼於不睹不聞，而後隱者知其見，微者知其顯。故《章句》云『君子既常戒懼』，或問亦云『夫既已如此矣』，則以明夫未嘗有存養之功者，人不所及知之地，己固昏焉而莫辯其善惡之所終，則雖欲慎而有所不能也。」〔註66〕儒家認爲「慎獨」、「戒懼」是修煉心性的重要途徑。

「慎獨」和「戒懼」相聯繫，有「戒懼」才能去踐行「慎獨」。《中庸》說：「天命之謂性，率性之謂道，修道之謂教。道也者，不可須臾離也，可離非道也。是故君子戒慎乎其所不睹，恐懼乎其所不聞。莫見乎隱，莫顯乎微，故君子慎其獨也。喜怒哀樂之未發，謂之中；發而皆中節，謂之和；中也者，天下之大本也；和也者，天下之達道也。致中和，天地位焉，萬物育焉。」朱熹注釋說：「言幽暗之中，細微之事，迹雖未形而幾則已動，人雖不知而己獨知之，則是天下之事無有著見明顯而過於此者。是以君子既常戒懼，而於此尤加謹焉，所以遏人俗於將萌，而不使其滋長於隱微之中，以至離道之遠也。」〔註67〕爲了實現儒家道統，儒者時時在意，處處小心，慎獨戒懼，做到「性」與「情」相結合，「心」與「性」相結合，最後達到的效果是天下中和。

做到「慎獨」、「戒懼」必然能夠「改過遷善」，儒家不規避過失。「慎獨」的修身工夫注重時時改過自新。儒家君子能日日自新、反求諸己，自然能夠

〔註65〕 《荀子·不苟》，王先謙《荀子集解》，中華書局，1988年，第46～48頁。

〔註66〕 《卷二中庸·第一章》，《讀四書大全說》，王夫之《船山全書》第六冊，嶽麓書社，1996年，第464頁。

〔註67〕 《中庸》，朱熹《四書章句集注》，中華書局，1983年，第17～18頁。

「愼獨」、思考過錯。子貢說：「君子之過也，如日月之食焉：過也，人皆見
之；更也，人皆仰之。」〔註68〕改正過錯像日食、月食能迅速消失。孟子舉
例說：「周公，弟也；管叔，兄也。周公之過，不亦宜乎？且古之君子，過則
改之；今之君子，過則順之。古之君子，其過也，如日月之食，民皆見之，
及其更也，民皆仰之；今之君子，豈徒順之，又從爲之辭。」〔註69〕儒家君
子能「改過遷善」，是「愼獨」的體現。子貢說：「君子一言以爲知，一言以
爲不知，言不可不愼也！」〔註70〕正因爲儒家君子「愼獨」，能改過自新，所
以能愼言愼行，警惕過錯。

　　綜上所述，儒家的「愼獨」、「戒懼」工夫重點在於修心，修心即是修身，
處處小心，時時在意，反省自身是否偏離了儒家道統。正是因爲儒家的「愼
獨」、「戒懼」使儒家仁義的人本價值能夠在儒家身上眞正內化爲本身的品質。
儒家認爲修心、修身能使人實現崇高、幸福和正義的人本價值。

2、誠意修心，至誠無息

　　儒家修身工夫從戒懼愼獨將仁義內化爲心靈的一部分，逐漸養成了「至
誠」的性質。「誠」既是天道範疇也是人道範疇，「誠」也是人本價值，即是
說是「誠」人的性質和價值。孟子說：「是故誠者，天之道也。思誠者，人之
道也。」〔註71〕可見「誠」是一種人本價值。沒有人道「誠」的人不能稱爲
人。「誠」也是一種修養工夫，「誠」的關鍵在於「心」，荀子說：「君子養心
莫善於誠，致誠則無它事矣。惟仁之爲守，惟義之爲行。誠心守仁則形，形
則神，神則能化矣；誠心行義則理，理則明，明則能變矣。」〔註72〕「誠」
的根本在於心，心是身體的主宰，「誠」的寄存地在「心」，因此做到「誠」
必須心中安於仁、義、禮、智、信。孟子講「求放心」、「本心」、「養心」，都
是以修心爲工夫，修心以確立「誠」，以實現人本價值的提升。孟子說：「仁，
人心也；義，人路也。舍其路而弗由，放其心而不知求，哀哉！人有雞犬放，
則知求之；有放心而不知求。學問之道無他，求其放心而已矣。」〔註73〕「求

〔註68〕《論語・子張》，朱熹《四書章句集注》，中華書局，1983年，第192頁。
〔註69〕《孟子・公孫丑下》，朱熹《四書章句集注》，中華書局，1983年，第247頁。
〔註70〕《論語・子張》，朱熹《四書章句集注》，中華書局，1983年，第192～193頁。
〔註71〕《孟子・離婁上》，朱熹《四書章句集注》，中華書局，1983年，第282頁。
〔註72〕《荀子・不苟》，王先謙《荀子集解》，中華書局，1988年，第46頁。
〔註73〕《孟子・告子上》，朱熹《四書章句集注》，中華書局，1983年，第333～334
　　　頁。

放心」即是養心，有仁義存在心中則心安理得，實現「放心」。董仲舒說：「天之生人也，使人生義與利，利以養其體，義以養其心，心不得義不能樂，體不得利不能安。義者心之養也，利者體之養也。體莫貴於心，故養莫重於義，義之養生人大於利。」〔註74〕養心需要「義」，無義不能畜養心性。因此儒家修身工夫在於養心，養心需要「誠」。

修心還需要誠意，「意」不誠不能實現仁義的安放，不能返回「明德」的本性。張載說：「誠意而不以禮則無徵，蓋誠非禮無以見也。誠意與行禮無有先後，須兼修之。誠謂誠有是心，有尊敬之者則當有所尊敬之心，有養愛之者則當有所撫字之意，此心苟息，則禮不備，文不當，故成就其身者須在禮，而成就禮則須至誠也。」〔註75〕誠意即是尊敬之心、愛人之心，誠意以「禮」來體現。程顥說：「若修其言辭，正爲立己之誠意，乃是體當自家敬以直內、義以方外之實事。道以浩浩，何處下手？惟立誠才有可居之處。」〔註76〕修身工夫在於體貼誠意，從誠意處下手，有「敬」，有「義」，「志道懇切，固是誠意；若是迫切不中理，則反爲不誠。」〔註77〕程子講「誠」關鍵點在於符合「理」。大學之道追求誠意工夫，「大學之修身、齊家、治國、平天下，其本只是正心、誠意而已。」〔註78〕王陽明將誠意明確定義爲「工夫」，誠意是明明德的基礎，「《中庸》言『不誠無物』，《大學》『明明德』之功，只是個誠意。誠意之功只是個格物。」〔註79〕「《大學》工夫即是明明德；明明德只是個誠意；誠意的工夫只是格物致知。若以誠意爲主，去用格物致知的工夫，即工夫始有下落，即爲善去惡無非是誠意的事。」〔註80〕意思是格物致知才能達到誠意，通過「誠意」達到「明明德」。「大抵《中庸》工夫只是誠身，誠身之極便是至誠；《大學》工夫只是

〔註74〕《春秋繁露·身之養重於義》，蘇輿《春秋繁露義證》，中華書局，1992年，第263頁。

〔註75〕《經學理窟·氣質》，張載《張載集》，中華書局，1978年，第266頁。

〔註76〕《河南程氏遺書》，卷第一，程顥、程頤《二程集》，中華書局，1981年，第2頁。

〔註77〕《河南程氏遺書》，卷第二上，程顥、程頤《二程集》，中華書局，1981年，第13頁。

〔註78〕《孟子序說》，朱熹《四書章句集注》，中華書局，1983年，第200頁。

〔註79〕《傳習錄上》，卷一，王陽明《王陽明全集》，上海古籍出版社，1992年，第6頁。

〔註80〕《傳習錄上》，卷一，王陽明《王陽明全集》，上海古籍出版社，1992年，第38頁。

誠意，誠意之極便是至善。」〔註81〕「誠」是身的「誠」，「誠」的工夫達到一定程度則是完美至善。「如說格物是誠意的工夫，明善是誠身的工夫，窮理是盡性的工夫，道問學是尊德性的工夫，博文是約禮的工夫，惟精是惟一的工夫，諸如此類，始皆落落難合，其後思之既久，不覺手舞足蹈。」〔註82〕意思是格物窮理、明善問學等都是誠意、修身的工夫，做到誠意、明善的工夫就能達到手舞足蹈的快樂境界。王陽明還將誠意工夫與天理結合起來，他說：「誠意只是循天理。雖是循天理，亦著不得一分意，故有所忿懥好樂則不得其正，須是廓然大公，方是心之本體。」〔註83〕王夫之說：「所以氣稟得以拘之，物欲得以蔽之，而格、致、誠、正亦可施功以復其明矣。」〔註84〕由「誠意」達到「明明德」，回覆到「明德」的境地。

　　儒家修身養性，目的是為了實現社會道德仁義，讓社會處於一種可以操控的道德倫理秩序之中，一方面在社會建立一種等級秩序，長幼有序，尊老愛幼，論資排輩，另一方面在社會推行一種仁義的道德理念，建立仁、義、禮、智、信的倫理規則，並讓這種規則深入到人的內心之中，內化為心靈的一部分，將這種理念變為人本身的價值，讓人誠心誠意地接受，並在行動上誠心誠意地去做，這就是修身誠意的工夫。「誠」既是天道，又是人道；「誠」既是人本性質，又是修為工夫；「誠」連結了天人，溝通了人的內外。儒家將「誠」範疇內涵發揮到極致，對範疇運用達到精義入神，既是「理」，又是明德，還是「義」，最後是工夫。人成為人需要誠意工夫，因此《中庸》說：「故至誠無息。」〔註85〕「誠」沒有終止，完全是一種修身工夫。

　　「誠」是一種人本價值的踐行，通過「誠」的修煉做到「至誠無息」，實現人成為一個真正的人，具有「誠」性質的人和修養工夫的人受到人的尊重，因為心誠則靈，不自欺，不欺人，能夠培養公信度，增強公信力。具有「誠」性質和工夫的人提高了自身的社會地位，實現了人本價值的尊嚴、崇高，推

〔註81〕《傳習錄上》，卷一，王陽明《王陽明全集》，上海古籍出版社，1992年，第38頁。
〔註82〕《傳習錄上》，卷一，王陽明《王陽明全集》，上海古籍出版社，1992年，第10～11頁。
〔註83〕《傳習錄上》，卷一，王陽明《王陽明全集》，上海古籍出版社，1992年，第29頁。
〔註84〕《卷一大學·聖經》，《讀四書大全說》，王夫之《船山全書》第六冊，嶽麓書社，1996年，第395頁。
〔註85〕《中庸》，朱熹《四書章句集注》，中華書局，1983年，第34頁。

動了社會正義的發展。

3、大人丈夫，浩然之氣

儒家從修道到修身，使人成爲一個具有仁義性質的人，這種人與禽獸完全不同，體現出人與禽獸格格不入的價值傾向。但是人除了仁義的人本價值外，人與人之間也存在著一定的區別，這種區別需要從其他方面進行探究，以分曉出個體品格上的高下之別，低劣與高尚之分。在儒家思想中常常追求一種高雅的氣象，也稱之爲一種高雅的境界，這種境界必須通過養氣來實現，養氣程度的不同導致人與人之間境界的差分。儒家善於養氣的工夫，通過養氣實現人本價值的提升。

「氣」既是人的內在本質又是人的外在氣象，「氣」成就了人本身。孔子說：「君子所貴乎道者三：動容貌，斯遠暴慢矣；正顏色，斯近信矣；出辭氣，斯遠鄙倍矣。」〔註86〕君子的容貌顏色氣質體現了仁義禮智信，「氣」對於君子相當重要和高明。《周易》說：「頤，貞吉，養正則吉也。觀頤，觀其所養也。自求口實，觀其自養也。天地養萬物，聖人養賢以及萬民，頤之時大矣哉！」〔註87〕「養」是天、地、人維持其自身存在的重要方式。儒家重視養氣，氣是一種正氣。孟子認爲君子善於養浩然之氣，他首先論述了「志」與「氣」的關係，氣是從內在的質料發出，由「志」所發，「夫志，氣之帥也；氣，體之充也。夫志至焉，氣次焉；故曰：『持其志，無暴其氣。』」〔註88〕「志」主導「氣」，是體和用的關係。「志壹則動氣，氣壹則動志也。今夫蹶者趨者，是氣也，而反動其心。」〔註89〕「志」與「氣」還實現了互動，「氣」也可動「心」。既然「氣」由「志」發，氣也可反過來動「心」，儒家認爲就應該養浩然之氣。孟子說：「我知言，我善養吾浩然之氣。」〔註90〕儒家君子要善於修養正氣，浩然之氣是正氣，浩然之氣是什麼？孟子說：「難言也。其爲氣也，至大至剛，以直養而無害，則塞於天地之間。其爲氣也，配義與道。」〔註91〕孟子的浩然之氣具有以下內容：外面表現出來的是剛強、宏大，至大

〔註86〕 《論語‧泰伯》，《四書章句集注》，中華書局，1983 年，第 103 頁。

〔註87〕 《周易‧上經‧頤》，《周易正義》，《十三經注疏》，中華書局，1980 年，第 40 頁。

〔註88〕 《孟子‧公孫丑上》，朱熹《四書章句集注》，中華書局，1983 年，第 230 頁。

〔註89〕 《孟子‧公孫丑上》，朱熹《四書章句集注》，中華書局，1983 年，第 231 頁。

〔註90〕 《孟子‧公孫丑上》，朱熹《四書章句集注》，中華書局，1983 年，第 231 頁。

〔註91〕 《孟子‧公孫丑上》，朱熹《四書章句集注》，中華書局，1983 年，第 231 頁。

至剛；內在包含的是道義，符合仁義，配義與道；對人的價值取向是養生而無害。浩然之氣是剛氣，原因是有義與道，氣勢宏偉。因此養浩然之氣即是修養仁義道德的正氣。《周易》說：「敬以直內，義以方外。」〔註92〕浩然之氣的形成具有主體的自覺性，主體的自覺形成了主體的獨立人格，這種獨立的人格凸顯了正義的品德，不爲社會物欲所迷惑，體現爲一種自我境界上的高雅、精神靈魂上的崇高、個人心理上的幸福，成就人自身和實現人本價值的張揚，體現了人本性上的清明聖潔，「君子所性，雖大行不加焉，雖窮居不損焉，分定故也。君子所性，仁義禮智根於心。其生色也，睟然見於面，盎於背，施於四體，四體不言而喻。」朱熹對此注釋說：「蓋氣稟清明，無物欲之累，則性之四德根本於心，其積之盛，則發而著見於外者，不待言而無不順也。」〔註93〕荀子說：「水火有氣而無生，草木有生而無知，禽獸有知而無義，人有氣、有生、有知，亦且有義，故最爲天下貴也。」〔註94〕說明浩然之氣是一種區別於禽獸的高貴氣質。張載說：「變化氣質。孟子曰：『居移氣，養移體』，況居天下之廣居者乎！居仁由義，自然心和而體正。更要約時，但拂去舊日所爲，使動作皆中禮，則氣質自然全好。禮曰『心廣體胖』，心既弘大則自然舒泰而樂也。若心但能弘大，不謹敬則不立；若但能謹敬而心不弘大，則入於隘，須寬而敬。大抵有諸中者必形諸外，故君子心和則氣和，心正則氣正。其始也，固亦須矜持，古之爲冠者以重其首，爲履以重其足，至於盤盂几杖爲銘，皆所以慎戒之。」〔註95〕張載所說的「變化氣質」與孟子的浩然之氣具有相似之處，養浩然之氣，變化氣質，達到心寬體胖，浩然之氣在宋明時期得到繼承和發展。

「浩然之氣」造就了「大丈夫」人格思想。「大丈夫」是一個超越灑脫的人格形象，最起碼也稱得上是超越了現實「自我」的形象，才能體現爲一種浩然之氣。曾子所說的君子即是一種「大丈夫」人格的體現，「可以託六尺之孤，可以寄百里之命，臨大節而不可奪也。君子人與？君子人也。」〔註96〕朱熹說：「『可以託六尺之孤，可以寄百里之命』，又能『臨大節而不可奪』，

〔註92〕　《周易‧上經‧坤》，《周易正義》，《十三經注疏》，中華書局，1980 年，第19 頁。

〔註93〕　《孟子‧盡心上》，朱熹《四書章句集注》，中華書局，1983 年，第 355 頁。

〔註94〕　《荀子‧王制》，王先謙《荀子集解》，中華書局，1988 年，第 164 頁。

〔註95〕　《經學理窟‧氣質》，張載《張載集》，中華書局，1978 年，第 265 頁。

〔註96〕　《論語‧泰伯》，朱熹《四書章句集注》，中華書局，1983 年，第 104 頁。

方可謂之君子。」〔註 97〕「大丈夫」式的君子人格，其突出特點是「臨大節而不可奪」。孟子說：「以順為正者，妾婦之道也。居天下之廣居，立天下之正位，行天下之大道；得志與民由之；不得志獨行其道。富貴不能淫，貧賤不能移，威武不能屈。此之謂大丈夫。」〔註 98〕這是孟子對「大丈夫」人格的完美表述。「說大人，則藐之，勿視其巍巍然。堂高數仞，榱題數尺，我得志，弗為也。食前方丈，侍妾數百人，我得志，弗為也。般樂飲酒，驅騁田獵，後車千乘，我得志弗為也。在彼者，皆我所不為也；在我者，皆古之制也，吾何畏彼哉？」〔註 99〕真正的「大丈夫」不為物欲所迷惑，只追求「道」和「義」。「君之視臣如手足，則臣視君如腹心；君之視臣如犬馬，則臣視君如國人；君之視臣如土芥，則臣視君如寇讎。」大丈夫人格強調不卑不順，君臣平等。「舜人也，我亦人也。」〔註 100〕儒家君子與聖人是平等的，體現了「大丈夫」人格的獨立性，「人皆可以為堯舜」，聖人不是高不可攀。「大丈夫」境界凸顯了儒家君子的責任之心，「如欲平治天下，當今之世，舍我其誰也？」〔註 101〕「大丈夫」人格具有強烈的社會責任擔當精神。

　　浩然之氣與大丈夫人格思想的形成是儒家養心工夫的體現，這種養心工夫已經上升到一種高雅、崇高、幸福的精神境界和人本價值，是一種人內在價值的張力，沒有這種養心工夫人本價值的崇高、幸福、正義不能真正實現，而仁義的人本價值在養浩然之氣的工夫上達到自由、幸福和崇高。

三、修行保障人本：立國為民

　　從修道自律到修身成人，儒家所建構的人成為一個現實的人和理想的人，現實人即遵從社會道德，理想人具有大丈夫氣概，向聖人過渡，現實人與理想人都是人本價值，具有崇高、幸福和正義的性質。儒家思想不是彼岸世界的超現實的思想，儒家思想與現實緊密相連，「經世致用」一直是儒家思想發展的重要方向，明末清初的一些學者如顧炎武、黃宗羲、王夫之等人在

〔註 97〕　《論語十七·泰伯篇》，卷三十五，黎靖德《朱子語類》，中華書局，1986 年，第 925 頁。

〔註 98〕　《孟子·滕文公下》，朱熹《四書章句集注》，中華書局，1983 年，第 265～266 頁。

〔註 99〕　《孟子·盡心下》，朱熹《四書章句集注》，中華書局，1983 年，第 373 頁。

〔註 100〕　《孟子·離婁下》，朱熹《四書章句集注》，中華書局，1983 年，第 290、298 頁。

〔註 101〕　《孟子·公孫丑下》，朱熹《四書章句集注》，中華書局，1983 年，第 250 頁。

學術上提倡「經世致用」，「以『明學術，正人心』，期待後世學人轉變學風、有用於世。」明清之際的大多學者認為「為文必有益天下，不作無關世道、無益天下的文章」。〔註102〕正是在這個意義上說，儒家思想非常關注現實中的工夫修養，目的是為了實現人的崇高價值目標。為了達到一個真正現實的人，將大丈夫人格、聖人理想付諸現實，還必須修養言行，將理念與言行結合起來，言行風範與價值理念保持一致。儒家思想的「內聖」必然走向「外王」，儒家形象向外發展必須試圖建構其外在的行為規範，以達到執行天下大義的責任，實現其「天下之志」的目的。儒家修養言行工夫有：言行一致，為天下示範；言行威信，得民天下；君子坦蕩，文質彬彬。通過言行修煉達到提高人本尊嚴、幸福、崇高的目的。

1、君子坦蕩，文質彬彬

儒家提倡的形象首先在風範上是一種個人形象，這種風範代表了儒家普世化的形象，這種儒家形象就是君子形象，這在前文已經較多地述說，不再贅述。君子這種個體化和普世化的形象是儒家思想精神的化身，對外的言行代表了儒家的行為風範，這種風範就是君子坦蕩和文質彬彬。孔子歸納說：「文質彬彬，然後君子。」〔註103〕氣質是人各方面因素綜合的反映，外現為一種氣象和風格。「氣」類似於一種文飾，文飾體現了本質，風範是一種文飾，風範則需要內在的本質來呈現。程頤說：「若能於《語》、《孟》中深求玩味，將來涵養成甚生氣質！」〔註104〕內涵通過外在氣質來表現。《禮記》說：「禮減而進，以進為文。」鄭玄注釋說：「文，猶美也、善也。」〔註105〕外在之「文」也非常重要。《周易》說：「文明以健，中正而應，君子正也。」王弼注釋說：「行健不以武而以文明用之，相應不以邪而以中正應之，君子正也。」〔註106〕儒家重視「文」，「文」的特點是「正」。孔子說：「周監於二代，郁郁乎文哉！吾從周。」〔註107〕周代重視「文」的方面，禮樂教化，豐富興盛，孔子比較

〔註102〕陳其泰、李廷勇：《中國學術通史》（清代卷），人民出版社，2004年，第16～17頁。
〔註103〕《論語・雍也》，朱熹《四書章句集注》，中華書局，1983年，第89頁。
〔註104〕《讀論語孟子法》，朱熹《四書章句集注》，中華書局，1983年，第44頁。
〔註105〕《禮記・樂記》，《禮記正義》，《十三經注疏》，中華書局，1980年，第1544頁。
〔註106〕《周易・上經・同人》，《周易正義》，《十三經注疏》，中華書局，1980年，第29頁。
〔註107〕《論語・八佾》，朱熹《四書章句集注》，中華書局，1983年，第65頁。

讚賞。「文王既沒，文不在茲乎？」朱熹注釋說：「道之顯者謂之文，蓋禮樂制度之謂。」〔註108〕「文」就是顯現在外的禮樂風範。孔子說：「君子博學於文，約之以禮，亦可以弗畔矣夫！」〔註109〕「禮」是「文」的重要體現，學「文」可以避免出差錯。「子以四教：文，行，忠，信。」程頤注釋說：「教人以學文修行而存忠信也。」〔註110〕「文」體現為「忠」、「信」，學「文」利於修身養性。「文」是體現了儒家君子的內在本質，但是「文」也是儒家君子的外在氣象風範，有「文」就有「質」，「忠」、「信」既是「文」也是「質」。但「文」與「質」存在區分，「文」的重點在於文飾，「質」的重點在於本體，也就是說「文」有人為的修飾因素，「質」則體現事物的本來面目。「文」依賴於「質」，是人對事物本質的外化，無「質」就無「文」，反過來「質」要以「文」來進行詮釋，無「文」不能展現「質」的美感，「質」與「文」相輔相成。孔子說：「質勝文則野，文勝質則史。文質彬彬，然後君子。」〔註111〕「文」與「質」相互促成，君子是文質相結合。孔子說：「先進於禮樂，野人也；後進於禮樂，君子也。如用之，則吾從先進。」〔註112〕意思是前輩以質樸為重點，後輩以文飾為重點，孔子強調質樸為先，不能文過其實。儒家君子通過「文」以通達事理，道明事物的本質，但不能只注重「質」而否定「文」，文質相通。文質相雜成就了儒家君子。因此君子氣質既有「質」，也有「文」，是內外合一，文質並用。儒家風範體現為首先是具有文化氣質的人，通達事理，又是質樸之人，有剛毅性格。張載說到「變化氣質」，實際上是指從內「質」到外「文」的變化風格，「居仁由義，自然心和而體正。更要約時，但拂去舊日所為，使動作皆中禮，則氣質自然全好。」〔註113〕由「質」到「文」，才能變化氣質，誠意正心，天長日久，內在涵養得到提升，展現的氣質自然與眾不同。「形而後有氣質之性，善反之則天地之性存焉。」〔註114〕變化氣質，返回天地本來的善性。儒家君子氣質的外現，首先是「文」的形象的展現，以「文」能治國、平天下。

　　儒家君子文質彬彬，文人氣質凸顯了君子的柔性品質，這種文質彬彬體

〔註108〕《論語‧子罕》，朱熹《四書章句集注》，中華書局，1983年，第110頁。
〔註109〕《論語‧顏淵》，朱熹《四書章句集注》，中華書局，1983年，第137頁。
〔註110〕《論語‧述而》，朱熹《四書章句集注》，中華書局，1983年，第99頁。
〔註111〕《論語‧雍也》，朱熹《四書章句集注》，中華書局，1983年，第89頁。
〔註112〕《論語‧先進》，朱熹《四書章句集注》，中華書局，1983年，第123頁。
〔註113〕《經學理窟‧氣質》，張載《張載集》，中華書局，1978年，第265頁。
〔註114〕《正蒙‧誠明》，張載《張載集》，中華書局，1978年，第23頁。

現了儒家風範的謙讓性質。孔子說：「勞而不伐，有功而不德，厚之至也。語以其功下人者也。德言盛，禮言恭；謙也者，致恭以存其位者也。」〔註115〕行爲禮貌謙讓，語言柔和卑恭，是一典型的「謙謙君子」風格。王陽明說「謙」是內外的結合，他說：「非但是外貌卑遜，須是中心恭敬，撙節退讓，常見自己不是，眞能虛己受人。故爲子而謙，斯能孝；爲弟而謙，斯能弟；爲臣而謙，斯能忠。堯舜之聖，只是謙到至誠處，便是允恭克讓，溫恭允塞也。」〔註116〕儒家風範以卑遜、恭敬、退讓爲主要特徵，禮貌風範是主要彰顯內容。「君子無所爭，必也射乎！揖讓而升，下而飲，其爭也君子。」〔註117〕儒家君子先謙讓後射擊，是謙謙君子的風範。

儒家個人風範是一個謙謙君子的形象，文質彬彬，外在風範要爲社會他人著想，形象高雅，具有非凡的氣質，但從人格上說是一種高尚的人，有內在的自信，這種自信是品德上的自信，因此孔子說：「君子坦蕩蕩，小人長戚戚。」程頤對此注釋說：「君子坦蕩蕩，心廣體胖。」〔註118〕坦蕩是一種自信的風範。

儒家修養工夫注意外在風範，風範來源於內在本質，風範是內在人格品德的外現，這種外現風格體現了儒家「內聖外王」的學術心路，風範也表現了自信的內涵。通過文質彬彬的風範形象修養，儒家逐步達到一個有氣質的人、一個高雅的人，實現了尊嚴、幸福、崇高和正義人本價值的提升。

2、人才示範，德才兼備

個人品格在「德」，外在風範在「文」，儒家建構的形象不僅僅是一個德性人，還是一個有才華的人，時刻準備爲社會服務，是一個「士」的形象，眞正成爲天下示範需要德才兼備。「德」與「才」是儒家君子成就其人的關鍵因素，二者不可或缺，「才」指的是最初的本質，重點指外在的東西，《說文解字》說：「才，木之初也，從丨上貫一將生枝葉。一，地也。」〔註119〕「木之初」說明了：「木」指樹幹，是其質地。「德」則在「文」，是隱藏在樹幹之中的紋理，「德」則需要「才」的寄存和表現出來的地方，無「才」不能體現

〔註115〕《周易・繫辭》，《周易正義》，《十三經注疏》，中華書局，1980 年，第 79 頁。
〔註116〕《文錄五・書正憲扇》，卷八，王陽明《王陽明全集》，上海古籍出版社，1992 年，第 280 頁。
〔註117〕《論語・八佾》，朱熹《四書章句集注》，中華書局，1983 年，第 63 頁。
〔註118〕《論語・述而》，朱熹《四書章句集注》，中華書局，1983 年，第 102 頁。
〔註119〕許慎：《說文解字》，中華書局，1963 年，第 126 頁。

「德」，即是說「德」沒有一個著落處，無「德」也不能說有「才」，不能成為大器。有人問朱熹「君子才德出眾之名」，朱熹說：「有德而有才，方見於用。如有德而無才，則不能為用，亦何足為君子。」〔註120〕說的就是德才並用，君子是德才兼備。中國古人在認知世界時提出天地人三才並用結構，儒家由此提出儒者需要通達天地人三才的知識結構，「通天、地、人曰儒，通天、地而不通人曰伎。」〔註121〕因此儒家在成人工夫上追求德才並蓄，修養是德才上的雙向工夫修養。

儒家追求一種道德示範，也追求一種才華示範。孔子說：「聖人，吾不得而見之矣；得見君子者，斯可矣。」朱熹注釋說：「聖人，神明不測之號。君子，才德出眾之名。」〔註122〕儒家君子以德才並舉成就「君子」的名號，「君子」因為才德出眾而成名，無才德、不出眾不能成就君子本身。以才德出眾治理天下，天下都心裏服從，也就是「君子不器」。朱熹說：「若偏於德行，而其用不周，亦是器。君子者，才德出眾之名。德者，體也；才者，用也。君子之人，亦具聖人之體；但其體不如聖人之大，而其用不如聖人之妙耳。」還說：「『君子不器』，事事有些，非若一善一行之可名也。賢人則器，獲此而失彼，長於此又短於彼。賢人不及君子，君子不及聖人。」〔註123〕由此可見，儒家君子的德才是全面的，體、用兩個方面都適宜。

中國古代的士人也是一個儒家示範形象，「士」在開始時體現為「才」的方面，《說文解字》說：「士，事也。數始一，終於十。從一，從十。孔子曰：『推十合一為士。』」〔註124〕從《說文解字》對「士」的形和義的解釋可知「士」有兩種基本的涵義，一是職位之事，在崗之事，「士」的崗位職能就是做事；二是能力之事，「士」要能推十合一，有一定的分析綜合能力，勝任工作崗位，因此「才」的職能意義明顯體現。但到後來「士」的發展逐漸注重「德」的方面，德性品質提升了，凸顯了「任重道遠」。馮友蘭對中國古代「士」的性質作了總結，他認為「士」是一個「兼有倫理學意義」的範疇，「士和知識分子階層，這兩個名詞並不完全相當。後者只有社會學上的意義，前者兼

〔註120〕《論語十七・泰伯篇》，卷三十五，黎靖德《朱子語類》，中華書局，1986年，第925頁。
〔註121〕《法言・君子》，汪榮寶《法言義疏》，中華書局，1987年，第514頁。
〔註122〕《論語・述而》，朱熹《四書章句集注》，中華書局，1983年，第99頁。
〔註123〕《論語六・為政篇下》，卷二十四，黎靖德《朱子語類》，中華書局，1986年，第578頁。
〔註124〕許慎：《說文解字》，中華書局，1963年，第14頁。

有倫理學上的意義。」〔註125〕古代稱爲「士」，現代則以知識分子相稱，但「士」具有倫理學的性質，注重仁義，知識分子則具有社會學的性質，注重社會發展。馮友蘭並沒有完全斷定這一結論，用「兼有」一詞說明二者不能完全進行倫理學和社會學上的區分。「知識分子當然需要在才學方面有足夠的準備，才能爲國家社會服務。」〔註126〕知識分子的重點在才能和學問，要爲國家和社會服務。儒家士、君子的形象都具有「德」、「才」兩個要素，「德」、「才」成爲一個常識。因此儒家的修養工夫既要修德，也要修才，德才並舉，德才並舉已經上昇爲人本價值。

儒家強調人的德才兼備特徵，通過行動展現德才，提高了人的尊嚴，德才兼備說明人不僅僅是一個德性人，還是一個素質人，也是一個才華人，德性、素質、才華提高了人的地位，人本價值就實現了尊嚴、幸福和崇高。

3、言行威信，天下得民

德才並舉的工夫養成了一種內在的素質，行動起來才有威信，儒家非常注重言行威信的修養工夫。這種威信的持有者主要是指社會上層的統治者和社會上層的知識分子，不是指具有普世意義上的個體，因爲威信者主要處於統治地位，但也包括德高望重者，不同於社會上的婦孺、黎民群體。威信者儘管具有統治者的身份，但在社會中還是具有普遍意義，因爲儒家強調社會責任，希望每一個人都向著威信的效果上進行奮鬥。

儒家認爲威信的來源在於德性的感召，有德性才能在百姓中樹立威信。曾子說：「可以託六尺之孤，可以寄百里之命，臨大節而不可奪也。君子人與？君子人也！」〔註127〕有大節的君子形象將生命完全寄託給國家、社會，爲國家、社會作出貢獻，這樣的社會形象肯定有威信，讓百姓信服。孔子說：「君子不重則不威，學則不固。主忠信。」〔註128〕儒家君子以忠信、敦厚作爲爲人的標準，才能樹立威信，而獲得他人信任。「子溫而厲，威而不猛，恭而安。」〔註129〕儒家君子的「威」具有「柔」的性質，威而不猛，突出了以「德」樹立「威」的思想。孔子說：「因民之所利而利之，斯不亦惠而不費乎？擇可勞而勞之，又誰怨？欲仁而得仁，又焉貪？君子無眾寡，無小大，無敢慢，斯

〔註125〕馮友蘭：《中國哲學史新編》（下卷），人民出版社，2007年，第9頁。
〔註126〕馮友蘭：《中國哲學史新編》（下卷），人民出版社，2007年，第9頁。
〔註127〕《論語·泰伯》，朱熹《四書章句集注》，中華書局，1983年，第104頁。
〔註128〕《論語·學而》，朱熹《四書章句集注》，中華書局，1983年，第50頁。
〔註129〕《論語·述而》，朱熹《四書章句集注》，中華書局，1983年，第102頁。

不亦泰而不驕乎？君子正其衣冠，尊其瞻視，儼然人望而畏之，斯不亦威而不猛乎？」〔註130〕君子的威信建立在爲黎民百姓的利益著想的基礎上，衣冠整潔莊嚴，容易樹立威信。孟子說：「威天下不以兵革之利。得道者多助，失道者寡助。」〔註131〕威信的建立不在於軍隊的多少，而在於對「道」的遵守。揚雄說：「重言，重行，重貌，重好。言重則有法，行重則有德，貌重則有威，好重則有觀。」〔註132〕揚雄注意到言行對樹立威信的重要性。荀子說到三種威力，即道德之威、暴察之威、狂妄之威，「禮樂則修，分義則明，舉錯則時，愛利則形，如是，百姓貴之如帝，高之如天，親之如父母，畏之如神明，故賞不用而民勸，罰不用而威行。夫是之謂道德之威。」〔註133〕禮義清楚明白並且賞罰分明，百姓對這樣的統治者則愛護而有敬畏感，統治者的威信就自然而然產生，這是道德之威，「君子至德，嘿然而喻，未施而親，不怒而威。」〔註134〕儒家君子有德性能夠不發怒而產生威信。《禮記》重視禮義產生的威信作用，「君子隱而顯，不矜而莊，不厲而威，不言而信。」〔註135〕君子的威力在於不動聲色，因爲有德性作爲支撐，有德性則不言而威。「君天下，生無私，死不厚其子；子民如父母，有憯怛之愛，有忠利之教；親而尊，安而敬，威而愛，富而有禮，惠而能散；其君子尊仁畏義，恥費輕實，忠而不犯，義而順，文而靜，寬而有辨。《甫刑》曰：『德威惟威，德明惟明。』」〔註136〕君子的「德」產生威力才是真正的威力，不是以武力樹立威信，而是以德性的樹立確立自身的地位，百姓敬畏這種威信，敬愛他如自己的父母，這種威信的樹立達到天下自然教化的程度，真正實現修身、齊家、治國、平天下的效果。漢代儒家自董仲舒以來都認爲「文德教化」是威信樹立的根本理念，而不崇尚武力，「文德」是天下永遠保存的根本原因，「故文德爲貴，而威武爲下，此天下之所以永全也。」〔註137〕漢代儒者陸賈說：「是以君子尙寬舒以

〔註130〕《論語‧堯曰》，朱熹《四書章句集注》，中華書局，1983年，第194頁。

〔註131〕《孟子‧公孫丑下》，朱熹《四書章句集注》，中華書局，1983年，第241頁。

〔註132〕《法言‧修身》，汪榮寶《法言義疏》，中華書局，1987年，第96頁。

〔註133〕《荀子‧彊國》，王先謙《荀子集解》，中華書局，1988年，第292頁。

〔註134〕《荀子‧不苟》，王先謙《荀子集解》，中華書局，1988年，第46頁。

〔註135〕《禮記‧表記》，《禮記正義》，《十三經注疏》，中華書局，1980年，第1638頁。

〔註136〕《禮記‧表記》，《禮記正義》，《十三經注疏》，中華書局，1980年，第1642頁。

〔註137〕《春秋繁露‧服制像》，蘇輿《春秋繁露義證》，中華書局，1992年，第154頁。

苟其身，行身中和以致疏遠；民畏其威而從其化，懷其德而歸其境，美其治而不敢違其政。民不罰而畏，不賞而勸，漸漬於道德，而被服於中和之所致也。」〔註138〕這些強調以「文德」作爲威力產生，德威不言，類似無爲之治，不怒而威，不言而信。總之，儒家認爲有德才有威，首先要有德，其次要有威嚴，君子有「儼然」的相貌，能使百姓有敬畏感而信服，然後才能治理百姓，在德性的基礎上也要有一定的賞罰分明之威力，以「德」作爲行政的基礎，賞罰分明，有制度限制，德威並重，能實現天下大治。因此儒者不能沒有威嚴，首先，威嚴的產生是內在的，以德生威，其次，威嚴容貌能震撼人，使人心服。由此可以看出，威信提升了人的尊嚴，實現了人本身的幸福感和崇高感，提升了人本價值。

儒家的修行工夫也在於言行，社會上層統治者要以言行感化民眾，以言行得到民眾的擁護。《周易》說：「君子以多識前言往行，以畜其德。」〔註139〕要求君子言行一致，「君子欲訥於言而敏於行。」〔註140〕君子言行愼重，以「禮」限制自身的言行。子貢問「君子」，孔子說：「先行其言而後從之。」〔註141〕行動在先，實現諾言。「君子恥其言而過其行。」〔註142〕意思是君子之所以是君子，言行要一致。「言從而行之，則言不可飾也；行從而言之，則行不可飾也。故君子寡言，而行以成其信，則民不得大其美而小其惡。」〔註143〕言行一致是孔子的一貫主張。漢代賈誼說：「故君子言必可行也，然後言之；行必可言也，然後行之。」〔註144〕說的都是君子言行一致，言語已出必然要實現。張載就說「言」必須有「徵」，即是說言語的實現，無表徵實現容易產生不信任感，「無徵而言，取不信，啓詐妄之道也。杞宋不足徵吾言則不言，周足徵則從之。故無徵不信，君子不言。」〔註145〕儒家君子不說沒有根據的言語，無根據的言語是欺詐妄言，不是正道之言。

〔註138〕《新語・無爲》，王利器《新語校注》，中華書局，1986 年，第 64 頁。

〔註139〕《周易・上經・大畜》，《周易正義》，《十三經注疏》，中華書局，1980 年，第 40 頁。

〔註140〕《論語・里仁》，朱熹《四書章句集注》，中華書局，1983 年，第 74 頁。

〔註141〕《論語・爲政》，朱熹《四書章句集注》，中華書局，1983 年，第 57 頁。

〔註142〕《論語・憲問》，朱熹《四書章句集注》，中華書局，1983 年，第 156 頁。

〔註143〕《禮記・緇衣》，《禮記正義》，《十三經注疏》，中華書局，1980 年，第 1651 頁。

〔註144〕《新書・大政上》，王洲明《賈誼集校注》，人民文學出版社，1996 年，第 338 頁。

〔註145〕《正蒙・有德篇》，張載《張載集》，中華書局，1978 年，第 44 頁。

儒家主張言行一致是為了在天下得到民眾，取信於民。取信於民的原因在於重民的思想，重民的思想一直是我國歷代的重要思想，統治者為了得到天下必須取信於民。孔子說：「君者舟也，庶人者水也。水則載舟，水則覆舟，君以此思危，則危將焉而不至矣！」〔註146〕從普遍意義上說，「民」多指地位不高的普通民眾，還有一部分民稱為小民，但作為統治者也必須重視這些小民，因為儘管他們社會地位低下，但統治者和知識分子需要他們來養活，沒有這些小民、黎民，統治者和知識分子也不會存在，作為統治者應該認識到他們存在的重要性。在儒家思想中一直有君子、小人的分辨，小人指的是社會地位低下的人，但這並不是說儒家否定了「小人」存在的合法性，儒家肯定了小人存在的積極意義。孟子說：「無君子莫治野人，無野人莫養君子。」〔註147〕野人指的是耕種之人，野人養活君子，其作用不可小看，無小人則無君子。「勞心者治人，勞力者治於人；治於人者食人，治人者食於人。」朱熹注解說：「君子無小人則饑，小人無君子則亂。」〔註148〕君子、小人互相依靠，小人的地位相當重要。儒家君子得民也是要獲得「小人」認可，安民是安小民百姓，安小民則給他們以物質利益保障，做到「老者衣帛食肉，黎民不饑不寒」〔註149〕。儒家提倡只有言行一致才能得到民眾的認可，才能獲得民眾的理解和信服，最後才能實現國家太平。

儒家在修行工夫上主張言行一致，以德服人，以德性樹立威信，最後實現言行得民。言行一致是修行的工夫，通過修行工夫使統治者和上層知識分子真正實現治理天下的重任，為天下百姓服務。而言行一致、以德化民使統治者和知識分子實現了自身價值的提升，一方面實現了以仁為本的人本價值，另一方面也感化了民眾，民眾提升了自身的德性價值，同時又實現了生存條件的改善，提升了民眾的人本價值。修行保障人本價值的實現，主要通過氣質提升人本、德才示範提高尊嚴，威信得到民眾的信服，既保障了百姓的生存人本價值，又保障了人本尊嚴、精神幸福和價值崇高。

〔註146〕《荀子·哀公》，王先謙《荀子集解》，中華書局，1988年，第544頁。
〔註147〕《孟子·滕文公上》，朱熹《四書章句集注》，中華書局，1983年，第256頁。
〔註148〕《孟子·滕文公上》，朱熹《四書章句集注》，中華書局，1983年，第258～259頁。
〔註149〕《孟子·梁惠王上》，朱熹《四書章句集注》，中華書局，1983年，第212頁。

　　綜上所述，儒家修道、修身、修行提升人本價值。修道主要通過格物致知、博學慎思，立人達人，爲仁由己，守道不離和一以貫之三個的工夫來實現，爲尊嚴、幸福、崇高人本價值的建立提供了初步的基礎。修身主要通過慎獨戒懼、誠意正心和養浩然之氣來實現，通過修心提升人本尊嚴，樹立公信度，增強公信力。具有「誠」性質和工夫的人提高了自身的社會地位，實現了人本價值的尊嚴、崇高，推動了社會正義的發展。修行保障人本，通過文質彬彬的風範形象修養，儒家逐步達到一個有氣質、高雅的人，實現了尊嚴、幸福、崇高和正義人本價值的提升。通過行動展現德才，提高了人的尊嚴，成爲一個德性人、素質人、才華人，德性、素質、才華提高了人的地位，人本價值就實現了尊嚴、幸福和崇高。儒家主張言行一致，以德服人，以德性樹立威信，最後實現言行得民。

第四章　人本人格演生：普世價值

　　儒家思想從整體上說是關於人的思想，凸顯了以人學思想爲中心的學說，彰顯了人本身應該具有的人本價值，儒家學說是關於人的學說。人之所以成爲人不僅僅是因爲人是一個個體存在的人，更是因爲人是一個社會群體存在的人，人的價值不僅僅是單個人存在的價值，更是一個社會共有的價值存在體。儒家人本價值在建構的過程中從個體和群體雙向上思維，建構了儒家特有的人本價值觀，並不是追求個性的解放、自由，即是說沒有從人權上凸顯人本價值。這一思維方式和價值取向使儒家人本價值論向公共理性的方向發展，與公共理性逐步實現耦合，即是說儒家人本價值具有公共理性的特徵，人本價值觀實質上是一種公共價值的思維導向。無論是仁義道德還是明德至善，都是在個人和社會兩個方面的需要上建立起來的人本價值觀。作爲一個個體的存在和社會的存在，人之所以成爲人關鍵在於其自身人格是獨立的、現實的和超越的，獨立是個體人格獨立，現實是面對社會需要符合道德倫理，超越是思想靈魂追求聖人境界。儒家的個人不是一個純粹孤立的個人，儒家講人格獨立也只是在精神、心理層次上爲社會整體的道德倫理的添磚加瓦，即是說其獨立性更符合社會倫理秩序和社會和諧發展的需要，與其說是獨立性，不如說是符合儒家道統，獨立性即是一種對公共理性思維的融入。儒家個人的這種獨立性首先是一種人格上的獨立性，人本價值向外演化即是人格獨立、人格完善、人格認同三個方面展開，逐漸與儒家公共理性思維進行耦合，耦合的機理是獨立性符合公共理性思維，儒家人本人格演生的目標是普世價值。

　　所謂普世價值即是這樣一種價值觀念，它得到社會普遍認同，人人內心

完全贊同和契合，並且有可能上昇到信仰的層次，甚至具有終極關切的意義，它直接就成爲人的價值取向，具有「人同此心，心同此理」價值性質，正如仁義，某一社會的宗教可以稱爲普世價值。普世價值具有廣泛的可接受性，但並不一定實現了普世化和大眾化，其性質卻具有普世性。普世價值的問題存在著很多爭論，這裡只從一般的意義上講述，不再過多贅述。

一、人格獨立：價值幸福

儒家仁義的人本價值必然形成獨立的人格，人格獨立也是人本價值的重要體現。何謂人格？按照倫理學者的解釋，人格即是一種穩定的心理狀態，「人格是一個人的行爲所表現和形成的思想自我，是一個人的長期行爲所表現和形成的穩定的、恒久的、整體的心理狀態。」〔註1〕儒家的人本人格表現出了一種獨立的人格，即是說儒家仁義的價值觀需要個體在面對社會功利觀的侵蝕時，在心理上能保持一種個性上的獨立性，不爲現實的功利所困擾。這種獨立的人格是人本身所必須具有的價值人格，這種獨立性實現了自身內心的一種幸福和滿足，稱之爲幸福價值，也實現了人本價值的尊嚴，並幸福與尊嚴符合公共理性的需要，具有公共理性的成份，也是一種普世的需要。

1、人本獨立，個體幸福

個體獨立是人本價值存在的起碼條件，人的個體自由不受制於他人，一方面人是生物個體的獨立體，另一方面人是精神個體的獨立體，個體上的獨立還指事業上有所成就，能夠成家立業，儒家講個體獨立主要是指精神上的個體獨立。個體精神上獨立，即是不爲外物所動，達到精神上的滿足和幸福，實現人本尊嚴。如果個體精神不獨立，隨波逐流，會導致幫派、黨派的獨存，影響公平正義。《周易》的《象》說：「澤滅木，大過。君子以獨立不懼，遁世無悶。」〔註2〕意思是當君子碰到大的災難或者遇到社會上的不正當現象時，能夠獨立不害怕，沒有精神上的鬱悶。「獨立不懼，遁世無悶」就是精神上的獨立和滿足，以此比喻人格的獨立和幸福。《尚書》說：「玩人喪德，玩物喪志。志以道寧，言以道接。不作無益害有益，功乃成；不貴異物賤用物，民乃足。犬馬非其土性不畜，珍禽奇獸不育於國，不寶遠物，則遠人格；所

〔註1〕王海明：《倫理學原理》，北京大學出版社，2005年，第372頁。
〔註2〕《周易‧上經‧大過》，《周易正義》，《十三經注疏》，中華書局，1980年，第41頁。

寶惟賢，則邇人安。」〔註3〕人格的獨立不在於物質上的追求，而在於對儒家道統的把握，喜歡珍奇寶物則是對人格的偏離。強調不爲物質利益所局限、困擾，這是一種個性的張揚，因爲一般人由於生存和生理欲望的驅使，往往隨波逐流，不能夠保持個體獨立性，同流合污，迷失了自身的個性。《中庸》說：「故君子和而不流，強哉矯！中立而不倚，強哉矯！國有道，不變塞焉，強哉矯！國無道，至死不變，強哉矯！」〔註4〕「和而不流，中而不倚」就是一種獨立的人格精神，是個性的張揚。孟子說：「古之人，得志，澤加於民；不得志，修身見於世。窮則獨善其身，達則兼善天下。」〔註5〕「獨善其身」即是一種獨立的人格精神。個性獨立是人本價值上的尊嚴實現，個性的獨立目的是對社會一正當的現象進行調節和糾偏，使其符合公共理性的發展方向，實際是與公共理性的耦合，儒家正好把握了這一點。

儒家的人格獨立即是張揚個體的存在，以實現人本價值。個體獨立之所以能夠帶來幸福感主要是由於個人追求「大義」，人之所以爲人，「仁」是本質，實現這一本質則是「義」，實現大仁、大義的人則是有價值的人，實現大仁、大義的人也是最有幸福感的人，這個過程就是正名的過程。

孟子說無仁、義、禮、智的人不是眞正的人，即是說仁、義、禮、智是人應該具有的基本品質和基本人格，「無惻隱之心，非人也；無羞惡之心，非人也；無辭讓之心，非人也；無是非之心，非人也。」〔註6〕有價值的人即是有名望的人，名望即是以仁義爲根本，孔子說：「富與貴是人之所欲也，不以其道得之，不處也；貧與賤是人之所惡也，不以其道得之，不去也。君子去仁，惡乎成名？君子無終食之間違仁，造次必於是，顚沛必於是。」〔註7〕「仁」是根本的價值觀，成名即成就仁義，成名即是得到心靈上的幸福，成名可以稱之爲「君子」，儒家君子以名望取勝。孔子說：「君子也者，人之成名也。百姓歸之名，謂之君子之子，是使其親爲君子也，是爲成親之名也已。」〔註8〕儒家君子之名號得到黎民百姓的認可，成名的人——「君

〔註3〕《尚書·周書·旅獒》，《尚書正義》，《十三經注疏》，中華書局，1980年，第195頁。

〔註4〕《中庸》，朱熹《四書章句集注》，中華書局，1983年，第21頁。

〔註5〕《孟子·盡心上》，朱熹《四書章句集注》，中華書局，1983年，第351頁。

〔註6〕《孟子·公孫丑上》，朱熹《四書章句集注》，中華書局，1983年，第237頁。

〔註7〕《論語·里仁》，朱熹《四書章句集注》，中華書局，1983年，第70頁。

〔註8〕《禮記·哀公問》，《禮記正義》，《十三經注疏》，中華書局，1980年，第1612頁。

子」具有一種內在的幸福感，儒家一向追求名望，期望眾望所歸、名正言順。歷代帝王在統治期間都想名聲上得到百姓的認可，以求得到幸福價值。孔子主張正名，正名即是得到一種社會認可，實現幸福的人本價值，正名是正善名，而不是正惡名，「名不正，則言不順；言不順，則事不成；事不成，則禮樂不興；禮樂不興，則刑罰不中；刑罰不中，則民無所錯手足。故君子名之必可言也，言之必可行也。君子於其言，無所苟而已矣。」〔註9〕君子成就其名在於名正言順。《繫辭》說：「善不積不足以成名，惡不積不足以滅身。小人以小善爲無益，而弗爲也，以小惡爲無傷，而弗去也。故惡積而不可掩，罪大而不可解。」〔註10〕正名當然是以善成名，善之名即是「正」名。

儒家之名說到底講究一個具有「仁義」的幸福感的名聲，但也追求事業上有所成就和創造，追求「富有大業」。「富有大業」指的是運用天下正道成就事業，「富有之謂大業，日新之謂盛德，生生之謂易。」〔註11〕成就事業即是「富有」，不斷長進也是「德」。「是故易有太極，是生兩儀。兩儀生四象，四象生八卦，八卦定吉凶，吉凶生大業。」〔註12〕意思是運用天地之道即是富有，成就事業即是大業。富有、成德、大業即是一種名望和幸福價值。

「仁義」演生出人格個性的獨立，個性的獨立是仁義本質的實現，仁義的實現成就了自身的名望，實現名正言順和眾望所歸，最後實現心靈上的幸福。人作爲人，除了基礎地位上的生物人，滿足了最基本的物欲之外，人都希望得到一種精神上的慰藉，這種慰藉即是社會群體對個體的承認，人不得不考慮自身價值的存在環境，人本價值所應具備的是精神上的安慰和認可，幸福感、幸福價值就由此而生，不追求精神上幸福的人不是一個眞正的人或者說只是一個有缺憾的人。儒家正是在人格獨立的情況下，追求幸福價值，以實現人本價值。這種價值從基礎的意義上說是個體的，即是說個體必須有幸福的價值才是一個眞正的儒者。儒家考慮自身價值的同時，對社會名利進

〔註9〕 《論語‧子路》，朱熹《四書章句集注》，中華書局，1983年，第142頁。

〔註10〕 《周易‧繫辭下》，《周易正義》，《十三經注疏》，中華書局，1980年，第88頁。

〔註11〕 《周易‧繫辭上》，《周易正義》，《十三經注疏》，中華書局，1980年，第78頁。

〔註12〕 《周易‧繫辭上》，《周易正義》，《十三經注疏》，中華書局，1980年，第82頁。

行反思，建構起儒家社會價值觀念，對「天下熙熙皆為利來，天下攘攘皆為利往」的情況反其道而行之，以期望整個社會走向一個具有和諧發展的傾向。從這個意義上說，儒家的幸福價值並不是真正意義上的個人幸福，這種幸福建立在社會對自身的認同上，是精神上的高尚，而不是初級的物欲上的滿足感。由此可以看出，儒家的個體獨立性追求精神上的獨立，逐漸轉向社會認同和公共認可，具有公共理性的傾向。

2、道德心性，普世幸福

個體人格和精神的獨立能夠在一定程度實現個體精神上的幸福，也實現了人本價值的提升，實現了人本尊嚴，表明自身是一個具有孟子所說的「大丈夫」氣概的人，具有「浩然之氣」，但儒家的目標是將這種價值觀念實現普世化，目的是讓天下百姓實現幸福，達到普世幸福。基於普世幸福建立的基本思路，儒家需要建構一種公共人格向普世價值靠近，而這種公共人格又是人本身必須具有的人格，稱之為公共人本人格，這種公共人本人格的建立是普世化的有效保證。同時這種公共人格是道德人格，正如康德認為必須尋找到一種普遍規律，這種規律對其他一切規律都是有效的，這種規律對其他規律都具有約束性。儒家在建立公共人格即道德人格時基本與康德哲學徑路具有異曲同工之妙，思維徑路是那麼驚人地相似，通過一種約束性根據的尋求達到建立公共人格的目的。康德明確地說：「約束性的根據既不能在人類本性中去尋找，也不能在他所處的世界環境中尋找，而是完全要先天地在純粹理性的概念中去尋找。」〔註13〕康德所說的純粹理性即是一種純粹的先天至善，這種善對一切人的道德倫理行為都具有約束性，具有絕對的必然性。儒家同樣尋求建立公共人格的道德約束力，它對一切倫理行為都具有約束性和必然性，這就是是人的道德心性先天就是善的。康德思想與儒家思想又在另一方面的大相徑庭，康德主張對約束根據不在人類本性中去尋找，而儒家尋求這種約束力恰好在人類本性中去尋求，其原因是中西思維方式的不同，西方注重概念、理念的把握和邏輯的推演，注重抽象的思維，受宗教哲學的影響而帶有宗教性質，而中國注重現實思維的邏輯，力求在現實人類本性中去尋求規律，對人本身的探索一直是思維關注的重點，注重形象思維，現實性的特徵濃烈。

〔註13〕康德：《道德形而上學原理》，上海人民出版社，2002年，第3頁。

　　基於儒家公共人格的尋求在人類本性中去尋找，儒家找到了人類本性共同的「善」，道德心性都是善的，通過公共道德人格的「善」的存在力求建立一種普世的幸福價值。儒家一直在追求普世化的目標，其原因是：第一，儒家哲學「入世」特徵決定了其普世化的理想。儒家治世一直是其思維關注的核心，主張修身、齊家、治國、平天下，因此思想觀念要進行普世化。張載就說：「爲天地立心，爲生民立道，爲去聖繼絕學，爲萬世開太平。」〔註14〕范仲淹也說：「先天下之憂而憂，後天下之樂而樂。」〔註15〕儒家都以心憂天下、治理天下爲目標，治理天下自然追求一種思想的普世化。第二，中國古人具有「大一統」的思維方式，追求一種思想的普世化。整體觀念在各家學派中都是異曲同工的，道家說的「道生一，一生二，二生三，三生萬物」〔註16〕，儒家說的「理一分殊」和「月印萬川」都是一種整體觀；天人合一的整體觀強調人與天地的整體性，中國古代的「天下觀」希望天下歸於「一統」，自然希望人人都在「大一統」的和諧社會之中休養生息。第三，中國人的現實精神強調經世致用而達到思想的普世化。儒家思維基本上是一種實用思維，「儒家學說是社會組織的哲學，所以也是日常生活的哲學。」〔註17〕意思是從中國傳統文化的主流上說，中國自古以來非常注重現實日用，中國思維是比較「入世」的思維。南懷謹先生說過：「儒家像糧食店」。〔註18〕要實現「日用」，即是思想的普世化的問題。

　　正是儒家思想的普世化趨向，儒家在幸福價值觀念上必然希望一種普世幸福的尋求。這種普世幸福以公共人格的建立爲基礎。公共人格的建立以道德心性本善爲出發點，即是說人本性是善的，道德心性是善的，整體社會是善的，大家一心向善，即可做到普世幸福。

　　首先，人心向善企盼普世幸福。心在儒家那裡是「身之主」，心是主宰身體的，心善則人是善的。從總體上說，除了荀子主張人性本惡之外，儒家主張人性本善。《說文解字》說：「善，吉也。從言從羊，此與義、美同意。」〔註19〕

〔註14〕　《拾遺‧近思錄拾遺》，張載《張載集》，中華書局，1978年，第376頁。
〔註15〕　《岳陽樓記》，范仲淹《范仲淹全集》，四川大學出版社，2002年，第195頁。
〔註16〕　《道德經‧德經‧第四十二章》，高明《帛書老子校注》，中華書局，1996年，第29頁。
〔註17〕　馮友蘭：《中國哲學簡史》，北京大學出版社，1996年，第19頁。
〔註18〕　南懷謹：《老子他說》，復旦大學出版社，2000年，第6頁。
〔註19〕　許慎：《說文解字》，中華書局，1963年，第58頁。

善是吉祥和順的意思。孔子說：「君子成人之美，不成人之惡。」〔註20〕說的是善是人的本性。孔子說：「性相近也，習相遠也。」「親於其身爲不善者，君子不入也。」〔註21〕人的本性是善的，具有普遍性。季康子問政於孔子說：「如殺無道，以就有道，何如？」孔子回答說：「子爲政，焉用殺？子欲善而民善矣。君子之德風，小人之德草，草上之風，必偃。」〔註22〕孟子在孔子的人性相近的基礎上說明人性本善，由本性到人心，心性本善。他說：「君子所性，仁義禮智根於心。」〔註23〕孟子主張當權者以善爲本，行仁政，「苟爲善，後世子孫必有王者矣。君子創業垂統，爲可繼也。若夫成功，則天也。君如彼何哉？強爲善而已矣。」〔註24〕孔孟之後儒家基本沿著人本性本善的思維路徑往前發展，《禮記》中體現得最爲突出。「博聞強識而讓，敦善行而不怠，謂之君子。君子不盡人之歡，不竭人之忠，以全交也。」〔註25〕稱之爲君子的人必須有善行。宋明時期關於人性善和不善爭論的焦點主要在於性、氣、理之爭。張載認爲人有天地之性、氣質之性，但是作爲儒家君子善於將氣質之性返回到天地之性，意思是天地之性是本善的，君子又有善於返回到本善之心的特點，因此，君子心性爲善，即使有惡，心性爲善。程頤則以性即理，理無不善，「性出於天，才出於氣。氣清則才清，氣濁則才濁。才則有善有不善，性則無不善。」〔註26〕人的本性沒有不善的，本善之性是天地之性，但氣質之性即使有惡，也可以返回到天地本性的「善」。朱熹則繼承了張載的天地、氣質二性，天地之性無不善，只是稟氣不同，氣質之性有不善。儒家之中荀子的人性論比較例外，將人的本性規定爲惡，人性本惡，行善也是「人之僞」，他說：「人之性惡，其善者僞也。」〔註27〕人性本惡，但是儒家君子能爲善去惡，不同於凡人，能化性起僞，因此在荀子那裡，君子是人心趨善，不是心性本善，而是心性

〔註20〕《論語·顏淵》，朱熹《四書章句集注》，中華書局，1983 年，第 137 頁。
〔註21〕《論語·陽貨》，朱熹《四書章句集注》，中華書局，1983 年，第 175、177 頁。
〔註22〕《論語·顏淵》，朱熹《四書章句集注》，中華書局，1983 年，第 138 頁。
〔註23〕《孟子·盡心上》，朱熹《四書章句集注》，中華書局，1983 年，第 355 頁。
〔註24〕《孟子·梁惠王下》，朱熹《四書章句集注》，中華書局，1983 年，第 224 頁。
〔註25〕《禮記·曲禮》，《禮記正義》，《十三經注疏》，中華書局，1980 年，第 1248 頁。
〔註26〕《朱子近思錄·卷之一》，朱熹、呂祖謙《近思錄》，上海古籍出版社，2000 年，第 34 頁。
〔註27〕《荀子·性惡》，王先謙《荀子集解》，中華書局，1988 年，第 434 頁。

趨善。「凡所貴堯、禹、君子者，能化性，能起偽，偽起而生禮義。」〔註28〕總之，儒家認為人本性是善的，這是一個總的原則，性善則心善，荀子說人本性惡，但其心也是向善的，善於求善心，善於修善行，與人為善是儒家的特性。儒家的人心向善，善即是一種完美幸福，人人向善，「善」的理念統攝人心，最後實現普世幸福。

其次，與人為善可以達到普世幸福。心性本善是行為約束力的重要依據，是道德形而上學的基礎，德性為善則是道德在行為上的踐行，將道德形而上學付諸實現。《說文解字》說：「德，升也。」段玉裁注說：「升當作登。」「登讀言得，得來，得來作登來。」「得即德也。」〔註29〕由此可見「德」是「得」的意思，德性即是天性在人身上的體現，在身上著落體現為德性。《禮記》說：「禮樂皆得，謂之有德。德者得也。」〔註30〕德性本身從道德形而上學豐富的理論基礎可以向現實轉化，既然人性本善，建構一種普世幸福是可以達到的目標，「德性倫理學有兩種方法解釋德性：一種是目的論的方式，即以人類繁榮（或幸福）來作為解釋德性的基礎；一種是非目的論的方式，即從其自身價值來解釋。」〔註31〕此種「德性」內涵的規定方式具有現實合理性，因為「德性」是以現實實踐為基礎的，實踐的需要對人的德性與社會倫理需要進行重構。「德性論」具有「目的論」趨向，與人為善即是德性的目的。在與人為善的德性論為價值導向下可以達到普世幸福，因為與人為善既是德性的形而上學基礎，是內心的一種本質，發自於本心，人與人之間的關係以「善」為基礎，同時與人為善又是一種行為約束，在現實之中實現人與人和諧共處，不以矛盾衝突的方式作為解決人與人之間關係的準則，而是以化解、和解的思維方式解決矛盾、衝突本身，不採取壓制、鬥爭的方式消滅矛盾，以此為基礎可以達到社會普世幸福的目標，《周易》說：「君子居其室，出其言善，則千里之外應之。」〔註32〕意思是與人為善，天下太平，願意服從管理，具有普世幸福的傾向。「舜其大知也與！舜好問而好察邇言，隱惡而揚善，執其

〔註28〕 《荀子‧性惡》，王先謙《荀子集解》，中華書局，1988 年，第 442 頁。

〔註29〕 《說文解字》，段玉裁《說文解字注》，上海古籍出版社，1988 年，第 76 頁。

〔註30〕 《禮記‧樂記》，《禮記正義》，《十三經注疏》，中華書局，1980 年，第 1528 頁。

〔註31〕 楊時：《當代西方德性研究綜述及其啟示》，《武漢科技大學學報》，2008 年第 5 期，第 12 頁。

〔註32〕 《周易‧繫辭上》，《周易正義》，《十三經注疏》，中華書局，1980 年，第 79 頁。

兩端，用其中於民，其斯以爲舜乎！」〔註33〕舜能夠與人爲善，天下百姓因爲舜與人爲善，因爲他的存在而感到驕傲，具有生活上和精神上的幸福感，溢於言表，這種社會場面具有普世幸福的發展趨勢。

總之，人本精神獨立達到個體幸福的人本價值，道德心性的「善」達到建構普世幸福的人本價值，個體的獨立性既能實現人本價值，又能逐漸與公共理性相耦合。心性本善和與人爲善是普世幸福的形而上學基礎，爲儒家公共理性的形成奠定了堅實的理論基礎。

二、人格完善：價值理性

人格獨立是一種人格精神的獨立，追求人本身的精神獨立存在，人本價值最終是一種精神上的人本，人成爲眞正的人要實現一種終極精神上的安頓，精神上的終極關切是普世價值的終極基礎，普世價值能夠實現人本價值的完善，實現公共理性。儒家在仁義、至善、至理、大同的價值關懷下，實現人本人格向普世價值的演化。朱熹在說明「止於至善」時道出「至善」具有普世意義，「止於至善，便是規模之大。」〔註34〕意思是「明明德」、「新民」實現了人本價值的獨立，「止於至善」要達到規模的最大化，具有人本人格向普世價值演化的思維。朱熹說：「明德是下手做，至善是行到極處。」還說：「至善雖不外乎明德，然明德亦有略略明者，須是止於那極至處。」〔註35〕明德是一種人格獨立，至善是達到完美至極，這具有普世的內涵。「『止於至善』，是包『在明明德，在新民』。己也要止於至善，人也要止於至善。蓋天下只是一個道理，在他雖不能，在我之所以望他者，則不可不如是也。」〔註36〕天下只是一個至善之理，即是普世價值。人本人格向普世價值的演化需要從人格價值提升、理性價值形成兩個方面展開。

1、完美心境，價值提升

人格的完善是一個價值提升的過程，儒家人格價值的普世化首先從心境上不斷實現完美，逐級提升，價值追求不斷進步，實現人格獨立向價值普世

〔註33〕《中庸》，朱熹《四書章句集注》，中華書局，1983年，第20頁。
〔註34〕《大學一·序》，卷十四，黎靖德《朱子語類》，中華書局，1986年，第260頁。
〔註35〕《大學一·經上》，卷十四，黎靖德《朱子語類》，中華書局，1986年，第268頁。
〔註36〕《大學一·經上》，卷十四，黎靖德《朱子語類》，中華書局，1986年，第270頁。

性的演化。儒家人格的普世演化也經過了一個不斷遞陞的邏輯過程，價值的提升在心境上不斷推進，使儒家仁義價值逐漸走向普世化。

儒家講心，認為心是身體的根本，張載說：「心是神明之舍，為一身之主宰，性便是許多道理得之於天而具於心者，發於智識念慮處皆是情，故曰『心統性情者也』」。〔註37〕朱熹說：「心者，一身之主宰；意者，心之所發；情者，心之所動；志者，心之所之，比於情、意尤重。」〔註38〕心對人的價值形成具有關鍵的作用，心的地位高，因此心境非常重要。儒家強調心性，心性本身具有自然的心境和道德的心境，最後達到天地聖人的心境。

首先，自然物質的心境是基本的價值理念。因為人生存的需要，必須依賴自然條件實現自我的存在，必須注重社會範圍內的天下之人能夠實現基本的生活保障。儒家儘管不追求物質利益上的價值，但其思想本身是為了天下百姓，百姓必須具有基本的物質生活條件，實現生存的人本價值，而不是主張只讓社會上層實現物質利益的滿足。儒家並不否認普通百姓的生產作用，認識到沒有普通百姓的辛苦勞作也就沒有社會知識分子的存在。孟子說：「無君子莫治野人，無野人莫養君子。」〔註39〕野人指的是耕種之人，野人養君子，其作用不可小視，無小人則無君子。「勞心者治人，勞力者治於人；治於人者食人，治人者食於人。」朱熹注解說：「君子無小人則饑，小人無君子則亂。」〔註40〕野人、小人是社會地位低下之人，但其作用不可小視，古代知識分子意識到普通百姓的物質保障作用不能沒有。孔子說：「君者舟也，庶人者水也。水則載舟，水則覆舟，君以此思危，則危將焉而不至矣！」〔註41〕庶人的作用不可忽視。儒家對物質生產極度重視，孟子認為要注重物質生產，「民之為道也，有恒產者有恒心，無恒產者無恒心。」〔註42〕物質保障具有基礎作用。儒家雖然反對個人私利，但卻極力提倡物質生產，物質價值的追求不可忽視。這種心境是一種自然意義上的心境，主張天下百姓處於「達善」的境地。

〔註37〕《張子語錄·後錄下》，張載《張載集》，中華書局，1978年，第339頁。

〔註38〕《性理二·性情心意等名義》，卷五，黎靖德《朱子語類》，中華書局，1986年，第96頁。

〔註39〕《孟子·滕文公上》，朱熹《四書章句集注》，中華書局，1983年，第256頁。

〔註40〕《孟子·滕文公上》，朱熹《四書章句集注》，中華書局，1983年，第258～259頁。

〔註41〕《荀子·哀公》，王先謙《荀子集解》，中華書局，1988年，第544頁。

〔註42〕《孟子·滕文公上》，朱熹《四書章句集注》，中華書局，1983年，第254頁。

其次，社會道德心境是普世價值理念。儒家雖然不追求個人私欲理念，但卻以天下百姓物質生活爲基本的理念，說明儒家在心境上具有道德責任感。儒家價值由自然價值提升爲道德價值，人格的完善主要是道德的踐行和完善。人不僅僅是一個物質的化身，還是一個道德的化身，人之所以區別於動物在於人有道德責任感，人的價值實現不在於對於自己實現物質利益，而在於爲社會實現了自身的義務和責任，這種責任即是一種價值導向。荀子說：「君子之求利也略，其遠害也早，其避辱也懼，其行道理也勇。君子貧窮而志廣，富貴而體恭，安燕而血氣不惰，勞倦而容貌不枯，怒不過奪，喜不過予。君子貧窮而志廣，隆仁也；富貴而體恭，殺埶也；安燕而血氣不惰，束理也；勞倦而容貌不枯，好交也。怒不過奪，喜不過予，是法勝私也。書曰：『無有作好，遵王之道；無有作惡，遵王之路。』此言君子之能以公義勝私欲也。」〔註43〕荀子認爲「公義」是儒家君子的必然責任，道德心境是君子之人的本質心境。儒家思想提倡一種本心，本心重要體現爲責任之心和道德之心，人心要符合道德之心，「夫聖人以天下爲度也，不以己之私怒，傷天下之公義。」〔註44〕儒家眞正關心的是天下之公義，聖人以天下作爲思考的對象，但人心有可能發生偏向，必須向道心靠攏。《尙書》說：「人心惟危，道心惟微，惟精惟一，允執厥中。」〔註45〕朱熹解釋說：「人心則危而易陷，道心則微而難著。」〔註46〕人心有私欲的可能，道心不易體現，但必須精心養護，符合道心。孔子說：「見利思義，見危授命，久要不忘平生之言，亦可以爲成人矣。」〔註47〕道德之心是見利思義，久而久之養成了道德心境。

第三，最高完美心境在於止於至善理念。儒家在心境上追求完美、完善的本心，《大學》直接說明「明德、親民、至善」，朱熹解釋說：「至善，則事理當然之極也。」〔註48〕「極」即是完美，達到符合天理之本然的境地。孟

〔註43〕《荀子‧修身》，王先謙《荀子集解》，中華書局，1988 年，第 35〜36 頁。
〔註44〕《新序‧善謀下》，石光瑛《新序校釋》，中華書局，2001 年，第 1384〜1385
　　　　頁。
〔註45〕《尙書‧虞書‧大禹謨》，《尙書正義》，《十三經注疏》，中華書局，1980 年，
　　　　第 136 頁。
〔註46〕《尙書一‧大禹謨》，卷第七十八，黎靖德《朱子語類》，中華書局，1986 年，
　　　　第 2009 頁。
〔註47〕《論語‧憲問》，朱熹《四書章句集注》，中華書局，1983 年，第 151 頁。
〔註48〕《大學章句》，朱熹《四書章句集注》，中華書局，1983 年，第 3 頁。

子所說的聖人即是一種完美的人,「聖人,人倫之至也。」〔註49〕聖人是儒家孜孜以求的目標,孔子說:「所謂聖人者,知通乎大道,應變而不窮,能測萬物之情性者也。大道者,所以變化而凝成萬物者也。情性也者,所以理然不然取舍者也。故其事大,配乎天地,參乎日月,雜於雲蜺,總要萬物,穆穆純純,其莫之能循;若天之司,莫之能職;百姓淡然,不知其善。若此,則可謂聖人矣。」〔註50〕聖人通大道、應變無窮,配參天地日月,境界超然,無為而無不為。通天地人,達到完美,是聖人,君子嚮往成為聖人,「所謂君子者,躬行忠信,其心不買;仁義在己,而不害不志;聞志廣博而色不伐;思慮明達而辭不爭;君子猶然如將可及也,而不可及也。如此可謂君子矣。」〔註51〕君子有仁義之心,知識廣博,思維明達,具有完美的性質,向聖人靠近。王陽明認為至善是心的本體,「於事事物物上求至善,卻是義外也,至善是心之本體,只是『明明德』到『至精至一』處便是,然亦未嘗離卻事物,本注所謂『盡夫天理之極,而無一毫人欲之私』者得之。」〔註52〕總之,儒家認為至善是一種完美的心境,有了這種心境,人格價值實現進一步的提升。既然至善是心之本體,人人具有至善之心,價值的普世化具有可能性。

完美心境的提升使儒家人格逐步完善,人本價值在完善心境中逐步成熟和實現幸福,價值追求不斷走向理性化,實現幸福的人本價值和崇高的人本價值,心境的提升是從自然物質狀態走向道德精神狀態,再走向完美至善狀態,這種提升使人本價值的幸福走向崇高,由人本價值向公共理性轉化,人本價值與公共理性實現耦合。

2、理性價值,自我完善

儒家人本人格的普世化從完美心境不斷實現價值的提升,最後要達到公共理性的層次,理性價值是儒家人格普世化的重要一環,主張通過人格理性價值的提升,實現自我完善。儒家在中國古代各家學派中是一個更有理性的學派,無論是道家、墨家、法家,其理性化程度都不及儒家思想,這種理性可以簡單地述說為一種合理性,特別是對社會的合理性。儒家思想的理性追

〔註49〕 《孟子‧離婁上》,朱熹《四書章句集注》,中華書局,1983 年,第 277 頁。
〔註50〕 《大戴禮記‧哀公問五義》,王聘珍《大戴禮記解詁》,中華書局,1983 年,第 11 頁。
〔註51〕 《大戴禮記‧哀公問五義》,王聘珍《大戴禮記解詁》,中華書局,1983 年,第 10 頁。
〔註52〕 《傳習錄上》,王陽明《王陽明全集》,上海古籍出版社,1992 年,第 3 頁。

求一種理論上的合理性，這種合理性不得不稱之理性，臺灣林毓生先生說：「從常識的觀點來看，什麼是理性？凡是我們認爲比較合理的東西，我們便可認爲是合乎理性的。」〔註53〕這種合理性是多少具有常識性的和適中的，或者說是量力而行的，說到底是合乎道理的。德國哲學家康德認爲理性之所以是純粹的理性在於它具有必然性，既然是必然性的則具有約束力，是一種約束依據，「一條規律被認爲是道德的，也就是作爲約束的根據，它自身一定具有絕對的必然性。」〔註54〕由此康德認爲絕對必然性的東西應該在純粹理性中去尋找。「約束性的根據既不能在人類本性中尋找，也不能在他所處的世界環境中尋找，而是完全要先天地在純粹理性概念中去尋找。」〔註55〕康德道德哲學建構的依據是建立道德形而上學原理，道德的根源在於純粹理性本身。但是康德所謂的理性與我們所說的理性還並不是一回事，康德反對經驗中得來的理性知識，他說：「理性，不但不足以指導意志對象和我們的要求，從某個角度來看，它甚至增加了這種要求。那與生俱來的本能，反倒可以更有把握地達到這一目的。」〔註56〕儒家建立一種價值觀念也在尋求一種道德上的理性根源，儒家哲學所謂的理性即是尋求一種常理，這種常理被認爲具有合理性，這種合理性即上昇爲一種價值，在儒家那裡常理被認爲是一種中庸常理，即是天理、良知或者明德。程子指出：「不偏之謂中，不易之謂庸。中者，天下之正道，庸者，天下之定理。」〔註57〕「庸」的特點沒有顯著變化，還指的是平常之理，「庸」是對天道常理。《禮記》說：「庸德之行，庸言之謹，有所不足，不敢不勉。」鄭玄注釋說：「庸，猶常也。」〔註58〕意思是平常之理，常道、常理既是天道又是人道。董仲舒總結說：「是故志意隨天地，緩急仿陰陽。然而人事之宜行者，無所鬱滯，且恕於人，順於天，天人之道兼舉，此謂執其中。」〔註59〕中庸之理即是常理，而這常理又是經過長時間檢驗的，合乎道理。

〔註53〕林毓生：《中國傳統的創造性轉化》，三聯書店，2011年，第57頁。

〔註54〕康德：《道德形而上學原理》，上海人民出版社，2002年，第3頁。

〔註55〕康德：《道德形而上學原理》，上海人民出版社，2002年，第3頁。

〔註56〕康德：《道德形而上學原理》，上海人民出版社，2002年，第11頁。

〔註57〕《中庸》，朱熹《四書章句集注》，中華書局，1983年，第17頁。

〔註58〕《禮記·中庸》，《禮記正義》，《十三經注疏》，中華書局，1980年，第1627頁。

〔註59〕《春秋繁露·如天之爲》，蘇輿《春秋繁露義證》，中華書局，1992年，第464頁。

　　儒家價值之所以符合理性，是因為其價值能夠適用於天下。儒家價值觀考慮到天地人的結合，天人合一、人人合一，非常適中，不怨天尤人，不過猶不及。儒家不像道家那樣具有「出世」的特徵，道家關注自然無為的處世態度，基本上不參與社會管理，人的價值是「避世」的，比較關注自身的清靜，沒有太多的社會責任感。儒家與道家的不同首先在於社會責任感具有明顯差異，儒儾具有責任擔當意識，以天下為己任，儒家張載說：「為天地立心，為生民立道，為去聖繼絕學，為萬世開太平。」〔註60〕范仲淹說：「先天下之憂而憂，後天下之樂而樂。」〔註61〕這都體現了一種儒家的責任擔當精神。儒家也不像墨家那樣僅僅關注天下勞苦大眾的基本生活而不考慮其他社會階層的利益，墨家的思想觀點能夠被社會勞苦階層所認同，但卻不可能被社會上層所接受，社會上層的利益和價值不同於下層勞苦大眾，他們所示的價值具有超越性和精神至上性，墨家思想不能實現這一階層的利益，墨家思想後來逐漸衰落，其原因是墨家缺乏社會上層的支持。儒家學說既解決了現實中的社會問題，符合官方層次的需要，又符合普通民眾的需要，可以稱為上下皆宜，因此儒家比墨家更符合社會整體的需要，這一需要即是普世價值。「仁義道德」既是普通百姓價值的需要，也是上層社會對社會穩定的需求，價值具有普適性。儒家更不像法家那樣只關注法力和權勢，削弱了人本身的存在價值，作為一種思想必然不可能長期存在。從總體上來說儒家更具有理性的內容和形式，一是儒家既遵從自然規律，又有信仰之天的神性，對世界現實生活的認知有自然規律的原則為依據，對社會道德倫理認知有神秘的天道作為精神上的安頓，較好地解決了精神關切和終極關懷問題，實現了天人合一，既是人與自然的合一，又是人與神秘之天的合一；二是在人與人之間建構了一種和諧的倫理秩序，即是以禮制為基礎的仁、義、禮、智、信秩序，人與人之間的差等社會關係化解了人與人之間的矛盾和衝突，實現了「和而不同」的社會等級結構，得到整個社會的認同和遵守，不同人之間，不同國家和民族之間，不同文明之間可以實現共存共處，這種思想價值具有合理性，理性是這一價值導向的主要特徵。正是從這個意義說，儒家思想是一種價值理性。這一理性關注了人本身的存在，既關注了每一個單個的人，又關注了社會整體的人符合公共理性的特徵，具有普世性。這正是約翰‧羅爾斯認為正義的

〔註60〕 《拾遺‧近思錄拾遺》，張載《張載集》，中華書局，1978年，第376頁。
〔註61〕 《岳陽樓記》，范仲淹《范仲淹全集》，四川大學出版社，2002年，第195頁。

兩個原則的內容之一：「第二個原則：社會的和經濟的不平等應這樣安排，使它們（1）被合理地期望適合於每一個的利益；並且（2）依繫於地位和職務向所有人開放。」〔註62〕作為一種價值必須考慮到每一個人的可接受性。每一個人都能接受即具有合理性，即是一種普世價值，可以稱之為「理性」。

　　儒家仁義的理性價值具有普世性說到底是適合於每一個社會人，在這一理性價值的驅使下，每一個人都不是一個輕鬆的人，而是處於一個不斷自我更新和完善的過程之中，自我完善是理性價值實現過程中的一貫行為，「明德新民」、「止於至善」就是理性價值追求中的自我完善，修道、守道，不斷地自我完善，這種自我完善是一種人格上的自我完善，通過不斷的自我完善，實現人格的演化，人人自我完善，達到人格普世化。孔子說：「己所不欲，勿施於人。」朱熹注釋說：「推己及物，其施不窮，故可以終身行之。」〔註63〕人人互相完善自我人格，推己及人，可以實現儒家人格的演化，實現普世價值。《中庸》說：「忠恕違道不遠，施諸己而不願，亦勿施於人。」〔註64〕說的是自己不想要的，也不要施用於他人，要以己之心來揣度別人之心。《大學》說：「是故君子有諸己而後求諸人，無諸己而後非諸人。所藏乎身不恕，而能喻諸人者，未之有也。」〔註65〕人人在行動之前要三思，可以說是「反身而誠，樂莫大焉」，即是推己及人。朱熹說提倡誠、忠、恕一起：「『誠』字以心之全體而言，『忠』字以其應事接物而言，此義理之本名也。至曾子所言『忠恕』，則是聖人之事，故其忠與誠，仁與恕，得通言之。如恕本以推己及物得名，在聖人，則以己及物矣。」〔註66〕誠、忠、恕都是一體的，都是心性，發於心。朱熹還將「恕」上昇為聖人的「絜矩」，是推己及人，但在聖人那裡是自己成就。「『有諸己而後求諸人，無諸己而後非諸人』，是責人之恕；絜矩與『己所不欲，勿施於人』，是愛人之恕。……推己及物之謂恕。聖人則不待推，而發用於外者皆恕也。『己所不欲，勿施於人』，則就愛人上說。聖人之恕，則不專在愛人上見，如絜矩之類是也。」〔註67〕推己及人是儒家自我完

〔註62〕約翰·羅爾斯：《正義論》，中國社會科學出版社，1988年，第60～61頁。
〔註63〕《論語·衛靈公》，朱熹《四書章句集注》，中華書局，1983年，第166頁。
〔註64〕《中庸》，朱熹《四書章句集注》，中華書局，1983年，第23頁。
〔註65〕《大學》，朱熹《四書章句集注》，中華書局，1983年，第9頁。
〔註66〕《性理三·仁義禮智等名義》，卷第六，黎靖德《朱子語類》，中華書局，1986年，第103～104頁。
〔註67〕《大學三·傳九章釋家齊國治》，卷第十六，黎靖德《朱子語類》，中華書局，1986年，第358頁。

善的主要方法，自我完善主要在於自己的主動性，正如孔子所說：「爲仁由己。」〔註68〕孟子說：「人皆可以爲堯舜。」〔註69〕荀子說：「塗之人可以爲禹。」〔註70〕都說明了自我完善需要主體自覺。

儒家的理性價值具有普世性，一是儒家價值符合常理，符合天下百姓和整體社會的需要，具有理性上的合理性，二是儒家價值考慮到一種價值上的自我完美，善於推己及人，適合每一個人的心理需求。儒家價值的合理性是人本價值的需要，又符合公共理性的特徵，儒家人格的完善轉化實現了人本價值與公共理性契合。

三、人格認同：價值崇高

儒家人本人格以社會整體人本人格的實現爲基礎，人本人格之所以能實現是因爲儒家人本價值具有崇高性，得到了天下認同。一種價值觀念得到天下認同必須具有其深刻的理論基礎，一是價值本身必須觀照人本身的生存、幸福和發展，儒家思想在這方面做得比較得當，關注百姓的日常生活和建構差等的社會倫理秩序，以實現社會生活的幸福，二是價值本身必須具有超越性，處於理想的層次和至上性，給人以理想願望和想像的空間，至少比較接近終極關懷的層次。儒家思想在這兩個方面也基本實現理論建構，關注了人幸福的人本價值和建構了崇高的人本價值。崇高的人本價值就是人本至上的可能幸福和天下仁義的崇高精神，人格價值可以得到天下認同。

1、人本至上，可能幸福

人本價值具有至上的追求，價值崇高是每一個人的期盼，人本身有追求至上幸福的需求，追求可能的幸福是人的本性所致，即是說人人都有進一步追求和得到幸福的需求。人作爲人，不斷地追求完美，正如《大學》所說：「大學之道，在明明德，在親民，在止於至善。」〔註71〕每一個人都有追求「至善」的本心，因爲人有「虛靈不昧」的特點，只要是一個具有靈魂意義上的人，都有追求一種幸福的心，這種心完全發自本心。

人在發展過程中從物質需要的發展階段走向精神幸福需要的發展階段，幸福必然是人類共同追求的目標，實現精神上的幸福，使人成爲一個具有眞正意

〔註68〕　《論語・顏淵》，朱熹《四書章句集注》，中華書局，1983年，第131頁。
〔註69〕　《孟子・告子下》，朱熹《四書章句集注》，中華書局，1983年，第339頁。
〔註70〕　《荀子・性惡》，王先謙《荀子集解》，中華書局，1988年，第442頁。
〔註71〕　《大學》，朱熹《四書章句集注》，中華書局，1983年，第3頁。

義上人，成爲有人本價值的人，人格獨立則可以實現人精神上的某種幸福。可能的幸福即是追求精神上幸福的願望，這種願望儘管不能完全實現，但追求幸福卻是精神上不可終止的企盼。儒家思想對這種可能的幸福具有無限的追求，希望天下幸福，進入大同世界，一方面儒家希望成人成聖，追求人格獨立，另一方面希望天下百姓能衣食無憂，實現生活安定，追求天下大同。

　　孟子提倡天下實現可能的幸福，實現人本價值，「不違農時，穀不可勝食也；數罟不入洿池，魚鱉不可勝食也；斧斤以時入山林，材木不可勝用也。穀與魚鱉不可勝食，材木不可勝用，是使民養生喪死無憾也。養生喪死無憾，王道之始也。五畝之宅，樹之以桑，五十者可以衣帛矣；雞豚狗彘之畜，無失其時，七十者可以食肉矣；百畝之田，勿奪其時，數口之家可以無饑矣。謹庠序之教，申之以孝悌之養，頒白者不負戴於道路矣。七十者衣帛食肉，黎民不饑不寒，然而不王者，未之有也。」〔註72〕孟子實際上強調的是人本價值至上的原則，人人實現幸福，但這種幸福是以仁義爲根本。孟子的思想具有初級意義上的大同思想。《禮記》的思想則上昇爲以「道」來實現天下可能的幸福，《禮記·禮運》篇記載孔子的話說：「大道之行也，與三代之英，丘未之逮也，而有志焉。大道之行也，天下爲公。選賢與能，講信修睦，故人不獨親其親，不獨子其子，使老有所終，壯有所用，幼有所長，矜寡孤獨廢疾者，皆有所養。男有分，女有歸。貨惡其棄於地也，不必藏於己；力惡其不出於身也，不必爲己。是故謀閉而不興，盜竊亂賊而不作，故外戶而不閉，是謂大同。」〔註73〕行大道實現幸福，以一個普世價值觀實現幸福，具有更高層次上的意義，這種「道」可以說是一種終極意義上的人本關切。張立文教授認爲，「可能世界是存在的存在，並非如同現實世界存在一樣的眞實的存在，而是想像存在的世界，或觀念存在世界。」還說，「可能世界是人的想像、理想或想望的世界，它雖依現實世界的模態構造支構想和理解，因而也獲得了現實世界內容形式，但又是對現實世界的超越的可能世界，即是一種蘊涵著對未來世界的構想和想像的可能世界。」〔註74〕人類的一切精

〔註72〕　《孟子·梁惠王上》，朱熹《四書章句集注》，中華書局，1983 年，第 203～204 頁。

〔註73〕　《禮記·禮運》，《禮記正義》，阮元《十三經注疏》，中華書局，1980 年，第 1413～1414 頁。

〔註74〕　張立文：《和合學概論——21 世紀文化戰略的構想》，首都師範大學出版社，1996 年，第 308～309 頁。

神關切在可能世界裏將得到最後的安頓，這種安頓無非就是人的思想進入精神家園。儒家對「善」、「德」和仁義的追求即是一種可能意義上的精神追求，可能的幸福是一種終極關切。康有為說：「居處之樂、衣服之樂、器用之樂、淨香之樂、醫視疾病之樂、煉形神仙之樂、靈魂之樂。」〔註75〕靈魂居心快樂就是可能的精神幸福，這是人本價值的終極關切。譚嗣同在《仁學》中說：「地球之治也，以有天下而無國也。」「人人能自由，是必無國之民。無國則畛域化，戰爭息，猜忌絕，權謀廢，彼我亡，平等出；且雖有天下，若無天下矣。君主廢，則貴賤平；公理明，則貧富均。千里萬里，一家一人。視其家，逆旅也；視其人，同胞也。父無所用其慈，子無所用其孝，兄弟忘其友恭，夫婦忘其倡隨。」〔註76〕「仁以通為第一義。」「通之象為平等。」他說通有四義：「中外通」，「上下通，男女內外通」，「人我通」。「平等者，致一之謂也。一則通矣，通是仁矣。」〔註77〕這些都是可能的幸福，其目的是實現人本價值的至上原則。人本價值至上原則類似於朱熹所說的「理」，「理」即一種終極關切，既是一種社會之理，也是一種精神之理，具有終極意義。朱熹說：「天下未有無理之氣，亦未有無氣之理。」「太極只是天地萬物之理，但太極卻不是一物，無方所頓放，故周子曰無極而太極。」「未有天地之先，畢竟也只是先有此理，便有此天地。若無此理，便亦無天地，無人、無物，都無該載了。」「先有個天理了，卻有氣。有是理，便有是氣，但理是本。」〔註78〕意思是說「理」是天地、氣的本體，「理」在事先，「理」統攝了「事」、「人」。朱熹所說的「理」達到了形而上學的層次，成為世界的本體，這種本體是精神的。「理」來源天，但理卻指導了人的精神，「理」在朱熹那是是一種可能的存在。

普世價值的存在需要具有終極意義，類似於朱熹所說的「理」，「理」即是「道」，「道」能統「器」，只有處於終極關切意義上的「理」和「道」進行演化和化生，可能的精神幸福才能成為實在的東西。因為只有終極至理的關切，人的精神才能得到徹底的安頓，幸福才具有可能性。正是儒家的仁義價值的普世性而演化天下大同，追求人本至上，可能幸福的價值則成為實在的

〔註75〕康有為：《大同書》，華夏出版社，2002年，第345～351頁。
〔註76〕譚嗣同：《仁學》，華夏出版社，2002年，第161頁。
〔註77〕譚嗣同：《仁學》，華夏出版社，2002年，第6～8頁。
〔註78〕以上參見錢穆：《朱子學提綱》，北京三聯書店，2002年，第33～34頁。

東西。儒家追求天下大同，追求可能幸福，實現人本至上，體現了人本價值的幸福，但又以天下大同爲理想，具有公共理想的成份，實現了人本價值與公共理性的耦合。

2、崇高精神，天下認同

主體人本人格的完善從心境的提升到理性價值的形成，實現了人本人格演化從個體走向整體，從人本走向公共。人本人格的演化眞正做到普世化，還必須具有更高的精神，這種精神得到天下認同。這種精神之所以得到天下認同，首先因爲他是崇高的價值，沒有崇高的精神，其價值觀念不會得到天下人的認同。儒家思想在中國古代社會存在的時間之所以長久，是因爲其價值觀念具有崇高性，得到古人的普遍認同，雖說這種思想本身不具有終極信仰的宗教特徵，但並不能否認儒家仁義的價值觀念具有非常崇高的精神本質。

人本價值最終都要追求崇高的價值，這種崇高的價值必然是天下認同的。天下認同最終不停留在物質層面，物質層面的認同只是社會生活中的初級階段，當社會發展到一定程度，對精神生活的關切必然要超越初級的物質層次階段，崇高精神生活需要或許逐漸進入和佔領人的精神領域，逐漸成爲人的普遍精神價值認同，也就是說崇高的精神價值需要是人本價值的重要方面，精神的安頓是人本價值的最高層次。

儒家崇高的精神價值不具有宗教性，因爲中國儒家比較注重現實精神，終極關懷也不像西方那樣上昇爲宗教信仰，但這並不妨礙儒家精神價值的崇高性質。儒家人本人格在演化的過程中不斷趨向完善，最終崇高精神價值方面得到昇華，經歷了三個時期：堯、舜、禹、夏、商、周啓蒙時期、先秦形成時期和宋明完善時期。

堯、舜、禹、夏、商、周啓蒙時期，人本人格的崇高性在於「德」，「德」是當時的核心價值觀念，德的形成源於天地之道具有德性，人依照「天德」、「地德」而形成「人德」價值。《易傳・繫辭》說：「古者包犧氏之王天下也，仰則觀象於天，俯則觀法於地，觀鳥獸之文與地之宜，近取諸身，遠取諸物，於是始作八卦，以通神明之德，以類萬物之情。」〔註79〕天地有神明之德，人德效法天地而神明。「庶士有正越庶伯君子，其爾典聽朕教！爾大克羞耇惟君，爾乃飲食醉飽。丕惟曰爾克永觀省，作稽中德，爾尚克羞饋祀。爾乃自

〔註79〕 《周易・繫辭下》，《周易正義》，《十三經注疏》，中華書局，1980 年，第 86 頁。

介用逸，茲乃允惟王正事之臣。茲亦惟天若元德，永不忘在王家。」〔註80〕百姓君子符合天道中德，做正事，天有元德，上天讚頌美德，作為君子要明白天道，說明德性源於天意，才形成人德。「《大象》曰：山下出泉，蒙。君子以果行育德。」〔註81〕「地」有德，形成君子之德。《詩經》是我國最早的一部詩歌總集，它用起興的方式寓意人立德行事，以景寓情、以景寓德。景是地之景，從哲學意蘊上說是地道。「情」是人之情，「德」是人之德。敘述景物在於樹立人的德性，「德」是關注點。「夫詩者，論功頌德之歌，止僻防邪之訓，雖無為而自發，乃有益於生靈，六情靜於中，百物蕩於外，情緣物動，物感情遷。」〔註82〕緣物而動，因物生情，止僻防邪，都是從地道到人德，思考人德與「地景」的關係。孔子對《詩經》的總結是：「《詩》三百，一言以蔽之，曰：『思無邪。』」〔註83〕朱熹注釋說：「凡《詩》之言，善者可以感發人之善心，惡者可以懲創人之逸志，其用歸於使人得其情性之正而已。然其言微婉，且或各因一事而發，求其直指全體，則未有若此之明且盡者。」〔註84〕朱熹的意思是《詩經》述說了善德。總之，夏、商、周時期及春秋早期，人的崇高價值啟蒙在於德性的確立，人本價值在於有天地一樣的德性。

先秦形成時期特別是春秋戰國時期，儒家提倡人的崇高價值在於仁義，仁義的崇高價值觀正式形成，仁義是核心的價值觀念。首先，孔子提出「仁」的核心觀念，仁是人的根本價值，也是最崇高的價值，「君子去仁，惡乎成名？君子無終食之間違仁，造次必於是，顛沛必於是。」〔註85〕君子之所以是君子關鍵是「仁」的存在。曾子曰：「士不可以不弘毅，任重而道遠。仁以為己任，不亦重乎？死而後已，不亦遠乎？」朱熹注釋說：「非弘不能勝其重，非毅無以致其遠。仁者，人心之全德，而必欲以身體而力行之，可謂重矣。一息尚存，此志不容少懈，可謂遠矣。」程頤注釋說：「弘而不毅，則無規矩而難立；毅而不弘，則隘陋而無以居之。」又說：「弘大剛毅，然後能勝重任而

〔註80〕《尚書·周書·酒誥》，《尚書正義》，《十三經注疏》，中華書局，1980 年，第206 頁。

〔註81〕《周易·上經·蒙》，《周易正義》，《十三經注疏》，中華書局，1980 年，第20 頁。

〔註82〕《毛詩正義序》，《毛詩正義》，《十三經注疏》，中華書局，1980 年，第 261頁。

〔註83〕《論語·為政》，朱熹《四書章句集注》，中華書局，1983 年，第 53 頁。

〔註84〕《論語集注》，朱熹《四書章句集注》，中華書局，1983 年，第 53～54 頁。

〔註85〕《論語·里仁》，朱熹《四書章句集注》，中華書局，1983 年，第 70 頁。

遠到。」〔註86〕「仁」是人本身的性質，是人德，「仁」是人一生要實現的目標。孟子對孔子以「仁」爲核心的價值觀念繼續往前推進，提出「仁義」的崇高價值觀念。孟子說：「人之所以異於禽獸者幾希，庶民去之，君之存之。舜明於庶物，察於人倫，由仁義行，非行仁義也。」〔註87〕「君子所性，仁義禮智根於心。」〔註88〕人的本性就是仁義，儒家君子的仁義之性來源於本心。孟子從人本身出發尋求人本價值，仁義不是外來而是本身所固有，孔子則直接述說了人本身有「仁」的本質，但卻沒有說明「仁」的根源，即是說崇高價值「仁」是本身所固有。孟子不僅僅說明仁義是本身所固有，還說明仁義是治國理政的價值理性，只有仁義的崇高治國價值才能實現國家治理。孟子見梁惠王時孟子直接說：「王何必曰利？亦有仁義而已矣。」〔註89〕社會安定也要以仁義作爲建構社會倫理的價值理念。「爲人臣者懷仁義以事其君，爲人子者懷仁義以事其父，爲人弟者懷仁義以事其兄，是君臣、父子、兄弟去利，懷仁義以相接也，然而不王者，未之有也。」〔註90〕後來的荀子雖然不強調仁義根源於本心，但認爲仁義是社會治理的重要價值觀念，聖人之治以仁義爲本。

宋明時期，仁義的崇高價值觀念得到進一步完善，具體表現爲將仁義與終極價值範疇結合起來，即是說將仁義與「太極」、「天理」等範疇聯繫起來。「太極」、「天理」範疇本身即包含了仁義，具有明顯的道德形而上學的性質，這也使儒家仁義思想具有一定的宗教性。周敦頤提出「無極而太極」，因爲太極動而生陰陽，五行化生，而人是「得其靈秀者」，具有「仁義」本性，「聖人定之以中正仁義，而主靜，無欲故靜。立人極焉。 故『聖人與天地合其德，日月合其明，四時合其序，鬼神合其吉凶』。」〔註91〕仁義既是「太極」的本性，也是人應該具有的崇高價值。程顥說：「以己及物，仁也。推己及物，恕也。忠恕一以貫之。忠者天理，恕者人道。」〔註92〕「仁」是天理，天理流

〔註86〕《論語・泰伯》，朱熹《四書章句集注》，中華書局，1983 年，第 104 頁。

〔註87〕《孟子・離婁下》，朱熹《四書章句集注》，中華書局，1983 年，第 293～294 頁。

〔註88〕《孟子・盡心上》，朱熹《四書章句集注》，中華書局，1983 年，第 355 頁。

〔註89〕《孟子・梁惠王上》，朱熹《四書章句集注》，中華書局，1983 年，第 201 頁。

〔註90〕《孟子・告子下》，朱熹《四書章句集注》，中華書局，1983 年，第 341 頁。

〔註91〕《太極圖說》，周敦頤《周敦頤集》，中華書局，1990 年，第 6 頁。

〔註92〕《河南程氏外書》，卷十一，程顥、程頤《二程集》，中華書局，1981 年，第 124 頁。

行，便有忠恕之道。朱熹將「仁」說成是天理的本性，不違背仁義即是天理，天理流行便是「仁」，「做到私欲淨盡，天理流行，便是仁。」〔註 93〕王陽明認爲天理即是明德，明德即是良知，良德之心即是本心，本心即是仁、義、禮、智之心，「天理即是『明德』，窮理即是『明明德』。」〔註 94〕「吾心之良知，即所謂天理也。致吾心良知之天理於事事物物，則事事物物皆得其理矣。致吾心之良知者，致知也。事事物物皆得其理者，格物也。是合心與理而爲一者也。」〔註 95〕宋明理學將仁義說成是天理，天理成爲人的崇高價值，這更有利於崇高的人本價值的確立，因爲天理具有一定的宗教性，宗教性的東西更容易提升價值的可靠程度。

總之，儒家爲了建構一個崇高的人本價值，採取了人本人格的完善方式，建立價值的崇高性，以求得到天下認同達到價值普世的目的，一是將仁義內化爲人本身的性質，二是將仁義演化爲太極、天理，以達到價值崇高的理性目的，實現天下認同。基於崇高價值向終極關切和天下認同上的演化和轉化，仁義的人本人格逐漸轉化爲一種普世價值，實現人本價值向公共理性的演生，人本價值與公共理性慢慢實現耦合。

綜上所述，儒家思想強調獨立的人本人格，個體獨立性追求精神上的獨立，以實現人本尊嚴和人本幸福，個體獨立逐漸轉向社會認同和公共認可，具有公共理性的傾向。儒家通過道德心性的「善」建構普世幸福的人本價值，心性本善和與人爲善爲儒家公共理性的形成奠定了堅實的理論基礎。完美心境的提升使儒家人格逐步完善，人本價值在完善心境中逐步成熟和實現幸福，價值追求不斷走向理性化，由人本價值向公共理性轉化，人本價值與公共理性實現耦合。儒家追求天下大同，追求可能幸福，實現人本至上，體現了人本價值的幸福，但又以天下大同爲理想，具有公共理想的成份，實現了人本價值與公共理性的耦合。儒家爲了建構一個崇高的人本價值，採取了人本人格的完善方式，建立價值的崇高性，以求得到天下認同達到價值普世的

〔註 93〕《性理三·仁義禮智等名義》，卷六，黎靖德《朱子語類》，中華書局，1986年，第 117 頁。

〔註 94〕《傳習錄上》，卷一，王陽明《王陽明全集》，上海古籍出版社，1992 年，第 6 頁。

〔註 95〕《傳習錄中》，卷二，王陽明《王陽明全集》，上海古籍出版社，1992 年，第 45 頁。

目的，崇高價值向終極關切和天下認同上演化，仁義的人本人格逐漸轉化爲一種普世價值，實現人本價值向公共理性的演生。

第五章　普世價值轉生：公共價值

　　儒家人本人格的演化從人本人格演化爲普世價值，完成了由個人的特性走向社會整體的性質。人格獨立、「善」、仁義之所以說是普世價值是因爲其具有天下認同性，並且走向了大眾化，可以深入到人的內心，因此可以稱爲普世價值。但儒家的人格價值還不是公共價值，還沒有上昇爲公共理性思想。儒家人本人格最終要轉化爲公共價值，使人本價值具有公共性質，使之成爲一種公共精神，因爲儒家是「入世」的，主張在社會上弘揚儒家道統。這種普世價值的演化要在現實中逐步的實現，具有可以行動的特徵。無論是人本的生存生命價值、尊嚴人格價值、精神幸福價值、崇高至善價值，還是社會正義價值，這些儘管都具有普世性，但只停留在理想層次和個體思想者的思想中，其普世性依然處於彼岸的世界，依然是個別的思想和範式，沒有實現一般化，不能達到「外王」的效果。儒家思想歷來追求現實的精神，由「內聖」走向「外王」，具有經世致用的特質，將理想價值變爲公共的價值是其思想發展的必然邏輯，但個別理想的東西要變爲普遍公共的東西還有一個艱難的思想演化和思想過渡的過程。普世價值只是一種具有可能性的價值，只是說具有可能性，在現實中有沒有現實性需要經過現實條件的轉化，儒家認爲普世價值轉生成公共價值具有現實的思想方法，儒家普世價值經過一系列的過程轉生，這一轉生論主要從公平正義、民主平等和和而不同三個方面展開，轉生目標是公共價值。

　　所謂公共價值即是社會公眾基本認同、共同享有和共同遵守的具有普遍性的價值觀念。公共價值在認同上具有一定的認可性，但與普世性並不能完全等同，普世性具有內心的契合性，但公共價值並不完全符合內心的信仰或

者關切，有可能是處於理性的需求而對價值觀念產生的默認。比例說宗教有可能是普世價值，但不一定是公共價值，法律制度是公共價值，但並不一定是普世價值，因爲宗教可以得到某一社會人內心的完全信仰而具有普世性，法律制度雖然人人遵守而具有公共性，但一部分人並不完全認同，不能上昇爲普世性的東西。進一步說，公共價值是將普世價值進行轉化，希望落實到社會現實當中實現社會遵守，公共價值還是處於道德的層次上，並沒有轉化爲具體的制度。公共價值已經運用於社會關係調節，是一種價值的總原則，例如公平、正義、民主、自由等，已經成爲公共價值，而普世價值則處於社會理念之中，處於心靈和靈魂的階段，其存在是心靈的感應和觸動，具有虛靈不昧的終極意義，如善、愛、仁義、幸福等是靈魂的感應。公共價值是社會調和的原則，以普世價值爲基礎進行具體化和細化。

一、以人爲本，公平正義

儒家認爲，普世價值轉生爲公共價值可以通過仁愛公平來實現。儒家提倡善、仁義、愛、明德、良知等，這些範疇都具有普世性，但要轉化爲現實的公共價值，使社會人共同遵守，使其調和社會關係，以達到社會和諧的目的，還要找到中間過渡環節。許慎《說文解字》說：「公，平分也。」〔註 1〕「共，同也。」〔註 2〕公共即是共同享有和共同認同的意思，普世價值儘管具有普世性，但並不一定能夠被公眾接受和遵守，不一定能說是公共價值。例如，對終極的信仰可以說成是普世價值，但並不一定能夠讓公眾普遍認同和遵守，普世價值上昇爲宗教則不一定讓公眾信仰，因爲社會中有很多人不信仰宗教。但很多普世價值的道德觀念則成爲一種公共價值，因爲道德不是宗教，社會的存在和發展需要道德基礎的建構和約束，道德觀念轉化爲公共價值，正如朱熹說：「道者，古今共由之理，如父之慈，子之孝，君仁，臣忠，是一個公共底道理。德，便是得此道於身，則爲君必仁，爲臣必忠之類，皆是自有得於己，方解恁地。堯所以修此道而成堯之德，舜所以修此道而成舜之德，自天地以先，羲黃以降，都即是這一個道理，亙古今未常有異，只是代代有一個人出來做主。」〔註 3〕意思是道德是一種公共價值，人人遵守，具

〔註 1〕許慎：《說文解字》，中華書局，1963 年，第 28 頁。
〔註 2〕許慎：《說文解字》，中華書局，1963 年，第 59 頁。
〔註 3〕《學七‧力行》，卷十三，黎靖德《朱子語類》，中華書局，1986 年，第 231 頁。

有公共性。儒家的普世價值大部分具有公共性，因爲儒家不太講彼岸的世界和宗教信仰，因此其普世價值也多是公共價值。「道義是公共無形影底物事，氣是自家身上底物。」〔註4〕朱熹的意思是道義具有公共性，即是說儒家道統具有公共性質。儒家的普世價值通過仁愛道德演化爲公共價值，轉化的中間環節機理是以人爲本、推己及人和和而不同三個方面。

1、人本存在，仁愛關切

儒家「仁義」既是普世價值也是公共價值，說其是普世價值因爲人本價值的存在以仁義爲根本，社會建構需要此種價值爲指引，人人認同，發自內心，並且對社會的發展具有至高無上的作用，說其是公共價值是因爲人本存在的價值以仁義爲基礎得到社會公眾的普遍認同，人人都想得到仁義的關切，希望共同遵守。因此，普世價值的演化基礎是一種人類普世價值具有現實性、社會性，得到社會廣泛的認同。仁義演化爲公共價值的過程是仁愛行爲的大眾化，因爲人本價值的存在，社會公共價值就是仁愛。在這裡普世價值與公共價值達到合一。

孔子之所以提出仁義作爲社會道德倫理，是因爲仁義得到社會的廣泛認同。孔子所處的時代情況是「禮崩樂壞」，「犯上作亂」，但社會對仁、禮、樂的認同並沒有消失，孔子提出「仁」的概念來建構社會道德倫理就是基於這一基礎，社會公眾並不因爲社會上層的私利傾軋而丟失對周禮的認同。遵守「禮」在當時可以稱之爲公共價值。爲了恢復周禮，必須建構一種公共價值來引導「禮」的行爲，使「禮」得以繼續存在。

首先，仁義具有公共性質。爲了達到仁義的公共價值，儒家說明了仁義是公共關切。有子說：「其爲人也孝悌，而好犯上者，鮮矣；不好犯上，而好作亂者，未之有也。君子務本，本立而道生。孝悌也者，其爲仁之本與！」〔註5〕孝悌、仁義體現了社會共同的價值，有孝悌仁義，社會安定，孝悌仁義成爲一種公共價值。孔子說：「弟子入則孝，出則悌，謹而信，泛愛眾，而親仁。」〔註6〕仁義即是仁愛眾人，能夠得到普遍的信任和贊同，仁愛是公共關切的目標。子貢說：「如有博施於民而能濟眾，何如？可謂仁乎？」

〔註4〕《孟子二・公孫丑上之上》，卷五十二，黎靖德《朱子語類》，中華書局，1986年，第1255頁。

〔註5〕《論語・學而》，朱熹《四書章句集注》，中華書局，1983年，第47～48頁。

〔註6〕《論語・學而》，朱熹《四書章句集注》，中華書局，1983年，第49頁。

孔子說：「何事於仁，必也聖乎！堯、舜其猶病諸！夫仁者，己欲立而立人；己欲達而達人。能近取譬，可謂仁之方也已。」〔註7〕「仁」即是博施濟眾，是一種公共價値。「仁」之所以是公共價値，是因爲「仁」與廣大百姓的利益聯繫在一起，人人都希望別人對自己實行仁義，具有心靈上的認同性，仁義的行爲是一種公共事務，形成了一種「我爲人人，人人爲我」公共氛圍。

其次，仁義可以達到理想的效果。既可以解決個人的問題，又可以解決百姓的問題，一舉多得，因此仁義具有公共性質，達到公共效果。孔子說：「知者動，仁者靜；知者樂，仁者壽。」朱熹注釋說：「動靜以體言，樂壽以傚言也。動而不括故樂，靜而有常故壽。」〔註8〕「仁」的效果能夠達到長壽的效果。「仁」還可以達到理想的社會治理的效果，社會穩定，公民不偷盜，仁義演變爲公共價値。孔子說：「恭而無禮則勞，愼而無禮則葸，勇而無禮則亂，直而無禮則絞。君子篤於親，則民興於仁；故舊不遺，則民不偷。」〔註9〕統治者施行仁義的價値確實能夠達到理想的社會治理，「克己復禮爲仁。一日克己復禮，天下歸仁焉。爲仁由己，而由人乎哉？」〔註10〕天下統一到仁義上來，說明統治者的仁義得到天下認同，百姓也會效法仁義，仁義就演變爲公共價値，具有公共性。孟子也說：「今王發政施仁，使天下仕者皆欲立於王之朝，耕者皆欲耕於王之野，商賈皆欲藏於王之市，行旅皆欲出於王之塗，天下之欲疾其君者皆欲赴愬於王。」〔註11〕天下百姓不論什麼職業的人都願意在仁義的政治統治之下，仁義對不同的人群來說都有認同性和接受性，仁義是從普世價値轉化爲公共價値。

第三，仁義是政治理想實現的必然理念。儒家提倡以仁義征服天下，實行仁義的王道政治而不是武力的霸道政治。孟子說：「以力假仁者霸，霸必有大國；以德行仁者王，王不待大。湯以七十里，文王以百里。以力服人者，非心服也，力不贍也；以德服人者，中心悅而誠服也，如七十子之服孔子也。《詩》云：『自西自東，自南自北，無思不服。』此之謂也。」〔註12〕以仁義服人、以德服人。「分人以財謂之惠，教人以善謂之忠，爲天下得人者謂之仁。

〔註7〕《論語・雍也》，朱熹《四書章句集注》，中華書局，1983年，第91～92頁。

〔註8〕《論語・雍也》，《四書章句集注》，中華書局，1983年，第90頁。

〔註9〕《論語・泰伯》，朱熹《四書章句集注》，中華書局，1983年，第103頁。

〔註10〕《論語・顏淵》，朱熹《四書章句集注》，中華書局，1983年，第131頁。

〔註11〕《孟子・梁惠王上》，朱熹《四書章句集注》，中華書局，1983年，第211頁。

〔註12〕《孟子・公孫丑上》，《四書章句集注》，中華書局，1983年，第235頁。

是故以天下與人易，爲天下得人難。」〔註13〕必須以仁義的政治治理才能得到天下百姓的認同，沒有仁義不會得到天下百姓，百姓不會歸順，可見仁義是一種公共價值。孟子還說明了不行仁義的危害，「三代之得天下也以仁，其失天下也以不仁。國之所以廢興存亡者亦然。天子不仁，不保四海；諸侯不仁，不保社稷；卿大夫不仁，不保宗廟；士庶人不仁，不保四體。」〔註14〕得到天下因爲「仁」，失去天下因爲「不仁」，統治者「不仁」，失去統治地位，普通人「不仁」，自身難保。

總之，仁義既是一種普世價值，雙是一種公共價值，仁義既是心靈的期盼，具有普世性，也是社會現實的原則要求，具有公共性和可行性，仁義也是一種人本關切，仁義逐漸從普世價值演化成一種公共價值，首先得到天下百姓的普高認同，可以在百姓中推行。仁義並不是遙遠的彼岸世界的價值，仁義是現實的價值，每個人都能夠做到，因此具有公共性，對個人很重要，可以保護自身，對統治者也很重要，可以實現對天下的統治。仁義的價值觀念是一種人本價值，因爲人成爲人的根本是人是仁義的人，將仁義轉化爲公共價值正是考量了仁義本身是對尊嚴、幸福、崇高的人本價值的確定，再將人本價值通過仁義付諸實施，以實現社會公平正義，因此仁義實現了以人爲本，仁義實現了人本價值，仁義達到了仁愛效果。通過仁義的普世價值向公共價值的轉化，達到了人本價值的存在。總之，仁義成爲人本價值向公共理性轉化的重要原則。

2、仁民愛物，以公滅私

仁義的普世價值演化爲公共價值需要以民爲本，達到天下太平。天下太平是人心所向，要想實現天下太平需要以民爲本，統治者施行仁政才能天下太平，重視每一個人的人本價值存在，施行仁政於天下也是公平正義的象徵。

首先，民眾是公共價值的主體。沒有民眾就沒有天下國家，民眾是實現公共利益的保證。儒家關注百姓的人本價值，突出在以民爲本。中國古代儒家歷來重視以民爲本，表現爲對普通人民群眾的理解上達到較高的程度，在地位上對人民要尊重，尊重民眾的人本價值。孔子說：「道千乘之國：敬事而信，節用而愛人，使民以時。」〔註15〕統治者關注人民的根本之事，以民爲

〔註13〕《孟子‧滕文公上》，朱熹《四書章句集注》，中華書局，1983年，第260頁。
〔註14〕《孟子‧離婁上》，朱熹《四書章句集注》，中華書局，1983年，第277頁。
〔註15〕《論語‧學而》，朱熹《四書章句集注》，中華書局，1983年，第49頁。

本。哀公問：「何爲則民服？」孔子回答說：「舉直錯諸枉，則民服；舉枉錯諸直，則民不服。」〔註16〕意思對民眾必須要順著，並且規勸其錯誤，則民眾信服。孔子對子產說：「有君子之道四焉：其行己也恭，其事上也敬，其養民也惠，其使民也義。」〔註17〕尊重民眾要有恭敬、敬重、恩惠和正義，才能稱得上是君子之道。儒家對普通民眾的人本價值放在與統治者同樣的程度，說明儒家仁義的價值是天下普適，體現了價值的公共性。孟子引用《尚書》的話說：「天視自我民視，天聽自我民聽。」〔註18〕說明孟子的民本思想更強烈，將民眾的意思說成是公共意願。孟子提倡「保民而王，莫之能禦也」，〔註19〕意思是要想實現理想的統治必須保護民眾，關注民眾的人本價值才能達到天下大治。孟子是民本思想非常突出的儒家代表，這裡不再贅述。西漢劉向說：「君子守國安民，非特鬥兵、罷殺士眾而已。不私其身，惟民足用保民，蓋所以去國之義也，是謂至公耳。」〔註20〕眞正的「公」是守國安民，保民足民。張載說：「天視聽以民，明威以民，故《詩》《書》所謂帝天之命，主於民心而已焉。」〔註21〕民眾是公共事業的核心，必須以民心爲準，以民爲本的價值是公共價值。張載將民眾視爲價值的核心，「民吾同胞，物吾與也。」〔註22〕民眾是統治者的同胞，必須適當地給予，民本思想發展到極致。正是基於對民眾的關心愛護，張載強調對天下百姓應該具有責任之心，從哲學建構的高度爲儒家思想樹立儒家正統，達到天人合一，他所說的「爲天地立心，爲生民立道，爲去聖繼絕學，爲萬世開太平」即是一種使命感和責任感的體現。

其次，推行公平正義的公共價值才能實現公共利益。公平正義是天下國家實現的關鍵。儒家關注公平正義，提出不能偏私。儒家提倡統治者不享有特權，主張天下平等，統治者不能過於偏私。公在儒家看來是公正、公共，考慮到所有人的利益。《白虎通義》說：「公者，通公。正無私之意也。」〔註23〕

〔註16〕《論語·爲政》，朱熹《四書章句集注》，中華書局，1983年，第58頁。
〔註17〕《論語·公冶長》，朱熹《四書章句集注》，中華書局，1983年，第79頁。
〔註18〕《尚書·周書·泰誓》，《尚書正義》，《十三經注疏》，中華書局，1980年，第181頁。
〔註19〕《孟子·梁惠王上》，朱熹《四書章句集注》，中華書局，1983年，第207頁。
〔註20〕《說苑·至公》，向宗魯《說苑校證》，中華書局，1987年，第346頁。
〔註21〕《正蒙·大道篇》，張載《張載集》，中華書局，1978年，第14頁。
〔註22〕《正蒙·乾稱篇》，張載《張載集》，中華書局，1978年，第62頁。
〔註23〕《白虎通義·爵》，陳立《白虎通義疏證》，中華書局，1994年，第7頁。

「公」即是公共關切，公正無私。《尙書》說：「以公滅私，民其允懷。學古入官，議事以制，政乃不迷。」孔穎達疏說：「從政以公平，滅私情則民其信，歸之。」〔註 24〕統治者過於偏私，佔用民眾的生活資源，民眾生活疾苦，因此應該關注公共利益，以公來私，民眾才會歸順，這也是社會公平的需要。以公滅私的思想來源天道無私。子夏問：「三王之德，參於天地，敢問：何如斯可謂參於天地矣？」孔子說：「奉三無私以勞天下。」子夏問：「敢問何謂三無私？」孔子說：「天無私覆，地無私載，日月無私照。奉斯三者以勞天下，此之謂三無私。」〔註 25〕孔子的意思是三王有德，天下大治，其原因是對天下民眾做到了無私，參照了天地日月的無私奉獻。

第三，儒家認爲治國嚴守公共法制，對民公正。西漢劉向在引用姜太公的話說明要尊重公共法制，執行公正。姜太公說：「賢君之治國，其政平，其吏不苛，其賦斂節，其自奉薄，不以私善害公法，賞賜不加於無功，刑罰不施於無罪，不因喜以賞，不因怒以誅，害民者有罪，進賢舉過者有賞，後宮不荒，女謁不聽，上無淫慝，下不陰害，不幸宮室以費財，不多觀遊臺池以罷民，不雕文刻鏤以逞耳目，宮無腐蠹之藏，國無流餓之民，此賢君之治國也。」〔註 26〕以民爲本，不偏私情，執法嚴格公正即是關注民眾的人本價值，也是國家治理的根本保證。

第四，公共價值是以仁義爲主導下的公心。公心就是公正仁義，仁義引導公共價值的發展。儒家認爲仁義是人的本質，沒有仁義的指引，即使無私也不一定是「仁」的體現。朱熹說：「公不可謂之仁，但公而無私便是仁。」「謂私欲去後，仁之體見，則可；謂私欲去後便爲仁，則不可。譬如日月之光，雲霧蔽之，固是不見。若謂雲霧去，則便指爲日月，亦不可。如水亦然。沙石雜之，固非水之本然。然沙石去後，自有所謂水者，不可便謂無沙無石爲水也。」〔註 27〕私欲去掉還必須有仁義作爲核心價值。但是去掉私欲是仁義的價值演化爲公共價值的方式之一。

〔註 24〕 《尙書・周書・周官》，《尙書正義》，《十三經注疏》，中華書局，1980 年，第236 頁。

〔註 25〕 《禮記・孔子閒居》，《禮記正義》，《十三經注疏》，中華書局，1980 年，第1617 頁。

〔註 26〕 《說苑・政理》，向宗魯《說苑校證》，中華書局，1987 年，第 151～152 頁。

〔註 27〕 《性理三・仁義禮智等名義》，卷六，黎靖德《朱子語類》，中華書局，1986 年，第 117 頁。

　　儒家將仁義的普世價值演化為公共價值重要的實現方式之一是保民而王，以民為本。因為民眾是天下的大多數，普通民眾是公共價值的主體，同時民眾又是社會物質生活的重要來源，是社會公共利益的體現者、承擔者和實現者，沒有民眾公共利益的存在就沒有國家和社會。孟子說：「地方百里而可以王。王如施仁政於民，省刑罰，薄稅斂，深耕易耨，壯者以暇日修其孝悌忠信，入以事其父兄，出以事其長上，可使制梃以撻秦楚之堅甲利兵矣。彼奪其民時，使不得耕耨以養其父母。父母凍餓，兄弟妻子離散。彼陷溺其民，王往而征之，夫誰與王敵？故曰：『仁者無敵。』王請勿疑！」〔註28〕孟子強調統治者對黎民百姓施行仁政，尊重百姓的人本價值，可以護養天下百姓，最後實現國家理想的治理，仁者無敵。孟子說：「君子之於物也，愛之而弗仁；於民也，仁之而弗親。親親而仁民，仁民而愛物。」〔註29〕意思是把民眾的事業作為公共事務，對民眾以人本價值上的關愛。

　　總之，以人為本的公平正義價值是儒家仁義的普世價值向公共價值轉化的基本原則，首先關注人本價值的存在需要關切每一個人，對每一個人要有仁義之心，仁義具有公共性質，可以達到理想的社會治理效果，民眾是公共利益的主體，對民眾的關愛是公共利益實現的保證，是天下實現治理的根本原因。因此，公平正義是為了實現人本價值，而公平正義又實現了公共利益，公平正義的實質是仁義，以人為、公平正義可以實現仁義的普世價值向公共價值的轉化。

二、推己及人，民主平等

　　儒家仁義的普世價值適合於社會中的每一個人，要想將這種普世價值轉換公共遵守的價值，讓天下民眾完全接受，必須將儒家仁義的普世價值具體化，即是說如何實現仁義，必須讓民眾認同這種仁義就在現實之中，這種具體化就是推己及人、民主平等。其實現的基礎條件是天下民眾都有同一種價值理想，普世價值即是公共價值，普世性與公共性結合在一起。正如清華大學教授萬俊人先生認為可以尋求到一種普世倫理，儘管有很大的難度，他說：「人類不僅有可能達成某種程度和範圍的道德共識，而且事實上已經共享過許多相同或相似的道德價值觀念。」〔註30〕即是說人都有一個共同的心態和

〔註28〕《孟子·梁惠王上》，朱熹《四書章句集注》，中華書局，1983年，第206頁。
〔註29〕《孟子·盡心上》，朱熹《四書章句集注》，中華書局，1983年，第363頁。
〔註30〕萬俊人：《尋求普世倫理》，北京大學出版社，2009年，第13頁。

利益趨向，可以達到這種共識和尋求到普世價值。儒家在普世價值普世化和大眾化的過程非常注重心與理上的契合，這種契合就是心理認同，而仁義的認同關鍵環節在於推己及人。

1、人同此心，天下公平

基於人性的共同性和認同性，儒家認為天下所有的人都有一個共同的良知之心，即「明德」本心，這種人性虛構是一種仁義上的道德形而上學建構。儒家儘管體現為一種道德哲學和政治哲學，關注社會倫理的建構，但儒家也可以說一種比較有哲學性的思想體系，不能說哲學味道不足，因為儒家也思考了和回答了哲學上的兩個基本問題，即「世界是什麼」和「人是什麼的」問題。儒家關於世界是什麼的哲學回答是以「理」、「氣」等範疇構成的哲學體系，關於人是什麼的哲學回答是以「人性本善」決定的哲學體系。正是在哲學上的追問和回答，儒家對人是什麼的問題在人性上予以回答，從人本性上的「明德」、「良知」進行切入，使人在公共性上解決了一個抽象而現實的問題，即人性是一致的和共同的，仁義的存在則是不容否認的、懷疑的和推翻的。儘管各種思想對儒家人性學說有不同的爭論，甚至儒家學派內部在人性論上也有不同的認識，但最終正統的儒家對人性論的認可是一致的，即人性本善不容懷疑。也就是說，天下之人都具有一個共同的本心，這個心即是道心、本善之心、不忍人之心，這是一個共同的基礎和認知。康有為說：「夫神者知氣也，魂知也，精爽也，靈明也，明德也，數者異名而同實也。有覺知則有吸攝，磁石猶然，何況於人！不忍者，吸攝之力也。故仁智同藏而智為先，仁智同用而仁為貴矣。」〔註31〕這個本善之心是一切道德倫理建立的基礎，具有可行性。

天下所有的人對善心的敬重是共同的，人人都想天下至善，「止於至善」是社會共同的目標，只要是人都有追求至善的願望，儒家深刻領悟到這一點。「至善」之心是人的本心，在這一點上天下人達到了共識。這正是「人同此心，心同此理。」，心同理同，來源於良知。王陽明說：「是故率是道心而發之於父子也無不親；發之於君臣也無不義；發之於夫婦、長幼、朋友也無不別、無不序、無不信；是謂中節之和，天下之達道也。放四海而皆準，亙古今而不窮；天下之人同此心，同此性，同此達道也。」〔註32〕人人都期望一

〔註31〕康有為：《大同書》，華廈出版社，2002年，第7頁。
〔註32〕《文錄四》，王陽明《王陽明全集》，上海古籍出版社，1992年，第256～257頁。

個本善之心，這是「良知」和「道心」，這一個本心可以在天下演化成爲人們的共識。因爲所有的人都這樣想，也都會爲這種價值觀去行動，產生了共同的心理基礎。價值理想具有一致，即是普世價值具有一致性，通過具體化則可以演化爲一種公共價值。

正是基於人同此心，心同此理，普世價值向公共價值的演化成爲一種現實的可能。人性本善、仁義爲人促成天下實現民主平等、公平正義。人同此心是民主平等的心性基礎，因此心性本善和人本仁義演化爲民主平等則成爲必然的邏輯，普世價值演化爲公共價值。

首先，仁義的實施需要公平。公平是儒家學說的重要思想，這一思想根源於儒家思想的仁義學說，因爲對民眾仁義，仁義實施就要惠及到每一個人，公平必然是仁義的實施。孔子認爲社會不穩定的原因是「寡」、「不均」，因此社會治理需要均衡，「丘也聞有國有家者，不患寡而患不均；不患貧而患不安。蓋均無貧，和無寡，安無傾。」〔註33〕「均衡」是公平的重要方法。《韓詩外傳》說：「正直者順道而行，順理而言，公平無私，不爲安肆志，不爲危易行。」〔註34〕公平、不偏私就是順道而行。荀子認爲統治者在「聽政」、理政時要顧及公平，「故公平者，職之衡也；中和者，聽之繩也。」〔註35〕公平在於調和制衡，不能過於偏向某一群體或者個人。仁義的實施需要公平調和，一視同仁，即是說仁義對每一個人都是一樣的，才是仁義。仁義的演化是不偏私，偏私不是仁義，偏私則是對人不公平，導致邪惡。西漢劉向說：「奉國法而不黨，施刑戮而不觚，可謂公平。」〔註36〕即是說一視同仁，法不營私，即是公平。

其次，仁義是平衡內外物我。仁義是一個大的理念，是普世價值，這種價值要實現，不是差異過於懸殊，需要平衡內外、物我，不能過猶不及。過猶不及達不到和諧，也實現不了仁義。過猶不及按照當今來說即是貧富懸殊、貪贓枉法，這必然導致有的人富有，有的人衣不遮體、食不果腹。朱熹說：「『合內外，平物我，此見道之大端。』蓋道只是致一公平之理而已。」〔註37〕因

〔註33〕《論語‧季氏》，朱熹《四書章句集注》，中華書局，1983 年，第 170 頁。

〔註34〕《韓詩外傳》，卷七第二十一章，許維遹《韓詩外傳集釋》，中華書局，1980年，第 264 頁。

〔註35〕《荀子‧王制》，王先謙《荀子集解》，中華書局，1988 年，第 151 頁。

〔註36〕《說苑‧至公》，向宗魯《說苑校證》，中華書局，1987 年，第 356 頁。

〔註37〕《張子之書一》，卷九十八，黎靖德《朱子語類》，中華書局，1986 年，第 2529頁。

此平衡物我是儒家仁義重要的演化機理。「若夫慶賞以勸善，刑罰以懲惡，先王執此之正，堅如金石，行此之信，順如四時，處此之功，無私如天地，爾豈顧不用哉！然如曰禮云禮云，貴絕惡於未萌，而起敬於微眇，使民日徙善遠罪而不自知也。孔子曰：『聽訟吾猶人也，必也使無訟乎。』此之謂也。」〔註38〕平衡物我需要賞善罰惡，使社會整體沒有冤屈案件的發生，社會是一個公平的社會。荀子說：「君子崇人之德，揚人之美，非諂諛也；正義直指，舉人之過，非毀疵也；言己之光美，擬於舜、禹，參於天地，非夸誕也；與時屈伸，柔從若蒲葦，非懾怯也；剛強猛毅，靡所不信，非驕暴也。以義變應，知當曲直故也。詩曰：『左之左之，君子宜之；右之右之，君子有之。』此言君子能以義屈信變應故也。」〔註39〕正義是善於權衡變應，善於指出人的過錯，是兩個方面的結合。譚嗣同在《仁學》中說明「仁」的要義是「通」，即是一種平等，「仁以通為第一義。」「通之象為平等。」他說通有四義：「中外通」，「上下通，男女內外通」，「人我通」。「平等者，致一之謂也。一則通矣，通是仁矣。」〔註40〕人我不通則出現爭奪，仁與不仁出現，自然不會平等，「苟仁，自無不通。亦惟通，而仁之量乃可完。由是自利利他，而永以貞固。」〔註41〕由此可見人我不通導致天下不公平，仁義得不到施行，不能實現天下公平。

　　總之，仁義的普世價值演化了公共價值遵從天下人心對價值的公共認同，人同此心，天下都認可一個共同的善心，這是儒家仁義普世價值演化的基礎，由此在仁義的實施上追求仁義普遍施行，以天下公平為依託，實現普天之下公平正義。公平是一種均衡和平衡，平衡內外物我，社會差異不會過於懸殊。天下公平也是人本價值實現的重要環節，通過公平公正，實現了人的生存、幸福、崇高和正義的人本價值，普世價值轉化為公共價值，公共價值又再一次回歸到人本價值中，普世價值向公共價值轉化，人本價值與公共理性耦合，其機理是仁義的認同遵守，人同此心，心同此理，心同理同，大道理得到認同又進行了具體化，人本價值與公共價值具有一致性。

〔註38〕　《大戴禮記・禮察第四十六》，王聘珍《大戴禮記解詁》，中華書局，1983年，第22頁。

〔註39〕　《荀子・不苟》，王先謙《荀子集解》，中華書局，1988年，第41～42頁。

〔註40〕　以上引自譚嗣同：《仁學》，華夏出版社，2002年，第161、6～8頁。

〔註41〕　以上引自譚嗣同：《仁學》，華夏出版社，2002年，第17頁。

2、由己及人，忠恕民主

儒家在仁義的普世價值引導下逐漸演化爲公共價值，其中推己及人是一個重要的演化機理和環節。仁義是一個普世價值，雖然得到人的廣泛認同，但人人都有自私自利的自然屬性，普世價值並不能較順利地轉化爲公共價值，因此必須尋求一個可接受的環節和機理。黃宗羲說：「有生之初，人各自私也，天下有公利而莫或興之，有公害而莫或除之。」〔註42〕雖然儒家認爲人的本質是仁義的，但人在稟氣上也有「惡」的一面，自然屬性是氣稟的屬性，有「善」也有「不善」，但在社會上表現出來可能就是「不善」，孟子說：「若夫爲不善，非才之罪也。」朱熹注釋說：「人有是性，則有是才，性既善則才亦善。人之爲不善，乃物欲陷溺而然，非其才之罪也。」〔註43〕即是說由於自然物欲所致，有可能出現自私自利。正是在這個意義上說，荀子的性惡論關注了人的社會物欲的顯現，「人之性惡，其善者僞也。」〔註44〕司馬遷也說：「天下熙熙，皆爲利來；天下壤壤，皆爲利往。」〔註45〕人作爲類的存在，不可能不表現出人的動物本性的一面，物欲性、個人利己性不時有所凸顯，這也是人本生存價值的一個方面，爲了生存，人會表現出物欲性質。在人類發展階段上，崇高的價值需要以「類」的價值提升，崇高的價值觀念一時難以形成普世價值，當類群、種族和民族沒有出現危難和危亡之時難以呈現。孟子在見梁惠王時，梁惠王開門見山地提出自身利益的問題，這是人的物欲屬性的本眞表現，「孟子見梁惠王。王曰：『叟不遠千里而來，亦將有以利吾國乎？』」〔註46〕追名逐利是人的自然屬性之一。利己之事即是「私」，由於物欲的需求只考慮自身即是「私」，朱熹將「私」定爲「形氣」，有人問：「或生於形氣之私。」朱熹說：「如饑飽寒暖之類，皆生於吾身血氣形體，而他人無與，所謂私也。」〔註47〕自私自利根源於自身的生存和形氣的負累，或者受到社會上不良習氣、物欲引誘所致，這不是人本性「仁義「的發揮，

〔註42〕 《原君》，黃宗羲《黃宗羲全集》（第一冊），浙江古籍出版社，2005 年，第 2 頁。

〔註43〕 《孟子·告子上》，朱熹《四書章句集注》，中華書局，1983 年，第 328 頁。

〔註44〕 《荀子·性惡》，王先謙《荀子集解》，中華書局，1988 年，第 434 頁。

〔註45〕 《貨殖列傳第六十九》，卷一百二十九，《史記》，中華書局，2006 年，第 752 頁。

〔註46〕 《孟子·梁惠王上》，朱熹《四書章句集注》，中華書局，1983 年，第 201 頁。

〔註47〕 《中庸一·章句序》，卷六十二，黎靖德《朱子語類》，中華書局，1986 年，第 1486 頁。

人的本性是天地、天命之性，是純善的，氣質之性則有善惡。朱熹說：「天命之性，本未嘗偏。但氣質所稟，卻有偏處，氣有昏明厚薄之不同。」〔註 48〕張載說氣質之性容易陷於「惡」的一面，要善於返回到天地之性的本善上去，「形而後有氣質之性，善反之則天地之性存焉。故氣質之性，君子有弗性者焉。」〔註 49〕君子行爲也有可能陷於「惡」的一面，在仁義本性之外，必須善於返回到本性上來。

　　回到人性的本善上去是由於人在社會上存在的需要，回歸到社會理性。返回本性要將仁義的普世價值體現出來，其演化機理是善於推己及人。孔子說：「其恕乎！己所不欲，勿施於人。」朱熹注釋說：「推己及物，其施不窮，故可以終身行之。」〔註 50〕《中庸》說：「忠恕違道不遠，施諸己而不願，亦勿施於人。」朱熹注釋說：「盡己之心爲忠，推己及人爲恕。」「言自此至彼，相去不遠，非背而去之之謂也。道，即其不遠人者是也。施諸己而不願，亦勿施於人，忠恕之事也。以己之心度人之心，未嘗不同，則道之不遠於人者可見。故己不欲，則勿以施之於人，亦不遠人以爲道之事。張子所謂『以愛己之心愛人，則盡仁』是也。」〔註 51〕意思是說盡自己的努力做到仁義，並且推己及人才能實現仁義，自己所不願意的也不要施加給別人，只有這樣才能稱爲仁義。曾子曰：「夫子之道，忠恕而已矣。」朱熹注釋：「盡己之謂忠，推己之謂恕。而已矣者，竭盡而無餘之辭也。夫子之一理渾然而泛應曲當，譬則天地之至誠無息，而萬物各得其所也。自此之外，固無餘法，而亦無待於推矣。曾子有見於此而難言之，故借學者盡己、推己之目以著明之，欲人之易曉也。蓋至誠無息者，道之體也，萬殊之所以一本也；萬物各得其所者，道之用也，一本之所以萬殊也。以此觀之，一以貫之之實可見矣。或曰：『中心爲忠，如心爲恕。』」〔註 52〕「忠」即是「誠」，盡自己的努力是忠誠，將自己的忠誠推及給別人即是「恕」，儒家仁義之道要善於推己及人。程顥說：「以己及物，仁也。推己及物，恕也。違道不遠是也。忠恕一以貫之。忠者天理，恕者人道。忠者無妄，恕者所以行乎忠也。忠者體，恕者用，大本達

〔註 48〕　《性理一・人物之性氣質之性》，卷四，黎靖德《朱子語類》，中華書局，1986年，第 64 頁。
〔註 49〕　《正蒙・誠明》，張載《張載集》，中華書局，1978 年，第 23 頁。
〔註 50〕　《論語・衛靈公》，朱熹《四書章句集注》，中華書局，1983 年，第 166 頁。
〔註 51〕　《中庸》，朱熹《四書章句集注》，中華書局，1983 年，第 23 頁。
〔註 52〕　《論語・里仁》，朱熹《四書章句集注》，中華書局，1983 年，第 72 頁。

道也。」〔註53〕「忠」和「恕」是體用關係，既然「恕」是「用」，即是推己及人，即是將「忠」的普世價值進行演生和轉化，演生和轉化就是形成了社會之道，公共價值得以形成。顧炎武說：「忠也者，天下之大本也。恕也者，天下之達道也。」〔註54〕「恕」需要推己及人，形成天下共同遵守的道，即是公共價值的演生。

人本價值是尊重每一個人自身的存在，人人都有自身存在的尊嚴和價值，人人都想得到別人的尊重，別人也會有同樣的心，人同此心、心同此理，別人也會想要其他的人來尊重他自身。人與人之間的以「群」的形式生活在社會上必然發生人與人之間的交往和衝突，這種衝突有些是因為利益的分割，例如想自己多占、得到別人的利益而自身的利益又不願被別人佔有，即是說損害別人的利益而增加自己的利益，自身的利益又不願受到損害，每一個都這樣想，都有同樣的心態，這必然產生矛盾和衝突。為了化解這一矛盾，孔子提出「己所不欲，勿施於人」，這一「恕」的思想即是推己及人，使彼此利益都達到共存、共享的程度，這實際上是一種民主的思維方式，因為照顧了多方的利益，都處於一個受到尊重的地位，這是一種民主平等的思想。

忠恕之道、推己及人、己所不欲勿施於人是儒家民主平等的中心思想，這一思想實際上就是仁義的價值的演化和演生，人與人之間的仁義既是普世價值，又是公共價值，而這種公共價值的演生，可以通過忠恕之道來轉化，忠恕是一個中間環節，忠恕使普世價值在現實社會得到認同，因為「推己及人」和「己所不欲，勿施於人」在天下具有共同的心理基礎，容易得到天下人的認同。推己及人實現了人本價值的生存、尊嚴、幸福、崇高和正義，也實現了普世價值向公共價值的轉化，使人本價值與公共理性實現耦合。

三、和而不同，公共和合

儒家的忠恕之道雖然具有一定的民主平等性質，但與民主價值觀念本身還是有一定的差距的，儒家只是追求在地位上的一種相對平等，主要是對人本價值中的基本人格尊嚴的尊重，即是說對人本身的尊重。儒家為了實現真

〔註53〕《河南程氏外書》，卷十一，程顥、程頤《二程集》，中華書局，1981 年，第 124 頁。

〔註54〕《日知錄・忠恕》，卷七，黃汝成《日知錄集釋》，上海古籍出版社，2006 年，第 398 頁。

正仁義的公共價值，在現實社會中存在巨大的困難，其關鍵點在於人的貧富和等級在早期社會中已經形成並且一代代傳統下來，傳統不可能一下子改變。為了將仁義的普世價值轉化為公共價值，原有的社會等級秩序必然難以維持而打破，但早期儒家又不願改變夏、商、周以來開成的社會等級秩序，儒家處於兩難的境，最終儒家找到了禮制制衡下的仁義轉化方式，即以「禮」促「和」的轉化機制，儒家民主平等價值存在著巨大的缺憾，最終以和而不同的方式來調和。

1、禮用促和，人本缺憾

仁義思想本身可以形成民主平等的思想，儒家仁義思想可以導致民主思想的發展。但是儒家並沒有將民主平等的思想繼續發展下去，基於社會矛盾化解的困難，儒家沒有將民主平等的仁義價值進行普世化和和轉化為公共價值。儒家為了達到社會治理，在思想上採取了以「禮」促「和」的方式，這在一定程度導致了人本價值的缺憾。

儒家比較追求等級地位，提出人的等級差別，等級差別體現為「禮」的存在，儒家高揚「禮」的價值。孔子說：「夫禮，先王以承天之道，以治人之情。故失之者死，得之者生。《詩》曰：『相鼠有體，人而無禮，人而無禮，胡不遄死！是故夫禮，必本於天，殽於地，列於鬼神，達於喪祭射御冠昏朝聘。故聖人以禮示之，故天下國家可得而正也。」〔註55〕儒家認為正是「禮」所達到的等級差別和「禮」的限制，使天下得到治理。孔子說：「教民親愛，莫善於孝。教民禮順，莫善於悌。移風易俗，莫善於樂。安上治民，莫善於禮。禮者，敬而已矣。故敬其父，則子悅；敬其兄，則弟悅；敬其君，則臣悅；敬一人，而千萬人悅。所敬者寡，而悅者眾，此之謂要道也。」〔註56〕社會上人與人之間的關係通過「禮」的維護達到井然有序。有子說：「禮之用，和為貴。先王之道斯為美，小大由之。有所不行，知和而和，不以禮節之，亦不可行也。」〔註57〕通過禮制節制可達到社會和諧。孟子說：「父子有親，君臣有義，夫婦有別，長幼有序，朋友有信。」〔註58〕君臣、父子、夫婦、長幼的等級關係通過禮的運用達到較好

〔註55〕《禮記·禮運》，阮元《十三經注疏》，中華書局，1980 年，第 1414～1415頁。
〔註56〕《孝經·廣要道章》，阮元《十三經注疏》，中華書局，1980 年，第 2556 頁。
〔註57〕《論語·學而》，朱熹《四書章句集注》，中華書局，1983 年，第 51 頁。
〔註58〕《孟子·滕文公上》，朱熹《四書章句集注》，中華書局，1983 年，第 259 頁。

的秩序。正是禮的這種效果，孔子說：「君子義以爲質，禮以行之，孫以出之，信以成之。君子哉！」〔註59〕「禮」確實有利於維護社會的穩定，因爲「禮」的建立是以等級差別爲依據，實現一種差別上的穩定，這種效果實現了中國封建社會兩千多年的穩定存在。

但是禮制也有消極作用，可能使人本價值得到極大削弱或者弱化，禮制上的等級差別在很大程度上沒有尊重普通百姓的人本價值。古代禮制擡高了男性的地位，特別是國君、長子、長輩的地位，忽視了婦女的地位，沒有尊重女性的人本價值，提倡男尊女卑、陽唱陰和。《大戴禮記》說：「男者任也，子者孳也，男子者，言任天地之道，如長萬物之義也。故謂之丈夫。丈者長也，夫者扶也，言長萬物也。知可爲者，知不可爲者；知可言者，知不可言者；知可行者，知不可行者。是故審倫而明其別，謂之知。所以正夫德者。」〔註60〕男性在天下具有重要責任，起著頂天立地作用。「女者如也，子者孳也，女子者，言如男子之教，而長其義理者也。故謂之婦人。婦人，伏功夫人也。是故無專制之義，有三從之道——在家從父，適人從夫，夫死從子，無所敢自遂也。教令不出閨門，事在饋食之間而正矣，是故女及日乎閨門之內，不百里而奔喪，事無獨爲，行無獨成之道。參知而後動，可驗而後言，宵夜行燭，宮事必量，六畜蕃於宮中，謂之信也，所以正婦德也。」〔註61〕女性地位則處於跟隨位置，隨著男性，不具有獨立行動的地位。帝王、國君則具有至高無上的地位，號稱爲天子，即代表天來統治百姓，這一思想不利於百姓的人本價值的提升。《詩經》說：「溥天之下，莫非王土；率土之濱，莫非王臣。」〔註62〕王的地位在古代禮制思想中得到極大凸顯，但古代王的地位並不是至高無上的，王的地位需要以民的地位爲根本保障，即是「保民而王」。《尚書》說：「天子作民父母，以爲天下王。」孔穎達疏：「天子布德惠之。」〔註63〕意思是天子要爲民做事，以民爲本。但後來隨著封建社會的

〔註59〕 《論語・衛靈公》，朱熹《四書章句集注》，中華書局，1983年，第165頁。
〔註60〕 《大戴禮記・本命第八十》，王聘珍《大戴禮記解詁》，中華書局，1983年，第254頁。
〔註61〕 《大戴禮記・本命第八十》，王聘珍《大戴禮記解詁》，中華書局，1983年，第254～255頁。
〔註62〕 《詩經・谷風之什・北山》，《毛詩正義》，《十三經注疏》，中華書局，1980年，第463頁。
〔註63〕 《尚書・周書・洪範》，《尚書正義》，《十三經注疏》，中華書局，1980年，第190頁。

發展，爲了達到統治的目的，只考慮到天子的至高無上的地位，卻忽視了天子「保民而王」、以民爲本的義務，以「禮」事君、尊君，百姓的人本價值受到忽視。

正是基於禮制的消極作用，黃宗羲指出「禮」如果被國君使用和濫用，天下公共利益就會受到極大損害，社會公共價值就受到踐踏。當時國君過於自私自利，不顧天下公共價值和公共利益。黃宗羲說向古時期的君王以天下之公共爲根本利益，「有人者出，不以一己之利爲利，而使天下受其利；不以一己之害爲害，而使天下釋其害。此其人之勤勞必千萬於天下之人。夫以千萬倍之勤勞而己又不享其利，必非天下之人情所欲居也。」〔註64〕黃宗羲說後來的國君非常自私自利，對天下公共利益沒有眷顧。「後之爲人君者不然。以爲天下利害之權皆出於我，我以天下之利盡歸於己，以天下之害盡歸於人，亦無不可。使天下之人不敢自私，不敢自利，以我之大私爲天下之大公。」〔註65〕國君以個人私利代替了天下公共利益，將個人私利變成天下之利，百姓全部爲國君一家服務，損害天下利益。「然則爲天下之大害者，君而已矣。向使無君，人各得自私也，人各得自利也。」〔註66〕黃宗羲認爲國君是天下的大害，國君以一家之法取代天下之法。

雖然儒家思想在人倫關係的建構上的禮制秩序對社會整體人本價值有一定的削弱，但儒家仁義的價值觀念還是要向公共價值轉化，儒家有責任擔當精神，因此在調和個人、社會、國家利益提出了和諧共存和天下和合的觀念，和而不同、和諧共存、天下和合成爲普世價值轉化的主導觀念，力圖將仁義的普世價值轉化爲公共價值。

2、和而不同，公共和合

儒家仁義價值是一個普世和崇高的人本價值，但是社會上人與人之間由於各種條件的限制，社會價值實現不可能完全一樣，利益實現也存在著衝突，主要表現爲人與自然的衝突、人與人的衝突、人與社會的衝突等多個方面。

〔註64〕《原君》，黃宗羲《黃宗羲全集》（第一冊），浙江古籍出版社，2005 年，第 2 頁。

〔註65〕《原君》，黃宗羲《黃宗羲全集》（第一冊），浙江古籍出版社，2005 年，第 2 頁。

〔註66〕《原君》，黃宗羲《黃宗羲全集》（第一冊），浙江古籍出版社，2005 年，第 3 頁。

　　人與自然的衝突可以用「參天地之化育」的觀念來化解。這是一種和諧共存的方法。中國古代儒家追求天人合一的價值觀，天既是天命之天，帶有神性，具有人格的特點，但也可以理解為自然之天。儒家對「天」的內涵並沒有完全限定，只是較籠統地說明人與天的合一性質。儒家思想這種寬泛性和包容性，利於後人對儒家思想作進一步的發揮和詮釋。儒家所謂的「天」也包括了自然之天的內涵，天人合一思想利於人對自然生態的保護。儒家的生態觀很早即形成，這種生態觀也促成了人之德性論的建構。主要從遵從自然生態規律建構人的自律德性、節約保護生態資源建構仁政治國理性、比德玉石山水自然景致建構仁義禮智四端和沐浴自然風景建構人的浩然之氣等幾個方面展開。「仲尼祖述堯舜，憲章文武；上律天時，下襲水土。闢如天地之無不持載，無不覆幬，闢如四時之錯行，如日月之代明。萬物並育而不相害，道並行而不相悖，小德川流，大德敦化，此天地之所以為大也。」〔註67〕萬物並育並存即是一種和諧共存的觀念，這種和諧共存考慮人與自然的公共性質，即是說天下萬物都是公共性質的。「唯天下至誠，為能經綸天下之大經，立天下之大本，知天地之化育。」〔註68〕荀子說：「天行有常，不為堯存，不為桀亡。應之以治則吉，應之以亂則凶。」〔註69〕正是基於知識體系必須以天命自然規律不可違為基礎，先秦儒家強調人必須與自然生態規律一致。「天命之謂性，率性之謂道，修道之謂教。」〔註70〕先秦儒家在自然規律的意識下建構了自律約束的德性論。自然之道具有厚實、廣闊的特點，因此人要有廣大仁義的德性。儒家認為自然生態對人有化育功能，表現為對有限的生態資源進行保護並且可以循環利用，不要浪費，人與生態資源的關係是可持續發展利用的關係。作為治國理政者必須建立仁政的治理觀念，以達到材質可以勝用的目的。節約保護資源在於合理地利用調配資源，同時保證百姓的生產時間。孟子的生態保護意識即是可持續發展的思想。孟子說：「不違農時，穀不可勝食也；數罟不入洿池，魚鱉不可勝食也；斧斤以時入山林，材木不可勝用也。欲與魚鱉不可勝食，材木不可勝用，是使民養生喪死無憾也。養生喪死無憾，王道之始也。」〔註71〕儒家的天人合一不僅僅是道德之天與人

〔註67〕《中庸》，朱熹《四書章句集注》，中華書局，1983年，第37頁。
〔註68〕《中庸》，朱熹《四書章句集注》，中華書局，1983年，第38頁。
〔註69〕《荀子·天論》，王先謙《荀子集解》，中華書局，1988年，第306頁。
〔註70〕《中庸》，朱熹《四書章句集注》，中華書局，1983年，第17頁。
〔註71〕《孟子·梁惠王上》，朱熹《四書章句集注》，中華書局，1983年，第203頁。

之道德的合一，還是自然生態與人德的化育合一。人與自然是和諧共存，對自然生態要節約利用，自然生態是公共利益，對自然的節約利用即是仁義的體現。

　　人與人的衝突化解要以「和」的觀念和方式解決。「和」是儒家化解矛盾的主導價值觀念。「和」的思想來源天地之和，天地自然處於「和」的狀態。《周易》說：「保合大和，乃利貞。」〔註72〕即是天地宇宙自然都是一種高度的「和」。《周易》說：「天地感而萬物化生，聖人感人心而天下和平。」〔註73〕天地與萬物達到一種「和」的境界，這種「和」是一種自然而然的狀態。董仲舒說：「和者，天之正也，陰陽之平也，其氣最良，物之所生也，誠擇其和者，以爲大得天地之奉也。天地之道，雖有不和者，必歸之於和，而所爲有功；雖有不中者，必止之於中，而所爲不失。」〔註74〕「和」是陰陽平衡，天地之正，即是「中」。天地之和能夠產生萬物，按照現代的話說即天地之和能導致生物的多樣性，多元共存下的「和」能夠使世界生生不息，「生生之謂易」。《國語・鄭語》說：「和實生物，同則不繼。以他平他謂之和，故能豐長而物歸之；若以同裨同，盡乃棄矣。故先王以土與金木水火雜，以成百物。」〔註75〕張立文先生解釋說「和」是對事物衝突多樣性的融合，是各種不同事物經過人的加工而「和合」，補濟其不及的地方，具有互補性質。〔註76〕也就是是「和」能夠產生新的事物，不同的事物之間互相融通。《周易》說：「君子以同而異。」〔註77〕君子對待事物和處世的方法是求同存異，不追求絕對的相同或者不同，「天下同歸而殊途，一致而百慮。」〔註78〕即是說思考方法可以各不相同，但最後有可能達到同一個目標。孔子說：「君子和而不同，小

〔註72〕《周易・上經・乾》，《周易正義》，《十三經注疏》，中華書局，1980 年，第14 頁。

〔註73〕《周易・下經・咸》，《周易正義》，《十三經注疏》，中華書局，1980 年，第46 頁。

〔註74〕《春秋繁露・循天之道》，蘇與《春秋繁露義證》，中華書局，1992 年，第446～447 頁。

〔註75〕《國語・鄭語》，來可泓《國語直解》，復旦大學出版社，2000 年，第746 頁。

〔註76〕張立文：《和合學概論——21 世紀文化戰略的構想》，首都師範大學出版社，1996 年，第463～465 頁。

〔註77〕《周易・下經・睽》，《周易正義》，《十三經注疏》，中華書局，1980 年，第51 頁。

〔註78〕《周易・繫辭下》，《周易正義》，《十三經注疏》，中華書局，1980 年，第 87頁。

人同而不和。」〔註 79〕君子與小人的區別在於對「和」、「同」的理解上存在差異。君子認為有同也有異，小人只是追求絕對相同，儒家君子重視「和」，就是把握全局，認為事事物物都有存在的合理性，順理成章，小人則重視「同」，以偏概全，強調事物存在的單一性，否定其他事物存在的合法性。「和」既然是世界存在的法則，人在價值觀念上就應該追求「和」，人與人之間的關係就應該以和為基礎，以和達到和。

正是基於「和而不同」的價值觀念和思維方式，儒家提出禮制秩序的和諧思維觀念。有子說：「禮之用，和為貴。先王之道斯為美，小大由之。有所不行，知和而和，不以禮節之，亦不可行也。」〔註 80〕以「禮」促「和」，其實質是承認差異和等級，尊重彼此之間的不同，但是以和為貴，尊重彼此的利益和關切，但是又作適當的調和限制，不侵佔對方的利益，達到一種差等的社會秩序的穩定。

儒家仁義的普世價值思想向現實轉化的過程中的確碰到了難題，孔子的仁義價值得到了每個人的認同。但是仁義的實施必須損害社會上層和富有階級的利益，但是以「禮」進行調節和制約，就能達到一種和諧狀態，既保護了社會上層的利益，又適當地提高了下層百姓的利益，彼此的關切都得到一定的滿足，既彰顯了仁義的普世價值，又推行了傳統的夏、商、周三代的文化禮制，最終達到天下和合。《史記》說：「文侯受子夏經藝，客段干木，過其閭，未嘗不軾也。秦嘗欲伐魏，或曰：『魏君賢人是禮，國人稱仁，上下和合，未可圖也。』文侯由此得譽於諸侯。」〔註 81〕意思是說魏國以禮行仁，國人和合，秦國不可能征服。管子也強調「和合，「邪氣襲內，正色乃衰。君不君則臣不臣，父不父則子不子。上失其位則下逾其節。上下不和，令乃不行。衣冠不正則賓者不肅，進退無儀則政令不行。且懷且威，則君道備矣。」〔註 82〕上下和合，政令才能暢通。「畜之以道，養之以德。畜之以道則民和，養之以德則民合，和合故能習，習故能偕，偕習以悉，莫之能傷也。」〔註 83〕和合即是道德和合。董仲舒說：「凡物必有合。合，必有上，必有下，必有左，必有右，必有前，必有後，必有表，必有裏。有美必有惡，有順必有逆，有

〔註 79〕 《論語‧子路》，朱熹《四書章句集注》，中華書局，1983 年，第 147 頁。
〔註 80〕 《論語‧學而》，朱熹《四書章句集注》，中華書局，1983 年，第 51 頁。
〔註 81〕 《史記‧魏世家第十四》，司馬遷《史記》，中華書局，2006 年，第 302 頁。
〔註 82〕 《管子‧形勢第二》，黎翔鳳《管子集注》，中華書局，2004 年，第 37 頁。
〔註 83〕 《管子‧幼官第八》，黎翔鳳《管子集注》，中華書局，2004 年，第 176 頁。

喜必有怒，有寒必有暑，有晝必有夜，此皆其合也。陰者陽之合，妻者夫之合，子者父之合，臣者君之合，物莫無合，而合各有陰陽。」〔註84〕和合是一種相互貫通。「和合」是儒家重要的價值觀念，主張天地人和，化解人與自然、人與人、人與社會、人與心靈的矛盾與衝突。張立文教授主張世界和合共生共存，以「和合學」的觀點解決當前世界危機，他說：「所謂和合，是指自然、社會、人際、心靈、文明中諸多元素、要素相互衝突、融合，與在衝突、融合的動態過程中各元素、要素和合爲新結構方式、新事物、新生命的總和。」〔註85〕這種「和合」來源於儒家的「和而不同」的價值觀念。

儒家以禮制制約社會矛盾的激化，以禮制達到社會安定，社會發展起來井然有序，在道理上比較合乎邏輯，因爲禮制消除了等級差異產生的矛盾，也符合自然倫理，親近親近的人，尊敬尊敬的人，尊敬長輩，看起來非常符合自然倫理道德，這也是仁義的體現。孟子說：「老吾老，以及人之老；幼吾幼，以及人之幼。天下可運於掌。」〔註86〕「禮」的運用雖然有人本價值的缺憾，但是「禮」對老年人和幼小者都是仁義的體現，對天下的鰥、寡、獨、孤四類群體則是一種仁義的實施。儒家提倡天下和合，對鰥、寡、獨、孤四類群體都要照顧，體現了一種公共精神的運用。

儒家將仁義的普世價值演化爲公共價值，採取的方式是和而不同、以「禮」促「和」、天下和合的價值觀念。仁義具有普世性，但在現實之中由於等級差異和貧富差別，仁義的實施存在著困難，爲了仁義成爲公共價值，儒家的運用了和諧共存的價值理念，這一理念具有現實性，能夠被不同的利益群體所接受。儒家思想既是哲學思想、倫理思想，還是社會政治思想，其目標是修身、齊家、治國、平天下，這一政治抱負必須使天下和合，調節天下不同利益群體的關係，實現天下大治。以「禮」促「和」，儘管帶來了人本價值的缺失，但卻使社會達到現實中的穩定而又在一定程度上限制了上層社會的私欲和擴大了普通百姓的人本價值，公共價值得到一定程度的彰顯，具有現實的合理性。

〔註84〕《春秋繁露·基義第五十三》，蘇輿《春秋繁露義證》，中華書局，1992年，第350頁。
〔註85〕張立文：《和合學概論——21世紀文化戰略的構想》，首都師範大學出版社，1996年，第71頁。
〔註86〕《孟子·梁惠王上》，朱熹《四書章句集注》，中華書局，1983年，第209頁。

　　綜上所述，儒家仁義的普世價值向公共價值的轉生經過了三大環節，以人為本的公平正義、推己及人的民主平等和和而不同的公共和合。以人為本的公平正義價值首先關注人本價值的存在需要關切每一個人，對每一個人要有仁義之心，仁義具有公共性質，可以達到理想的社會治理效果，民眾是公共利益的主體，對民眾的關愛是公共利益實現的保證，是天下實現治理的根本原因。忠恕之道、推己及人、己所不欲勿施於人是儒家民主平等的中心思想，是仁義的普世價值演化和演化為公共價值，「推己及人」和「己所不欲，勿施於人」在天下具有共同的心理基礎，實現了人本價值的生存、尊嚴、幸福、崇高和正義，也實現了普世價值向公共價值的轉化，使人本價值與公共理性實現耦合。儒家將仁義的普世價值演化為公共價值，採取的方式是和而不同、以「禮」促「和」、天下和合的價值觀念。實現了普世價值向公共價值的轉化，二者實現耦合。

第六章　公共價值化成：公共人格

　　儒家仁義的公共價值在現實社會眞正得到確立需要將公共價值轉化成公共人格，即將公共價值在人身上得到具體實現，形成具有公共品性的人格規範。公共價值轉化成公共人格，需要將德性的品格內化到社會人的心靈之中，將德性進行個體化，踐行德性規範，並且這種內化是以公共性爲基礎的，不以個體性爲基礎。即是說公共性人格需要整體上的認同，公共人格是整體人格，以「公」爲基礎，但是這種「公」有可能也與個體「私」具有一致性，也就是說儒家公共人格與個體人格具有共通性，盧梭說：「什麼是公共人格？我回答說，它就是人們所稱之爲主權者的、由社會公約賦之以生命而其全部的意志就叫做法律的那個道德人格。」〔註1〕公共人格與個體人格達到一定範圍內的一致性。公共價值轉化成公共人格主要從德性人格、利他人格、完美人格三個方面展開。德性人格體現爲存義去利，利他人格體現爲濟世安民，完美人格體現爲靈境崇高。

一、德性人格：存義去利

　　儒家將公平正義、民主平等和公共和合的公共價值演化成公共人格需要完善自身的德性人格，公共的德性人格主要通過存義去利來實現。德性即是一種在人身上體現出來的人本有的善性，即是說使人有天德的性質就是德性。《管子》書中說：「德者，道之舍，物得以生生，知得以職道之精。故德者，得也。得也者，其謂所得以然也。」〔註2〕「道」體現出來就是「德」。

〔註1〕參見盧梭《社會契約論》，商務印書館，2003年，第21頁。
〔註2〕《管子・心術上第三十六》，黎翔鳳《管子集注》，中華書局，2004年，第771頁。

張載說：「至當之謂德」，「德者得也，凡有性質而可有者也。」〔註3〕德性人格即是天道本性演化爲人本身應該具有的善良本性，中國古代哲學中將德性定義爲「應當」或者「應該」的性質，因爲人性是「善」，德性應當是善德。德性的善良最終以對社會、對他人體現爲樂善好施的行爲，將德性進行現實轉化，轉化是一種價值的實施，並且具有適合、合宜的性質，就是儒家所說的「義」，儒家的公共價值向公共人格的轉化就是存義去利。漢代揚雄說：「事得其宜之謂義。」〔註4〕韓愈說：「行而宜之之謂義。」〔註5〕「義」即是將「仁」的價值向現實轉化。孔子說：「君子義以爲質，禮以行之，孫以出之，信以成之。君子哉！」〔註6〕儒家君子的德性人格是「義」，人有「義」方稱爲君子。孔子說：「見得思義。」子張說：「士見危致命，見得思義，祭思敬，喪思哀，其可已矣。」〔註7〕士都能「見得思義」，也就是說要存義去利。孔子說：「君子義以爲上。君子有勇而無義爲亂；小人有勇而無義爲盜。」〔註8〕孟子特別主張存義去利的德性人格，「魚，我所欲也，熊掌亦我所欲也；二者不可得兼，舍魚而取熊掌者也。生亦我所欲也，義亦我所欲也；二者不可得兼，舍生而取義者也。」〔註9〕在生命與大義的二者選擇上要捨生取義，「義」大於生命，「義」的境界具有至上性。儒家存義去利的德性人格主要從天下爲公、以德報怨、以德化民三個方面展開。

1、天下為公，人本大公

儒家人本價值既在整體之中，又在個體之中體現，即是說人本價值不追求某一單個人的價值實現，而是將仁義的人本價值推演、外化到每一個人身上，社會整體人本價值的實現才是人本價值的眞正實現，這種價值實現不僅僅追求大多數人利益的實現，更要推及到每一個個體人，惠及到每一個人。正如孟子所說：「老吾老，以及人之老；幼吾幼，以及人之幼。」

〔註3〕《正蒙・至當篇》，張載《張載集》，中華書局，1978年，第32～33頁。
〔註4〕《法言・重黎》，汪榮寶《法言義疏》，中華書局，1987年，第395頁。
〔註5〕《韓愈集・原道》，屈守元、常思春《韓愈全集校釋》，四川大學出版社，1996年，第2662頁。
〔註6〕《論語・衛靈公》，朱熹《四書章句集注》，中華書局，1983年，第165頁。
〔註7〕《論語・子張》，朱熹《四書章句集注》，中華書局，1983年，第188頁。
〔註8〕《論語・陽貨》，朱熹《四書章句集注》，中華書局，1983年，第182頁。
〔註9〕《孟子・告子上》，朱熹《四書章句集注》，中華書局，1983年，第332頁。

〔註 10〕 做到鰥、寡、獨、孤都能得到養護，「老者衣帛食肉，黎民不饑不寒。」

〔註 11〕 仁義的人本價值需要體現在每一個人身上，不管是老弱病殘、上級下級、貧窮富有，都要實現人本價值，天下國家、黎民百姓是人本價值關注的對象。「仁」是對所有的人而言，仁義的對象只關注部分人、少數人則不能稱為「仁義」，那只是私利。對所有的人而言則是「公」。朱熹說：「公在前，恕在後，中間是仁。公了方能仁，私便不能仁。仁是愛底道理，公是仁底道理。故公則仁，仁則愛。公是仁之方法，人身是仁之材料。公卻是仁發處。無公，則仁行不得。」〔註 12〕 因此，「公」體現了「仁」，私心關注少數人不能說是實行了仁義的價值。

儒家將仁的思想向現實轉化，目的是為了讓所有的人有仁心，這種仁心即是公心，仁心轉化到人的身上形成了公心，這種德性則是公共德性，也是公共人格。程頤說：「仁之道，要之只消道一公字。公只是仁之理，不可將公便喚做仁。公而以人體之，故為仁。只為公則物我兼照，故仁，所以能恕，所以能愛，恕則仁之施，愛則仁之用也。」〔註 13〕「公」是互相兼顧和照應，仁愛遍及天下百姓。「公」在於「心」，公心則來源於「公道」，公道則是仁義的價值所致。有仁道才有公道，有公道才有公心，有公心才能實現仁愛，因此公平仁義的公共價值向公共人格的轉化經歷了體與用、理與氣、道與器的轉化過程。儒家具有現實主義的傳統，強調經世致用，儒家將天道、地道，但最終是要過渡到人道之中，即是說將天地的形而上學之道轉化為現實的人道之用。「公」則是在現實中的運用，仁義來源於天地之道，人與人之間先公後私、以公滅私都體現了在現實社會中實現仁義，在人身上體現為「公」才能說明仁義轉化為公共人格。公心則是公共人格的化身。古代都講求有一個公心，說明公共人格得到天下人的認同，既然公心成為一種公共人格，說明德德性人格即是一種公共人格。二程說：「有一個公共無私底意思，則言王。」

〔註 14〕 意思是說成為王者的人必須有公共德性、公共人格和管理公共事務的

〔註 10〕 《孟子·梁惠王上》，朱熹《四書章句集注》，中華書局，1983 年，第 209 頁。

〔註 11〕 《孟子·梁惠王上》，朱熹《四書章句集注》，中華書局，1983 年，第 212 頁。

〔註 12〕 《性理三·仁義禮智等名義》，卷六，黎靖德《朱子語類》，中華書局，1986 年，第 116 頁。

〔註 13〕 《河南程氏遺書》，卷第十五，程顥、程頤《二程集》，中華書局，1981 年，第 153 頁。

〔註 14〕 《河南程氏遺書》，卷第二上，程顥、程頤《二程集》，中華書局，1981 年，第 31～32 頁。

能力。董仲舒說：「古之造文者，三畫而連其中，謂之王。三畫者，天地與人也，而連其中者，通其道也。取天地與人之中以爲貫而參通之，非王者庸能當是。是故王者唯天之施，施其時而成之，法其命而循之諸人，法其數而以起事，治其道而以出法，治其志而歸之於仁。仁之美者在於天。天，仁也。天覆育萬物，既化而生之，有養而成之，事功無已，終而復始，凡舉歸之以奉人，察於天之意，無窮極之仁也。人之受命於天也，取仁於天而仁也，是故人之受命天之尊，父兄子弟之親，有忠信慈惠之心，有禮義廉讓之行，有是非逆順之治，文理燦然而厚，知廣大有而博，唯人道爲可以參天。」〔註15〕董仲舒的意思是眞正的王者能夠通曉天、地、人三道，一是稟承了天、地的仁義道德，二是善於參照天、地的道德仁義，運用於人類社會，治理天下，對天下百姓實施仁、義、禮、智。由此來看，古代的君王是具有公共精神和公共人格的治理者。朱熹說：「道者，古今共由之理，如父之慈，子之孝，君仁，臣忠，是一個公共底道理。」〔註16〕儒家之道就是公共之道，仁義就是一種公共人格。

　　正是基於儒家公共價值在現實中演化爲公共人格，儒家提倡在現實之中強調治理要以天下爲公。公共管理者要有公共人格，推行公共治理。孔子說：「大道之行也，天下爲公。選賢與能，講信修睦，故人不獨親其親，不獨子其子，使老有所終，壯有所用，幼有所長，矜寡孤獨廢疾者，皆有所養。男有分，女有歸。貨惡其棄於地也，不必藏於己；力惡其不出於身也，不必爲己。是故，謀閉而不興，盜竊亂賊而不作，故外戶而不閉，是謂大同。」〔註17〕「天下爲公」的意思是以天下公共利益爲核心價值，在人格上以天下爲念，關注天下黎民百姓，鰥、寡、獨、孤都有所養，任人唯賢，注重信用和睦，以天下的發展爲共同的事務，眞正體現「公」心，「四海之內，皆兄弟也。」〔註18〕天下才能安定。

　　眞正的儒者以天下爲公，其志在於實現公心，一心向著公心。荀子說：「志不免於曲私而冀人之以己爲公也，行不免於汙漫而冀人之以己爲修也，其愚

〔註15〕　《春秋繁露・王道通三》，蘇輿《春秋繁露義證》，中華書局，1992 年，第 328
　　　　　～330 頁。

〔註16〕　《學七・力行》，卷十三，黎靖德《朱子語類》，中華書局，1986 年，第 321 頁。

〔註17〕　《禮記・禮運》，《禮記正義》，《十三經注疏》，中華書局，1980 年，第 1414
　　　　　頁。

〔註18〕　《論語・顏淵》，朱熹《四書章句集注》，中華書局，1983 年，第 134 頁。

陋溝瞀而冀人之以己爲知也，是眾人也。志忍私然後能公，行忍情性然後能修，知而好問然後能才，公修而才，可謂小儒矣。志安公，行安修，知通統類，如是則可謂大儒矣。」〔註19〕大儒有天地之才，志向以天下爲公，知識廣博，觸類旁通。志向以天下爲公不會眼光狹隘，志向遠大，成就天下志向。天下爲公關注的是整體人本價值，仁義是源頭，公平是轉生，人格是現實，德性人格可以實現。

　　總之，存義去利的德性人格首先追求天下爲公，以天下的公共利益爲中心思考問題，不以單純個人的一己之私作爲發展的原則，天下爲公深入到內心，化成一種公共人格，無論是普通百姓、國家管理者都要以天下爲公作爲行爲的準則，並且不僅僅停留在表面上的「公」上，而必須以「公」體會「仁」。天下爲公的公共人格追求整體上實現人本價值，達到天下仁愛。天下爲公逐漸演化爲一種公共理性。天下爲公實現了人本價值的尊嚴、幸福、崇高和正義，實現了以人爲本、公平正義的公共價值與德人格的契合。

2、以德報怨，當仁不讓

　　儒家公平正義、民主平等的公共價值來源於儒家的仁義，公共價值轉化成公共人格需要將德性內化在每一個人的身上，即心靈之中。德性是社會人應該具有的性質，時時以德性爲基準，將德性化爲人自身的內在品質。因此內聖是公共人格形成的關鍵。儒家人本價值在現實社會中的實現需要以「德」的方式參與社會交往，人與人之間在交往的過程由於各種原因會產生衝突，衝突已經發生，作爲社會中的個人應該如何處理這種矛盾和衝突？儒家認爲需要以德報怨，即是說對有衝突的事情和別人對自己不善的行爲甚至是「惡」的行爲，應該以德進行回報。

　　運用德性、恩惠回報對方和社會群體，主要有兩種情況，一是他人違反原則對自己不善或者侵犯自己的利益，對這種人的回報應該是以直報怨，直接指出對方的錯誤，但不要報復對方，以德的方式回覆，希望以德進行感化；二是對對方的錯誤不要報復，能夠原諒和寬恕，報之以德。孔子說：「以德報怨，則寬身之仁也；以怨報德，則刑戮之民也。」〔註20〕朱熹說：「以德報怨」，自家能饒人，則免得人只管求怨自家，故曰『寬身之仁也』。如『以怨報怨』，

〔註19〕《荀子·儒效》，王先謙《荀子集解》，中華書局，1988年，第145頁。
〔註20〕《禮記·表記》，《禮記正義》，《十三經注疏》，中華書局，1980年，第1639頁。

則日日相搥鬥打，幾時是了？故曰『刑戮之民也』。」〔註21〕對待對方不能以怨報怨，這樣會互相仇視，冤冤相報，矛盾則越來越深，問題不但不能解決，最後還會導致矛盾擴大化，以暴易暴。以直報怨、以德報怨是仁義的公共價值向公共人格的轉化，充分考慮了社會的公共問題。

　　有人問孔子：「以德報怨，何如？」孔子說：「何以報德？以直報怨，以德報德。」朱熹注釋說：「德，謂恩惠也。」「於其所怨者，愛憎取捨，一以至公而無私，所謂直也。於其所德者，則必以德報之，不可忘也。」〔註22〕對待別人的不友善行爲需要以德、恩惠進行回報，對別人的友善也要以德回報，目的是爲了感化對方，《詩經》說：「投我以桃，報之以李。」鄭元箋說：「此言善往則善來，人無行而不得其報也。」〔註23〕朱熹說：「『以德報德』，蓋它有德於我，自是著饒潤它些子。所謂公法行於上，私義伸於下也。『以直報怨』，當賞則賞之，當罰則罰之，當生則生之，當死則死之，怨無與焉。不說自家與它有怨，便增損於其間。」〔註24〕寬恕、饒恕他人即是以德報怨，按原則辦事，有賞有罰則是以直報怨。

　　以直報怨的原因是仁義的執行非常堅決，稱爲當仁不讓。當仁不讓即是執行仁義的勇氣。孔子說：「當仁不讓於師。」朱熹注釋說：「當仁，以仁爲己任也。雖師亦無所遜，言當勇往而必爲也。蓋仁者，人所自有而自爲之，非有爭也，何遜之有？」〔註25〕爲了執行仁義必然是有勇氣而不遜讓，因爲仁義是崇高和正義的。

　　儒家注重仁、智、勇三種德性，仁是核心，智是對仁的選擇，勇是仁的執行力度。孔子說：「君子道者三，我無能焉：仁者不憂，知者不惑，勇者不懼。」子貢曰：「夫子自道也。」〔註26〕孔子說：「有德者必有言，有言者不必有德。仁者必有勇，勇者不必有仁。」朱熹注釋說：「有德者，和順積中，英華發外。能言者，或便佞口給而已。仁者，心無私累，見義必爲。勇者，

〔註21〕《論語二十六・憲問》，卷四十四，黎靖德《朱子語類》，中華書局，1986年，第1136頁。

〔註22〕《論語・憲問》，朱熹《四書章句集注》，中華書局，1983年，第157頁。

〔註23〕《詩經・大雅・蕩之什》，《毛詩正義》，《十三經注疏》，中華書局，1980年，第556頁。

〔註24〕《論語二十六・憲問》，卷四十四，黎靖德《朱子語類》，中華書局，1986年，第1136頁。

〔註25〕《論語・衛靈公》，朱熹《四書章句集注》，中華書局，1983年，第168頁。

〔註26〕《論語・憲問》，朱熹《四書章句集注》，中華書局，1983年，第156頁。

或血氣之強而已。」〔註27〕真正的德性是智、仁、勇三位一體。仁者有勇有智、有勇有謀。有勇無仁則天下大亂。「好勇疾貧，亂也。人而不仁，疾之已甚，亂也。」朱熹注釋說：「好勇而不安分，則必作亂。惡不仁之人而使之無所容，則必致亂。」〔註28〕儒家提倡有仁有勇、有勇有謀。孔子對子路說：「好仁不好學，其蔽也愚；好知不好學，其蔽也蕩；好信不好學，其蔽也賊；好直不好學，其蔽也絞；好勇不好學，其蔽也亂；好剛不好學，其蔽也狂。」〔註29〕子路詢問「勇」的事，「君子尚勇乎？」孔子回答說：「君子義以為上。君子有勇而無義為亂，小人有勇而無義為盜。」〔註30〕勇氣在謀略之下體現為「智」，「智」是對仁義的選擇。沒有仁義取向的智謀有可能出現錯誤，「仁」是價值導向。《中庸》說：「知，仁，勇三者，天下之達德也，所以行之者一也。或生而知之，或學而知之，或困而知之，及其知之一也；或安而行之，或利而行之，或勉強而行之，及其成功一也。子曰：好學近乎知，力行近乎仁，知恥近乎勇。知斯三者，則知所以修身；知所以修身，則知所以治人；知所以治人，則知所以治天下國家矣。」〔註31〕真正治理天下的人是智、仁、勇三德同時具備，「勇」是堅決地執行仁義。《禮記‧聘義》說君子之勇敢是行禮義，「有行之謂有義，有義之謂勇敢。故所貴於勇敢者，貴其能以立義也；所貴於立義者，貴其有行也；所貴於有行者，貴其行禮也。故所貴於勇敢者，貴其敢行禮義也。故勇敢強有力者，天下無事，則用之於禮義；天下有事，則用之於戰勝。用之於戰勝則無敵；用之於禮義則順治，外無敵，內順治，此之謂盛德。」〔註32〕「義」與「仁」都強調行為果敢、果斷，沒有絲毫的猶豫，義行天下。董仲舒說：「莫近於仁，莫急於智。不仁而有勇力材能，則狂而操利兵也；不智而辯慧狷給，則迷而乘良馬也。」〔註33〕意思是有仁義的良馬不會迷失方向，因此仁義是根本。「當仁不讓」即是儒家執行仁義體現出來的勇氣，實際也是以直報怨思想的來源，沒有仁義不可能實現以直報怨。

〔註27〕《論語‧憲問》，朱熹《四書章句集注》，中華書局，1983年，第149頁。
〔註28〕《論語‧泰伯》，朱熹《四書章句集注》，中華書局，1983年，第105頁。
〔註29〕《論語‧陽貨》，朱熹《四書章句集注》，中華書局，1983年，第178頁。
〔註30〕《論語‧陽貨》，朱熹《四書章句集注》，中華書局，1983年，第182頁。
〔註31〕《中庸》，朱熹《四書章句集注》，中華書局，1983年，第29頁。
〔註32〕《禮記‧聘義》，《禮記正義》，《十三經注疏》，中華書局，1980年，第1693頁。
〔註33〕《春秋繁露‧必仁且智》，蘇輿《春秋繁露義證》，中華書局，1992年，第257頁。

綜上所述，以德報怨、以直報怨、當仁不讓是儒家將德性價值轉化爲德性人格的重要任途徑，是在社會交往中當自身利益受到他人侵犯和損傷、或者沒有執行仁義自身有怨言而採取了化解矛盾的一種方式，以德報德、以德報怨、以直報怨、當仁不讓可以將公共仁義德性內化爲自身的品格，實現公共價值向公共人格的轉化。之所以說這幾個方面是德性人格的轉化，是因爲仁義的堅決執行才能實現以德報德、以德報怨、以直報怨，內心沒有仁義不可能實現這幾個方面的轉化。之所以說是公共人格，是因爲爲了化解社會矛盾衝突，社會人人都要彼此謙讓才能實現，這種人格人人遵守才能公共實現，才能避免以暴易暴。以德報怨、以直報怨、當仁不讓既實現了人本價值，又實現了公共價值，其本質是仁義的普世價值的實施，實現了公共價值向公共人格的轉化。

3、以德化民，人本政治

儒家公共價值向公共人格轉化的過程中當政者起著重要作用。儒者的基本志向是成爲社會治理人才，這樣的人才必須具備「德」與「能」兩個方面的素養，即所謂修身、齊家、治國、平天下，修身齊家是畜德，治國平天下重點在能力，具備這兩個方面素養的人才能稱爲「賢人」。儒者比較注重「賢」與「能」，賢人是「賢」與「能」的結合，正如孔子說：「大道之行也，天下爲公。選賢與能，講信修睦。」〔註 34〕賢人具備天下爲公的公共人格。孔子說：「所謂賢人者，好惡與民同情，取舍與民同統，行中矩繩而不傷於本，言足法於天下而不害於其身，躬爲匹夫而願富，貴爲諸侯而無財。如此則可謂賢人矣。」〔註 35〕孔子所描述的賢人重要的品格在於德性，以民爲本，以仁義大道爲根本，地位高貴但不貪財甚至沒有財產。

正是基於儒家對賢人的重視，儒家社會治理強調以德化民，實現人本政治。人本政治即是從社會治理開始，重視施德於民。孔子說：「文武之政，佈在方策。其人存，則其政舉；其人亡，則其政息。人道敏政，地道敏樹。夫政也者，蒲盧也。故爲政在人，取人以身，修身以道，修道以仁。仁者人也，親親爲大；義者宜也，尊賢爲大；親親之殺，尊賢之等，禮所生也。在下位

〔註34〕 《禮記·禮運》，《禮記正義》，《十三經注疏》，中華書局，1980 年，第 1414頁。

〔註35〕 《大戴禮記·哀公問五義第四十》，王聘珍《大戴禮記解詁》，中華書局，1983年，第 10～11 頁。

不獲乎上，民不可得而治矣！故君子不可以不修身；思修身，不可以不事親；思事親，不可以不知人；思知人，不可以不知天。」〔註36〕孔子的意思是從事政治治理的人是賢士，治理天下就像蒲盧一樣極容易生長，關鍵在於爲政以德，實行仁義、把民眾視爲親人，爲政者不關心天下百姓，天下不能得到治理。百姓是公共價值的主體，人本政治就是重視百姓的利益，以百姓爲本。西漢劉向說：「賢人君子者，通乎盛衰之時，明乎成敗之端，察乎治亂之紀，審乎人情，知所去就。故雖窮不處亡國之勢，雖貧不受污君之祿。」〔註37〕賢人之所以稱爲賢人是因爲其治理貫穿了以德治理，一是賢人有知識文化，善於釐清成敗關鍵，審察政紀人情，賢人爲政清白，不貪污腐化。

　　儒家以德化民的核心是爲政以德。孔子說：「爲政以德，譬如北辰，居其所而眾星共之。」朱熹注釋說：「爲政以德，則無爲而天下歸之。」〔註38〕爲政以德的效果是天下百姓歸順君王。孟子說：「以力假仁者霸，霸必有大國；以德行仁者王，王不待大。湯以七十里，文王以百里。以力服人者，非心服也，力不贍也；以德服人者，中心悅而誠服也，如七十子之服孔子也。《詩》云：『自西自東，自南自北，無思不服。』此之謂也。」〔註39〕以力爲政儘管能夠立竿見影，但民眾內心不服。以德爲政，民眾心悅誠服，法家以力爲政，最後導致失敗。荀子說：「凡兼人者有三術：有以德兼人者，有以力兼人者，有以富兼人者。彼貴我名聲，美我德行，欲爲我民，故辟門除涂以迎吾入，因其民，襲其處，而百姓皆安，立法施令莫不順比。是故得地而權彌重，兼人而兵俞強，是以德兼人者也。……以德兼人者王，以力兼人者弱，以富兼人者貧。」〔註40〕以力統治民眾，國家弱小，以德統治天下，國家得到大治，國力強盛。儒家一直提倡以德服人，以德統治人，以德吸引天下百姓，爲政以德。孔子說：「以德報德，則民有所勸；以怨報怨，則民有所懲。《詩》曰：『無言不仇，無德不報。』《大甲》曰：『民非后無能胥以寧；后非民無以辟四方。』」〔註41〕意思是說爲政以德，治理天下民眾，對民眾施行德性恩惠，

〔註36〕　《中庸》，朱熹《四書章句集注》，中華書局，1983年，第28頁。
〔註37〕　《說苑・雜言》，向宗魯《說苑校證》，中華書局，1987年，第410頁。
〔註38〕　《論語・爲政》，朱熹《四書章句集注》，中華書局，1983年，第53頁。
〔註39〕　《孟子・公孫丑上》，朱熹《四書章句集注》，中華書局，1983年，第235頁。
〔註40〕　《荀子・議兵》，王先謙《荀子集解》，中華書局，1988年，第289～290頁。
〔註41〕　《禮記・表記》，《禮記正義》，《十三經注疏》，中華書局，1980年，第1639頁。

則民眾能夠勸解，施行德性一定能夠得到回報，沒有有德性的國君不能使民眾得到安寧，國君沒有民眾不能治理天下和擴展界疆。

以德化民首要之點是政治治理者需要有德性。孔子說：「夫民教之以德，齊之以禮，則民有格心；教之以政，齊之以刑，則民有遁心。故君民者，子以愛之，則民親之；信以結之，則民不倍；恭以蒞之，則民有孫心。」〔註42〕以德化民則民眾會自動感化，自然以仁義對待君王，不會背離君王，至少有謙遜之心。因此為政者要有德性，才能以德化民。朱熹說：「『為政以德』，不是欲以德去為政，亦不是塊然全無所作為，但德修於己而人自感化。然感化不在政事上，卻在德上。蓋政者，所以正人之不正，豈無所作為。但人所以歸往，乃以其德耳。故不待作為，而天下歸之，如眾星之拱北極也。」「『為政以德』，非是不用刑罰號令，但以德先之耳。以德先之，則政皆是德。」〔註43〕朱熹的意思是為政者首要的條件是要有德性，有德性是首要條件，具有優先性，即使沒有多少作為，民眾也會歸順，以德為先是當政者的價值理念。

總之，以德化民，實現人本政治是統治者的首要價值理念。儒家仁義的公共價值向現實社會轉化，就是將仁義轉化到現實之中，需要將公共價值內化到每一個民眾心靈之中轉化為公共人格，公共價值向公共人格的關鍵是當政者起著舉足輕重的作用，因為當政者具有知識文化和管理方面的才能，走到社會前臺，是人民的父母，因此當政者對社會具有引導作用。儒家認為當政者起碼的素質是賢人，賢人具有起碼的德性，為政者為政以德自然而然地會感化民眾，為政者以德為先，能夠將公共價值轉化為公共人格。

儒家將仁義的公共價值轉化為公共人格是將公共價值內化到每一個人的內心之中，這一轉化首先在於德性人格的化成，通過天下為公、以德報怨和以德化民三個環節來實現。三個環節的核心是「德」化，個人化成公德，當政者以德化民，大義凜然地推行仁義，存義去利。德性人格具有優先性，因為德性是社會公共利益的需要而生成，德性人格在個人，但人人都要有德，公共理性在德性人格的生成上走向深入。

〔註42〕 《禮記·緇衣》，《禮記正義》，《十三經注疏》，中華書局，1980 年，第 1647 頁。

〔註43〕 《論語五·為政篇上》，卷二十三，黎靖德《朱子語類》，中華書局，1986 年，第 533～534 頁。

二、利他人格：厚生濟世

儒家的德性人格實際上是一種利他人格，德性人格和利他人格都是一種公共人格。德性人格重點在於內在的德性、品性，德性是一種本質在我，德性人格在於本質上的東西，但不一定外現，因爲有德性的人對他人無害，也可能無所作爲，無所作爲並不能說明他沒有德性。但要實現公共人格的形成必須有利於他人，因爲德性本身在於個體對他人的無害性，正如儒家所說「己所不欲勿施於人」，但要實現人格的公共化成還必須具有人格的利他性，使人格本身的力量向外擴散，化成天下。之所以要實現德人格向利他人格的轉化在於儒家以天下爲己任而任重道遠。德性人格演化成公共人格需要將內在的德性轉化爲天下所共知、共有和共享，這種演化的發起者以上層統治者和知識分子爲基礎，貫穿於責任之中，重點在於「利用安身」，主要從心憂天下、厚生治國和濟世安民三個方面展開。

1、心憂天下，責任擔當

心憂天下的責任感使儒家人格具有公共人格。人格有自私自利的人格、無知無欲的人格，還有大公無私的人格，自私自利的人格即是在德性上只關注自身的存在，這種人格體現爲「自我」的特性，無知無欲的人格體現爲一種無意識的「無我」的存在，但並不知去損害他人，體現爲既「無我」也「無他」的特性，大公無私的人格是一種有意識的理性人格，這種人格將自身的存在放在社會群體和整體的存在中進行考量，由「自我」走向「他我」，這種「他我」就是一種道德人格的外化。既然利他人格體現爲對「他我」的關注，關注他人和社會整體的存在，這種人格毫無疑問是一種公共人格。

儒家人格以天下爲己任，以天下作爲自身思考的對象，這種儒家人格可以稱爲公共人格。儒家提倡善良之心，人心向善，並且這種人心向善來源於本心的良知，良知是本心，良知是明德之心，這種「明德」使自身養成了一種以天下爲己任的責任心和責任感。中國古代的「士」是儒家思想的代表形象，馮友蘭說：「中國文化傳統中的士的道德標準，就是儒家的標準。」〔註44〕「士」的形象是具有責任感的形象，「士」以天下爲己任，其人格和品性以社會群體和整體作爲人生思量的對象，其品格的養成來源對社會人生的思考。曾子說：「士不可以不弘毅，任重而道遠。仁以爲己任，不亦重乎？死而後已，

〔註44〕馮友蘭：《中國哲學史新編》（下卷），人民出版社，2007年，第9頁。

不亦遠乎？」〔註45〕「士」以天下爲自己的重任，爲了實現這一重任表現出堅強的毅力、包容的品性和善良的德性，這些人格的中心是仁義，「士」以天下爲自身思考的對象，心憂天下。子貢問：「何如斯可謂之士矣？」孔子說：「行己有恥，使於四方，不辱君命，可謂士矣。」〔註46〕孔子說：「所謂士者，雖不能盡道術，必有所由焉；雖不能盡善盡美，必有所處焉。是故知不務多，而務審其所知；行不務多，而務審其所由；言不務多，而務審其所謂；知既知之，行既由之，言既順之，若夫性命肌膚之不可易也，富貴不足以益，貧賤不足以損。若此，則可謂士矣。」〔註47〕孔子對「士」的內涵定義有多個方面，既有勤奮好學，又有禮義廉恥，還有心憂天下的內容，這裡主要說明了「士」志在四方而心憂天下、盡善盡美。孟子對「士」也作了說明，說明「士」的志向是實現仁義，有仁義的士人、君子、君王才是有價值的人，爲了達到仁義的目標需要心憂天下，眞正的王者是心憂天下的王者。「樂民之樂者，民亦樂其樂；憂民之憂者，民亦憂其憂。樂以天下，憂以天下，然而不王者，未之有也。」〔註48〕孟子的意思是王者以天下爲憂，以天下黎民百姓爲思考的對象，這樣君王才能實現永久的統治。儒家對君子的定義也體現了心憂天下的責任感，孔子說：「所謂君子者，躬行忠信，其心不買；仁義在己，而不害不志；聞志廣博而色不伐；思慮明達而辭不爭；君子猶然如將可及也，而不可及也。如此可謂君子矣。」〔註49〕君子的特點是仁義忠信、博學明達、仁義爲己任，心憂天下。賢人的定義也體現了心憂天下的考量。「所謂賢人者，好惡與民同情，取舍與民同統，行中矩繩而不傷於本，言足法於天下，而不害於其身，躬爲匹夫而願富，貴爲諸侯而無財。如此則可謂賢人矣。」〔註50〕賢人的特點是行規道矩、言行天下、清貧賢良，與君子具有相似的特性，心憂天下。范仲淹說：「先天下之憂而憂，後天下之樂而樂。」〔註51〕范仲淹憂

〔註45〕 《論語・泰伯》，朱熹《四書章句集注》，中華書局，1983 年，第 104 頁。

〔註46〕 《論語・子路》，朱熹《四書章句集注》，中華書局，1983 年，第 146 頁。

〔註47〕 《大戴禮記・哀公問五義第四十》，王聘珍《大戴禮記解詁》，中華書局，1983 年，第 10 頁。

〔註48〕 《孟子・梁惠王下》，朱熹《四書章句集注》，中華書局，1983 年，第 216 頁。

〔註49〕 《大戴禮記・哀公問五義》，王聘珍《大戴禮記解詁》，中華書局，1983 年，第 10 頁。

〔註50〕 《大戴禮記・哀公問五義第四十》，王聘珍《大戴禮記解詁》，中華書局，1983 年，第 10～11 頁。

〔註51〕 《岳陽樓記》，范仲淹《范仲淹全集》，四川大學出版社，2002 年，第 195 頁。

慮的是天下黎民百姓和天下治理。

　　儒家的核心話語之一就是「天下」，「天下」成爲儒家思考的重要對象，說明儒家所謂的人是眷顧「天下」的人，是一個有責任感的人，人本人格就是關注天下的人格，孔子說：「至禮不讓而天下治，至賞不費而天下之士說，至樂無聲而天下之民和。明主篤行三至，故天下之君可得而知也，天下之士可得而臣也，天下之民可得而用也。」〔註 52〕天下治理、天下士人、天下黎民，無不體現「天下」的話語體系，說明儒家以天下爲根本的思考對象，以天下爲憂，體現了儒家的天下精神和價值取向，人格本身是天下人格，而不是獨立於天下之外的人格。《大戴禮記》說：「昔者明主以盡知天下良士之名，既知其名，又知其數，既知其數，又知其所在。明主因天下之爵以尊天下之士，此之謂至禮不讓而天下治；因天下之祿以富天下之士，此之謂至賞不費而天下之士說；天下之士說，則天下之明譽興，此之謂至樂無聲而天下之民和。故曰：所謂天下之至仁者，能合天下之至親者也；所謂天下之至知者，能用天下之至和者也；所謂天下之至明者，能選天下之至良者也。此三者咸通，然後可以征。是故仁者莫大於愛人，知者莫大於知賢，政者莫大於官賢，有土之君脩此三者，則四海之內拱而俟，然後可以征。明主之所征，必道之所廢者也。彼廢道而不行，然後誅其君，致其征，弔其民而不奪其財也。故曰明主之征也，猶時雨也，至則民說矣。是故行施彌博，得親彌眾，此之謂『衽席之上乎還師』。」〔註 53〕「天下」一詞在儒家那裡處處呈現，開明君主都以天下爲理念，尊天下之士、樂天下之民，心憂天下才能實現天下治理。君主不能首先想到自身，首先要關注天下蒼生。以天下爲念即是心憂天下，憂患的對象是天下，這樣國家才能長治久安，正如孟子說：「生於憂患而死於安樂也。」〔註 54〕憂患是心憂天下，體現爲一種責任感。

　　儒家心憂天下的責任感一方面是爲了國家統治的長久，另一方面是爲了黎民百姓的生活安定，儒家本身道德人格的建立來源於這兩個因素，沒有這種道德人格的建立，國家不可能長期存在。因此要朝夕以天下作爲憂慮的對象。「是故君子以仁爲尊。天下之爲富，何爲富？則仁爲富也；天下

〔註 52〕《大戴禮記‧哀公問五義第四十》，王聘珍《大戴禮記解詁》，中華書局，1983年，第 7 頁。

〔註 53〕《大戴禮記‧哀公問五義第四十》，王聘珍《大戴禮記解詁》，中華書局，1983年，第 7～8 頁。

〔註 54〕《孟子‧告子下》，朱熹《四書章句集注》，中華書局，1983 年，第 384 頁。

之爲貴，何爲貴？則仁爲貴也。昔者，舜匹夫也，土地之厚，則得而有之；人徒之眾，則得而使之：舜唯以仁得之也。是故君子將說富貴，必勉於仁也。昔者，伯夷、叔齊死於溝澮之間，其仁成名於天下。夫二子者，居河濟之間，非有土地之厚，貨粟之富也，言爲文章、行爲表綴於天下。是故君子思仁義，晝則忘食，夜則忘寐，日旦就業，夕而自省，以歿其身，亦可謂守業矣。」〔註55〕君子的本質是仁義，爲了達到仁義而有些廢寢忘食，不斷自我反省，以成就天下之名。儒家比較追求自身的名節，力求在天下獲得一個好名聲，這種價值取向不同於道家和法家，這種價值取向實質上是一種責任感的昇華。儒家因爲注重名節，對自身的身心修養達到了至高的境界，中國古代的士具有相當高的忍性，孟子說：「無恒產而有恒心者，惟士爲能。」〔註56〕這說明理性戰勝了自身的欲望，爲了實現天下仁義甚至毀滅自己的肉體。孔子讚揚顏回之賢：「賢哉，回也！一簞食，一瓢飲，在陋巷。人不堪其憂，回也不改其樂。賢哉，回也！」〔註57〕顏回不改其樂體現了儒家的理性，力求實現天下仁義。

之所以說明儒家心憂天下是一種利他人格是因爲儒家心性以道心爲本心，即是說以善良之心爲本心，這種本心不以自身的利益爲思考的對象，而以天下百姓和國家治理爲思考的對象。儒家的價值體現在爲天下百姓、國家治理解決難題，不計個人得失，不計個人得失、爲天下謀利益的人才是真正的人。儒家心憂天下的責任感是一種利他人格，首先考量的是他人利益而不是自身利益，一方面以推行天下仁義爲根本，另一方面捨棄自身的利益好處，董仲舒說：「正其道不謀其利，修其理不急其功」，〔註58〕後來有人將董仲舒的思想歸納爲「正其誼（義）不謀其利，明其道不計其功」，〔註59〕說的就是這個意思。儒家心憂天下的人格是一種公共人格，因爲人人都主張爲天下謀福利，爲天下蒼生爲念，其公共性在於爲天下百姓的發展爲考量，以國家的長治久安爲思考對象。

〔註55〕《大戴禮記·曾子制言中第五十五》，王聘珍《大戴禮記解詁》，中華書局，1983年，第94頁。

〔註56〕《孟子·梁惠王上》，朱熹《四書章句集注》，中華書局，1983年，第211頁。

〔註57〕《論語·雍也》，朱熹《四書章句集注》，中華書局，1983年，第87頁。

〔註58〕《春秋繁露·對膠西王越大夫不得爲仁》，蘇輿《春秋繁露義證》，中華書局，1992年，第268頁。

〔註59〕《孟子集注》，朱熹《四書章句集注》，中華書局，1983年，第373頁。

　　心憂天下體現了一種責任擔當精神，具有這種精神的人是一種利他人格的生成，利他人格的生成在於心，沒有利他之心不能生成利他人格。利他人格既可以是普通百姓的人格，又是上層統治者和知識分子的人格，心憂天下則是上層統治者和知識分子的重要人格。利他人格是德性人格的進一步發展，爲公共理性的生成起到了轉換作用，是這一轉換的中間環節。

2、正德厚生，治國化民

　　如果說儒家心憂天下體現爲一種責任感和責任意識，那麼「正德厚生」則體現爲一種公共人格的外化，即是說開始向行動轉化。利他人格是一種外化的人格，利他人格需要對自身之外的人施加仁義，這種仁義主要是相對於上層社會而言，上層統治者主要是指儒家知識分子，即是說士人、賢人、君子、君王需要具有利他的人格，這種利他人格包括正德厚生。何謂君王統治者，何謂眞正的王者？眞正的王者需要以治國爲本，能夠正德厚生，統治者的人本價值就是實現政治治理、國泰民安。正德厚生強調對國家社會、黎民百姓有一種保護和養護功能，儒家的知識分子都主張對黎民百姓有養護功能，人作爲人有責任擔當精神，還要有讓這種責任能夠轉化爲現實的功能。從這個意義上說，儒家知識分子的責任就是一種社會責任，儒者之所以稱爲儒者，需要體現爲治國的人本人格。「士」在中國古代成爲社會發展的推動力量就在於士有「正德厚生」的人本人格力量。馮友蘭說：「在中國封建社會中知識分子階層是一個政治力量。學校是知識分子集合的地方，如果爆發爲群眾性的運動，力量就更大了。」「士」對政治的影響在於形成了一種政治環境，對政治產生了巨大的影響力。「從黃宗羲以前及其以後的中國歷史看，『士』是中國社會中的一種政治力量。黃宗羲把學校排在與君相併立的地位，這是有根據的。」「士在中國歷史中所起的作用是積極的。」〔註60〕這說明「士」階層的人本人格以黎民百姓和國家發展爲觀照，士的人格體現了一種利他人格。

　　中國古代的士和君子的人格是利他人格，中國古代的主流哲學追求一種經世致用的人格精神，這種人格精神是一種利他的人格精神，無論是德性的建立還關注天下黎民百姓都是利他人格的體現，修身、齊家、治國都是「利他」性質的。「利他」就是要解決國家百姓的現實生活問題。早在《尚書》中就強調「事」的重要性，重點在於解決實際問題，《尚書‧大禹謨》載：「正

〔註60〕馮友蘭：《中國哲學史新編》（下卷），人民出版社，2007，第10～11頁。

德、利用、厚生，惟和。」孔穎達疏：「正德以率下，利用以阜財，厚生以養民，三者和所謂善政。」〔註61〕意思是說社會和諧需要道德正派、關注百姓的利益。《周易·繫辭》也說：「精義入神，以致用也；利用安身，以崇德也。」〔註62〕意思是說「致用」是目標，「利用」是手段，道德是價值。「備物致用，立成器以爲天下利」〔註63〕致用之學的目的是爲了天下百姓獲得利益。《春秋左傳·文公七年》載：「六府三事，謂之九功。水火金木土穀，謂之六府。正德、利用、厚生，謂之三事。」〔註64〕統治者治國理政的根本就是引導社會走向正道，帶領百姓致富，幫助百姓提高生活水平。作爲國君統治者治理國家需要對「賢者」、百姓施加恩惠，一是尊重「賢者」，二是關心普通百姓的生活。

首先，國君要尊重賢者。國君要對賢者提供足夠的條件，使其能夠爲國家效力，因爲賢者有治國才能，還能引導國家走向良性的道德方向，即是「正德」。「孔子侍坐於哀公。哀公曰：『敢問人道誰爲大？』孔子愀然作色而對曰：『君及此言也，百姓之德也，固臣敢無辭而對。人道政爲大。』公曰：『敢問何謂爲政？』孔子對曰：『政者正也。君爲正，則百姓從政矣。君之所爲，百姓之所從也。君所不爲，百姓何從？』」〔註65〕意思是君王的根本任務在於治國理政，政治在於走向正道，百姓才有依靠，「政」就是「正」，國君爲正事，百姓才能走向正道。國君不走正道，百姓行爲也會發生偏向。國君是一個導向標，國君的行爲對黎民百姓起著導向作用。孔子說：「其身正，不令而行，其身不正，雖令不從。」〔註66〕社會地位的高低依靠正身，正人先正己，正德才能引導他人。孟子說：「行有不得者皆反求諸己，其身正而天下歸之。」〔註67〕反求諸己，以正身求位。季康子問政

〔註61〕 《尚書·虞書·大禹謨》，《尚書正義》，《十三經注疏》，中華書局，1980年，第135頁。
〔註62〕 《周易·繫辭下》，《周易正義》，《十三經注疏》，中華書局，1980年，第87頁。
〔註63〕 《周易·繫辭上》，《周易正義》，《十三經注疏》，中華書局，1980年，第82頁。
〔註64〕 《春秋左傳·文公七年》，《春秋左傳正義》，《十三經注疏》，中華書局，1980年，第1846頁。
〔註65〕 《大戴禮記·哀公問於孔子第四十一》，王聘珍《大戴禮記解詁》，中華書局，1983年，第13頁。
〔註66〕 《論語·子路》，朱熹《四書章句集注》，中華書局，1983年，第143頁。
〔註67〕 《孟子·離婁上》，朱熹《四書章句集注》，中華書局，1983年，第287頁。

於孔子說：「如殺無道，以就有道，何如？」孔子對曰：「子爲政，焉用殺？
子欲善而民善矣。君子之德風，小人之德草，草上之風，必偃。」〔註 68〕
君子、國君等上層社會的人的人格首先是德性人格，好比風一樣，普通百
姓好比草一樣，風吹向那裡，草就倒向那裡。正德既是對於自己而言，又
是對於引導社會價值導向而言，國君等上層統治者的任務是引導國家在價
值導向上走向良性發展。基於統治者的導向和引導作用，國君必須尊重賢
者，賢人的特質適合治理國家，其才能和德性都能夠對社會發展起著引導
和糾正作用，國君必須重用賢人。孔子說：「所謂賢人者，好惡與民同情，
取舍與民同統，行中矩繩而不傷於本，言足法於天下而不害於其身，躬爲
匹夫而願富，貴爲諸侯而無財。如此則可謂賢人矣。」〔註 69〕賢人具有利
他人格，與黎民百姓相聯繫，非常注重規章制度的建設和執行，爲政清廉，
這些都是百姓行爲參照的對象。因此，必須尊重、任用賢人。

其次，上層社會對賢者要以恩惠等條件進行吸引。只有「厚生」才能招
賢納士，「厚生」能夠吸引賢人、養護賢人。萬章問：「敢問國君欲養君子，
如何斯可謂養矣？」孟子說：「以君命將之，再拜稽首而受。其後廩人繼粟，
庖人繼肉，不以君命將之。子思以爲鼎肉使己僕僕爾亟拜也，非養君子之道
也。堯之於舜也，使其子九男事之，二女女焉，百官牛羊倉廩備，以養舜於
畎畝之中，後舉而加諸上位，故曰王公之尊賢者也。」〔註 70〕堯爲了吸引舜，
運用的是「厚生」的方法，使舜能夠繼承堯的事業，治理國家。國君對賢人、
君子都要使用厚生致養的方法，使其爲國家效力，這些都是利他人格。

第三，上層統治者對百姓要施加恩惠。儒家提倡統治者的人格是關心百
姓疾苦的人格，即是說心中有百姓，拯救百姓於水火之中。針對哀公征稅的
情況，有若對哀公說：「百姓足，君孰與不足？百姓不足，君孰與足？」朱熹
注釋說：「民富則君不至獨貧；民貧，則君不能獨富。有若深言君民一體之意，
以止公之厚斂，爲人上者所宜深念也。」〔註 71〕對百姓徵收過多的賦稅，生
活不能保障，國君的統治也得不到保證，因此民富才能國富，黎民富足國君
才能富足。顧炎武說：「然則祈天永命之實，必在於觀民。而斫雕爲樸，其道

〔註 68〕 《論語‧顏淵》，朱熹《四書章句集注》，中華書局，1983 年，第 138 頁。
〔註 69〕 《大戴禮記‧哀公問五義第四十》，王聘珍《大戴禮記解詁》，中華書局，1983
年，第 10～11 頁。
〔註 70〕 《孟子‧萬章下》，朱熹《四書章句集注》，中華書局，1983 年，第 322 頁。
〔註 71〕 《論語‧顏淵》，朱熹《四書章句集注》，中華書局，1983 年，第 135 頁。

何由？則必以厚生爲本。」〔註72〕意思統治者的人格在於心中有百姓，以厚生爲根本。

總之，「正德厚生」是上層社會的政治人格，這種人格是一種利他人格，以利於國家發展、國家治理、關注百姓生活爲根本，作爲政治人物不是孤立的單個政治，是整體的政治，爲了保持國家治理的長久性，政治人格是以人民爲根本、以國家爲中心、以正德厚生爲途徑，正德厚生是利他主義的政治人格。統治者是什麼？統治者的根本人格就是從事正當社會治理的人格，關心百姓，與百姓聯繫在一起的賢者，主張公平正義，施行仁義。「正德」是政治人格的導向，「厚生」政治人格的實施，正德厚生的人格要求治國者能夠尊賢納士，關注百姓疾苦。成功的治國者是先「厚生」而後「化民」。西漢劉向說：「政有三品：王者之政化之，霸者之政威之，強國之政脅之，夫此三者各有所施，而化之爲貴矣。夫化之不變而後威之，威之不變，而後脅之，脅之不變，而後刑之。夫至於刑者，則非王者之所貴也。是以聖王先德教而後刑罰，立榮恥而明防禁，崇禮義之節以示之，賤貨利之弊以變之，修近理內，政橛機之禮，壹妃匹之際，則莫不慕義禮之榮，而惡貪亂之恥，其所由致之者，化使然也。」〔註73〕「化民」是政治的根本，「刑民」是下策。因此政治人的基本素質必須具有正德厚生的本質。正德厚生的人格體現了爲公共利益服務的性質，具有公共理性的基礎。

3、濟世安民，太平幸福

從儒家心憂天下的責任人到儒家正德厚生的治國人，儒家的利他人格得到進一步提升，儒家思想與政治責任聯繫在一起，儒家不同於道家和墨家，具有社會擔當責任和政治抱負，主張爲社會發展進步貢獻自身的力量，這種責任和政治抱負發展到最後上昇爲「濟世安民」的利他人格。濟世安民是儒家利他的公共人格的昇華，這種人格要求爲天下太平幸福而貢獻自身的力量。之所以說這種人格具有公共性是因爲這種人格觀照了整體社會群體，濟世安民的對象是整個人類社會，關注的是共同和公共的幸福，而不是單個人的幸福。

儒家的志向最終是爲了天下太平幸福，爲了這種太平幸福的實現，推行

〔註72〕《日知錄·民之矣日用飲食》，卷三，黃汝成《日知錄集釋》，上海古籍出版社，2006年，第150頁。

〔註73〕《說苑·政理》，向宗魯《說苑校證》，中華書局，1987年，第143頁。

仁義的價值理念，其志向非常遠大。正是這一遠大的志向對貧窮並不在意，因爲爲了實現天下幸福太平而能忍受疾苦和貧窮。《韓詩外傳》說：「是故窮則有名，通則有功。仁義兼覆天下而不窮。明通天地理，理萬物而不疑。血氣平和，志意廣大，行塞天地，仁知之極也。」〔註74〕雖然財富上貧窮，但志向卻很廣大，推行仁義達到天下，濟世安民，意思是說人在財產上貧窮但志向不能貧窮。《周易·繫辭》說：「夫《易》，聖人之所以極深而研幾也。唯深也，故能通天下之志；唯幾也，故能成天下之務。」〔註75〕通天下之志就是濟世安民，推行仁義。孔子說：「士志於道，而恥惡衣惡食者，未足與議也。」〔註76〕志向在於實現儒家仁義之道。孟子說：「古之人，得志，澤加於民；不得志，修身見於世。窮則獨善其身，達則兼善天下。」〔註77〕「獨善其身」是自我修養，「兼善天下」則是濟世安民。荀子更強調窮不倒志，人窮志廣，「君子之求利也略，其遠害也早，其避辱也懼，其行道理也勇。君子貧窮而志廣，富貴而體恭，安燕而血氣不惰，勞倦而容貌不枯，怒不過奪，喜不過予。」〔註78〕君子的志向屬於戰略的層面，不因貧窮而倒志，其血氣不惰，其德不同於小人。「君子立志如窮，雖天子三公問，正以是非對。」〔註79〕君子的志向不因貧窮而改變，立志才能糾正。「自知者不怨人，知命者不怨天，怨人者窮，怨天者無志。」〔註80〕眞正有志向的人不怨天尤人。先秦儒家很早就有思維的主體性，主張人主動地改變現實，不怨天尤人。宋明理學家懷著爲天下開太平的志向提出新的儒學主張，其志向遠大。張載說：「爲天地立心，爲生民立道，爲去聖繼絕學，爲萬世開太平。」〔註81〕張載的志向是通過學問之道爲天下開啓太平。張載說：「天本無心，及其生成萬物，則須歸功於天，曰：此天地之仁也。仁人則須索做，始則須勉勉，終則復自然。人須常存此心，及用得熟卻恐忘了。若事有汨沒，則此心旋失，失而復求之則才

〔註74〕《韓詩外傳》，卷四第十一章，許維遹《韓詩外傳集釋》，中華書局，1980 年，第 142 頁。

〔註75〕《周易·繫辭上》，《周易正義》，《十三經注疏》中華書局，1980 年，第 81 頁。

〔註76〕《論語·里仁》，朱熹《四書章句集注》，中華書局，1983 年，第 71 頁。

〔註77〕《孟子·盡心上》，朱熹《四書章句集注》，中華書局，1983 年，第 351 頁。

〔註78〕《荀子·修身》，王先謙《荀子集解》，中華書局，1988 年，第 35 頁。

〔註79〕《荀子·大略》，王先謙《荀子集解》，中華書局，1988 年，第 505 頁。

〔註80〕《荀子·榮辱》，王先謙《荀子集解》，中華書局，1988 年，第 58 頁。

〔註81〕《拾遺·近思錄拾遺》，張載《張載集》，中華書局，1978 年，第 376 頁。

得如舊耳。若能常存而不失，則就上日進。立得此心方是學不錯，然後要學
此心之約到無去處也。立本以此心，多識前言往行以畜其德，是亦從此而辨，
非亦從此而辨矣。以此存心，則無有不善。」〔註82〕張載以學問之道開啓天
下太平，達到濟世安民的目的。程頤將立志作爲人的當務之急，他說：「當世
之務，所尤先者有三：一曰立志，二曰責任，三曰求賢。」「三者之中，復以
立志爲本。所謂立志者，至誠一心，以道自任，以聖人之訓爲可必信，先王
之治爲可必行，不狃滯於近規，不遷惑於衆口，必期致天下如三代之世也。」
〔註83〕意思是儒家志向是根本，一心向著儒家道統奮發圖強，達到濟世安民
的目的。

　　儒家自古以來強調以民爲本，濟世安民，實現天下大同，追求天下共同
幸福。程頤說：「以聖人之心言之，固至誠求天下之比，以安民也。以後王之
私言之，不求下民之附，則危亡至矣。」〔註84〕安民則天下太平，不安民則
天下危亡，其原因是安民則百姓感恩。《尚書》說：「安民則惠，黎民懷之。」
孔穎達疏：「惠，愛也。愛則民歸之。」〔註85〕只有濟世安民才能實現天下治
理，濟世安民一方面實現百姓的幸福、國家的太平，另一方面實現了統治者
的統治。儒家認爲只有天下都實現太平才能稱得上眞正的太平幸福，單個人
的幸福不能稱爲眞正的幸福。孟子問梁惠王：「獨樂樂，與人樂樂，孰樂？」
梁惠王說：「不若與人。」孟子問：「與少樂樂，與衆樂樂，孰樂？」梁惠王
說：「不若與衆。」〔註86〕天下所有人共同的快樂才是眞正的快樂，天下人共
同的幸福才是眞正的幸福，與民同樂成爲儒家的一種公共人格。

　　太平幸福是人追求的目標，儒家正掌握了這一「人同此心，心同此理」
的心理，希求人人養成一種濟世安民的共同人格。這種共同的人格具有公
共的價值導向，因爲人人都希望達到這一共同的目標。作爲上層社會的統
治者，包括儒者，必須有這種共同的人格基礎，沒有這種公共的人格不能
實現天下太平。幸福是人本價值，太平也是人本價值，這些人本價值具有

〔註82〕《經學理窟‧氣質》，張載《張載集》，中華書局，1978 年，第 266 頁。

〔註83〕《朱子近思錄‧卷之八》，朱熹、呂祖謙《近思錄》，上海古籍出版社，2000
　　　　年，第 93 頁。

〔註84〕《孟子三‧公孫丑上之下》，卷五十三，黎靖德《朱子語類》，中華書局，1986
　　　　年，第 1278 頁。

〔註85〕《尚書‧虞書‧皋陶謨》，《尚書正義》，《十三經注疏》，中華書局，1980 年，
　　　　第 138 頁。

〔註86〕《孟子‧梁惠王下》，朱熹《四書章句集注》，中華書局，1983 年，第 213 頁。

公共性和共同性，而爲了實現個人的人本幸福，必須以整體人本價值的實現爲基本條件，因此濟世安民的利他人格是公共價值的外化形成。《周易》的《彖》說：「剛柔交錯，天文也。文明以止，人文也。觀乎天文，以察時變；觀乎人文，以化成天下。」〔註87〕公共人格的形成實現上是人文化成，達到天下公共利益。

從德性人格向利他人格的轉換是從心理意識向現實行動的轉換，心中應有利他人格的內化。利他人格通過心憂天下、正德厚生和濟世安民來實現，利他人格既是普通百姓的人格，更是上層統治者和知識分子的人格，利他人格體現了一種公共服務的人格力量，利他人格實現了個人生存、尊嚴、幸福、崇高和正義的人本價值，又使公共精神得到建樹，是將人本價值與公共理性實現了耦合，耦合機理是人本價值符合公共理性的建樹。

三、藝術人格：崇高儒雅

儒家的德性人格是存義去利，利他人格是厚生濟世，德性人格以自身的正義爲中心，主張自己不損害他人利益，「己所不欲勿施於人」，利他人格強調以對他人有利爲中心，德性人格是「立人」，利他人格則是「達人」，對於社會地位高的人來說利他人格以「厚生濟世」體現出來，對社會地位低的人來說以「存義去利」體現出來。德性人格和利他人格都是現實的人格呼喚，也是一種人本價值意義上的人格。

儒家人格還有一種可能意義上的人格，這種人格充滿了理想，這種人格則是藝術上的人格，這種人格超越了現實，達到人格上的完美和高雅。這種可能人格處於藝術和美學的層次上，對於普通百姓而言是一種超越，因爲黎民百姓處於追求生活溫飽的層次，在人格上需要人人處於道德仁義的層面，道德仁義直接關係到人的生活問題的解決，因爲道德的存在可使人人有生存的希望。但是藝術人格已經超越道德上的層次，而追求藝術境界上的存在，這種人格已經超越了物質生活的層次，但卻建立在道德人格的基礎上。物質生活通過道德層次上的調節才能化解人與人之間的衝突，沒有這種調節不可能形成一種藝術境界上的人格。因此，德性人格的演化和延伸，自然而然地就過渡到藝術人格層次的層次。可以這麼評價，德性人格是公共人格的調節

〔註87〕《周易・賁》，《周易正義》，阮元《十三經注疏》，中華書局，1980年，第37頁。

層次，而藝術人格則是公共人格的目標層次，因爲調節而達到藝術，因爲藝術而不斷調節，人格在調節和對美的追求中不斷實現提升，實現公共人格的形成。

這裡所說的藝術人格已經不是去闡明藝術本身，不是說儒家人格在藝術上的內涵性質，而是要去闡明儒家人格在德性人格上如何實現自身的人格魅力、如何調節德性人格、實現德性人格和通過人格周全萬物，其人格實現的目標是達到藝術精神境界層次上的要求，具有藝術性的特徵。藝術人格不是追求藝術本身，不是單純追求技藝，而是在人格上追求一種藝術性，這種藝術性以德性人格爲基礎，最終還是在德性人格上的一種藝術品格，實現儒家人格的藝術性特徵。這種藝術性特徵即是一種美學的特徵，對美的追求具有無限性，儒家在追求美的方面沒有停止，這種美的人格不可能終止，只要思想不停止，美的追求不會終止，人格的完善不會停滯。儒家說「止於至善」實際上說明沒有停止，因爲沒有「至善」之地，世界無限發展，「至善」不會終止，「美」沒有終結和終點。李澤厚先生說：「已經沒有任何統一的美學或單一的美學。美學已成爲一張不斷增生、相互牽制的遊戲之網，它是一個開放的家族。」〔註 88〕意思是說美的追求是無限的，美的發展沒有終止，美的形式是多元的，沒有單一的美，沒有純粹的美。儒家對人格的追求也沒有一個純粹性，沒有終止，力求盡善盡美，孔子的仁義、孟子的人性本善，荀子的化性起僞、張載的誠、朱熹的存天理、王陽明的致良知，各圓其說，力求人格盡善盡美，都沒有下定論說明誰的人格思想具有終結性質。

儒家藝術人格的中心是崇高和儒雅，一種高雅的氣質形象內化爲儒家心靈的一部分。藝術人格在儒家那裡是存在的，儒家追求一種現實意義上的道德價值，進而追求一種道德人格，但儒家也追求一種超越意義上的藝術人格魅力。這種人格魅力之所以存在，是因爲儒家對藝術本身的追求、對至高境界的企盼、對文辭機理的探索力求達到藝術的程度，而這些是藝術地運用，提升了儒家的人格魅力。人人都有追求、運用、享有藝術的願望和企求，藝術是成就人生內容的一個重要部分，追求美的藝術是人類精神的家園，不同的人類群體追求不同的精神藝術，張立文教授說：「藝術是人類精神家園的一種形式。」〔註 89〕人在追求藝術的過程中提升了自身的

〔註88〕李澤厚：《美學三書》，天津社會科學院出版社，2003 年，第 404 頁。
〔註89〕張立文：《和合哲學論》，人民出版社，2004 年，第 295 頁。

人格魅力，豐富了自我人格力量，鑄造了人格稟性。儒家的藝術人格主要
從美樂、文辭、氣質三個方面展開，內外和美形成美樂的人本人格，文辭
達道形成雅致的人本人格，儒雅亨通形成藝術的人本人格。和美、文雅、
氣質是公共理性追求的目標。

1、內外和美，人本美樂

　　儒家追求藝術的人格，藝術的人格在於對人生的認識具有藝術品格，對
美的認識具有藝術品格的判斷力，即是說什麼樣的人生才是最美的人生，有
什麼樣的人生認知則建構起什麼樣的人格認知。儒家認為人生也處於一種藝
術之中，對自然、社會、精神都有一種美的認知。孔子說真正的「士」各個
方面的才能都要具備，「志於道，據於德，依於仁，游於藝。」朱熹注釋說：
「遊者，玩物適情之謂。藝，則禮樂之文，射、御、書、數之法，皆至理所
寓，而日用之不可闕者也。朝夕遊焉，以博其義理之趣，則應務有餘，而心
亦無所放矣。此章言人之為學當如是也。蓋學莫先於立志，志道，則心存於
正而不他；據德，則道得於心而不失；依仁，則德性常用而物欲不行；遊藝，
則小物不遺而動息有養。學者於此，有以不失其先後之序、輕重之倫焉，則
本末兼該，內外交養，日用之間，無少間隙，而涵泳從容，忽不自知其入於
聖賢之域矣」〔註90〕孔子的言語是說人生以仁義為根本，人生最後要達到藝術
的層次，朱熹的言語是說人生要不斷學習以達到藝術的層次，上昇到藝術
的聖賢境界。「興於詩，立於禮，成於樂。」〔註91〕詩、禮、樂是藝術的形式，
人的仁義最後以詩、禮、樂的形式表現出來，實現內外和美，內外和美的人
格追求即是藝術人格。

　　對於人是什麼的問題儒家追求一種仁義的人，人的本質在於有仁義的本
性。仁義的延伸即是一種「美仁」，也就是說「仁」是一種有深刻內涵的「美」。
孔子說：「里仁為美。擇不處仁，焉得知？」朱熹注釋說：「里有仁厚之俗為
美。擇里而不居於是焉，則失其是非之本心，而不得為知矣。」〔註92〕意思
是真正的美以內心的仁義為美，內在的美才是真正的美，人的美體現在內心
仁義的美的層次上，沒有仁義的美不能稱得上是真正的美。這是孔子所說的

〔註90〕《論語·述而》，朱熹《四書章句集注》，中華書局，1983年，第94頁。
〔註91〕《論語·泰伯》，朱熹《四書章句集注》，中華書局，1983年，第104～105頁。
〔註92〕《論語·里仁》，朱熹《四書章句集注》，中華書局，1983年，第69頁。

第一層次的意思。孔子所說的第二層次意思是對美的認知問題，真正的美的認知是認知到仁是美的核心，以仁為美，沒有認知到仁是美的就不是真知。美的事物之所以為「美」在於其本質是美的，《禮記》說：「酒醴之美，玄酒明水之尚，貴五味之本也。黼黻文繡之美，疏布之尚，反女功之始也。莞簟之安，而蒲越稿鞂之尚，明之也，大羹不和，貴其質也。大圭不琢，美其質也。丹漆雕幾之美，素車之乘，尊其樸也，貴其質而已矣。」〔註93〕意思是說事物的美貴在於其本質，本質之美才是真正的美。人的本質在於仁義，人的美在於有仁義的內涵本質，外在的形勢美只是對內在的本質美的一種補充。「言語之美，穆穆皇皇；朝廷之美，濟濟翔翔；祭祀之美，齊齊皇皇；車馬之美，匪匪翼翼；鸞和之美，肅肅雍雍。」〔註94〕「穆穆皇皇」指的是形式、樣式威嚴盛大，「肅肅雍雍」指的是聲音和美，與威嚴盛大相配。這些都是形式上的美，是對內在美的一種補充，實現內外和美，將內在本質與外在的形式結合起來。「夫鼎有銘，銘者自名也。自名以稱揚其先祖之美，而明著之後世者也。為先祖者，莫不有美焉，莫不有惡焉，銘之義，稱美而不稱惡，此孝子孝孫之心也，唯賢者能之。銘者，論譔其先祖之有德善，功烈、勳勞、慶賞、聲名，列於天下，而酌之祭器，自成其名焉，以祀其先祖者也。顯揚先祖，所以崇孝也。身比焉，順也。明示後世，教也。夫銘者，一稱而上下皆得焉耳矣。是故君子之觀於銘也，既美其所稱，又美其所為。為之者，明足以見之，仁足以與之，知足以利之，可謂賢矣。」〔註95〕意思是儒家對先祖的「美」進行稱頌，關鍵原因在於先祖的仁義美名，為了弘揚這一美名，通過鼎銘將其記錄和展現出來，儒家君子善於觀賞銘器，因為鼎銘是內在仁義和外在美稱的雙面結合，真正的賢者是內外結合，既有內在的美，也有外在的美，內在的仁義與外在的行為二者合一才是真正的美。《禮記》說：「儒有博學而不窮。篤行而不倦；幽居而不淫，上通而不困。禮之以和為貴，忠信之美，優游之法，慕賢而容眾，毀方而瓦合。其寬裕有如此者。」〔註96〕

〔註93〕《禮記‧效特牲》，《禮記正義》，《十三經注疏》，中華書局，1980 年，第 1455 頁。

〔註94〕《禮記‧少儀》，《禮記正義》，《十三經注疏》，中華書局，1980 年，第 1513 頁。

〔註95〕《禮記‧祭統》，《禮記正義》，《十三經注疏》，中華書局，1980 年，第 1606 ～1607 頁。

〔註96〕《禮記‧儒行》，《禮記正義》，《十三經注疏》，中華書局，1980 年，第 1670 頁。

眞正的儒家之美是忠信以爲美，以和爲美，去掉自身的鋒芒與圭角，包容天下，實現內外和美。孟子說：「可欲之謂善，有諸己之謂信，充實之謂美，充實而有光輝之謂大，大而化之之謂聖，聖而不可知之之謂神。」〔註97〕美是一種充實的美，即是說仁義充實在心中，不充實不能稱爲美。

儒家的「內外和美」藝術人格展現爲一種對自然山水景物的欣賞和陶冶的藝術人生之中。孔子問曾點的志向：「何傷乎？亦各言其志也。」曾點說：「莫春者，春服既成。冠者五六人，童子六七人，浴乎沂，風乎舞雩，詠而歸。」孔子感歎說：「吾與點也！」朱熹解釋說：「曾點之學，蓋有以見夫人欲盡處，天理流行，隨處充滿，無少欠闕。故其動靜之際，從容如此。而其言志，則又不過即其所居之位，樂其日用之常，初無舍己爲人之意。而其胸次悠然，直與天地萬物上下同流，各得其所之妙，隱然自見於言外。」〔註98〕孔子之所以贊成曾點的志向，是因爲曾點的志向具有與天地自然同流，又處於日常生活之中，其志向受到天地自然景致的陶冶，具有超越的特性，因此既在日常之中，又超凡脫俗，具有「浩然之氣」的特徵，具有特立獨行的味道。儒家贊成這種獨立的人格，贊成這與天地同流的傾向，形成了浩然之氣的品格。這種品格實際上是將自然景物的性質與人的人格進行比附，將人格上昇成一種藝術的層次，進而在陶冶中實現藝術操守，達到行爲與人格的合一，實現藝術人格。

儒家以自然景致的宏大廣闊爲參照，建構了浩然之氣的境界風格，形成和加強自身修養，提升了自我境界，是志氣和正義的化身。自然景致化育了人本身，自然生態對人的德性論建構具有參照作用，儒家本身在自然生態的沐浴中得到化育，這是一種藝術的人生，形成了一種藝術人格。孔子說：「知者樂水，仁者樂山；知者動，仁者靜；知者樂，仁者壽。」朱熹對儒家山水之樂解釋說：「知者達於事理而周流無滯，有似於水，故樂水；仁者安於義理而厚重不遷，有似於山，故樂山。」〔註99〕山水之樂就是一種藝術的人生之樂，樂於山水德性即是一種藝術的人格。藝術人格最後是一種樂趣，眞正的樂是樂在具有仁義道德之性。正如顏回不改其樂的人格本性一樣。孔子說：「賢哉，回也！一簞食，一瓢飲，在陋巷，人不堪其憂，回也不改其樂。賢哉，

〔註97〕　《孟子・盡心上》，朱熹《四書章句集注》，中華書局，1983年，第370頁。
〔註98〕　《論語・先進》，朱熹《四書章句集注》，中華書局，1983年，第130頁。
〔註99〕　《論語・雍也》，《四書章句集注》，中華書局，1983年，第90頁。

回也！」〔註100〕顏回貧窮但超然自樂，泰然處之。「飯蔬食飲水，曲肱而枕之，樂亦在其中矣。不義而富且貴，於我如浮雲。」〔註101〕藝術人格追求一種超然自樂，說到底是一種人的本性仁義之樂。孟子說：「廣土眾民，君子欲之，所樂不存焉。中天下而立，定四海之民，君子樂之，所性不存焉。君子所性，雖大行不加焉，雖窮居不損焉，分定故也。君子所性，仁義禮智根於心，其生色也睟然，見於面，盎於背，施於四體，四體不言而喻。」〔註102〕君子之樂是對仁、義、禮、智的操守。孟子特別強調王者之樂是與民同樂，以與天下百姓同樂爲樂。「古之人與民偕樂，故能樂也。」〔註103〕君子、王者與民同樂才能實現眞正樂的境界。「樂民之樂者，民亦樂其樂；憂民之憂者，民亦憂其憂。樂以天下，憂以天下，然而不王者，未之有也。」〔註104〕與民同樂是一種內外和美，既是自身之美，又是他人之美，更是天下之美。

綜上所述，儒家以德性人格爲本，逐漸上昇到藝術的層面，形成藝術的人格追求，人成爲人不僅僅是一個德性的人生，還是一個藝術的人生，其人格是藝術的人格，內外和美，人本價值是「美」和「樂」的價值，沒有「美」和「樂」就不成其爲眞正的人。儒家認爲人通過求學獲得眞知，就要上昇到藝術的人生，錘鍊藝術的品格，鑄就藝術的人格，這種人是眞正的人，有藝術人格的人實現了人本價值。藝術人格是一種高層次人格，這種人格的基礎是道德仁義人格，沒有道德仁義的人格不可形成眞正藝術的人格。李澤厚先生認爲儒家「游於藝」、「成於樂」是儒家「人格的完成」，「『游於藝』——在禮、樂、射、御、書、數中的『自由遊戲』，決不僅僅是一個單純掌握技藝的問題，而是通過對客觀規律的全面掌握和運用，現實地實現人的自由，完成了『志道』、『據德』、『依仁』的人的全面發展和人格歷程。」〔註105〕李澤厚的觀點很有道理，認爲藝術人格是通過一種自由全面發展的歷程來實現的，並且將藝術人格說成是人格的完成。但是李澤厚先生卻沒有完全闡明儒家的藝術人格已經上昇藝術美學的層次，內外和美才是藝術的體現，完全超越了技藝本身。

〔註100〕《論語・雍也》，朱熹《四書章句集注》，中華書局，1983 年，第 87 頁。

〔註101〕《論語・述而》，朱熹《四書章句集注》，中華書局，1983 年，第 97 頁。

〔註102〕《孟子・盡心上》，朱熹《四書章句集注》，中華書局，1983 年，第 355 頁。

〔註103〕《孟子・梁惠王上》，朱熹《四書章句集注》，中華書局，1983 年，第 202 頁。

〔註104〕《孟子・梁惠王下》，朱熹《四書章句集注》，中華書局，1983 年，第 216 頁。

〔註105〕李澤厚：《美學三書》，天津社會科學院出版社，2003 年，第 237 頁。

2、文辭達道，人本書質

儒家的藝術人格從內外和美開始，實現人本美樂的人本價值，人是一個藝術人。但儒家不僅僅追求一個藝術道德的內外和美之人，還追求以「文」達「道」的文學藝術人，以文學藝術豐富自己的人生，以文學藝術鑄造自身的人格，在人格上達到一種藝術性，具有藝術的人格魅力。這種人格以藝術作為形式，追求文學色彩和文藝的感染力，在精神上達到人格的藝術感染力，以藝術素養豐富人生歷程、以藝術品質錘鍊德性品格，從文藝上入手陶冶，在精神上玩味歸宿，實現人格的至上境界。中國古代的思想家、文人墨客都有舞文弄墨的習慣，最後形成了一種文學品格，上昇為一種人文品格，這種人文品格就是一種德性人格，這種人格主要體現為藝術上的美感、精神上的崇高。「禮減而進，以進為文。」鄭玄注釋說：「文，猶美也、善也。」〔註106〕文學藝術使思想者達到一種美感，精神上達到一種愉悅和超越。

以文學藝術提升自身的人格魅力是中國古代的人文傳統，道家在這一方面具有獨到性，儒家學者更是延續和傳承了這一傳統。魏晉時期玄學風味的文藝具有獨到性，當時的文人墨客在人格上形成了自己的獨特風格，豐富了自身的人格，成為不朽的歷史記憶。李澤厚先生認為魏晉時期具有一種「文的自覺」精神，由於「人的覺醒」和「文的自覺」使魏晉時期的文藝風格迥異，產生了豐碩的思想文藝成果，「一種真正思辨的、理性的『純』哲學產生了一種真正抒情的、感性的『純』文藝產生了。這二者構成中國思想史上的一個飛躍。」〔註107〕但是李澤厚先生對兩漢思想經常大加批判，認為兩漢經學是「既無學術效用又無理論價值的讖緯和經術」。〔註108〕從學術的角度看李澤厚關於兩漢經學觀點有些偏頗和過激，但如果從文藝美學的角度也是有一定道理的，意思是說兩漢在思想理論和文學文藝上缺乏創新。道家的人格魅力與儒家的人格魅力不是一致的，魏晉玄學風格使魏晉時期的文人形成了一種清閒的人格風格，這與儒家的社會參與精神和人格、風格大異其趣。很多儒家學者本身是文學家和詩人，其中著名的有韓愈、周敦頤、范仲淹、朱熹、王船山等，其中一些則是著名的社會活動家或者政治參與者。儒家學者通過文學雕飾提升儒家的人文品格、塑造社

〔註106〕《禮記・樂記》，《禮記正義》，《十三經注疏》，中華書局，1980 年，第 1544 頁。
〔註107〕李澤厚：《美學三書》，天津社會科學院出版社，2003 年，第 79～80 頁。
〔註108〕李澤厚：《美學三書》，天津社會科學院出版社，2003 年，第 79 頁。

會德性人格，這種人格無疑是一種藝術人格。范仲淹著名的《岳陽樓記》以超凡的文學藝術塑造了「先天下之憂而憂，後天下之樂而樂」的人文品格，這實際上是一種德性人格，這種德性人格以藝術人格的方式體現出來。儒家也非常注重文學藝術造詣對自身人格的提升，提倡「以文載道」、「以文會友」、「觀象玩辭」、「文質彬彬」。

　　作為思想者的儒家傳承了中國古代的人文傳統，人文思想來源於對天、地、人三道的觀察、體悟，這在中國早期的思想《周易》和《尚書》中可以得到證明，其核心話語則是「觀象玩辭」。《繫辭》說：「聖人設卦觀象，繫辭焉而明吉凶，剛柔相推而生變化。是故吉凶者，失得之象也；悔吝者，憂虞之象也；變化者，進退之象也；剛柔者，晝夜之象也。六爻之動，三極之道也。是故君子所居而安者，《易》之序也；所樂而玩者，爻之辭也。是故君子居則觀其象而玩其辭，動則觀其變而玩其占，是以自天祐之，吉無不利。」〔註109〕聖人之所以稱為聖人，關鍵在於其善於觀察天文、地理，然後進行總結、歸納，將自然規律與人類精神相結合，辯明吉凶，以成就事業。總結歸納、辯明吉凶即是「玩辭」。「古者包犧氏之王天下也，仰則觀象於天，俯則觀法於地，觀鳥獸之文與地之宜，近取諸身，遠取諸物，於是始作八卦，以通神明之德，以類萬物之情。」〔註110〕「以類萬物之情」就是「玩辭」的一部分。文人墨客都善於觀象玩辭，斷明吉凶，儒家繼承了這一傳統，將天地之道以文言的方式表達出來，然後比附到人的身上，實現天人合一。南朝梁代文學理論家劉勰說：「人文之元，肇自太極，幽贊神明，《易》象惟先。庖犧畫其始，仲尼翼其終。而《乾》、《坤》兩位，獨制《文言》。言之文也，天地之心哉！」〔註111〕劉勰的話較好地說明了人文的來源，「觀象玩辭」是人文形成過程中的必要手法，意思是說人文精神和人文素養來源於天地太極之道，在中國古代首先來源於《周易》的「易」道。儒家學者通過「觀象玩辭」，達到確立天下仁義的人文品格，在個人身上形成德性人格，「觀象玩辭」達到一定的藝術程度，自身形成了一種藝術人格。孟子在思想上充滿著德性人格，但在形式上其德性人格的展現上昇到藝術的品味，他在表現仁義的品德人格、推

〔註109〕《周易‧繫辭上》，《周易正義》，《十三經注疏》，中華書局，1980年，第76～77頁。

〔註110〕《周易‧繫辭下》，《周易正義》，《十三經注疏》，中華書局，1980年，第86頁。

〔註111〕《原道第一》，劉勰《文心雕龍注》，人民文學出版社，1988年，第2頁。

行仁義的主張時，充分地展現了「觀象玩辭」的藝術和手法。孟子在論述人性本善時，以「水無有不下」、「人無有不善」來進行述說，在論述仁義之路時，用「浩然之氣」、「至大至剛」、「直養無害」來進行修飾和文飾，「玩辭」的手法水到渠成。張載的語辭更是對「觀象玩辭」發揮到更高的藝術層次，「天人異用，不足以言誠；天人異知，不足以盡明。所謂誠明者，性與天道不見乎小大之別也。義命合一存乎理，仁智合一存乎聖，動靜合一存乎神，陰陽合一存乎道，性與天道合一存乎誠。」〔註112〕這一句明顯地凸顯了「觀象玩辭」的藝術手法。

「文」是對天地人、自然界、社會的觀察和體悟，具有天、地的氣質，「文」又是一種思想精神，即人文精神，是將天地自然之氣吸收進來與人相結合，具有人的特徵，「文」不僅僅是一種文學藝術形式，還是一種人文精神的載體，周敦頤說：「文所以載道也。」〔註113〕說的是「文」體現人文精神和人的德性品格。《周易》說：「剛柔交錯，天文也。文明以止，人文也。觀乎天文，以察時變；觀乎人文，以化成天下。」〔註114〕人文精神的本質就是「文明」，「文明」是人與人之間關係的宗旨。「文」提升了人的精神品格，提升了人的人格。具有「文」氣質的人具有較高的人格地位，文人具有藝術人格的特徵和魅力，廣泛受到社會的尊重，因為一方面文人能夠舞文弄墨，特別是儒家具有治理天下的能力和抱負，另一方面具有較好的毅力和精神品質，所以一般而言文人的人格魅力在普通百姓之上。孔子對儒家的形象作了經典的概說：「質勝文則野，文勝質則史。文質彬彬，然後君子。」〔註115〕儒家君子有內在的人文品質，也有外在精神氣象，既有「文」又有「質」，文質共存，儒家君子的人格是文質相宜，文質彬彬成為歷朝歷代知識分子追求的氣質形象。《周易》說：「文明以健，中正而應，君子正也。」王弼注釋說：「行健不以武而以文明用之，相應不以邪而以中正應之，君子正也。」〔註116〕「文明」即是行為中正，不偏邪，不野蠻，儒家全面繼承了這一思想，儒家提倡「文質」。孔子以「文」

〔註112〕《正蒙·誠明篇》，張載《張載集》，中華書局，1978年，第20頁。

〔註113〕周敦頤：《周子通書》，《周敦頤集》，嶽麓書社，2002年，第46頁。

〔註114〕《周易·賁》，《周易正義》，阮元《十三經注疏》，中華書局，1980年，第37頁。

〔註115〕《論語·雍也》，朱熹《四書章句集注》，中華書局，1983年，第89頁。

〔註116〕《周易·上經·同人》，《周易正義》，《十三經注疏》，中華書局，1980年，第29頁。

作為人的本質特點，人就是要有「文」。孔子說：「周監於二代，郁郁乎文哉！吾從周。」〔註117〕意思是周代沿襲夏商二代之禮制，周代社會形成了文盛之貌，因此「文」指的是仁義的德性。子貢問孔子：「孔文子何以謂之文也？」孔子說：「敏而好學，不恥下問，是以謂之文也。」〔註118〕「不恥下問」在於好學，提升自己的能力和德性品格，因此「文」的核心內容是德性的提升，如志向、仁義等。孔子說：「文王既沒，文不在茲乎？」朱熹注釋說：「道之顯者謂之文，蓋禮樂制度之謂。」〔註119〕「文」是指儒家道統和儒家制度，也就是仁、義、禮、智、信之道。

　　「文」既是文學，又是社會遵循的道德精神，還是倫理規範。曾子說：「君子以文會友，以友輔仁。」朱熹注釋說：「講學以會友，則道益明；取善以輔仁，則德日進。」〔註120〕曾子、朱熹所說的「文」主要指的道德精神、德性至善，「以文會友」提倡通過人文藝術形式和人文精神的交流提升自身的德性和人格。荀子儘管認為人性本惡，但是他主張通過「化性起偽」的方法提升社會的文明程度，君子則在這方面要首當其衝，擔當責任，「君子寬而不慢，廉而不劌，辯而不爭，察而不激，寡立而不勝，堅彊而不暴，柔從而不流，恭敬謹慎而容。夫是之謂至文。《詩》曰：『溫溫恭人，惟德之基。』」〔註121〕儒家君子的特質是能夠做寬容、辯明、體察、堅強、柔剛，這是「文」的典型特徵。君子是儒家形象的風華典型代表，儒家君子的「文」基本上是天地人相合、剛柔相濟、剛毅寬容，文明品格凸顯。荀子說：「通則文而明，窮則約而詳。」〔註122〕「文明守約」是對儒家君子之「文」的概括，正如「文明以止，人文也」。「君子是內涵深刻同時具有普世性的古代人物形象，既是內涵本質也是外在形象的名詞稱謂，君子已經不是一個具體的人，而是儒家形象的化身，既是一個現實的價值目標形象，又是一個意義與美學的形象。」〔註123〕儒家君子形象具有普世性，關鍵在於其「文質」品格。儒家認為人要具備人文氣息，就必須學習「文」。君子是普世之才，必須博學於文，孔子

〔註117〕《論語・八佾》，朱熹《四書章句集注》，中華書局，1983年，第65頁。

〔註118〕《論語・公冶長》，朱熹《四書章句集注》，中華書局，1983年，第79頁。

〔註119〕《論語・子罕》，朱熹《四書章句集注》，中華書局，1983年，第110頁。

〔註120〕《論語・顏淵》，朱熹《四書章句集注》，中華書局，1983年，第140頁。

〔註121〕《荀子・不苟》，王先謙《荀子集解》，中華書局，1988年，第40頁。

〔註122〕《荀子・不苟》，王先謙《荀子集解》，中華書局，1988年，第43頁。

〔註123〕李長泰：《天地人和——儒家君子思想研究》，人民出版社，2012年，第98頁。

說：「君子博學於文，約之以禮，亦可以弗畔矣夫！」〔註124〕學「文」可以避免出差錯，體現爲一個文化人，提升自身的品格。「子以四教：文，行，忠，信。」程頤注釋說：「教人以學文修行而存忠信也。」〔註125〕通過修行來保存忠信，提升了人的德性品格，「文」提升了自身的德性人格，上昇爲一種藝術人格。「文」是人的內在之質，也是人的外在之氣，有「文」就有「質」，忠信既是「文」也是「質」。荀子說：「忠信以爲質，端愨以爲統，禮義以爲文，倫類以爲理。」〔註126〕文與質存在著差分，「文」重點在於文飾，「質」重點在於質料，人文有修飾因素，質料指的是事物本來性狀。「文」依賴「質」，是人對事物本質的思維化成，沒有「質」就無所謂「文」，反過來「質」通過「文」來進行詮釋，沒有「文」不能展現「質」的性狀和美感，「質」和「文」在人類社會相輔相成。因此「文」自然而然地就成爲一種藝術，這種藝術一方面是技藝形式，另一方面是一種精神品味，既是學問上的科目，又是心靈上的美感，最後是人格上塑造，稱之爲藝術人格。

　　儒家的藝術人格實質是德性人格的昇華，藝術人格是儒家人本價值的重要方面。人成爲價值崇高的人需要有藝術的展現，沒有藝術的形式和載體，不能凸顯儒家人本價值的崇高和幸福。人不僅僅是一個物質肉體的人，即自然人，人還是一個精神靈魂的人，即社會人，人的精神安頓在於幸福、自由，心靈有所託附，有較高精神滿足和精神依託的人是最幸福的人，這是人人都需要的精神安頓，儘管一時精神沒有這方面的企盼，但最終必然發展爲這一歸宿。追求藝術形式的精神是人成爲人的必然邏輯，人同此心，心同此理，儒家學者當然在思想上也遵循著這一必然的思想發展邏輯。張立文教授認爲思維和概念範疇的演變過程，先是「象」，後有「實」，再是「虛」，哲學邏輯範疇走過了由「象」到「實」再到「虛」的過程。〔註127〕儒家藝術人格的形成必然是思維發展邏輯的必然結果，進入到「虛」的層次和境界。

3、儒雅亨通，人本雅致

　　儒家藝術人格通過「內外和美」的美樂人格、「文辭達道」的文質人格，逐漸將儒家人格塑造爲具有藝術品味和藝術人格魅力的眞、善、美之人，這

〔註124〕《論語・顏淵》，朱熹《四書章句集注》，中華書局，1983 年，第 137 頁。

〔註125〕《論語・述而》，朱熹《四書章句集注》，中華書局，1983 年，第 99 頁。

〔註126〕《荀子・臣道》，王先謙《荀子集解》，中華書局，1988 年，第 256 頁。

〔註127〕張立文：《中國哲學邏輯結構論》，中國社會科學出版社，2002 年，第 59～65頁。

種藝術人格具有現實的吸引力和藝術的感染力。儒家人格不像道家那樣是單個人的人格，而是一種具有社會號召和影響力的人格，這種人格的感染力以整個社會和人本價值的實現爲基礎，關照整個社會的存在，又超越社會現實，將人本價值上昇到一個更高的層面，力求推動社會整體進入到更高的水平。儘管這種藝術的人格價值與普通百姓的基本溫飽問題存在著差分，甚至有時與百姓的現實格格不入，但是這藝術人格並不妨礙普通百姓對這種人格力量的可接受性，可以說這人格也是普通百姓所期待和期盼的，其原因主要有以下幾個方面：一是儒家藝術人格建立在德性人格的基礎上，以仁義爲藝術人格的根本觀念，這是百姓所期望的，藝術人格雖然超越了德性人格，但並沒有脫離德性人格的基本命題和核心內容；二是儒家藝術人格也是百姓的理想追求，百姓企求幸福和自由，崇尚理想和美善，人心嚮往至善，因此百姓對藝術人格具有超越層次上的可接受性，藝術人格雖然離百姓的現實生活較遠，但卻徜徉於百姓的精神靈魂深處；三是儒家藝術人格是對現實世界的一種表達，儒家參與社會管理，對社會擔當責任，運用藝術形式對這種擔當精神進行抒懷，反映了百姓的心理訴求和社會心聲，達到了普通百姓的價值理想目標，具有普世價值的條件，黎民百姓對這種藝術人格充滿了嚮往。以上三個方面無疑爲藝術人格在現實社會的存在奠定了堅實的價值基礎。馮友蘭教授說：「儒家以藝術爲道德教育的工具。」〔註128〕這充分說明儒家推行自己的學說時主張藝術品格教育的方式。

儒家文辭達道的藝術人格並沒有在此終結，還必須繼續往前深化，實現儒家藝術人格的儒雅亨通，做到人本價值的人格雅致。人格上追求雅致在道家和儒家身上都有體現，但是道家重視人格的獨立與玄冥，稱之爲「眞人」，追求一種超凡脫俗的玄雅，而儒家重視人格的聯繫與並育，稱之爲「聖人」，追求一種與世相容的儒雅。儒家看起來是一種外在的氣象，但實質是一種人格的內化，「內聖」才能實現儒雅。

何謂「儒雅」？「儒雅」包括兩個方面，一是儒，二是雅。「儒」的內涵指的是「優」和「柔」，《說文解字》說：「儒，柔也，術士之稱，從人需。」〔註129〕意思是「儒」體現爲「柔」的性質，並且能夠滿足黎民百姓的需要。鄭玄在《三禮目錄・禮記目錄》中說：「儒行第四十一：名曰儒行者，以其記

〔註128〕馮友蘭：《中國哲學簡史》，北京大學出版社，1996年，第20頁。
〔註129〕許慎：《說文解字》，中華書局，1963年，第162頁。

有道德者所行也。儒之言優也，柔也。」《周禮》說：「四曰儒，以道得民。」
鄭玄注釋說：「儒，諸侯保氏有六藝以教民者。」〔註130〕意思是儒者具有道德，
是優秀之人，「柔」體現了道德性質，不是武夫。因此儒者是文人雅士。孔子
論「儒」說：「女爲君子儒，無爲小人儒。」朱熹注釋說：「儒，學者之稱。」
〔註131〕「雅」的內涵主要是「素」和「正」，但主要是「正」，《說文解字》說：
「雅之訓亦云：素也，正也。」〔註132〕中國古人一直將「雅」作「正」的解
釋，張載說：「雅者正也，直己而行正也，故訊疾蹈厲者，太公之事耶！《詩》
亦有《雅》，亦正言而直歌之，無隱諷譎諫之巧也。」〔註133〕意思是說雅者爲
正，不是偏邪和諷巧。朱熹說：「雅者，正也，乃王公大人所作之詩，皆有次
序，而文意不苟，極可玩味。」〔註134〕儒家在文學藝術方面追求雅正，詩文
講究正統。「子所雅言，《詩》、《書》、執禮，皆雅言也。」朱熹解釋說：「雅，
常也。執，守也。《詩》以理情性，《書》以道政事，禮以謹節文，皆切於日用
之實，故常言之。禮獨言執者，以人所執守而言，非徒誦說而已也。」〔註135〕
孔子比較注重雅言，即正常使用的《詩》、《書》、禮，不太多地談《易》，其
原因是前三者常用、實用，而《易》有些難懂，難以見成效。因此古代儒家
以正統學問爲業，滿足社會的需要。綜合論述，儒雅就是儒者以「柔」的方
式爲國家、民族、黎民百姓盡職盡責，走正道，解決黎民百姓實用的和現實
的問題，不能有所偏邪，不能偏離世事。儒雅體現了儒家「文」的特性，不
以武力相威脅，採用「柔」的方式，以柔克剛。儒雅以文質爲主，德性人格
是儒雅的基礎。

　　眞正對儒雅進行全面陳述的是荀子，他說：「故有俗人者，有俗儒者，有
雅儒者，有大儒者。不學問，無正義，以富利爲隆，是俗人者也。逢衣淺帶，
解果其冠，略法先王而足亂世術，繆學雜舉，不知法後王而一制度，不知隆
禮義而殺《詩》、《書》；其衣冠行僞已同於世俗矣，然而不知惡者；其言議談
說已無以異於墨子矣，然而明不能別；呼先王以欺愚者而求衣食焉，得委積

〔註130〕《周禮‧天官‧大宰》，《周禮注疏》，《十三經注疏》，中華書局，1980 年，
　　　　第 648 頁。
〔註131〕《論語‧雍也》，朱熹《四書章句集注》，中華書局，1983 年，第 88 頁。
〔註132〕段玉裁：《說文解字注》，上海古籍出版社，1988 年，第 141 頁。
〔註133〕《正蒙‧樂器篇》，張載《張載集》，中華書局，1978 年，第 55 頁。
〔註134〕《詩二‧采薇》，卷八十一，黎靖德《朱子語類》，中華書局，1986 年，第 2120
　　　　頁。
〔註135〕《論語‧述而》，朱熹《四書章句集注》，中華書局，1983 年，第 97 頁。

足以掩其口則揚揚如也；隨其長子，事其便辟，舉其上客，偄然若終身之虜而不敢有他志：是俗儒者也。法後王，一制度，隆禮義而殺《詩》、《書》；其言行已有大法矣，然而明不能齊法教之所不及，聞見之所未至，則知不能類也，知之曰知之，不知曰不知，內不自以誣，外不自以欺，以是尊賢畏法而不敢怠傲，是雅儒者也。法先王，統禮義，一制度，以淺持博，以古持今，以一持萬，苟仁義之類也，雖在鳥獸之中，若別白黑，倚物怪變，所未嘗聞也，所未嘗見也，卒然起一方，則舉統類而應之，無所儗怎，張法而度之，則晻然若合符節，是大儒者也。故人主用俗人則萬乘之國亡，用俗儒則萬乘之國存，用雅儒則千乘之國安，用大儒則百里之地久。而後三年，天下為一，諸侯為臣。」〔註136〕荀子所推崇的是雅儒和大儒，批判了俗人和俗儒，雅儒和大儒這兩個形象做到了儒雅，具有儒雅人格，主要體現在這幾個方面：一是講究禮義制度，崇尚《詩》《書》；二是言行有法度；三是誠實無欺；四是推行仁義；五是衣冠得體。總起來看，雅儒和大儒都具有儒雅形象的基本特徵，一是有知識文化，二是行為有度，三是衣冠得體，四是柔性方式，五是服務社會。

　　雅儒的形象展現了兩個根本性的特徵：一是內在的德性聖潔，二是外在的示範得體，兩個方面綜合體現了儒者儒雅的內涵和大方的氣象。儒者儒雅對外在服飾也有雅致的講究，《禮記》說：「儒有衣冠中，動作慎，其大讓如慢，小讓如偽，大則如威，小則如愧。其難進而易退也，粥粥若無能也，其容貌有如此者。」〔註137〕儒家君子容貌非常雅致，這種容貌的雅致與內心的純潔是一致的。荀子論述儒家君子的氣象非常雅致，「故君子耳不聽淫聲，目不視女色，口不出惡言。此三者，君子慎之。凡姦聲感人而逆氣應之，逆氣成象而亂生焉；正聲感人而順氣應之，順氣成象而治生焉。唱和有應，善惡相象，故君子慎其所去就也。君子以鐘鼓道志，以琴瑟樂心，動以干戚，飾以羽旄，從以磬管。故其清明象天，其廣大象地，其俯仰周旋有似於四時。」〔註138〕儒家君子氣質非常雅致，心平氣和，雅俗共賞，平易近人，體現得非常儒雅。馬克斯・韋伯說：「『君子』，『高雅之人』，後來亦稱『勇士』，在士大夫時代是達到了全面自我完善境界的人：一件堪稱古典、永恆的靈魂美之

〔註136〕《荀子・儒效》，王先謙《荀子集解》，中華書局，1988年，第138～141頁。
〔註137〕《禮記・儒行》，《禮記正義》，《十三經注疏》，中華書局，1980年，第1668頁。
〔註138〕《荀子・樂論》，王先謙《荀子集解》，中華書局，1988年，第381～382頁。

典範的『藝術品』傳統儒學正是把這種典範植入蒙生的心靈中的。」〔註139〕
韋伯的話較好地說明了儒家的儒雅人格氣象。

儒家儒雅氣象是一種人格的體現，也是一種人格的追求，儒雅實現人生
的通達，即實現天下大同，天下和諧，天下大治，《周易》說：「富有之謂大
業，日新之謂盛德，生生之謂易。」〔註140〕大業就是天下之業，不是個人的
小業，實現天下和諧治理，則是富有盛德，正如荀子所說的「雅儒」能使國
泰民安。只有實現了心性儒雅，才能實現心情亨通，進而擔當天下責任，治
理天下。張載說：「博學於文者，只要得習坎心亨，蓋人經歷險阻艱難，然後
其心亨通。」〔註141〕朱熹說：「大善亨通，而後天下治。」〔註142〕沒有善心，
不能做到儒雅亨通，不能實現天下大治。儒雅亨通最後是爲了達到「聖」境，
聖境就是「通天至聖」。《明史》載：「聖乃有言天，天是無言聖。聖人臨正，
萬物亨通，恩威盛，社稷安，仁德感，江山定。選用英賢興王政，分善惡賞
罰均平。」〔註143〕意思是說聖境就是公正，實現萬物亨通，國家治理，天下
安定，仁義道德得到實施，是一種儒雅的心態和氣象。儒家君子的人格就是
力求達到聖人人格，達到儒雅的聖境。漢代揚雄在《法言》中說：「好盡其心
於聖人之道者，君子也。」〔註144〕聖人的內涵主要是指通達天、地、人三界
的人才。「聖」是通的意思。《禮記》說：「仁義接，賓主有事，俎豆有數曰聖。」
鄭玄注解說：「聖，通也。」〔註145〕揚雄說：「通天、地、人曰儒，通天、地
而不通人曰伎。」〔註146〕因此儒雅亨通成爲儒家人格追求的目標，這種儒雅
人格非常高遠，上昇到藝術開放、精神自由的高度。一方面，內心聖潔無私，
心無雜念，仁義中正，另一方面，氣象非凡，雅致無比，天下亨通，雅俗共
賞，具有正大光明的聖境。這種光明的聖境就是：「大道之行也，與三代之英，

〔註139〕〔德〕馬克斯・韋伯：《儒教與道教》，商務印書館，1995 年，第 183 頁。
〔註140〕《周易・繫辭上》，《周易正義》，《十三經注疏》，中華書局，1980 年，第 78
頁。
〔註141〕《經學理窟・學大原下》，張載《張載集》，中華書局，1978 年，第 285 頁。
〔註142〕《易六・蠱》，卷七十，黎靖德《朱子語類》，中華書局，1986 年，第 1775
頁。
〔註143〕《卷六十三・志第三十九》，《明史》，《二十四史》（19），中華書局，1997 年，
第 433 頁。
〔註144〕《法言・寡見》，汪榮寶《法言義疏》，中華書局，1987 年，第 215 頁。
〔註145〕《禮記・鄉飲酒義》，《禮記正義》，《十三經注疏》，中華書局，1980 年，第
1683 頁。
〔註146〕《法言・君子》，汪榮寶《法言義疏》，中華書局，1987 年，第 514 頁。

丘未之逮也，而有志焉。大道之行也，天下為公。選賢與能，講信修睦，故人不獨親其親，不獨子其子，使老有所終，壯有所用，幼有所長，矜寡孤獨廢疾者，皆有所養。男有分，女有歸。貨惡其棄於地也，不必藏於己；力惡其不出於身也，不必為己。是故謀閉而不興，盜竊亂賊而不作，故外戶而不閉，是謂大同。」〔註147〕這的確是一種人世間的聖境。

儒雅的人格是一種藝術人格，儒家對這種人格深深追求，這也是符合公眾理想的一種人格，雖然離普通百姓存在著一定的距離，但是黎民百姓並不認為這種人格離他很遠，黎民百姓希望社會人人有道德文化，希望有理想的儒者來治理，解決天下百姓的疾苦，使天下富足、生活幸福，因此儒雅的人格是理想人格。社會人人都希冀這種藝術人格，是一種公共的人本價值，因為人對自由、幸福的嚮往是人本價值的重要方面，儒雅的藝術人格也是人本價值的重要方面。

綜上所述，儒家通過公共價值生成公共人格，公共人格主要包括德性人格、利他人格和藝術人格。德性人格的核心是存義去利，是從個體出發要求個人在社會中實現的人格，利他人格的核心是厚生濟世，是從統治階級和社會上層出發要求知識分子在社會中實現的人格，藝術人格的核心是崇高儒雅，是從整體出發要求每一個人在德性人格的基礎上實現藝術的人格魅力。德性人格、利他人格和藝術人格都是人本價值的重要方面，通過三種人格的逐級演進，推動人在社會中實現不同層次的人格，轉化為公眾可以接受的人格力量，使其具有公共性的張力。正是由於德性人格、利他人格和藝術人格的現實性才使公共人格在社會中具有可接受性，得到社會上層和黎民百姓的認同轉化為公共理性的東西，為公共人格向公共理性的轉換和生成奠定了堅實的基礎。

〔註147〕《禮記・禮運》，《禮記正義》，阮元《十三經注疏》，中華書局，1980 年，第 1413～1414 頁。

第七章 公共人格轉換：公共理性

　　儒家的人本價值論並不是追求純粹個人單方面的價值，個人價值實現與社會整體價值的實現需要耦合，人本價值的發展之路是個人價值向社會價值轉化之路，通過人是什麼的問題即人本原道論逐漸演化爲普世價值論、普世價值論轉生爲公共價值論、公共價值演化成公共人格、公共理性論，人本價值論形成了，這表明儒家公共理性思想逐漸形成。儒家所謂的人是一個完整的人，這個人不僅僅是單個的人，還是一個文化人，社會人，是一個整體的人，不僅僅是一個普通的現實公民，還是一個在理想上超越現實的藝術人。儒家人既是一個感性人，還是一個理性人，儒家所謂的人既具有現實意義，還具有美學意義，正如儒君子形象既是一個具體的人物形象，又是美學形象的稱謂一樣，儒家所謂的人既不脫離現實，又高於現實，達到一種藝術的層次。儒家人本價值發展之路是儒家普世價值、公共人格提升之路，儒家的人從個體到整體，從物質生存、社會價值到精神靈魂，從生存世界、價值世界到可能世界，從個人、他人到公共，從樸素到藝術，從自然、社會到思維，人本價值不斷提升，公共價值和公共人格不斷演進，從生存、尊嚴、幸福、崇高、正義、自由到藝術，等等，在各個方面和角度不斷髮展、推進和完善。儒家人學思想走向了不歸之路，永遠沒有終結。儒家所謂人是一個地地道道的理性人，而不是一個純粹的感性人，儘管理性之中包含了感性的基礎，但從心路歷程上看，儒家所謂的人是理性的化身。儒家論述人本價值之路是思維不斷理性化之路，從先秦儒家的仁、義、禮、智開張明義，到漢代的儒學獨尊經學形成，從隋唐的三教並行、多元發展，到宋明的「三教入儒」、存理滅欲，儒學人本價值還是以理性爲根本的思維趨向，儒家人本價值並沒有發

展爲純粹的個人自由和絕對幸福的單方面價值之路，完全不同於西方的人本價值思維趨向。

儒家公共人格包括德性人格、利他人格和藝術人格，這種人格之所以具有公共性質是因爲德性人格以仁義爲基礎，利他人格是德性人格的演進，而藝術人格則是德性人格的藝術展現，三種人格依次演進，最後在藝術人格上得到昇華。儒家公共人格不會僅僅停留在人格本身上，就是說人格不會只關注人的本身存在上，儒家思想最終還要將人格發展爲一種理性的存在，上昇爲公共理性，實現從公共人格向公共理性的轉換。儒家首要的身份是一個思想者，思想者的目標是讓社會採納自己的主張，使自己的思想推行下去達到普世化和大眾化的目的，即是說最後成爲一種被社會採納的意識形態，而儒家思想發展的歷史做到了這一點，儒家思想完成了向公共理性的轉化。

何謂公共理性，即是公眾和公民都共同享有的一種思想理性，是一種公共常理，並且有益於公共事務、公共價值、公共利益的發展進步。正如孟子所說的「心所同然者」，即心向同一方向想、理向同一方向發展。孟子說：「口之於味也，有同耆焉；耳之於聲也，有同聽焉；目之於色也，有同美焉。至於心，獨無所同然乎？心之所同然者何也？謂理也，義也。聖人先得我心之所同然耳。故理義之悅我心，猶芻豢之悅我口。」〔註1〕公共理性的重要特徵是具有「理性」的實質。

儒家將公共人格轉換爲公共理性主要從三個方面展開：以德性人格爲基礎生成人文理性形成價值人生，以利他人格爲基礎生成國家理性形成政治人生，以藝術人格爲基礎生成教育理性形成修道人生。具體的儒家公共人格向公共理性的轉化機理如下圖示：

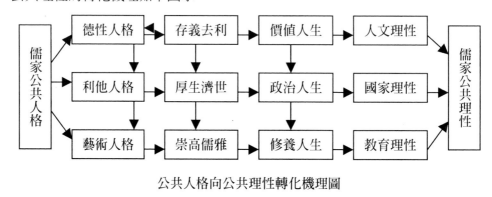

公共人格向公共理性轉化機理圖

[註1]《孟子·告子上》，朱熹《四書章句集注》，中華書局，1983年，第330頁。

　　儒家實現公共人格向公共理性的轉換又不是單向的，而是雙向的，即是說公共理性反過來也可以轉化爲公共人格，通過人文價值理性生成德性人格，通過國家政治理性生成利他人格，通過修養教育理性生成藝術人格。

一、人文理性：價值人生

　　儒家公共理性中人文理性是理論基礎，即是說人與人之間的關係基礎通過人文理性的標準確定下來。中國古代儒家的人文理性是以道德爲基礎的理性，人文理性來源於《周易》，「剛柔交錯，天文也。文明以止，人文也。觀乎天文，以察時變；觀乎人文，以化成天下。」鄭玄對此進行注釋：「止物不以威武而以文明人之文也。」孔穎達疏說：「用此文明之道裁止於人之是人之文德之教。」〔註2〕意思是說，「人文」是人與人之間的關係，是人與人之間的一種紋理，「文」本義是紋理，在《說文解字》說：「文，錯畫也，象交文。」〔註3〕意思是指交錯分佈的紋理。張立文教授說：「人文是指人的文化交往活動方式。」〔註4〕臺灣林毓生先生認爲「人文」即是追尋、關心人生的意義、價值的學問。〔註5〕張立文教授還說：「人文是中國各民族、各家文化現象中所蘊涵的基本書化精神。」〔註6〕綜上所述，人文即是人與人之間的關係的學問，是蘊涵在人類社會中不同於自然條件下經過長時間形成的人類文明精神素養。《周易》是中國古代思想的源頭，提出以文明推進人文建樹，以文德推進教化，崇尚人文理性，《周易》開創了人類以文明、文德教化爲人文精神先河，人文理性躍然紙上。杜維明先生認爲人文精神應該是更寬廣的，「人文精神應是面面顧到，就是既不反對精神文明，也不要對自然進行掠奪，而是要跟自然保護和諧，也要有精神上的終極關懷。」〔註7〕意思是人文既是人與人之間關係的精神紋理，也是人與自然之間的關係紋理，儒家的人文理性是天、地、人三道關係的體現和運用。儒家公共人格向公共理性的轉換體現了中國

〔註2〕《周易‧賁》，《周易正義》，阮元《十三經注疏》，中華書局，1980年，第37頁。

〔註3〕許慎：《說文解字》，中華書局，1963年，第185頁。

〔註4〕張立文：《和合學——21世紀文化戰略的構想》，中國人民大學出版社，200年，第118頁。

〔註5〕林毓生：《中國傳統的創造性轉化》，三聯書店，2011年，第14～15頁。

〔註6〕張立文：《和合學——21世紀文化戰略的構想》，中國人民大學出版社，200年，第118頁。

〔註7〕杜維明：《儒家傳統與文明對話》，人民出版社，2010年，第32頁。

傳統的儒家道統，儒家人文理性生成的核心觀念是道德人文，包括道德爲人和人文化成兩個方面。

1、道德為人，德性價值

中國古代儒家人文理性的核心是道德理性，人文精神以道德作爲行爲處事的核心，體現了行爲舉止非常理性化。前面已經較全面地論述過，人成其爲人，關鍵在於遵守道德標準，不論自身肉體處於何種情況，必須以道德標準進行理性選擇，也就是說，精神思維中以道德理性作爲至上的標準，人首先是一個道德人。

第一，道德成爲優先性價值標準。道德理性要求道德標準優先於物質的標準，物質的存在不是人的根本性的存在。守節、尊道是重要的價值體現，德性的人本價值高於物質性的人本價值。宋代學者程頤說過「餓死事極小，失節事極大」〔註 8〕，可見守住道德底線比生存更重要。「魚，我所欲也，熊掌亦我所欲也；二者不可得兼，舍魚而取熊掌者也。生亦我所欲也，義亦我所欲也；二者不可得兼，舍生而取義者也。」〔註 9〕在生存和道義面臨二者選擇一項的情況下，道義的遵守比生存更重要，選擇道義是首要的。儒家對生命的選擇次於仁義和道義，凸顯的人文道德的重要性是至高無上的，這是一種典型的人文理性。

儒家以道德成人是一切行爲的標準和關鍵抉擇，說明儒家崇尚的理性標準是道德理性，最有價值的東西是道德價值，社會中評價最有價值的東西以道德評判爲最高價值評判。人文精神即是道德優先的精神，這在《大學》中得到非常明確的體現，「大學之道，在明明德，在親民，在止於至善。」〔註 10〕大學之道就是學習踐行德性之道，杜維明先生對《大學》提倡的核心價值極力讚頌，「《大學》所體現的人文精神是一個逐漸向外擴展的同心圓，這個同心圓的外緣應該是開放的；從個人到家庭、到社會、到國家、到世界，乃至到人類的群體、宇宙，它是向外擴展的；同時，它層層深入，由我們的心知，到我們的靈覺，再到我們的神明，就像陸象山說的，這個人文精神，一方面向外擴展，一方面向內深入。」〔註 11〕《大學》的人文精神實際上是一種人

〔註 8〕《河南程氏遺書》，卷第二十二下，程顥、程頤《二程集》，中華書局，1981 年，第 301 頁。

〔註 9〕《孟子·告子上》，朱熹《四書章句集注》，中華書局，1983 年，第 332 頁。

〔註 10〕《大學》，朱熹《四書章句集注》，中華書局，1983 年，第 3 頁。

〔註 11〕杜維明：《儒家傳統與文明對話》，人民出版社，2010 年，第 10 頁。

文理性，以德性爲核心價值，對個人、群體、世界、宇宙都有重要的影響力和感染力，說明《大學》所崇尚的德性理性具有至高無上的價值。朱熹編纂的《四書》中《中庸》、《論語》、《孟子》同樣體現了這一核心價值，《論語》強調智、仁、勇三德，而「仁」德是核心價值，儒家君子的核心就是以「仁」調節「智」和「勇」。孔子說：「君子道者三，我無能焉：仁者不憂，知者不惑，勇者不懼。」子貢說：「夫子自道也。」〔註12〕智、仁、勇三德是君子的品性，但三者的地位並不相同，「仁」調節了「智」和「勇」。「好勇疾貧，亂也。人而不仁，疾之已甚，亂也。」朱熹注釋說：「好勇而不安分，則必作亂。惡不仁之人而使之無所容，則必致亂。」〔註13〕有「勇」無「仁」必然發生混亂，有「智」無「仁」必然不能使「智」發揮應有的作用，儒家君子的智、仁、勇三德，使君子得以立人，產生大仁、大勇與大智，大勇與大義、大勇與大智都相聯繫，大勇受到仁義的制約，大勇有助於立志和行動，「勇」一方面彰顯了「力」，另一方面凸顯了立志和行動。「智、仁、勇三德互爲整體才能使君子有至德，有至德才能成爲至善。」〔註14〕因此儒家的人以「仁」爲核心，凸顯了德性的優先性，社會人的心理以德性標準作爲衡量考察人首要的標準，道德使人「立人」、「立德」，行動以德，言行以德，不計功名利祿，道德使人在價值判斷與選擇時以身殉道，以道爲樂，以道爲貴，不以物爲貴。總之，人文理性是道德理性。

第二，個人成長一切爲了德性發展。道德標準在價值評判中具有優先性，那麼人在社會中的成長一切是爲了德性豐富和發展，提升自身的德性水平。《論語》提出「爲己之學」，孔子說：「古之學者爲己，今之學者爲人。」程頤注釋說：「古之學者爲己，其終至於成物。今之學者爲人，其終至於喪己。」〔註15〕意思是古代的學者學習一切是爲了自身德性的提高和修養的進步，當今的學者學習不是爲了自身德性的提高，而是爲表現自我，擡高自己，古代的學者爲己實際上是爲了他人，當今的學者爲人實際上是爲了擡高自己。儒家思想的一切都是爲了提升自己的人格，杜維明說：「儒學是爲己之學，不是爲了師長，不是爲了家庭，不是爲了簡單的社會要求，而是爲了發展我們自

〔註12〕《論語・憲問》，朱熹《四書章句集注》，中華書局，1983年，第156頁。
〔註13〕《論語・泰伯》，朱熹《四書章句集注》，中華書局，1983年，第105頁。
〔註14〕李長泰：《天地人和——儒家君子思想研究》，人民出版社，2012年，第211頁。
〔註15〕《論語・憲問》，朱熹《四書章句集注》，中華書局，1983年，第155頁。

己的人格，爲了發展我們自己內在的人格資源，是爲己之學。」〔註16〕杜維明的觀點儘管有些偏頗，但抓住了儒學「爲己」是爲了提升人格的關鍵點。

儒家提倡「爲己之學」實際上是指個人在成長過程一切爲了自己的德性不斷得到發展。一方面，人在社會上要有主體自覺性，「爲仁由己」，成爲一個具有人格品味的人。孔子說：「克己復禮爲仁。一日克己復禮，天下歸仁焉。爲仁由己，而由人乎哉？」〔註17〕主體自覺，成人要歸根到「仁」上，沒有「仁」不能稱謂「人」。「仁遠乎哉？我欲仁，斯仁至矣。」朱熹注釋說：「仁者，心之德，非在外也。放而不求，故有以爲遠者；反而求之，則即此而在矣，夫豈遠哉？」程子說：「爲仁由己，欲之則至，何遠之有？」〔註18〕人在成長過程中，只要主體去實現「仁」就一定能實現，並不難。另一方面成人的根本在於成爲一個有德性的人。「吾十有五而志於學，三十而立，四十而不惑，五十而知天命，六十而耳順，七十而從心所欲，不逾矩。」〔註19〕「而立」之年即立心、立德的時間，成人在三十，即是說三十歲時德性人格要基本形成。「己欲立而立人，己欲達而達人。」〔註20〕主體自覺，個人成長一定能夠具備儒家德性人格。總之，個人成長過程是一個德性發展的過程，人文理性凸顯了道德的重要性。

第三，禮儀規範一切以德性爲規範。儒家認爲人的言行舉止需要有禮儀進行規範，這種規範以德性規範爲中心內容。孔子說：「克己復禮以仁。」成爲仁人要有「禮」，「禮」是「仁」的重要環節。「人而不仁，如禮何？」〔註21〕「仁」又是「禮」的根本來源，沒有仁義之心就不能說有「禮」。《周易》說：「德言盛，禮言恭；謙也者，致恭以存其位者也。」〔註22〕「德」和「禮」同時存在，「德」是「禮」根本。《禮記》說：「先王之立禮也，有本有文。忠信，禮之本也；義理，禮之文也。無本不立，無文不行。禮也者，合於天時，設於地財，順於鬼神，合於人心，理萬物者也。」〔註23〕

〔註16〕 杜維明：《儒家傳統與文明對話》，人民出版社，2010年，第10頁。
〔註17〕 《論語·顏淵》，朱熹《四書章句集注》，中華書局，1983年，第131頁。
〔註18〕 《論語·述而》，朱熹《四書章句集注》，中華書局，1983年，第100頁。
〔註19〕 《論語·爲政》，朱熹《四書章句集注》，中華書局，1983年，第54頁。
〔註20〕 《論語·雍也》，朱熹《四書章句集注》，中華書局，1983年，第92頁。
〔註21〕 《論語·八佾》，朱熹《四書章句集注》，中華書局，1983年，第61頁。
〔註22〕 《周易·繫辭上》，《周易正義》，《十三經注疏》，中華書局，1980年，第79頁。
〔註23〕 《禮記·禮器》，《禮記正義》，《十三經注疏》，中華書局，1980年，第1431頁。

忠、信、仁、義是「禮」的根本，「禮」是發用。「君子曰：無節於內者，觀物弗之察矣。欲察物而不由禮，弗之得矣。故作事不以禮，弗之敬矣；出言不以禮，弗之信矣。故曰：禮也者，物之致也。」〔註24〕「仁」是本體，「禮」是致用。孟子說：「仁義禮智根於心。」還說「辭讓之心，禮之端也。」〔註25〕有「辭讓之心」才能說明有「仁」的存在，「禮」的來源是「仁」心。「君子所以異於人者，以其存心也。君子以仁存心，以禮存心。仁者愛人，有禮者敬人。」〔註26〕總之。儒家將「禮」視為「仁」實現的重要環節，無「禮」不成「仁」。「禮」來源於「仁」，說明人的行為規範是一種德性規範，而不是一種物質層次的規範，也不是一種宗教層次的規範，而儒家倫理道德的規範。「禮」是儒家的行為規範，制約著人的一切行動。孔子認為君子時時要以「禮」作為行動的準則，「非禮勿視，非禮勿聽，非禮勿言，非禮勿動。」〔註27〕視、聽、言、動都以「禮」來規範約束，「君子博學於文，約之以禮，亦可以弗畔矣夫！」〔註28〕「約之以禮」成為儒家君子的至理名言，凸顯了人文理性以道德理性為核心。

綜上所述，儒家人文理性以道德理性為核心，人首要的和關鍵的是成為一個道德人，評判標準也要以道德標準為中心，德性價值成為社會中人們言行舉止的根本宗旨，德性是一切價值的根本內容，具有優先性，禮儀則是價值的落腳點。道德理性、德性人格為社會所共有，因此人文理性中道德理性體現了公共性質，德性人格完成了向公共理性的轉化。道德理性也是人本價值的重要內容，因為儒家認為人本價值是一個道德人，道德為人的德性價值實踐實現了尊嚴、幸福、崇高和正義的人本價值。

2、人文倫理，化成天下

儒家的人文理性在道德優先性的驅使下，使人與人之間遵守一種道德的約定，這種道德的約定逐漸固定在人的思維和精神之中，形成一種社會約定俗成的原則，這種原則不是一種社會制度，而是一種思維理性。也就是說，人與人之間的紋理關係是一種以道德為核心約束力的理性關係，這種關係並

〔註24〕 《禮記‧禮器》，《禮記正義》，《十三經注疏》，中華書局，1980年，第1440頁。

〔註25〕 《孟子‧公孫丑上》，朱熹《四書章句集注》，中華書局，1983年，第238頁。

〔註26〕 《孟子‧離婁下》，朱熹《四書章句集注》，中華書局，1983年，第298頁。

〔註27〕 《論語‧顏淵》，朱熹《四書章句集注》，中華書局，1983年，第132頁。

〔註28〕 《論語‧顏淵》，朱熹《四書章句集注》，中華書局，1983年，第137頁。

不需要強制力，而是處於內心深處的、認爲必須遵守執行的理性。這一內心約定俗成的原則也可稱爲「社會公約」，只不過是說公約本身是在內心的認同和心靈的深處，而不是一種純粹的制度行爲，因爲制度行爲的約定有可能是內心不願意但行爲上又必須遵守的約定。「社會公約」在盧梭那裡是一種外在的力量，「我們每個人都以其自身及全部的力量共同置於公意的最高指導之下，並且我們在共同體中接納每一個成員作爲全體之不可分割的一部分。」〔註29〕盧梭的意思這種公約是不得已而爲之，不是內心深處的約定，而是一種制度的安排。這與中國的道德約束力明顯不同，這也是西方與中方在文化上差異的表現。西方重視制度理性的建樹，而中國較注重道德理性的培育。盧梭並沒有從道德心性上去確立「社會公約」這一範疇，而是從制度層次去解釋爲何有「社會公約」的形成，稱之爲「社會契約」。在儒家那裡，社會公約是一種約定俗成的道德約束力量，這種約束力得到內心的認同並且在行爲上具有普遍執行的效果，做到了內聖外王，也就是知行合一。儒家這種理性實際上是道德的巨大張力，道德來源於儒家的仁義，因爲仁義具有廣泛的認同性，是社會關係的基礎。近代以來，西方在人文理性上發生巨大轉折，由古希臘的人文理性和中世紀的宗教信仰轉向爲「人的覺醒」，迎來了近代的文藝復興運動，文藝復興的結果是人的自由發展和科技的興起，在人文和科技雙重發展的動力下，西方人文學科走向了理論研究與制度建設研究並駕齊驅的局面，這使西方在人文理性上不再重視單一的靈魂信仰，而是轉向通過制度建樹規範人的社會行爲，社會契約的問題當然由內在的道德問題轉向了制度約定和限定的問題。這是人文理性發展的一大進步。而在同一時期的中國，還處於宋、明、清的理學爭論和發展時期，一是封建社會發展到沒落時期，制度腐朽停滯不前，沒有較好的制度發展建設，二是思想文化仍以內聖外王的思維方式爲主，繼續提倡「存天理，滅人欲」的宗旨，沒有從人解放的角度發展社會制度。總起來看，比較十六、七世紀時的中西人文理性，西方文藝復興帶來的人文理性成果明顯比同時期的中國要精細、具體和先進，利於社會的發展進步。並且這種人文理性帶來了西方科技的大發展，德國哲學家文德爾班說：「近代自然科學是人文主義的女兒」〔註 30〕人文理

〔註29〕〔法〕盧梭：《社會契約論》，商務印書館，2003 年，第 20 頁。
〔註30〕〔德〕文德爾班：《哲學史教程》，羅達仁譯，商務印書館，1987 年，第 472
　　　～473 頁。

性推動了科技理性的重大發展。盧梭的「社會公約」思想必然要超出純粹的思想信仰研究層面，逐漸向制度層面發展。

儒家人文理性以道德的優先性作爲核心思維，必然重視社會倫理的建構和社會約束力尋求，人文倫理成爲思想者和當政者的中心問題，力圖將人文倫理建構成爲社會的公共理性。人文即是一種人的紋理，人與人的紋理需要建構一種社會秩序，人文秩序以「倫」爲中心，形成倫理關係。《禮記》說：「樂者，通倫理者也。」東漢鄭玄注：「倫，猶類也；理，猶分也。」〔註31〕「倫」的意思是分類，《說文解字》說：「倫，輩也。從人，侖聲。一曰道也。」〔註32〕段玉裁注：「軍發車百兩爲輩，引申之同類之次曰輩。」〔註33〕「理」即是說一種條理，意思是進行區分。孟子說：「孔子之謂集大成。集大成也者，金聲而玉振之也。金聲也者，始條理也；玉振之也者，終條理也。始條理者，智之事也；終條理者，聖之事也。」〔註34〕孔子之所以有大學問，因爲在條理上、倫理上善始善終。董仲舒說：「行有倫理，副天地也。」蘇輿正義說：「天尊地卑，倫理以明尊卑爲急。」〔註35〕意思是依照天地倫理而行動，必然能夠成功。戴震說：「理者，察之而幾微必區以別之名也，是故謂之分理；在物之質，曰肌理，曰腠理；得其分則有條而紊，謂之條理。」〔註36〕能夠分類條理，事情能夠成功，做到有條不紊。綜合起來看，倫理指的是分類而達到條理的目的。社會中爲了達到有效果的治理，思想者必須建構倫理秩序以達到社會有效的安定治理。因此倫理問題必然是思想者倡導的中心話題。

中國古代的儒經典都以倫理爲中心話語，從夏、商、周三代到先秦，從兩漢到宋、明、清，學者們討論的核心話題都是社會倫理的問題。統治者也以倫理作爲政治治理的基本理念。中國古代仁人、志士認爲，眞正的大智慧是大仁和大勇，「知、仁、勇」三個方面是統一的，孔子以智、仁、勇三德爲智慧，「君子道者三，我無能焉：仁者不憂，知者不惑，勇者不懼。」〔註37〕

〔註31〕《禮記·樂記》，《禮記正義》，《十三經注疏》，中華書局，1980 年，第 1528 頁。
〔註32〕許愼：《說文解字》，中華書局，1963 年，第 164 頁。
〔註33〕段玉裁：《說文解字注》，上海古籍出版社，1988 年，第 372 頁。
〔註34〕《孟子·萬章下》，朱熹《四書章句集注》，中華書局，1983 年，第 315 頁。
〔註35〕《春秋繁露·人副天數》，蘇輿《春秋繁露義證》，中華書局，1992 年，第 357 頁。
〔註36〕《理》，戴震《孟子字義疏證》，中華書局，1982 年，第 1 頁。
〔註37〕《論語·憲問》，朱熹《四書章句集注》，中華書局，1983 年，第 156 頁。

孟子以仁、義、禮、智、信作爲求學的根本,「設爲庠序學校以教之:庠者,養也;校者,教也;序者,射也。夏曰校,殷曰序,周曰庠,學則三代共之,皆所以明人倫也。人倫明於上,小民親於下。有王者起,必來取法,是爲王者師也。」〔註38〕三代的學問都以人倫爲中心,「明人倫」成爲學問的關鍵。荀子強調禮、法合一爲根本的學問,人倫是中心,「先王案爲之制禮義以分之,使有貴賤之等,長幼之差,知愚、能不能之分,皆使人載其事而各得其宜,然後使慤祿多少厚薄之稱,是夫群居和一之道也。故仁人在上,則農以力盡田,賈以察盡財,百工以巧盡械器,士大夫以上至於公侯,莫不以仁厚知能盡官職。夫是之謂至平。故或祿天下而不自以爲多,或監門、御旅、抱關、擊柝而不自以爲寡。故曰:『斬而齊,枉而順,不同而一。』夫是之謂人倫。」〔註39〕荀子主張以人倫爲禮、法,使人人各得其所,人人各得其宜,實現人文倫理,社會得到治理。漢代董仲舒提出以「三綱五常」作爲社會治理的根本,三綱爲:君爲臣綱,父爲子綱,夫爲妻綱。五常爲:仁、義、禮、智、信。「三綱五常」中「人倫」是核心。宋明理學時期,從「北宋五子」周敦頤、張載、程顥、程頤、邵雍到南宋的朱熹等思想家,提倡心、性、理的統一,最後得出「存天理,滅人欲」的結論,「人倫」是核心。中國古代儒家的智者之旅以社會倫理思想作爲追求的目標,主張以道德作爲智慧的根本。程頤說:「天之生民,必有出類之才,起而君長之;治之而爭奪息,導之而生養遂,教之而倫理明,然後人道立,天道成,地道平。」〔註40〕倫理是人與人之間的關係,是人倫,即人與人之間的次序。古代儒家經典都以倡導「人倫」爲核心話語。劉勰說:「聖哲彝訓曰經,述經敘理曰論。論者,倫也;倫理無爽,則聖意不墜。昔仲尼微言,門人追記,故仰其經目,稱爲《論語》。」范文瀾注釋說:「倫,理也;爽,差失也。」〔註41〕意思是說儒家經典重點凸顯了人倫次序的教化,人文以倫理爲核心。張載說:「人倫,道之大原也。」〔註42〕一切大道都是以人倫爲中心。以人倫爲中心,凸顯了以人際關係爲中心的社

〔註38〕《孟子・滕文公上》,朱熹《四書章句集注》,中華書局,1983 年,第 255 頁。

〔註39〕《荀子・榮辱》,王先謙《荀子集解》,中華書局,1988 年,第 70～71 頁。

〔註40〕《卷之三》,朱熹、呂祖謙《朱子近思錄》,上海古籍出版社,2000 年,第 59 頁。

〔註41〕《論說第十八》,劉勰《文心雕龍注》,人民文學出版社,1988 年,第 326、330 頁。

〔註42〕《張子語錄・語錄下》,張載《張載集》,中華書局,1978 年,第 329 頁。

會學科的發展，在孔子提倡的六藝「禮、樂、射、御、書、數」中，「禮、樂」居首，說明核心的東西是人倫教化。中國以倫理作爲智慧的象徵，正如馬克斯·韋伯所說：「儒教同佛教一樣，僅僅是倫理。但是，與佛教截然不同的是，儒教僅僅是人間的俗人倫理。」〔註43〕人文倫理是思維的核心，其他的方面受到這一思維的主導和指引。

　　正是基於儒家人文以倫理爲中心，使儒家的人文理性充滿了倫理的色彩，使人與人之間的交往關係以「禮」爲節制，中國成爲一個重禮儀的國家，稱爲「禮儀之邦」。「禮儀之邦」實質上是一個倫理爲中心內容的國家，這個倫理以禮儀爲關鍵。馬克斯·韋伯說：「中國人文主義偏重禮儀與行政管理技術的特徵，向和平主義轉化。」〔註44〕他的觀點基本上正確，但只看到了表面的一些情況，沒有在深層次上挖掘中國的「禮義」和「禮儀」思想和制度。「中西文化的不同體現在西方以科學爲學科的發展方向，研究對象比較關注自然，而古代中國以社會關係爲研究方向，研究對象更多地關注社會。」〔註45〕學科發展方向以社會爲關注中心，說明人文理性以倫理爲性質。

　　正是基於倫理的核心考量，儒家在人文理性上主張以人倫教化達到天下治理，以人文理性化成天下。人倫關係的教化使天下達到和平、太平。倫理思維使天下和平，這種和平是一種以倫理秩序作爲調節原則的差等和平。孟子說：「聖人有憂之，使契爲司徒，教以人倫：父子有親，君臣有義，夫婦有別，長幼有序，朋友有信。」〔註46〕人倫是一種社會禮節，父子、君臣、夫婦、長幼、朋友在人倫的安排之下井然有序、有條不紊，達到一種基本和諧的社會關係。「差等」的和諧關係，不是絕對的平等關係，「差等」的和諧在中國古代是比較現實的，既保持了人與人之間的不可能絕對平等的關係，又實現了形式上的和諧，可以說這種和諧也不僅僅是形式上的，從某種程度上說也是實際的，因爲通過血緣宗法制度的「人文教化」，人們內心認同了這種「差等」的和諧。因此，中國幾千年來，一直沿用「禮」、「義」節制下的人與人的和諧關係，實現了社會和諧相處，其關鍵還在於天地人相和合，「天地」對「人」的限制保障了人與人、人與社會等關係的和諧。《周易》說：「剛柔

〔註43〕馬克斯·韋伯：《儒教與道教》，商務印書館，1995 年，第 203 頁。

〔註44〕馬克斯·韋伯：《儒教與道教》，商務印書館，1995 年，第 159 頁。

〔註45〕李長泰：《馬克思主義中國化的文化生態和合論》，中南大學出版社，2010 年，第 33 頁。

〔註46〕《孟子·滕文公上》，朱熹《四書章句集注》，中華書局，1983 年，第 259 頁。

交錯，天文也。文明以止，人文也。觀乎天文，以察時變；觀乎人文，以化成天下。」〔註47〕因此，社會達到太平，完全是「人文化成」的結果，首先是個體的修身養性，然後才達到「家齊」、「國治」、天下太平。

綜上所述，儒家將公共人格轉化為公共理性的重要環節是人文理性的提升，即是說人文理性通過公共人格形成一種思維理性，上昇到思想理念上，形成人文共識，人與人之間的關係受到思維理性的指導，這種思維理性衝破了自身單方利益的限制，而以社會發展為中心，認為對整個社會利益的實現才是最有價值的人生，以公共價值為考量才是最有價值的評判，思維和考量人與人之間的關係以道德的優先性為標準，人與人之間建構一種倫理次序的人倫關係，人文理性凸顯了道德理性和倫理次序兩個關鍵因素，在社會建構起來一種「差等」和諧的人文架構。儒家人文理性的提升和建構使儒家的公共人格在現實中以理性的方式確立起來，為儒家思想在社會中實行和成為意識形態奠定了紮實的理論基礎和形式基礎。人文理性的樹立具有公共性質，人文理性為下一步理性的發展提供了重要的理論基礎，於是國家理性在人文理性的基礎上得到發展，人文理性成為國家理性的形而上學基礎，是國家理性的理論基石。正是儒家的道德、倫理、禮義、禮儀使國家統治者採納儒家的思想學說，儒家學說在社會中得以立足、鞏固和意識形態化，也使儒家思想能夠在社會上保持兩千多年的生命力，不同於道家、法家和墨家，儒家理性是更合乎社會發展的人文理性，其性質具有公共理性的品格。儒家人理性的生成是公共人格中德性人格的轉化，德性人格的存義去利使儒家培育了人文理性，實現了價值人生，實現了人本價值的崇高和正義。

二、國家理性：政治人生

人文理性之所以具有公共理性的性質，是因為人文理性在考量人與人之間的關係時以仁義為根本，以整個社會的和諧發展為中心，使社會達到一個理想大同的局面。儒家人文理性則完全具有這種公共理性的品格，「人文化成天下」即是重要的體現。儒家的人文理性並不僅僅停留在人際關係的和諧存在上，還要上昇為國家理性，即是說通過人文思維建立理想的國家，實現國

〔註47〕 《周易‧賁》，《周易正義》，阮元《十三經注疏》，中華書局，1980 年，第 37 頁。

家治理，國家太平，這是儒家思維必然發展的環節和進程，儒家的人生理想不僅僅停留在思想者和思維者的理想層次上，還要發展成為一個為國家、為社會實現人生抱負的人，政治人生是學者的必然人生走向。什麼是最有價值的人，當然是一個有道德的人，但這並不是終結的價值人，而政治人生必然更是一個有價值的人生，因為可以實現人生的抱負和願望。儒家的公共理性必然要以國家理性作為實現的重要環節，國家是公共事務的載體，理想在事務中得到貫徹，儒家國家理性來源於儒家利他人格向現實的轉化，利他人格要厚生濟世，只有為國家服務而承擔政治治理任務才能實現這一人格，因此公共人格的利他人格必須促成了國家理性的生成。國家理性主要包括國家至上思維和天下一統思維兩個方面。

1、國家至上，齊家治國

公共理性以公共事務為根本，凸顯以大家共有的事務為中心。共有事務的處理以社會公約的形式出現，社會公約最後的表現形式是「國家」。盧梭說：「只是一瞬間，這一結合行為就產生了一個道德的與集體的共同體，以代替每個訂約者的個人。」「這一由全體個人的結合所形成的公共人格，以前稱為城邦，現在則稱為共和國或政治體；當它是被動時，它的成員就稱它為國家；當它主動時，就稱它為主權者；而以之和它的同類相比較時，則稱它為政權。至於結合者，他們集體地心不稱為人民；個別地，作為主權權威的參與者，就叫做公民，作為國家法律的服從者，就叫做臣民。」〔註48〕盧梭導出了社會公約的載體是城邦或者國家，也就是說公共理性的實現要以一種載體來實現，「國家」和「國家公民」是不能避開的載體，公共理性要在「國家」和「公民」的範圍內實現。沒有國家，社會公約不能產生，沒有公民，社會公約不能形成。沒有國家，公民不能平安生活，國家保護公民，公民建設國家。儒家公共理性體現了國家理性，國家是儒家公共理性的載體。儒家公共人格、公共價值、公共理性都來源於國家的存在，又服務於國家這一載體。

儒家思維凸顯了國家思維，國家至上。國家思維的根源在於有國才有家，個人的自由受到國家的保障，這也是社會契約產生的原因。盧梭說：「人們要迫使他自由；因為這就是使每一個公民都有祖國，從而保證他免於一切人身依附的條件，這就是造成政治機器靈活運轉的條件，並且也唯有它才是

〔註48〕〔法〕盧梭：《社會契約論》，商務印書館，2003年，第21頁。

使社會規約成其爲合法的條件；沒有這一條件；社會規約便會是荒謬的、暴政的，並且會遭到最嚴重的濫用。」〔註49〕盧梭的觀點與儒家的仁義觀點非常契合，仁、義、禮、智、信是一種社會規約，仁、義、禮、智、信的實現必須在國家之中才能得到保障，國家是這種社會規約實現的條件，進而實現人的自由。《繫辭》說：「危者，安其位者也；亡者，保其存者也；亂者，有其治者也。是故君子安而不忘危，存而不忘亡，治而不忘亂，是以身安而國家可保也。《易》曰：『其亡其亡，繫於苞桑。』」〔註50〕君子居安思危則既能保護自身又能保全國家，保身與保國並列，突出國家的重要性。《禮記》說：「儒有內稱不辟親，外舉不辟怨。程功積事，推賢而進達之，不望其報。君得其志，苟利國家，不求富貴。其舉賢援能有如此者。」〔註51〕以國家爲利，不以個人富貴爲利，突出國家利益的至高無上性質。孟子說：「人有恒言，皆曰『天下國家』。天下之本在國，國之本在家，家之本在身。」〔註52〕「天下」、「國家」成爲天下人的常見話語，言必有「天下」、「國家」，或者「天下國家」，說明國家理性在人的心中是慣常理性。荀子說：「無國而不有治法，無國而不有亂法；無國而不有賢士，無國而不有罷士；無國而不有愿民，無國而不有悍民；無國而不有美俗，無國而不有惡俗。」〔註53〕國家是一切仁、義、禮法存在的根本原因。中國傳統儒家思想重視修身、齊家、治國、平天下的文化理想，希望家庭和睦，國家治理，社會太平，凸顯了社會理想達到了理性層次。「齊家、治國、平天下」是《大學》的宗旨，「古之欲明明德於天下者，先治其國；欲治其國者，先齊其家；欲齊其家者，先修其身； 欲修其身者，先正其心；欲正其心者，先誠其意；欲誠其意者，先致其知；致知在格物。」「物格而後知至，知至而後意誠，意誠而後心正，心正而後身修，身修而後家齊，家齊而後國治，國治而後天下平。」〔註54〕人修身是爲了齊家，齊家是爲了治國，治國是爲了天下太平，《大學》的宗旨凸顯國家理性是天下太平的根本理念。朱熹說：「大學之修身、齊家、治國、平天下，其本只是正心、誠意而已。」〔註55〕說的是個人是「本」，國家社

〔註49〕　〔法〕盧梭：《社會契約論》，商務印書館，2003年，第25頁。
〔註50〕　《周易·繫辭下》，《周易正義》，《十三經注疏》，中華書局，1980年，第88頁。
〔註51〕　《禮記·儒行》，《禮記正義》，《十三經注疏》，中華書局，1980年，第1670頁。
〔註52〕　《孟子·離婁上》，朱熹《四書章句集注》，中華書局，1983年，第278頁。
〔註53〕　《荀子·王霸》，王先謙《荀子集解》，中華書局，1988年，第219頁。
〔註54〕　《大學》，朱熹《四書章句集注》，中華書局，1983年，第3~4頁。
〔註55〕　《孟子序說》，朱熹《四書章句集注》，中華書局，1983年，第200頁。

會是「果」，修身是爲了國家治理，天下太平，也就是最後都要上昇到國家理性「《大學》的修身、齊家、治國、平天下的思想基本代表了儒家的社會思想，一是勾勒了中國古代社會關係的基本原則，二是指出了中國古代社會人應具備的思想精神，從總體上概括了儒家基本的思想精髓。正是基於此，《大學》在中國古代社會中後期的文化地位是很高的，被朱熹列爲『四書』之首。」〔註56〕《大學》精神突出了國家理性。

儒家學者有至高至深的國家理性觀念，主張富國強兵、富國安民。張載有明顯的「天下國家」觀念，他說：「爲天地立心，爲生民立道，爲去聖繼絕學，爲萬世開太平。」〔註57〕這句話雖然沒有點出國家，但內含了天下國家的觀念，「天下國家」太平是學者的理想，充滿了國家理性。個人的修身養性、制禮做法、推行仁義，最後都是爲了國家的治理，張載說：「家且不能保，又安能保國家！」〔註58〕家的載體是國家，國家是更高的思維對象。韓愈說：「博愛之謂仁，行而宜之之謂義，由是而之焉之謂道，足乎己無待於外之謂德。其文《詩》、《書》、《易》、《春秋》，其法禮、樂、刑、政，其民士、農、工、賈，其位君臣、父子、師友、賓主、昆弟、夫婦，其服麻絲，其居宮室，其食粟米、果蔬、魚肉，其爲道易明，而其爲教易行也。是故以之爲己，則順而祥；以之爲人，則愛而公；以之爲心，則和而平；以之爲天下國家，無所處而不當。」〔註59〕韓愈較好的闡明了儒家學者提倡的一系列學術主張最終都是爲了天下國家，國家理性甚囂塵上。

儒家的國家理性體現了儒家「入世」主張，希望能夠爲國家效力，上面說到的修身、齊家、治國、平天下，就是爲國家效力。爲了更好地爲國家效力，儒家認爲應該將自身的力量投身於國家政治治理之中，以政治抱負的實現作爲人生的價值之一。參與政治是國家理性的重要方面，實現政治人生，這在儒家那裡的話語稱爲「仕」。「仕」有兩重意思：一是「察」，《詩經》說：「弗問弗仕，勿罔君子。」鄭玄注釋說：「仕，察也。」〔註60〕

〔註56〕參見李長泰：《馬克思主義中國化的文化生態和合論》，中南大學出版社，2010年，第204頁。

〔註57〕《拾遺·近思錄拾遺》，張載《張載集》，中華書局，1978年，第376頁。

〔註58〕《經學理窟·宗法》，張載《張載集》，中華書局，1978年，第259頁。

〔註59〕韓愈：《原道》，屈守元、常思春《韓愈全集校注》，四川大學出版社，1996年，第2665頁。

〔註60〕《詩經·小雅·節南山》，《毛詩正義》，《十三經注疏》，中華書局，1980年，第441頁。

二是「事」，「盡瘁以仕，寧莫我有。」鄭玄注釋說：「仕，事也。」〔註61〕
「仕」就是將自身學得的知識和修養的德性在現實進行效驗、行動，以服
務於天下國家。「孔子三月無君，則皇皇如也，出疆必載質。」〔註62〕孔子
不仕於君則感到不安，一定要出來尋求「仕」位，孔子儘管沒有一生沒有
實現「仕」位，但並不等於他不出仕。孟子特別提倡出仕，出仕是爲了盡
君臣國家之義，「士」是儒家的重要形象，「士」的本質工作就是「仕」，「士
之失位也，猶諸侯之失國家也。」〔註63〕君子不「仕」，就失去了其本職工
作和義務，就像是失去了家和失去了事業，「士之仕也，猶農夫之耕也。」
〔註64〕「仕」是士人的本職工作和應盡的職責，《說文解字》說：「士，事
也。數始一，終於十。從一，從十。孔子曰：『推十合一爲士。』」〔註65〕
《說文解字》對「士」解釋「士」有兩種基本的涵義，一是職位的事情，
在崗位上的事，士的崗位職能是做事情，從事管理的工作；二是能力的事
情，士要能推十合一，有一定的分析綜合能力，勝任工作崗位。孟子說：「丈
夫生而願爲之有室，女子生而願爲之有家。父母之心，人皆有之。不待父
母之命、媒妁之言，鑽穴隙相窺，逾牆相從，則父母國人皆賤之。古之人未
嘗不欲仕也，又惡不由其道。不由其道而往者，與鑽穴隙之類也。」〔註66〕
意思是儒家都將「出仕」作爲人生的抱負，「入仕」是爲了推行仁義，執行
正義的事情。《白虎通義》說：「致仕者，致其事於君。君不使自去者，尊
賢者也。故《曲禮》曰：「大夫七十而致仕。」《王制》曰：『七十致政。』」
〔註67〕「仕」就是爲國君辦事、服務，不要國君召喚，自然入仕，儘管年
事已高仍然想參與政治，守在仕途。孔子說：「事君，敬其事而後其食。」
朱熹注釋說：「君子之仕也，有官守者修其職，有言責者盡其忠。皆以敬吾
之事而已，不可先有求祿之心也。」〔註68〕「仕」就是要盡職盡責，首先

〔註61〕 《詩經・小雅・四月》，《毛詩正義》，《十三經注疏》，中華書局，1980 年，第
462 頁。
〔註62〕 《孟子・滕文公下》，朱熹《四書章句集注》，中華書局，1983 年，第 266 頁。
〔註63〕 《孟子・滕文公下》，朱熹《四書章句集注》，中華書局，1983 年，第 266 頁。
〔註64〕 《孟子・滕文公下》，朱熹《四書章句集注》，中華書局，1983 年，第 266 頁。
〔註65〕 許慎：《說文解字》，中華書局，1963 年，第 14 頁。
〔註66〕 《孟子・滕文公下》，朱熹《四書章句集注》，中華書局，1983 年，第 266～
267 頁。
〔註67〕 《白虎通義・致仕》，陳立《白虎通義疏證》，中華書局，1994 年，第 251 頁。
〔註68〕 《論語・衛靈公》，朱熹《四書章句集注》，中華書局，1983 年，第 168 頁。

不是爲了食祿而入仕，首要的是爲了做事、服務。子夏說：「仕而優則學，學而優則仕。」朱熹注釋說：「優，有餘力也。仕與學理同而事異，故當其事者，必先有以盡其事，而後可及其餘。然仕而學，則所以資其仕者益深；學而仕，則所以驗其學者益廣。」〔註69〕意思是說從事於「仕」的人主要把握三點：一是心有餘力才能致仕，要有事的能力，二是要有服務意識和勤於做事的心態，三是「仕」是爲了將自身所學德性知識在現實社會中進行推行。馮友蘭說：「在中國封建社會中知識分子階層是一個政治力量。學校是知識分子集合的地方，如果爆發爲群眾性的運動，力量就更大了。」「士」對政治的影響在於形成了一種政治環境，對政治產生了巨大的影響力。「從黃宗羲以前及其以後的中國歷史看，『士』是中國社會中的一種政治力量。黃宗羲把學校排在與君相併立的地位，這是有根據的。」「士在中國歷史中所起的作用是積極的。」〔註70〕中國古代的「士」之所以能夠成爲一個巨大的政治力量是因爲「士」的政治人生，正如范仲淹的「先天下之憂而憂，後天下之樂而樂」〔註71〕，政治抱負是儒家知識分子和儒者終生的理想追求。

基於儒家的政治人生和國家至上，儒家主張以國家理性作爲思想演化的重要理性，人生的價值是爲國家服務，實現人生價值要與國家同在，言必稱君子、士人，人的存在是以國家的存在爲基礎，凸顯了國家理性在思維中的重要性。國家理性是人文理性的延伸，國家理性體現了公共理性的品格，因爲國家不是單個人的存在，而是群體的集中，並且以公共利益爲主導價值的載體。費希特在《國家學說》中闡明理性王國的建立時說：「在其共同體中，不允許任何人妨害他人的自由。——他既不能通過阻撓直接妨害他人的自由，也不能在這一個整體及其相互關聯的自然中，間接地漠視合理統治對整體的要求。」〔註72〕費希特說明了理性國家具有公共理性的品格，儒家國家理性突出國家的重要存在，具有公共理性的品性精神，國家理性是人精神的重要內容。國家理性實現了人本價值，因爲通過國家理性的實踐，實現了個人的抱負，提高了自身的尊嚴、幸福、崇高、正義的價值。

〔註69〕《論語·子張》，朱熹《四書章句集注》，中華書局，1983年，第190頁。
〔註70〕馮友蘭：《中國哲學史新編》（下卷），人民出版社，2007，第10～11頁。
〔註71〕《岳陽樓記》，范仲淹《范仲淹全集》，四川大學出版社，2002年，第195頁。
〔註72〕〔德〕費希特：《國家學說：或關於原初國家與理性王國的關係》，中國法制出版社，2010年，第61頁。

2、天下一統，理一至善

政治治理的責任是儒家國家理性的凸顯，對國家存在和發展的關注始終沒有減退，使儒家積極參與到國家政治事務之中。儒家憂國憂民，國家的存在和發展是其考量的重要方面，一旦國家或民族遭到外國或者外族的入侵，儒家就挺身而出，其思想充滿了國家理性，儒家國家理性進一步發展爲國家「一統」思想。杜甫在《春望》中寫道：「國破山河在，城春草木深。感時花濺淚，恨別鳥驚心。烽火連三月，家書抵萬金。白頭搔更短，渾欲不勝簪。」沒有國，家也難以保全，國和家始終聯繫成一個整體。

整體性思維是中國古代的一個傳統，天下一統是中國各家各派的總體思維趨向。正如《周易》說：「天下何思何慮？天下同歸而殊途，一致而百慮。」〔註 73〕殊途同歸是中國古代傳統思維的一貫宗旨。由多元走向一元，國家由分裂走向統一是中國古代思想發展總體態勢。無論是法家還是儒家，都有思想「一統」、國家統一的致思趨向。思想統一於什麼呢？最後都統一於國家、君王，國家理性是思想統一和國家統一的集中地。中國古代的整體思維決定了這種國家理性的一統思維的發展，強調天人合一、知行合一、個人與整體合一，一本而萬殊。

法家主張國家一統、思想一統，國家統領一切，國家、國君具有至高無上的權力。秦朝丞相李斯主張天下歸一，包括思想統一和國家統一，「古者天下散亂，莫之能一，是以諸侯並作，語皆道古以害今，飾虛言以亂實，人善其所私學，以非上之所建立。今皇帝並有天下，別黑白而定一尊。私學而相與非法教，人聞令下，則各以其學議之，入則心非，出則巷議，誇主以爲名，異取以爲高，率群下以造謗。如此弗禁，則主勢降乎上，黨與成乎下。禁之便。」〔註74〕意思是思想統一於「一尊」，排斥多元性，不允許街頭巷議，通過政治強制推行思想的一元性，國家成爲核心的存在體，人成爲國家的附屬物。法家的國家理性缺乏仁義，人本價值完全被抹殺，陸賈說：「舉措太眾，刑罰太極。」〔註 75〕這種主張和政治措施使人的存在面臨極大挑戰。秦代的法家政治完全是國家理性的至上主義，實現「車同軌，書同文，度同制」。法家的國家理性由於仁義不施，導致秦代的滅亡。

〔註73〕《周易‧繫辭下》，《周易正義》，《十三經注疏》，中華書局，1980 年，第 87頁。

〔註74〕《史記‧秦始皇本紀第六》，司馬遷《史記》，中華書局，2006 年，第 47 頁。

〔註75〕《新語‧無爲》，王利器《新語校注》，中華書局，1986 年，第 62 頁。

　　儒家的「一統」思維吸取法家的教訓，提出天下一統而施行仁、義、禮、智、信，提倡以儒家思想統領天下。儒家贊成「君子道長，小人道消」〔註76〕，即是天下一統的思維趨向，以儒家道統一統天下，高揚了君子而貶抑了小人。馮友蘭說：「君子即是依照一社會所依照之理所規定之基本規律以行動者，其行動是道德底。小人即不依照此基本規律以行動者，其行動是不道德底。」〔註77〕以君子之道一統天下道統。孟子提出天下要「定於一」。梁惠王問：「天下惡乎定？」孟子回答說：「定於一。」朱熹注釋：「王問列國分爭，天下當何所定。孟子對以必合於一，然後定也。」〔註78〕孟子的意思是內外合一，朱熹的意思是諸侯國走向統一，天下一統。孔子說：「今天下車同軌，書同文，行同倫。」朱熹注釋：「三者皆同，言天下一統也。」〔註79〕儒家制禮作樂，目的是天下一統，實現國家治理，即使是交通工具相似，語言文字統一，人與人之間的倫理次序使用同一禮制。朱熹說：「次序，如等威節文之類。體，如『辨上下，定民志』，君臣父子貴賤尊卑相接之禮，皆是。天子制此禮，通天下共行之，故其次第之體，等威節文，皆如一也。」〔註80〕儒家主張天下一統，禮制得到「一尊」。董仲舒將「天道無二」作爲中心論題，最終得出萬物歸於「一統」的結論，「天之常道，相反之物也，不得兩起，故謂之一。一而不二者，天之行也。」〔註81〕天道儘管有相對的事物，但天行不二。「天無常於物，而一於時，時之所宜，而一爲之。故開一塞一，起一廢一，至畢時而止，終有復始於一。」〔註82〕天道最終要歸於「一」，一元復始，九九歸一。正是董仲舒天下歸於「一」的思想，他提出「儒術獨尊」的思想主張，天下一統。「《春秋》大一統者，天地之常經，古今之通誼也。今師異道，人異論，百家殊方，指意不同，是以上亡以持一統；法制數變，下不知所守。臣愚以爲諸不在六藝之科孔

〔註76〕《周易・上經・泰》，《周易正義》，《十三經注疏》，中華書局，1980 年，第28 頁。
〔註77〕《新理學》，《三松堂全集》（第四卷），河南人民出版社，2001 年，第 110 頁。
〔註78〕《孟子・梁惠王上》，朱熹《四書章句集注》，中華書局，1983 年，第 206 頁。
〔註79〕《中庸》，朱熹《四書章句集注》，中華書局，1983 年，第 36 頁。
〔註80〕《中庸三・第二十八章》，卷六十四，黎靖德《朱子語類》，中華書局，1986年，第 1592 頁。
〔註81〕《春秋繁露・天道無二第五十一》，蘇輿《春秋繁露義證》，中華書局，1992年，第 345 頁。
〔註82〕《春秋繁露・天道無二第五十一》，蘇輿《春秋繁露義證》，中華書局，1992年，第 346 頁。

子之術者，皆絕其道，勿使並進。邪辟之說滅息，然後統紀可一而法度可明，民知所從矣。」﹝註83﹞董仲舒的主張代表了儒家思想發展的一種態勢，儒家道統從此成爲中國天下一統的主導思想。從魏晉時起發展到隋唐，中國存在儒、釋、道三派思想，三教並行。唐朝末年，儒家學者韓愈提出以「人其人，火其書，廬其居」﹝註84﹞的極端方式排除佛學，此種方式行不通。北宋儒家學者抓住時代的核心話題，著手解決佛教、道家與儒家思想關係，其努力的方向是天下思想「一統」，經過「北宋五子」周敦頤、程顥、程頤、張載、邵雍等的努力，儒家學者逐漸將佛、道兩家與儒家思想實現匯通，「援佛道入儒」，到南宋時期，天下一統的轉換在朱熹那裡得以實現，理學得以正式形成。﹝註85﹞宋明理學的形成是儒家天下一統思想發展的結果，而朱熹是天下一統思想的集大成者。朱熹提出一本而萬殊，「蓋至誠無息者，道之體也，萬殊之所以一本也；萬物各得其所者，道之用也，一本之所以萬殊也。」﹝註86﹞一本即是一理，即天理，萬殊是萬物，天理是根本，天理即封建的倫理，即天下一統，黎民百姓都要遵從這一道統，儒家主張「理一分殊」和「月印萬川」都是要說明國家理性的重要性，需要遵從以國君爲首的封建禮制，以實現天下統治。

儒家是社會的觀察者和思想的建構者，作爲思想者建構國家理性，需要上昇到哲學的層次，即從理念上建構國家的存在，國家的存在在哲學家那裡是建構一個「善」的理性，這個「善」使國家的行動標準得以具有可能性，或者說具有現實性，國家理性的目標具有長久性，正如柏拉圖在《國家篇》中談論理想國家的建立一樣，「爲了能夠使國家秩序井然，必須提升人的靈魂，使之能見到普世之光。超越了這個變動不居的世界，人們就能夠尋求和發現眞理。」﹝註87﹞儒家天下一統的思想即是國家理性的一種追求和建構。儒家的天下「定於一」、「天道無二」、「儒術獨尊」、「一本萬殊」、「月印萬川」都是建構理念上的國家，向一個「善」的理性上發展，國家理性即是建構天

﹝註83﹞ 《漢書‧董仲舒卷》，《二十四史》（2），中華書局，1997年，第644頁。

﹝註84﹞ 韓愈：《原道》，引自屈守元、常思春《韓愈全集校注》，四川大學出版社，1996年，第2665頁。

﹝註85﹞ 參見李長泰：《馬克思主義中國化的文化生態和合論》，中南大學出版社，2010年，第81頁。

﹝註86﹞ 《論語集注》，朱熹《四書章句集注》，中華書局，1983年，第72頁。

﹝註87﹞ 《提要》，《國家篇》，柏拉圖《柏拉圖全集》（第二卷），人民出版社，2003年，第271～272頁。

下一統「善」的理性。至善的國家理性追求是公共理性的又一層次上的實現，「天下一統」實際上是在形式上達到公共理性的目標，因爲國家治理必須有一個共同的理念，類似於正義的「善」，這種「善」只有得到國家公民的認可，才能視爲國家的長治久安具有可能性和現實，國家作爲理性的存在物，必須爲眞理而生，爲眞理而死，因此尋求一種正義的「善」必須是國家理性奮鬥的目標。儒家天下一統的思維試圖以仁義至善的人格達到國家一統的局面，實現公共人格向公共理性的轉換。

　　儒家高揚國家理性，通過國家至上和天下一統兩個方面來建構，主張爲國家服務和統一於國家，目的是實現儒家提倡的政治人生價值，政治人生以國家理性爲價值導向，參與政治而成爲一個政治人，以實現自我的人生抱負，實現人本價值，國家理性是公共理性，同時又實現了尊嚴、幸福、崇高和正義的人本價值，實現了人本價值與公共理性的耦合。

三、教育理性：教育人生

　　國家理性的追尋只是儒家公共理性考量的其中一個方面，爲了建構人文理性和國家理性的目標，儒家將人文至善、國家正義的理性貫穿到每一個人內心，也就是說，人文理性和國家理性的品格需要落實到具體的每一個人身上，必須對公民，在中國古代有的被稱爲黎民，進行理性主義的教化，使之具有理性的情懷，即具有人文至善和國家正義的品格，我們稱這種教化爲理性教育。而儒家在教育過程中貫穿兩個原則，一是進行人文理性和國家理性的教育，這是德性爲內容的知識品德培養，二是教育本身的性質是理性化的教育，以修養教化的方式啓發誘導，教化本身的性質具有理性品格，因此稱之爲教育理性。儒家的教育理性不是教條強制和武力征服，而是循循善誘，因此儒家人生是教化人生，其價值的實現體現在修身養性、教育教化之中，儒家更是一個教育者，師道相傳是其價值所在。韓愈說：「古之學者必有師。師者，所以傳道受業解惑也。」〔註88〕儒家人本價值的實現方式體現爲自身是一個教育者，成爲一個教育者具有至高無上的價值，實現了人本價值的尊嚴和崇高，貫穿了正義的人本價值。儒家的教育理性主要從明德教化和精神安頓兩個方面展開。

〔註88〕韓愈：《師說》，引自屈守元、常思春《韓愈全集校注》，四川大學出版社，1996年，第1508頁。

1、明德新民，理性教化

教育的成功關鍵在於採取何種教育理念和何種教育方法。理念正確，方法得當，教育效果明顯。儒家是以教育者的形式出現的，儒家教育從歷史的視角來看是比較成功的，中國成為一個「禮儀之邦」就是一個有力的證明。儒家教育理性主要體現為兩個方面：

第一，明德教化彰顯了理性教育的成功，使人確立了人本價值。明德教化是儒家的理性化教育方式，儒家認為「明德」不是單個人所獨有，而是人人共有，具有公共的性質，這種「明德」共存的思維使其教育充滿了可行性，因為人人共有「明德」，使每一人先天具有公平性，在權利上具有平等性，使每一人後天裏具有可教育性和享有教育的權利，並且這種權利是平等的。同時人人共有「明德」，說明每一人都是可以教育好的，不是「不可教也」，這種教育思維從先天「明德」，到後天「明明德」，到「止於至善」完全處於合理的邏輯體系之中，順理成章，完全可以稱之為理性化教育。

《大學》說「明德」之性，「大學之道，在明明德，在親民，在止於至善。」朱熹對「明德」作較詳細的注釋，「明德者，人之所得乎天，而虛靈不昧，以具眾理而應萬事者也。但為氣稟所拘，人欲所蔽，則有時而昏；然其本體之明，則有未嘗息者。故學者當因其所發而遂明之，以復其初也。」〔註89〕「明德」的性質是虛靈不昧，來源於天，學者的事情就是「復其初」，即是「明明德」。在中國古代哲學中，「明德」範疇是一個經典語詞，歷代儒家對其研究非常多，從不同的角度探究其內涵。朱熹對「明德」的釋義在儒家中具有經典性的地位，其釋義富有經典性和開創性。《大學》在解釋「明德」時說：「《康誥》曰：『克明德』。《大甲》曰：『顧諟天之明命。』《帝典》曰：『克明峻德。』皆自明也。」〔註90〕「明德」來源於「天」，這一思想與《中庸》思想相符合，「天命之謂性，率性之謂道，修道之謂教。」〔註91〕天所給予人的並在人身上體現出來稱為「性」，「性」來源於天命，「天」具有道德形而上學的終極意義。杜維明先生說：「《中庸》主張普通人類經驗本身就體現著道德的這種終極依據，從而為在常人的生活中實現天人合一提供了理論基礎。」〔註92〕他的意思是中庸、天命具有道德形而上學的意義。人的道德依據是什麼，即是

〔註89〕 《大學》，朱熹《四書章句集注》，中華書局，1983年，第3頁。
〔註90〕 《大學》，朱熹《四書章句集注》，中華書局，1983年，第4頁。
〔註91〕 《中庸》，朱熹《四書章句集注》，中華書局，1983年，第11頁。
〔註92〕 杜維明：《《中庸》洞見》，人民出版社，2008年，第87頁。

中庸、天命，明德。《中庸》的思維方法凸顯了「性」與天命的關係，這是朱熹解釋「明德」的理論基礎。朱熹認為「明德」人人都共有，「便是天之所命謂性者。人皆有此明德，但為物欲之所昏蔽，故暗塞爾。」〔註93〕朱熹對「明德」的解釋非常符合道德形而上學原理。王陽明對「明德」的釋義基本上繼承了朱熹的「天理」和「虛靈不昧」的解釋，「心之德本無不明也，故謂之明德。」〔註94〕「明德」體現為本心之明，「意念所在，即要去其不正以全其正，即無時無處不是存天理，即是窮理。天理即是『明德』，窮理即是『明明德』。」〔註95〕明德即是天理，王陽明的詮釋與朱熹的詮釋基本一致。王陽明還繼承了朱熹對明德「虛靈不昧」的釋義，提出了「靈昭不昧」的釋義，「明德者，天命之性，靈昭不昧，而萬理之所從出也。人之於其父也，而莫不知孝焉；於其兄也，而莫不知弟焉；於凡事物之感，莫不有自然之明焉；是其靈昭之在人心，亙萬古而無不同，無或昧者也，是故謂之明德。」〔註96〕王船山也繼承了朱熹對「明德」的解釋，具有一脈相承性，「人之所得於天者德也，而其虛而無欲，靈而通理，有恒而不昧者則明德也，但形氣累之，物欲蔽之，而或致失其本明。大學之道，則所以復吾性具知之理，以曉然於善而遠於惡，而勿使有所累、有所蔽也。」〔註97〕明德是人心本身所固有的，儘管表現出來有差異，為氣欲所掩蔽，但明德本身是存在於內心之中的，沒有不明，大學之道在於教人回覆到這一本性上去，學者應該擔當這一重任。「明德」內涵有些類似於康德的「純粹理性」範疇內涵，康德認為人沒有不是善良的意志，康德說：「我們終究被賦予了理性，作為實踐能力，亦即作為一種能夠給與意志以影響的能力，所以它的真正使命，並不是去產生完成其他意圖的工具，而是去產生在其自身就是善良的意志。」〔註98〕善良意志即是本心之明，純粹至善。

正由於人人都有一個「明德」之心，人人共有善良的本心和本性，因此每一個人都有共同的人格和共同的尊嚴，人人都是平等的，這是與生俱來的

〔註93〕《大學三・傳一章釋明明德》，卷十六，黎靖德《朱子語類》，中華書局，1986年，第315頁。

〔註94〕《續編一》，王守仁《王陽明全集》，上海古籍出版社，1992年，第980頁。

〔註95〕《語錄一》，王守仁《王陽明全集》，上海古籍出版社，1992年，第6頁。

〔註96〕《文錄四》，王守仁《王陽明全集》，上海古籍出版社，1992年，第250～251頁。

〔註97〕《四書訓義》，王船山《船山全書》第七冊，嶽麓書社，1996年，第44頁。

〔註98〕康德：《道德形而上學原理》，上海人民出版社，2002年，第11頁。

人本價值，任何人不能抹殺。康德說：「它們作爲我們的最高實踐原則，於是，在來源上具有了純粹性，並且贏得尊嚴。」〔註99〕如果人人都有善良意志，誰也不能否認一個人在社會中存在的合法性，這是一起碼的標準，也是最低標準，體現了生命存在和高貴尊嚴的雙重人本價值。儒家確立「明德」之心爲明德教化找到了合法性的依據，「明明德」就是明德教化的根本任務，完全是一個理性的邏輯過程。

第二，人性本善論凸顯了人的可塑造性，使人具有可教育性。古代儒家哲學自先秦以來，主流上都主張人性本善論，少數或者說個別儒家提倡人性本惡論。人性本善論的突出代表是孟子，人性本惡論的突出代表是荀子。孟子說：「人性之善也，猶水之就下也。人無有不善，水無有不下。今夫水，搏而躍之，可使過顙；激而行之，可使在山。是豈水之性哉？其勢則然也。人之可使爲不善，其性亦猶是也。」〔註100〕孟子說人性本善，不管出現何種情況善性不變。「乃若其情，則可以爲善矣，乃所謂善也。若夫爲不善，非才之罪也。惻隱之心，人皆有之；羞惡之心，人皆有之；恭敬之心，人皆有之；是非之心，人皆有之。惻隱之心，仁也；羞惡之心，義也；恭敬之心，禮也；是非之心，智也。仁義禮智，非由外鑠我也，我固有之也，弗思耳矣。」〔註101〕由於人性本善，仁義禮智的存在就是人性本善的推演，順理成章，後天付出努力達到仁、義、禮、智。孟子的人性本善論沒有得到荀子的發展，荀子反其道而行提出人性本惡。荀子說：「人之性惡，其善者僞也。」〔註102〕人性本惡，善只是一種僞裝。「凡所貴堯、禹、君子者，能化性，能起僞，僞起而生禮義。」〔註103〕聖人能化性起僞，於是產生禮義。孟子、荀子的人性論大異其趣，雖然都是儒家，觀點南轅北轍，但其對社會產生的影響絕然迥異。孟子的人性本善論被兩漢、宋明大多數儒家繼承，特別是宋代理學家基本上發展了孟子一脈，而這一思想也得到官方統治者的認同，實行儒家教化，政治體現爲以民爲本。荀子的人性本惡論被法家所繼承，得到秦代統治的高揚，實行法家治理，政治體現爲刑罰法治而民不聊生，秦代滅亡，從此法家退出歷史舞臺。

〔註99〕康德：《道德形而上學原理》，上海人民出版社，2002年，第28～29頁。
〔註100〕《孟子·告子上》，朱熹《四書章句集注》，中華書局，1983年，第325頁。
〔註101〕《孟子·告子上》，朱熹《四書章句集注》，中華書局，1983年，第328頁。
〔註102〕《荀子·性惡》，王先謙《荀子集解》，中華書局，1988年，第434頁。
〔註103〕《荀子·性惡》，王先謙《荀子集解》，中華書局，1988年，第442頁。

人性本善論和人性本惡論之所以在歷史上的地位和影響相異其趣，關鍵點其教育的理性化程度大相徑庭。人性本善論首先說明人人都是一個善人，不是一個惡人，說明人人都是可以教育的，即使做了惡事，但本性是善的，只是一時糊塗做了壞事，說明人在根子上還是一個好人，通過教育可以轉化過來。這種教育理性體現在從人的根源上承認了人是一個有價值的人，是一個有尊嚴的人，是一個本性值得人尊重的人，使人找回了尊嚴，也為人與人之間的交往關係奠定了良好的基礎，增強了彼此之間的信任基礎，使社會關係進入良性循環。而人性本惡論則是相反的情況，首先人就是一惡人，根子上已經壞了，教育只是化性起偽，善事也只有聖人君子才能做到，凡夫俗子根本不可能，因此必須用禮法和刑罰進行限制和壓制，但不能達到根源上的改變。人與人之間充滿了懷疑和猜忌，沒有一種信任關係，社會處於惡性循環之中，人性本惡論使社會缺乏良性互動的理論基礎。人性本善論是人本價值實現的基礎理論。綜合起來看，儒家的主流意識還是以人性本善論為基礎，這種人性本善的教育是一種理性化的教育，儒家思想主導社會的兩千多年主要是以人性本善進行社會教育，社會保持相對穩定，理性的邏輯成份是關鍵的，使這一理性成為公共理性，同時將善德轉化為公共理性。

人性本善論和明德教化論是儒家理性教化的兩個重要方面，目的是為了使人成為「新民」，明德是本原，新民是運用。《大學》說：「湯之《盤銘》曰：『苟日新，日日新，又日新。《康誥》曰：『作新民。』《詩》曰：『周雖舊邦，其命惟新。』是故君子無所不用其極。」〔註104〕通過日新盛德，使自身成為一個有價值的人。由此觀之，儒家的「新民」是為了「至善」，「至善」的最高目標是達到聖人的境地，孟子說：「人皆可以為堯舜。」〔註105〕荀子說：「塗之人可以為禹。」〔註106〕「新民」從「善」端開始，又以「善」結束，善始善終，因此「新民」、「至善」完全是一個理性化的過程，走過了明德、新民、至善的理性發展邏輯。儒家對天下黎民百姓的教化具有持久性，善始善終，體現了天下責任擔當的精神，從這個意義上說，儒家以教育家的面貌呈現給世人，充滿了理性教育的情懷，實現了人本價值。

〔註104〕《大學》，朱熹《四書章句集注》，中華書局，1983年，第5頁。
〔註105〕《孟子·告子下》，朱熹《四書章句集注》，中華書局，1983年，第339頁。
〔註106〕《荀子·性惡》，王先謙《荀子集解》，中華書局，1988年，第442頁。

2、精神常駐，靈魂教化

儒家的教育理性當然少不了在精神上尋求安頓，對人靈魂安頓的教育是儒家理性教育的重要方面。前面已經詳細地論述了人的安身立命的問題，人成為人需要有安身立命的處所。人的最終安定不在於物質上的安定，人的最終寄託在於精神安定，即是說將精神尋找到一個安定場所，有可能是宗教的，也有可能不是宗教的，但都有個寄託之地。物質上的安定只是一時的安定，不可能具有永久性和永恒性。精神的寄託在何處？宗教思想關注這個問題，非宗教思想同樣會關注這個問題，社會價值體系的穩定性最終都會關注精神靈魂的教化，為靈魂尋求最後的精神港灣。儒家的教育理性也充分地考慮到這一個問題，這一理性體現在天命教化和天理教化之中。

首先，天命教化實現人精神常駐。儒家不像宗教那樣有固定的一個宗教神去實現精神的安慰和寄託，儒家不崇拜宗教神，不是通過去神化神而教化人，儒家不信仰宗教和鬼神。儒家學者對神學不太相信，孔子說：「敬鬼神而遠之。」朱熹注釋說：「專用力於人道之所宜，而不惑於鬼神之不可知，知者之事也。」〔註107〕孔子說：「未能事人，焉能事鬼？」〔註108〕《禮記》說：「夏道尊命，事鬼敬神而遠之，近人而忠焉，先祿而後威，先賞而後罰，親而不尊。」〔註109〕意思是儒家對鬼神不太關注，不關注宗教之類的信仰，更關切現實中人的事情。不信仰、不關切宗教信仰並不等於沒有靈魂駐守和精神安頓，現實關切並不妨礙儒家的終極關懷、思想慰藉和精神安頓。儒家對黎民百姓精神靈魂的安頓方式之一是通過天命教化來實現，天命觀念在儒家那裡是核心話語之一。孔子說：「不知命，無以為君子也。」〔註110〕孔子說：「君子有三畏：畏天命，畏大人，畏聖人之言。小人不知天命而不畏也，狎大人，侮聖人之言。」〔註111〕君子是儒家典型的社會形象，君子對天命有敬畏之心，稱為君子的人對天命應該有深刻的認知。孔子說：「吾十有五而志於學，三十而立，四十而不惑，五十而知天命，六十而耳順，七十而從心所欲，不逾矩。」

〔註107〕 《論語・雍也》，朱熹《四書章句集注》，中華書局，1983 年，第 89～90 頁。
〔註108〕 《論語・先進》，朱熹《四書章句集注》，中華書局，1983 年，第 125 頁。
〔註109〕 《禮記・表記》，《禮記正義》，《十三經注疏》，中華書局，1980 年，第 1641 頁。
〔註110〕 《論語・堯曰》，朱熹《四書章句集注》，中華書局，1983 年，第 195 頁。
〔註111〕 《論語・季氏》，朱熹《四書章句集注》，中華書局，1983 年，第 172 頁。

〔註 112〕對天命的認知是儒家必備的命題，也是黎民百姓應該認知的話題。天命教化成爲儒家教育、教化的重要內容。孟子說：「盡其心者，知其性也。知其性，則知天矣。存其心，養其性，所以事天也。殀壽不貳，修身以俟之，所以立命也。」〔註 113〕知天、知命、立命是人應盡的本義，人成爲人就要知天、立命。《周易》說：「窮理盡性以至於命。」〔註 114〕最後一切都是要以天命爲宗旨。天命在儒家那裡成爲一種精神安頓的地方，這種天命實質上是一種不可言說的、不可改變的天道賦予人的生命軌迹，人必須遵從天命安排，以實現人的存在。從一定程度上講，天命是儒家所說的不可改變的天道規律，也可能是自然規律，但被儒家固定化和格式化。天道不易、天命不變，使人有一種精神上的駐守，人的精神固定在天道和天命之中，實現靈魂的慰藉。

其次，天理教化實現人精神常駐。「天理」是宋代開始的一個核心範疇，程顥所說：「吾學雖有所受，天理二字卻是自家體貼出來。」〔註 115〕「天理」成爲儒家精神駐守場所的代名詞，但是這個核心話語只是在宋代正式形成、確立。「天理」來源於「理」，「理」即是人人都認爲如此如此的道理。孟子說：「口之於味也，有同耆焉；耳之於聲也，有同聽焉；目之於色也，有同美焉。至於心，獨無所同然乎？心之所同然者何也？謂理也，義也。聖人先得我心之所同然耳。故理義之悅我心，猶芻豢之悅我口。」〔註 116〕人心相認同的、大家都這麼想的就是「理」，人同此心，心同此理，心同理同即是「理」。董仲舒說：「故夏無道而殷伐之，殷無道而周伐之，周無道而秦伐之，秦無道而漢伐之。有道伐無道，此天理也。」〔註 117〕董仲舒所說的天理是指人心所向，與孟子所說的「心所同然」具有一致性。程顥說：「天者理也，神者妙萬物而爲言者也。帝者以主宰事而名。」〔註 118〕天理主宰一切，天理逐漸帶上了一定的宗教性。他還說：「萬

〔註 112〕《論語·爲政》，朱熹《四書章句集注》，中華書局，1983 年，第 54 頁。
〔註 113〕《孟子·盡心上》，朱熹《四書章句集注》，中華書局，1983 年，第 349 頁。
〔註 114〕《周易·說卦》，《周易正義》，《十三經注疏》，中華書局，1980 年，第 93 頁。
〔註 115〕《傳聞雜記》，《河南程氏外書第十二》，程顥、程頤《二程集》，中華書局，1981 年，第 424 頁。
〔註 116〕《孟子·告子上》，朱熹《四書章句集注》，中華書局，1983 年，第 330 頁。
〔註 117〕《堯舜不擅移、湯武不專殺第二十五》，蘇輿《春秋繁露義證》，中華書局，1992 年，第 220 頁。
〔註 118〕《明道先生語一》，《河南程氏遺書第十一》，程顥、程頤《二程集》，中華書局，1981 年，第 132 頁。

物皆只是一個天理。」〔註119〕說明天理是萬物的主宰,是一個人格化的實體,具有神性,與宗教性具有一致性,正如程頤所說「莫之爲而爲,莫之致而致,便是天理」。〔註120〕程頤對世界的詮釋以天理作爲本體,對世界的原因在不可追尋的情況下說成是天理的安排,明顯具有宗教性質。宗教性質無疑爲精神安頓尋找到一個適當的場所。南宋開始到明清之際,社會的核心話語是「存天理,滅人欲」,天理成爲一種精神的寄託之地,存天理是一種理性的教化,希望人們在精神上以天理爲宗旨,不要超越儒家的仁義禮法。

天命教化和天理教化是儒家教育理性的重要內容,這種教化的目的是讓儒家仁義思想深入到靈魂深處,仁義精神常駐。儒家既沒有安排一個宗教神的存在,與現實結合非常緊密,又使其精神安頓場所具有一定的宗教性質,實現了理想的教育效果,天人合一,這種教化的方式當然具有理性的色彩,既「入世」又「出世」,但最終沒有「出世」,關注了此岸的世界,又觸及了彼岸的邊界,這種方式不能不說是理性的。

儒家的教育理性在明德教化、人性本善教化、天命教化和天理教化中實現儒家仁義道德的公共人格向公共理性的轉化。之所以說儒家的教育理性具有公共性,是因爲儒家的教化理念具有大眾性,能夠得到黎民百姓的認同,歷史事實成功地證實了其教育的合理性。無論怎麼說,儒家的教育是理性的,具有不可質疑的公共理性性質。

綜上所述,儒家德性人格、利他人格和藝術人格的三個公共人格向公共理性的轉換經過了人文理性、國家理性和教育理性的三重轉換,最終實現了公共理性的生成。其中人文理性是公共理性的理論基礎,國家理性是公共理性的社會載體,教育理性是公共理性的社會實現進程。儒家公共理性的轉換過程幫助儒家實現了價值人生,展現了人本價值中的價值人的方面,幫助了儒家實現了政治人生,展現了人本價值中的政治人的方面,幫助儒家實現了教育人,展現了人本價值中的教育人的方面。無論是什麼人生,都實現了人本價值。人本價值上看,儒家是一個公共理性的體現者,是公共利益的提供者和輔助實現者,實現了人本價值向公共理性的轉化和耦合。

〔註119〕《二先生語二上》,《河南程氏遺書第十一》,程顥、程頤《二程集》,中華書局,1981年,第30頁。
〔註120〕《伊川先生語四》,《河南程氏遺書第十八》,程顥、程頤《二程集》,中華書局,1981年,第215頁。

第八章　公共理性新樹：公共秩序

　　儒家人本價值與公共理性的耦合機理是人本身的價值需求與公共理性的價值需求的合一，耦合的機理關注視角不在於人本身的自然屬性，不是一種物性的需求，而是作為一種「類」和「群」的需要進行調節。整體性、社會性機理充當了人本價值形成的關鍵因素，人本價值不是單純個人的價值需要，而是一種良性社會關係建構的需要。單純從個體人去追問，人本價值不可能演化、轉換為公共理性，單純以此種視角去分析，人本價值與公共理性背道而馳，這也是一般人在理解人本價值與公共理性時所提到的悖論問題和二律背反的問題。因此我們對儒家人本價值的關注必須從「類」、「群」、社會和理性的視角去思維，不是單個人的人本價值，而是社會中大多數人的價值實現，公共理性的演化、轉化、生成自然而然地處於人本價值的推演之中，人本價值的邏輯進程自然就是向公共理性轉化的進程。

　　從人本價值轉化為公共理性，是大道生生不息的結果，儒家人本價值向公共理性的轉化不是靜態的思想轉化，儒家思想從來都是與現實相與為一的。《繫辭》說：「一陰一陽之謂道，繼之者善也，成之者性也。仁者見之謂之仁，知者見之謂之知，百姓日用而不知，故君子之道鮮矣。」〔註1〕朱熹說：「道，則人倫日用之間所當行者是也。」〔註2〕儒家道統體現為日用之中。王陽明《別諸生》詩句：「不離日用常行內，直造先天未畫前。」

〔註1〕《周易·繫辭上》，《周易正義》，《十三經注疏》，中華書局，1980年，第78頁。
〔註2〕《論語集注》，朱熹《四書章句集注》，中華書局，1983年，第94頁。

〔註3〕凸顯了日用不離，與現實相合，因此儒家道統要運用於現實之中。既然人本價值向公共理性存在著耦合機理，這是思維方式和耦合機理可以借鑒達到現實致用的目的，有利於解決當代中國乃至世界存在的價值衝突和價值危機，運用儒家公共理性觀念有利於對當代社會公共性問題找到一些有益的思維路徑。

當下的世界是一個全新的世界，隨著人類科技探索的加強和時空變換的擴展，思維空間和路徑不斷超越原有的模式。思維快速更替，哲學順應了科技發展的變化，也日新月異，核心話題不斷轉換，新的詞彙、語詞已不斷地表達時代帶來的變化，人類社會在科技發展的引擎下表現出勃勃的生機。科技是物質發展的動力，也推動了人文精神的改變，科技使社會的物質和精神兩大元素進入到新征程，人們在新世紀對世界出現的種種新變化不斷地進行追蹤和研究，投入精力和物力，精義入神，致用安身。致思審問，探賾索隱，兀兀窮年，窮理盡性，考量人類社會變化的虛虛實實，判斷人類社會的是非曲直，辯明人類社會中的真、善、美、丑，糾正社會偏向，失去社會發展進入良性循環。基於科技的張力和物質的動因給人類社會帶來的變化，人文學者思慮省察，得出經驗的判斷。當下世界特別是中國社會在迅猛發展過程中正面臨著精神價值的挑戰和社會危機，社會對價值的糾偏呼喚和對道德的訴求關注在物質發展中凸顯出來，成為時代的核心話題，以人為本和人本關切成為社會公共道德的訴求。時代訴求和核心話題一時難以解決這一價值問題，思想者和當政者的責任重於泰山。在社會公共道德缺失的詬病下，公共理性的建樹、公共秩序的樹立可以借鑒中國古代儒家人本價值和公共理性的耦合機理進行生發。儒家形象是中國古代社會的具有廣泛影響力和社會認同的良好形象，儒家公共人格是一種社會廣泛認可和達到普世化的公共人格，當代公共人格和公共價值的建構可以參考儒家人本價值和公共理性的耦合機理思想，以面對社會出現的價值危機和社會挑戰。

本章將從理性建樹、價值建樹和制度建樹三個方面略論當代社會公共秩序建構的問題。具體內容架構見以下圖示：

〔註3〕《外集二》，王陽明《王陽明全集》，上海古籍出版社，1992年，第791頁。

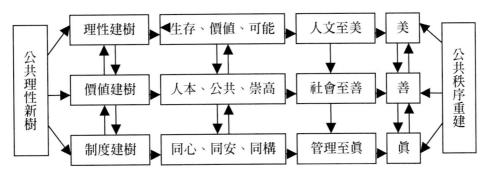

公共理性和公共秩序建樹邏輯結構圖

　　從架構圖示可以看出儒家公共理性對當代具有啓迪作用，對公共理性的重建、促進社會公共秩序建構具有重要意義。當代公共理性的重新建樹是爲了使社會達到和諧，建成理性的公共秩序，促進社會興旺發展、和諧幸福。爲了達到公共秩序重建的目的，必須從公共理性方面入手，圍繞公共的品格步步推進，深入淺出，從理論到現實，從精神思想到制度措施，從理性建樹、價值建樹到制度建樹，從人文求美、社會求善達到管理求眞。人文至美的完成經過生存理性、價值理性到可能理性三進程，社會至善的完成經過人本價值、公共價值到崇高價值三進程，管理求眞的完成經過公共建樹、秩序建樹到制度建樹三進程，公共理性的重新建樹是從理想走向現實的過程，其思維邏輯是從「美」、「善」走向「眞」，因爲理性的東西存在於思想精神之中，處於理想階段，可以稱之爲「美」，價值的東西存在於社會之中，處於道德階段，可以稱之爲「善」，制度的東西存在於現實之中，處於管理階段，可以稱之爲「眞」。從理性、價值到制度三個方面完成了「美」、「善」、「眞」的邏輯轉換，這種轉換是「眞」、「善」、「美」的倒轉，因爲是從思維理想進入到社會現實，前者是思維形成的邏輯進程，後者是精神轉化爲現實的邏輯進程。「眞」、「善」、「美」是價值形成的歷程，「美」、「善」、「眞」是實踐轉化的歷程。人文追求至美、社會達到至善、管理實現眞切，三者既是思想者的終身願望，又是政治家的一貫思維，更是黎民百姓不言自明的內心期盼，而展現在人民眼中的則是公共秩序的完善程度。

一、人文至美：理性建樹

　　公共理性走向公共秩序是儒家思維發展的必然邏輯，人文理想必然需要走向現實社會的秩序建構，形成人與人之間的倫理次序關係。人文是爲了達

到「美」的境地。人文理性處於思想階段，這種理性並不是偏離社會現實，人文存在的基礎是現實社會的需要，哲學是時代的精華，人文是時代精神的彙集。人文精神通過哲學社會科學形式加以體現，反映了時代精神的精華。張立文教授說：「哲學思想總是以核心話題的方式體現特定時代的意義追尋和價值創造，並通過核心話題的反覆論辯，梳理盤根錯節的生命情結，建構安身立命的精神家園。」〔註4〕社會秩序的存在離不開人文精神的指引，公共秩序的建立需要人文理性精神的指引、致用和彰顯，人文理性滿足了精神需求，也是社會宏觀秩序建構的思維路向。

儒家聖人形象凸顯了人文理性和公共秩序的特徵。《周易·繫辭》說：「聖人以通天下之志，以定天下之業，以斷天下之疑。」〔註5〕人文精神達到一種「美」的境界，富於理性變化，爲天下發展立下基業，解決天下疑難褥病，聖人懂得天下人文道理，能夠完成天下大業，在人文領域以「理性美」的形式存在。「闔戶謂之坤，闢戶謂之乾，一闔一闢謂之變，往來不窮謂之通，見乃謂之象，形乃謂之器，制而用之謂之法，利用出入，民咸用之謂之神。」〔註6〕聖人有人文理性，因而制訂人文法則，建立公共秩序。聖人在中國古代儒家思想中是一個理想的化身，實際上是人們心中智慧的集合體，有可能在實際中並不存在，但卻包含了天下人對智慧的高度企求和渴望。聖人儘管在現實世界並不存在，但他並沒有脫離現實，而高於現實，是人文智慧的化身，達到一種美妙的程度，處於理想的境界。儒家追求聖人的境界，漢代揚雄在《法言》說：「好盡其心於聖人之道者，君子也。」〔註7〕聖人體現了一種人文精神，是理性的化身，聖人不僅僅是人文理性的體現者，還是公共秩序的締造者，但這締造和創造不同造物主「上帝」。「聖人爲天地主，爲山川主，爲鬼神主，爲宗廟主。」〔註8〕「主」不是造物主，而是理解世界、通達世界的主人，不是神，而是人，是一個認知者、精通者、解釋者和管理者，而不是類似於上帝形象的「全能」者。《周易·說卦》

〔註4〕張立文：《和合哲學論》，人民出版社，2004年，第17頁。

〔註5〕《周易·繫辭上》，《周易正義》，《十三經注疏》，中華書局，1980年，第81頁。

〔註6〕《周易·繫辭上》，《周易正義》，《十三經注疏》，中華書局，1980年，第82頁。

〔註7〕《法言·寡見》，汪榮寶《法言義疏》，中華書局，1987年，第215頁。

〔註8〕《大戴禮記·曾子天圓》，王聘珍《大戴禮記解詁》，中華書局，1983年，第100頁。

說：「昔者聖人之作《易》也，將以順性命之理。是以立天之道曰陰與陽，立地之道曰柔與剛，立人之道曰仁與義。」〔註9〕聖人通達天、地、人，在人的領域確立仁義，即是建立了公共秩序。「所謂聖人者，知通乎大道，應變而不窮，能測萬物之情性者也。大道者，所以變化而凝成萬物者也。情性也者，所以理然不然取舍者也。故其事大，配乎天地，參乎日月，雜於雲蜺，總要萬物，穆穆純純，其莫之能循；若天之司，莫之能職；百姓淡然不知其善。若此，則可謂聖人矣。」〔註10〕聖人通達的是「道」，是天地人之「司」，即是一個管理者，是公共秩序的締造者和完善者。聖人締造的人文理性達到一種「和美」的境地。

人文的「和美」和聖人的「達美」是儒家的理想，現代社會公共秩序的樹立首先要在理性上進行「至美」建樹，只有人文至美，才能實現社會公共秩序的「和美」和「和達」。基於儒家人文理性的思維路徑，當代社會公共秩序的理性建樹可以從生存理性、價值理性和可能理性三個方面展開。

1、生存理性：以人為本

當代人文理性的建樹要達到美的境界，首先要從基本的人文精神進行開啟，基本人文精神即是人成為人需要的一種基本的人文關照，也就是人與人之間的關係從基本的人本價值開始。人本價值的基礎是生存價值，即是說生存的權利和存在的權利是人本的基本標準。為了確保社會人生存的實現，這種人文理性需要建構以人為本的理念，也就是說人文理性的建構從生存開始，實現人人的存在，社會才能繼續向前發展，沒有人類人人的生存，社會不會出現「和美」。以人為本正是為了實現這一理性目標。

以人為本的理念是以存在為重心，以發展為方向，這種人文理性的建樹有可能沒有考慮到自由的權利，因為自由的東西有可能低於生存的東西，或者直接表述為自由並不如生存更具有現實性和緊迫性。例如人為了生存的需要可以暫時放棄自由，一個貧窮的婦女可以放棄自由戀愛的自由而去嫁給具有暴力傾向的男子，因為這個男子能夠解決她的吃飯問題和安全問題。由於生存的需要可以對暴力進行適當地寬容。羅爾斯萬民法有寬

〔註9〕　《周易・說卦》，《周易正義》，《十三經注疏》，中華書局，1980 年，第 93～94 頁。

〔註10〕《大戴禮記・哀公問五義》，王聘珍《大戴禮記解詁》，中華書局，1983 年，第 11 頁。

容的原則,「並非所有人民都能合理地被要求爲自由體制」。〔註11〕自由的權利由於公共理性的觀念不同,自由權利也可能被放棄,例如在中國古代儒家禮制中,人們對等級制度形成了一種公共觀念,自由權利的放棄不會被認爲具有不合理性。但是自由權利的放棄並不等於損害人的根本存在,生存還是首要的,《周易‧繫辭》說:「天地之大德曰生。」〔註12〕孔子說:「天地之性,人爲貴。」〔註13〕人的存在還是重中之重,人的存在是世界中最高的存在體,沒有人的世界就失去了存在的意義和價值。儘管這具有人類中心主義的傾向,但人類具有主體性,人的價值是最高價值,自然生態主義有其重要的合理性,但自然生態主義也是考慮到人類的生存面臨威脅才提出自然生態保護的觀點,因此自然生態主義觀點的來源也是以人類生存發展爲理論基礎的。

基於人類生存理性的導向,人與人之間關係的樹立要以人爲本。中國古代強調以民爲本,孟子強調天下黎民百姓「不饑不寒」,杜甫在《茅屋爲秋風所破歌》中強調「安得廣廈千萬間,大庇天下寒士俱歡顏,風雨不動安如山」,都是以人爲本。以人爲本就是人人都是生命的存在體,都是社會存在的主體,有生存、發展的權利,並且是首要的。中國共產黨「十七大」報告說:「全心全意爲人民服務是黨的根本宗旨,黨的一切奮鬥和工作都是爲了造福人民。要始終把實現好、維護好、發展好最廣大人民的根本利益作爲黨和國家一切工作的出發點和落腳點,尊重人民主體地位,發揮人民首創精神,保障人民各項權益,走共同富裕道路,促進人的全面發展,做到發展爲了人民、發展依靠人民、發展成果由人民共享。」這是以人爲本。

當代社會發展中存在著很多社會詬病,其中社會人的生存困境仍然存在,主要存在以下情況:一是人的物質生存問題並沒有完全解決,爲生存而戰鬥依然在相當長的時間內維持下去。貧富懸殊和貧富差距在當代社會是一個突出的社會癥結,積貧積弱的問題使部分公民還掙扎在貧困線上,局部範圍內還存在公民生命隨時消失的隱憂。二是人的生活發展問題並沒有消除憂患,社會沒有解除人生活的後顧之憂,儘管生活狀況得到改善,但是社會並

〔註11〕 〔美〕約翰‧羅爾斯:《萬民法》,吉林人民出版社,2001年,第130頁。

〔註12〕 《周易‧繫辭下》,《周易正義》,阮元《十三經注疏》,中華書局,1980年,第86頁。

〔註13〕 《孝經‧聖治章》,《孝經注疏》,阮元《十三經注疏》,中華書局,1980年,第2553頁。

沒有提供較多的保障條件，由於不合理的社會制度的存在，多數資源還處於
少數人控制、佔有和分配之中，多數公民的發展還處於殫精竭慮的狀態，費
盡心機。三是科技發展儘管突飛猛進，但人類對科技本身的問題並沒有得到
較正確地認知，人類為了改變生存狀況，大量地投入科技開發、科技發明和
科技發現，但科技在使用的過程中，不是科技給人類造福，相反是科技應用
給人類帶來了災難，科技與幸福背道而馳，人的生存狀況堪憂，自然環境遭
到嚴重破壞，有限資源的開發和利用嚴重影響了可持續發展。當代社會人類
生存的困境依然存在，這些困境是人與人之間的關係問題，人與人之間的關
係問題以及人與社會之間的關係問題，總起來說是一種人文關係，凸顯了生
存問題面臨的挑戰和困難。這種困境的化解必須從人文理性上進行規約，化
解生存的衝突和挑戰，生存問題的解決必然是以人為本。因為生存是首要的
和基本的價值需要，這是張立文教授所說的「和合生存世界」，「生存」的下
一邏輯必然向「意義」與「價值」過渡。張立文教授說：「當人的生存已成為
和合生存世界（『地』界）後，人為什麼生存著，以及人在和合生存世界中知
理明境、行理易境的實踐，給予了和合生存世界以意義和價值，並在這個給
予中，人自身亦獲得了意義和價值，便成為人所追求的重要課題。」〔註14〕
以人為本必然能夠化解人與人的衝突、人與自然的衝突和人與社會的衝突，
理性的建樹最終是建立一個良好的社會生態環境，包括自然生態對人類社會
的影響，為了建構有利於人的自然環境，人類必然重視對自然環境的有效保
護。馬克思說：「人的本質不是單個人所固有的抽象物，在其現實性，它是一
切社會關係的總和。」〔註15〕以社會關係理性對待一切社會發展面臨的難題
必然是一種人文理性的思維。

　　「以人為本」的理性要求必須在具體的思維中建構為人類謀福利的價
值導向。以天下黎民百姓為中心，建立公共生存的理性觀念。《周易》說：
「君子黃中通理，正位居體，美在其中，而暢於四支，發於事業，美之至
也。」〔註16〕「發於事業」就是「理」由「事」發。《春秋左傳》記載「六

〔註14〕張立文：《和合學概論——21世紀文化戰略的構想》，首都師範大學出版社，
　　　　1996年，第228頁。
〔註15〕馬克思：《關於費爾巴哈的提綱》，《馬克思恩格斯文集》第一卷，人民出版社，
　　　　2009年，第501頁。
〔註16〕《周易·坤》，《周易正義》，阮元《十三經注疏》，中華書局，1980年，第19
　　　　頁。

府三事」，「正德、利用、厚生，謂之三事。」〔註17〕「厚生」即是首先解決百姓的生存問題，黎民蒼生是社會的一個部分，既是個體又是整體。儒家思想普世化和大眾化的根本原因在於以人為本，以百姓的現實生存問題為關鍵，「大眾化即是普世化的一個重要方面，普世化必須關切人民群眾這一群體話語，而人民的關切是直接的『事』。」〔註18〕「事」是生存與生活，利益與發展，人文關切必須以天下百姓之事為基準，樹立公共理性、建立公共秩序的核心出發點要以時代的核心話題為中心觀照，以天下百姓的切身關注為參照。從表面看，這關注的是百姓的物質生活，實質上是以人為本，是一種地地道道的人文理性。

沒有以人為本的人文關照，不可能有良性的公共秩序的建立，公共理性的起點從生存理性開始，逐漸向更高層次演生，理性存在於邏輯思維之中，沒有初級的象性概念，很難說有高級的理性範疇。老子說：「無名，天地之始；有名，萬物之母。」〔註19〕「天下萬物生於有，有生於無。」〔註20〕從低級起點「象」開始達到高級的發展階段，張立文教授說：「從思維方式的角度來區分，象性範疇邏輯結構相似於直觀知性思維。」還說：「在象性範疇邏輯階段，人類的思維還是一種直觀的抽象，思維方法屬於直覺的知性思維。人們重視觀察和直接經驗，它通過直觀的初級的比較、區別、概括、抽象、類推等，進行思維的分析活動，將感性材料作為各種知性概念，比如單一概念、特殊概念、普通概念、集合非集合概念等等，即把事物的某一個或幾個屬性，形成抽象同一概念，作出判斷、推理等體現客體事物的思維形式。」〔註21〕因此人文理性在生存理性上的建樹，對當代公共理性的建立和公共秩序的樹立有百利而無一害。正是由於這一理性的建樹，使社會的存在實現了「本真」，因為社會發展首先在於物質生活條件的決定性

〔註17〕 《春秋左傳・文公七年》，《春秋左傳正義》，阮元《十三經注疏》，中華書局，1980年，第1846頁。

〔註18〕 李長泰：《馬克思主義中國化的文化生態和合論》，中南大學出版社，2010年，第232頁。

〔註19〕 《道德經・道經・第一章》，高明《帛書老子校注》，中華書局，1996年，第223頁。

〔註20〕 《道德經・德經・第四十一章》，高明《帛書老子校注》，中華書局，1996年，第28頁。

〔註21〕 張立文：《中國哲學邏輯結構論》，中國社會科學出版社，2002年，第104〜105頁。

因素，而不首先是社會道德的決定性，儘管儒家將道德理性作爲社會發展的優先性條件，但社會本身的存在發展還首先在於其物質性，儒家向來以現實生存爲公共管理的核心宗旨。

2、價值理性：德性立人

社會公共理性的建樹從生存理性開始，在生存的過程之中尋求到人應該具有的人與人、人與自然、人與社會的關係，正如《周易》說：「觀乎天文，以察時變；觀乎人文，以化成天下。」〔註22〕從天文到人文必然是人文發展的邏輯徑路。人文參照天文是人文發展的一大規律，劉勰說：「人文之元，肇自太極，幽贊神明，《易》象惟先。」〔註23〕人文理性不能偏離太極之道。生存理性向價值理性的度越也是思維方式和人文精神發展的必然路徑。

人的存在以意義和價值爲發展方向，價值人是評判人存在的根本原則，人的存在不是單個人的問題，而是集體、群體、社會人的問題。儒家將人定義爲仁義的人，人的本質在於不同於禽獸的「仁義」就是從人的群體社會性作爲思維的方向，這一解釋與西方的哲學家有些類似，即是說評判人的標準不應該從人的物性出發，不從個別性出發，而應該從整體性、社會關係和價值標準來評判，要超越物質性、自然性來看一個人的存在。恩斯特·卡西爾說：「不應當在人的個人生活中而應在人的政治和社會生活中去研究人。」〔註24〕這種觀點與馬克思主義關於人的本質的觀點有一致性，從社會關係的角度思考人的問題，人的存在首先是一個價值問題，即是說人本價值處於社會關係之中，而不是爲了個人的單個存在，人的存在是一個對社會、對他人有價值的人，這個人在卡西爾那裡被稱爲文化人，勞作的人，勞作的人類同於馬克思主義提倡的「實踐人」。恩斯特·卡西爾說：「人的突出特徵，人與眾不同的標誌，既不是他的形而上學本性也不是他的物理本性，而是人的勞作（work）。正是這種勞作，正是這種人類活動的體系，規定和劃定了『人性』的圓周。」〔註25〕卡西爾認識到人的本性在於勞作，將人規定爲一個文化人，但並沒有凸顯人存在的意義，只是突出了人與動物的區別，人超越的物理性質。「人只有以社會生活爲中介才能

〔註22〕《周易·賁》，《周易正義》，阮元《十三經注疏》，中華書局，1980年，第37頁。

〔註23〕《原道第一》，劉勰《文心雕龍注》，人民文學出版社，1988年，第2頁。

〔註24〕〔德〕恩斯特·卡西爾：《人論》，上海譯文出版社，2004年，第89頁。

〔註25〕〔德〕恩斯特·卡西爾：《人論》，上海譯文出版社，2004年，第95～96頁。

發現他自己，才能意識到他的個性。」「人，像動物一樣，服從著社會的各種法則，但是除此以外，他還能積極地參與創造和改變社會生活形式的活動。」〔註 26〕卡西爾關於人存在的問題自始至終以文化爲焦點核心，將人說成是一個文化人，從中可以歸納人的價值在於創造文化。人是社會關係體，人的價值在社會生活中實現。這不同於儒家在人性論問題上以形而上學的邏輯來論述人，儒家認爲人來源於天生的人性本善，而不是後天文化勞作形成人。無論是西方學者還是中國儒家都在論述一個共同的問題，就是人之所以成爲人在於人不同於動物的自然物理性質。這一共同的論斷彰顯了人生活在社會價值形態之中，不是一個生物人，而是一個價值人。

儒家的人本價值在於成爲一個有道德的人、知識人、境界人，其核心還是道德價值具有至上性。道德處於社會關係之中，處於單個狀態的人和孤立狀態的人無從得到準確的價值評判。基於社會關係、道德價值的視角思考人的存在的緣故，當代公共理性的建樹、公共秩序的建立必須從價值的視角建構人文理性，將人文理性進一步加強，社會需要再次高揚價值建樹。生存理性儘管是人發展中必不可少的理性，但這一理性只是解決人生存的問題，還沒有對社會關係秩序進行深入地思量，可以這麼說，生存問題還處於動物物理性質的層次，社會的發展則遠遠要高於這一層次，社會人與人之間以價值理性爲核心理性，建構一種和諧的價值關係，以道德作爲優先條件。

當代社會發展面臨一些重大難題，各種衝突層出不窮、此起彼伏。人與自然的衝突、人與人的衝突、人與社會的衝突、文明的衝突、戰爭與和平的衝突，使社會發展面臨一系列的矛盾，如何解決、化解這些矛盾和衝突，是世界人民必須面對的重大課題。主要有以下價值危機：

第一，科技進步衝擊了傳統價值觀。社會發展突出了科技在社會發展中的核心作用，傳統道德價值理性的力量減弱。科技作爲社會發展的關鍵動力，成爲世界各國發展的理性思維，科技是第一生產力，科學主義思維是各國領導者不言自明的思維趨向。儘管人文主義在當代社會有重要的發展，但它不可能完全平衡、制衡國家發展中科學主義的思維趨向，因爲科技發展是世界發展始終不渝的時代潮流，沒有科技的提升，國家就落後，甚至國亡家破。基於科技發展是國家生命存在的根本，世界各國高揚科技理性，科技理性說到底是一種工具理性，科技是國家發展的工具。科技作用的強大必然導致傳

〔註26〕〔德〕恩斯特·卡西爾：《人論》，上海譯文出版社，2004 年，第 307 頁。

統道德價值觀的解體，科技的應用必然使傳統的道德倫理受到衝擊，原有人文價值面臨崩潰，只認可科技價值，不顧人與人之間、國與國之間的道德價值觀。西方資本主義世界利用科技工具理性逞強施威，打著民主、自由的口號，強行推行西方的價值觀念，這一行徑實質上是科技理性的濫用，資本主義一貫主張以科技為工具瓜分世界，科技強大的國家侵略、掠奪和瓜分科技落後的國家，人文道德已經沒有太多的約束力量。馬克斯・韋伯說：「僅僅在西方，科學在今天才處於我們公認的真實有效的發展階段。經驗性知識、對宇宙及人生問題的沉思，以及最為深奧的哲學與神學智慧，都不在科學的範圍之內。」〔註27〕韋伯的意思是說當科技興起，人們對傳統人文思想的關注降低了，科學具有有效性，重視科學成為時代潮流。在當代中國，由於歷史上受到資本主義的殖民統治，中華民族認識到「落後就要挨打」的教訓，將科技作為國家發展的至上理性，改革開放三十多年科技迅猛發展，生產力水平極大提高，物質生活條件極大改善，綜合國力空間提高。但是國家的發展並沒有直接促使社會安定，相反社會穩定存在著多重隱患，社會有識之士內心存在隱憂，其原因是原有的傳統道德價值觀念面臨解體，社會處於價值危機之中，內心無所適從，精神無駐。

第二，市場經濟改變了人的交往方式。科技的廣泛使用只是改變傳統的一種動力，人與人之間的關係則是人際交往方式，科技的廣泛應用通過市場經濟的方式進行實現。科技的發展與資本主義生產方式的存在著的淵源，正是科技的推進導致資本主義生產方式的形成。資本主義的經濟形態以市場經濟為主導，為了追求市場、提高利潤，必須提高科技水平和應用推廣，才能使利益擴大和提高。市場經濟實際是一種物質利益為導向的價值觀念，這種價值觀念追求物質利益的最大化，金錢標準具有優先性地位。這完全不同於儒家主張的道德標準的優先性地位。金錢和市場成為資本主義生產方式核心關注點，人與人之間的倫理在「物化」的價值觀念中變得金錢優先、關係冷漠、不擇手段，「每個人都將聚斂財富當作工作的唯一目的，就是背著錢財和物質負累潛入墳墓。」〔註28〕馬克斯・韋伯的觀點基本代表了對資本主義倫理的一種真實寫照，前資本主義的倫理精神是一種赤裸裸的金錢主義精神，

〔註27〕〔德〕馬克斯・韋伯：《新教倫理與資本主義精神》，中國社會科學出版社，2009年，第1頁。

〔註28〕〔德〕馬克斯・韋伯：《新教倫理與資本主義精神》，中國社會科學出版社，2009年，第45頁。

「將賺錢視為人人都應追求的目的本真，視為一種天職，這種觀念與任何時代的道德情感都截然相對立，這根本不用證明。」〔註29〕後來資本主義精神發展到理性主義，但只不過是一種將私有主義進行理性化和法律化，實質上還是一種本真的私欲和金錢的倫理精神，利己主義並沒有改變。當代資本主義的倫理道德無非是利己主義、金錢主義的繼續延伸，人與人之間的關係依然冷漠無情，物質私利依然是資本主義倫理的主導精神，只不過是披上了合法的外衣。當代中國借鑒了資本主義市場經濟的生產方式，以市場帶動經濟的發展，中國經濟發展空前廣闊，但市場經濟的消極影響也客觀存在，對中國社會道德倫理帶來巨大衝擊，社會出現了比較嚴重的價值危機，表現為人與人之間關係冷漠、金錢至上、利己主義和行政腐敗等一系列的問題，化解當前的價值危機迫在眉睫。

價值回歸和價值重建是當代人文理性的首要價值取向，其原因是當代社會需要道德價值的維繫，沒有傳統道德的成分，人與人之間陷入純粹「物化」的關係之中，社會不能良性發展。適當地回歸到傳統道德之中，以仁義為價值取向，社會能夠進入一個較好的發展之中，使人人得到一種幸福感，精神上有一種安全感，實現人本價值。傳統價值的回歸或者重建能夠使人與人、人與社會的關係不至於出現以暴抑暴、冤冤相報、仇殺和報復社會的情況，建立人與人之間的信任關係，使人具有社會安全感。關心他人、以德報怨、推己及人的價值取向和行為方法必然使社會步入人文理性的關係之中。

當代世界在科技化和物化利益的驅使下，重視了生存的本能和張力，以生存「物化」的本真性質取代了人與人之間意義「人化」本善性質。人成為人不僅僅是一個生物人、自然人，還是一個意義人、社會人，道德為人是人本價值的宗旨。沒有道德的人，其存在不具有人本身的價值意義，「人不僅是探索意義和價值的存在者，而且是意義和價值的創造者，規範價值的立法者，是意義狀態時空增生日新的價值活水。」〔註30〕純粹的「物化」人不能夠稱之為真正意義上的人，當代社會的「科技化」、「物化」人不能成其為一個具有實質意義的人，應該建立一個人文價值意義上存在的人，這種人即是具有人文理性的人，具有道德責任感和為天下百姓謀求福利的人，超越純粹的個人私利，為天下人帶來「善」和幸福。馮友蘭在論述人生的四大境界時說：「還

〔註29〕〔德〕馬克斯·韋伯：《新教倫理與資本主義精神》，中國社會科學出版社，2009年，第46頁。
〔註30〕張立文：《和合哲學論》，人民出版社，2004年，第254頁。

有的人，可能瞭解到社會的存在，他是社會的一員。這個社會是一個整體，他是這個整體的一部分。有這種覺解，他就爲社會的利益做各種事」，「他眞正是有道德的人，他所做的都是符合嚴格的道德意義的道德行爲。他所做的各種事都有道德的意義。所以他的人生境界，是我所說的道德境界。」〔註31〕也就是說人生的意義，除了生存，還在於成爲一個道德意義上的人，不僅僅是一個追求物質利益的人，還是一個爲社會「和」、「善」作出貢獻的人。當代社會人缺乏一種安全感，其重要原因是人與人之間缺乏一種以仁義道德爲基礎的價值理性，大多數人思維關注的核心是自身私利，不爲社會承擔應有的責任。當代社會呼喚這種價值理性人的重建，目的是爲了社會的和諧發展，增加人的安全感和幸福感。

　　價值理性的重建方法是重新建立以道德爲本質內容的德性人，同時又不貶低科技物化對社會發展的強大推動力的思維理性，建立科技理性和價值理性雙引擎發展的思維格局，以科技作爲工具理性，以德性作爲價值理性，齊頭並進，共同發展。這種價值理性的重建，目的是找回公共理性對社會良性發展的規約，工具理性和價值理性都是爲了服務於公共理性，增加人在社會發展的安全感和幸福感，以實現人本價值。生存理性是「眞」的理性，價值理性是「善」的理性，從「眞」到「善」是爲了達到「美」，「理性」是人文的體現，從「眞」到「善」是爲了實現人文的「美」，這是公共理性向公共秩序過渡的必然邏輯。

3、可能理性：幸福崇高

　　公共理性的建樹在人文理性的建樹上走過了生存理性和價值理性的兩個發展邏輯階段，必然要向理想的階段發展以達到人文之「美」的階段，實現人文的美輪美奐。理性是公共秩序的依據和哲學基礎，理性是理論，沒有理論，實踐就缺乏行動的標準和依據。理性有生存理性、價值理性，這二者都是一種現實的理性，其思維都以個人、社會的現實爲思量的目標。但這兩種理性只是解決當前或者當下的問題，這種理性儘管至眞、至善，但還不是眞正的至美的階段。美的階段在理想之中，通過思維的至美追求達到理性設計之美，公共秩序的建樹必須在思維理性中達到無限美妙的境地。

〔註31〕馮友蘭：《中國哲學簡史》，北京大學出版社，1996年，第291～292頁。

儒家建立了可能理性的思想，「止於至善」即是這種理性的趨向。「止於至善」的可能理性思維具體來說體現爲聖人理想和大同理想，這兩種理想實現人本價值的幸福和崇高。儒家的這種理性在現實之中很難實現，但這對現實社會發展卻有巨大的引導和引領作用，彷彿是一種價值的導向儀，儘管難以實現，卻不斷給人以希望。德國哲學家康德對「純粹理性」的追求就處於這種境地，「純粹理性」處於理想的層次，是「超驗」的而現實難以「經驗」，但它卻給哲學家以希望之光，追求不止，達到人文至美的境地，康德所說：「有兩樣東西，我們愈經常愈持久地加以思索，它們就愈使心靈充滿日新又新、有加無已的景仰和敬畏：在我之上的星空和居我心中的道德法則。」〔註 32〕康德哲學以不可知論的形式表達了對人類理智「超驗」理想的一種追求，即對「純粹理性」的探索，是一種至美。德國古典哲學的集大成者黑格爾特別注重對理想的追求，即對精神的自由與絕對的嚮往，這種精神就是「絕對精神」，「絕對精神」實際上是一種理想，是自由、藝術、宗教的綜合，絕對精神在黑格爾那裡具有最高境界，自然界都是絕對精神的外化，而能把握、體現這種絕對精神自由的思想則是哲學。中國古代儒家哲學有這種理性，稱爲可能理性。聖人理想是一種可能理想，聖人至善至美，大同理想是一種可能理性，思想者都希望天下大同。天下大同實現人人幸福的人本價值，聖人追求實現崇高的人本價值。

無論是大同理想還是聖人理想都是對社會公共理性的一種思維建樹，這種理性儘管在現實中難以實現，但這並不妨礙理性的存在。聖人儘管不可能在現實中找到，但並妨礙人具有聖人的理想，因此可能理性的建樹還是人文發展的必然邏輯。馮友蘭說：「中國哲學以爲，一個人不僅在理論上而且在行動上完成這個統一，就是聖人。」〔註 33〕「他的人格是所謂『內聖外王』的人格。」〔註 34〕聖人有可能成爲理想的統治者——「王」，但聖人在現實之中並不是如此，「有最高的精神成就的人，按道理說可以爲王，而且最宜爲王。至於實際上他有機會爲王與否，那是另外一回事，亦是無關宏旨的。」〔註 35〕馮友蘭的意思是聖人是一種「應然」理想，在「實然」現實之中是否存在則無關緊要，這種可能理性是一種導向。儒家的聖人理想和大同理想激勵著一

〔註 32〕康德：《實踐理性批判》，商務印書館，1999 年，第 177 頁。
〔註 33〕馮友蘭：《中國哲學簡史》，北京大學出版社，1996 年，第 7 頁。
〔註 34〕馮友蘭：《中國哲學簡史》，北京大學出版社，1996 年，第 8 頁。
〔註 35〕馮友蘭：《中國哲學簡史》，北京大學出版社，1996 年，第 8 頁。

代又一代有志之士奮發有爲，走向光明，推動社會往前發展。

當代社會需求建立一種可能理性，以期望對當代「異化」的社會有適當的矯正。當代社會發展確實取得巨大進步，人的物質生活水平確實有巨大提高，但是人的幸福感、崇高感和安全感並沒有實現，多數人的心靈處於空虛、恐慌和孤寂之中，產生這種心理狀態的根本原因是精神上沒有一種可能理性作爲支撐，導致其他的心理和思維方面沒有著落，具體表現在以下幾個方面：

第一，思維過於現實而使人的心靈行爲異化。中國自古以來在思維上就體現爲現實性思維，注重人倫日用，現實即是理性，理性即是現實。這種思維一直延續到當代中國，特別是中國近代以來飽經滄桑、歷經磨難，中華民族爲了實現民族獨立，擺脫貧困，在思維理性更加劇了現實性思維。五四運動和改革開放即是現實性思維的集中表現。現實體現爲科技的引進和應用、對傳統的顛覆和部分否定，其結果是傳統道德的地位一落千丈，物質科技成爲時代的核心話題。中國人變得越來越現實，中國人的理性即是現實理性。西方在文藝復興以後，現實理性傾向越來越強烈，特別是科技的突飛猛進使西方資本主義生產方式的確立，現實理性主導了西方近代以來的發展和變革。總起來說，當代社會延續了近代以來科技革命帶來的思維變革，現實理性是時代的主導思維模式。這種思維模式的特徵主要有：一是在思想上對可能的未來不作出理性判斷，儘管馬克思主義對可能的共產主義理想作出了較詳盡的規劃，但共產主義在人們的心中還是被認爲遙不可及，彷彿可以不管，加之當今共產主義運動處於低潮，西方人將馬克思主義的共產主義理想只是作爲美好的回憶，中國也提出社會主義發展的初級階段的理論；二是多數人在思維上不追求長遠利益，只顧當前，「當下」思維是核心思維。現實理性缺乏可能的長遠設想，導致物質利益和私欲的膨脹，使人的心靈異化，一些美好的價值觀不再成爲人追求的目標，人的價值觀凸顯了「本能」、「自然」、「物化」的特徵。這些「物性」體現爲一種動物的本性，人與人之間的善良品格被消磨，空虛、恐慌、孤寂的精神狀態加劇。人的發展本應是一種進步，但缺乏可能理性的設想，人的精神發展實質上出現了倒退。空虛、恐慌、孤寂主導了人的精神世界，幸福和崇高的人本價值何從談起？

第二，思維的理想成份乏力而使人行爲失範。可能理性給人增加理想成份，有了可能理性，人的行爲則受到可能理性的支配，一種精神的支撐主導了行爲的發生。如果缺乏可能理性或者可能理性乏力，人的行爲則容易失範。

當代社會人的行為失當，表現為行為極其感性化，衝動性、突發性和偶然性成為顯著的特徵，例如因一些小事導致衝突而發生人命慘案，一句話導致生命的終結，這些都是缺乏可能理性的支撐。可能理性支撐著人的崇高理想，支撐著人的行為舉止，支撐著人的生命歷程，沒有可能理性，人的生命就沒有歸依，行為就出現失當，甚至是人本身根本不知行為該如何發生、進行和發展。可見當代可能理性的乏力是社會矛盾發生和加劇的重要根源，社會安定和穩定面臨挑戰。

第三，沒有崇高理想而使人缺乏戰鬥品格和喪失毅力。可能理性支撐了人的精神狀態，有了可能理性，必然為這一理想而奮鬥終生，生命不息，戰鬥不止。《周易》說：「天行健，君子以自強不息。」〔註36〕「富有之謂大業，日新之謂盛德，生生之謂易。」〔註37〕意思是不斷變化更新而成就大事業，人要奮鬥不止。儒家認為人成為有用之士，要有毅力，要有堅忍不拔的意志，曾子說：「士不可以不弘毅，任重而道遠。仁以為己任，不亦重乎？死而後已，不亦遠乎？」〔註38〕堅韌的毅力，從長計議，任重道遠，體現了儒家的可能理性的存在。如果沒有可能理性，不可能出現堅定的毅力和宏大的社會責任感，導致「當一天和尚撞一天鐘」，得過且過。當今社會上的部分人由於可能理性乏力，缺乏堅定的毅力和社會道德責任感，很多人失去了戰鬥的品格，失去了戰鬥的品格和堅強毅力，導致一些人出現拜物主義、追星，企求一夜暴富，將生活水平的提高寄託在他人的憐憫施捨、機會的突然降臨，而不考慮用自己的勤奮創造去實現個人的財富增長，只追求片面的幸福，不追求用勤奮得到幸福。實際上自身奮鬥得到的幸福是最高的幸福，靠他人的施捨和憐憫得到的幸福不是真正的幸福，這樣的幸福質量是不高的。總而言之，可能理性的乏力使人失去戰鬥的品格而喪失毅力，不能實現人本價值的幸福和崇高，人文達不到美妙的程度。

為了實現人與人之間、人與社會之間的關係達到「美」的境地，需要建構一種可能理性，在思維上指導人的美妙精神，以支撐人的精神狀態和行為適當，可能的設想是美的，儘管這種「美」有可能離現實還有一段距離，但

它指引著人實現精神上的幸福和崇高，沒有這種精彩和美妙的期盼，人生將缺乏意義，空虛、恐慌、孤寂將伴隨著人的精神生活，世界的存在也會失去意義。

綜上所述，人文理性的建樹從生存理性的「真」、價值理性的「善」發展到可能理性的「美」，人文理性的邏輯進程完成了真、善、美的思維邏輯，人本價值不僅僅是一個生命存在的人，還是一個有社會價值的意義人，更是一個有理想的幸福人、崇高人。由於現實思維和科技的衝擊，當代社會發展面臨著理性思維的困境，人類社會需要建構一個人文理性，這種人文理性從生存開始建構以人為本的生存理性，從德性入手建構道德為人的價值理性，以幸福崇高為目標建構可能理性，實現人文理性的美輪美奐，使整個社會在精神狀態上實現「美」的境界。通過「人文至美」的理性建樹，社會公共秩序完成了第一個邏輯進程，即在思維上實現了公共秩序的有效確立。

二、社會至善：價值建樹

思維上的理性建樹還只是停留在理論思維階段，必須回到實踐之中才能轉化為現實，要想實現公共秩序的建立還必須將理論轉化為社會現實。社會的問題是現實的東西，有問題必須解決，有矛盾必須化解，作為國家治理必須從社會的方方面面入手，才能使社會發展實現穩定。社會發展的井然有序不可能一蹴而就，必須有一個整體的思維架構，這個思維架構即是社會價值建構。只有價值體系得到建立，社會發展才能進入良性循環。社會價值體系即是說社會發展依照何種價值形態維繫社會人心，黎民百姓依據何種價值觀進行言行舉止，也就是說，社會人認為何種人生才是有價值的人生。價值建樹就是人在社會發展中建構一種整體認同的並且被認為是最有人生意義的價值觀念，這種價值觀念我們稱之為公共價值。社會發展必須有公共價值的基礎，即是一種基本的共識和認同，沒有公共價值觀念，社會發展不可能穩定，會出現價值衝突和激化社會矛盾，甚至會導致互相仇視或者仇殺。當代社會表現出來的社會衝突是種族衝突、中西矛盾或者民族矛盾。為了社會發展的良性循環，必須建構一種具有公共性的價值觀念，這是社會發展走向至善的基礎。

社會公共秩序從人文理性「至美」走向社會價值「至善」，這已經超越了理性思維階段，而是直接關注社會發展的現實，理性「至美」處於思維之中，

價值至善進入到社會之中，離現實已經不很遙遠。社會「至善」的價值建樹主要從人民安定、公平正義、精神安頓三個方向展開，分別解決的是人本價值、公共價值和崇高價值三個方面的問題。

1、人民安定，人本關懷

當代社會價值的建樹可以從人本價值本身的關注開始。人本價值的關注在社會發展中的地位是最基礎性的，沒有基本的人本價值實現，社會不可能延續發展，這在中國歷史上得到有力的證明。秦代的法家思想在推行的過程中完全沒有將人的生存放在基礎的地位，對黎民百姓實行嚴苛的刑罰，民不聊生，人本價值沒有基本的保障，秦代很快被推翻。西漢初期的社會穩定建構在「黃老之學」的價值體系之上，實行「無爲而治」，讓黎民百姓休養生息，這實際上是對人民的人本價值的關注和實現，其結果是出現了漢代初年的繁榮，社會實現穩定。漢代中期，社會開始出現動蕩，「無爲而治」已經不能實現社會穩定，因爲社會物質生活水平的提高了，而人們的精神生活水平沒有相應的改善，社會出現價值體系的缺位，社會動蕩是必然的反映，爲了適應時代的轉換，董仲舒提出「罷黜百家，獨尊儒術」，使社會走向一種公共價值體系，以維護社會的共同價值取向，達到社會穩定的目的。儒家思想的正式確立，是對人本價值的再一次高揚，實現人本關懷。

價值建樹從人本開始，實現對人自身存在的關懷，在古代表現爲以民爲本、以德化民、濟世安民。對普通百姓的關注是國家和社會安定的基礎，百姓的存在是國家和社會穩定的基石，當代社會發展不得不關注到這基礎性的因素。

既然百姓是社會存在的基礎性因素，關注百姓的人本價值是社會發展的基礎，當代社會應該以民爲本，讓人民生活安定。從社會達到「善」的價值考慮，必須調和官民矛盾，關心民眾，建立以民爲本的價值體系。

當代社會發展存在社會價值取向上的一些問題，主要表現是「官本位」的價值取向、部分官員徇私舞弊和相對貧窮的問題，必須對這些價值觀進行重建，讓人民生活安定，實現人本關切。

第一，更改「以官爲本」的價值觀念。在中國古代，官的地位最高，官被稱爲士人，士在社會中處於最高地位。馮友蘭說：「社會有四個傳統的階級，即士、農、工、商，商是其中最後最下的一個，士通常就是地主，農就是實際耕種土地的農民，在中國，這是兩種光榮的職業。一個家庭若

能『耕讀傳家』，那是值得自豪的。」馮友蘭認為 「士」與「農」也是緊密相連的，「『士』雖然本身並不實際耕種土地，可是由於他們通常是地主，他們的命運也繫於農業。」〔註39〕「士」的職業是從事管理，包括行政管理，因此「士」具有較高的權力，享受了較高的待遇，成為士人意味著在物質生活、社會地位上具有優先性，在普通人心目中即是官員。「士」也是知識分子，在智力上具有一定的優勢，也是眾人追尋的目標，因此官員一直是社會尋求的職業。從古代社會到當代中國社會，成為士人、官員一直是一代代學人夢寐以求的願望，其根本原因是官員享有的地位和待遇要超過一般的人。當代中國社會也延續了這一傳統，官員的地位和待遇確實是普通百姓難以企及的，當代社會「公務員」成為大學生最理想的職業，公務員的報考人數和錄取人數的百分比達到驚人的地步，這是其他職業選擇無可比擬的。正是由於官員的待遇和特權造成中國社會的「官本位」價值觀念，人人想成為官員，大學生求學就業的目的也是想成為公務員，以官為本的意識在中國社會還會延續相當長的時間。以官為本的結果是民的地位降低，因為事情都是兩個方面，有一高必有一低，官員的地位過高，必然導致百姓地位的降低，社會資源總量是一個定數，有人享受過多，其他人得到的必然減少。因此官員的權力和地位過高必然導致民眾的地位難以相對提高，體現為官員擾民、徇私枉法、為所欲為、強姦民意，等等，人民生活難以安定。當代中國社會出現物質的極大進步，但是「官本位」的價值觀念卻根深蒂固，這對社會全面發展極不相稱，社會價值建樹必須更改這一傳統的價值觀念。

　　第二，實行均衡的價值觀念。社會發展不均衡，容易導致社會動蕩，因為不均衡的結果是少數人佔有社會大量的資源和利益，導致這些人的權利和欲望極度擴張，肆意侵犯他人的權利和侵佔他人利益，激化社會矛盾，引起社會革命。董仲舒說：「大富則驕，大貧則憂，憂則為盜，驕則為暴，此眾人之情也。」〔註40〕人人都有生存、享受和發展的需要，希望得到生存、享受和發展的人本價值，一種人將資源和利益佔有過度，必然剝奪了他人的資源和利益，他人的生存、享受和發展就會受到限制甚至被剝佔，這種行徑不符合人本價值的基礎，這不是均衡的價值觀念。儒家主張均衡的價值觀念，即

〔註39〕 馮友蘭：《中國哲學簡史》，北京大學出版社，1996 年，第 16 頁。
〔註40〕 《春秋繁露·度制》，蘇輿《春秋繁露義證》，中華書局，1992 年，第 227 頁。

「中和」。《中庸》說「致中和，天地位焉，萬物育焉。」〔註41〕達到均衡，天下萬物才能蓬勃發展，社會才能安定。程頤說：「不偏之謂中，不易之謂庸。中者，天下之正道，庸者，天下之定理。」朱熹說：「中者，不偏不倚、無過不及之名。庸，平常也。」〔註42〕均衡價值觀即是強調不過於偏激。孔子主張貧富差距不能過大，「丘也聞有國有家者，不患寡，而患不均；不患貧，而患不安。蓋均無貧，和無寡，安無傾。夫如是，故遠人不服，則修文德以來之；既來之，則安之。」〔註43〕當代社會無論是官與民、富人與貧民，相差都比較懸殊，儘管物質生活水平普遍得到提高，但相對貧窮的狀況卻在加劇，富的愈富，貧的愈貧，還存在著極端貧窮的情況，比如在偏遠山區，少數農民居住條件簡陋，生活難以維繫。貧富差距過大，容易激化矛盾，一是公平正義必然受到挑戰，因為富人通過資源市場等手段甚至通過利益的不法手段獲得更多的資源，用盡狡詐邪惡，挑戰了公平正義，社會資源最後落入少數人手中，多數人無法生存，人本價值得不到基本的保障，社會動蕩，容易發生動蕩。

第三，繼續堅持以民為本的至善價值觀。中國古代一直堅持以民為本，這種價值觀念調節了社會矛盾，使社會在一段時間內保持相對穩定，從整個中國古代社會而言，這一價值觀念還是對社會發展起了積極作用。北齊劉畫說：「君以民為體，民以君為心。」〔註44〕君民關係好比心與體的關係，說的是以民為本。唐代的「貞觀之治」凸顯了以民為本，宰相魏徵向唐太宗提出人民群眾好比是水，國君好比是舟，水能載舟，也能覆舟，唐太宗採納了他的建議。魏徵上疏說：「雖董之以嚴刑，振之以威怒，終苟免而不懷仁，貌恭而不心服。怨不在大，可畏惟人。載舟覆舟，所宜深慎。奔車朽索，其可忽乎！」〔註45〕中國古代以民為本的思想受到歷代開國皇帝的重視，政治比較清明，國家出現繁榮景象，推動了國家的發展與進步。中國封建社會能夠保持兩千多年，以民為本的價值觀念起了關鍵作用。當代社會應該繼續保持這價值傳統，以民為本，實現人民生活安定，達到幸福的人本價值。因此要從人民生活安定上進行社會至善的價值建樹。

〔註41〕《中庸》，朱熹《四書章句集注》，中華書局，1983年，第18頁。

〔註42〕《中庸章句》，朱熹《四書章句集注》，中華書局，1983年，第17頁。

〔註43〕《論語‧季氏》，朱熹《四書章句集注》，中華書局，1983年，第170頁。

〔註44〕《劉子‧從化》，傅亞庶《劉子校釋》，中華書局，1998年，第130頁。

〔註45〕《貞觀政要》，謝保成《貞觀政要集校》，中華書局，2009年，第18頁。

2、公平正義，公共關切

社會至善的關鍵是公平正義，特別是正義，社會自始至終都會圍繞正義的價值向前運轉，社會矛盾激化，出現動盪和革命，實質上主要是社會公平正義出現了問題。羅爾斯說：「正義是社會制度的首要價值，正像真理是思想體系的首要價值一樣。」〔註46〕在這裡並不討論公平正義的概念限定問題，這裡所說的公平正義只是一般意義上的公平正義，正如羅爾斯說：「正義否認了一些人分享更大利益而剝奪另一些人的自由是正當，不承認許多人享受的較大利益能綽綽有餘地補償強加於少數人的犧牲。所以在一個正義的社會裏，平等的公平自由是確定不移的，由正義所保障的權利決不受制於政治的交易或者社會利益的權衡。」〔註47〕羅爾斯「正義」偏向於權利的正當性，但並不贊成社會均衡發展上的公平問題，因此他提出了「作爲公平的正義」的概念。社會發展需要公平的正義，社會發展是否出現良性循環，關鍵是社會正義是否得到維護，社會公平是否實現。王海明認爲公正是國家治理根本的道德原則，「公正——特別是平等——諸原則是國家治理的最基本且最重要的道德原則。」〔註48〕王海明的主旨是以倫理的道德原則作爲國家治理的根本道德原則，這有利於國家的治理，達到國家的長治久安。公平正義的原則是對人本價值的基本尊重和有效保障，沒有公平正義，人民不能生存、享受和發展，社會發展不可能井然有序。因此社會至善的價值建樹需要建立公平正義的價值體系，這是一種公共價值關切，所有的人都會關注公平正義的問題，公平正義的價值建立在社會治理中是重中之重。

當代社會需要繼續建立、宣揚公平正義的價值觀。提出這一問題的原因在於當代社會公平正義的價值體系受到踐踏，社會矛盾的有可能凸顯。無論是上面提到的「官本位」、以權謀私，還是貧富懸殊、徇私枉法都是對公平正義的挑戰，特別是當代社會有些人，並且數量還相當大，對以上行爲還視爲正常現象，甚至作爲一種「時尚」，形成爲時代的流行話語，完全挑戰了社會正常的發展價值觀念和公共秩序，實在是讓有志之士百般憂慮。羅爾斯說：「每個人都擁有一種基於正義的不可侵犯性，這種不可侵犯性即使以社會整體利益之名也不能逾越。」〔註49〕當今時代往往出現盜用國家之名謀自身一己之

〔註46〕約翰·羅爾斯：《正義論》，中國社會科學出版社，1988年，第3頁。
〔註47〕約翰·羅爾斯：《正義論》，中國社會科學出版社，1988年，第3～4頁。
〔註48〕王海明：《公正與人道》，商務印書館，2010年，第495頁。
〔註49〕約翰·羅爾斯：《正義論》，中國社會科學出版社，1988年，第3頁。

私，以集體之名謀取集團利益而損害他人和眾人利益，儘管這種利益具有國家性和集體性，但對人民利益也可能是一種巨大的損害，這種價值觀念也不是公平和正義的。

當代社會公平正義是否得以實現可能從羅爾斯的兩個原則進行考量，「第一個原則：每個人對與其他人所擁有的最廣泛的基本自由體系相容的類似自由體系都應有一種平等的權利。第二個原則：社會的和經濟的不平等應這樣安排，使它們（1）被合理地期望適合於每一個的利益；並且（2）依繫於地位和職務向所有人開放。」〔註50〕第一原則是自由平等的權利，第二個原則是社會、經濟的利益要考慮到每一個公民。社會上每一個人都是平等的，各個資源利益都應該讓他們分享和使用，而不能僅僅考慮和照顧到少數人。社會上每一個人都是社會契約的遵守者，簡單地說就是社會中的一員，有政治自由和平等的權利，按照盧梭的觀點是「作為主權權威的參與者的公民」，是社會公共事務的參與者，他們的權利需要得到保障和社會利益需要得到分享，這是社會契約的根本問題，「要尋找出一種結合形式，使它能以全部共同的力量來衛護和保障每個結合者的人身和財富，並且由於這一結合而使得每一個與全體相聯合的個人又只不過是在服從其本人，並且仍然像以往一樣地自由。」〔註51〕社會契約遵從一個共同的價值體系，維繫社會公民的基本權利而公民盡到對社會的義務，遵守社會契約。社會在價值導向上必須完成兩個方面：一是政治上解決社會政治的正義問題，即社會權利的平等基礎，建立社會公共價值體系，讓人民都有適當的公平正義的享有自由；二是社會價值體系必須導向互惠的價值取向，即是權利和義務的同時存在，不是單純的權利，也不應是單純的義務，享有權利和資源的人不是純粹的一部分人，而是所有的人民。羅爾斯說：「作為自由平等公民的理性，它是公共的理性；其主題乃是關係到根本政治正義問題的公共善。」「其本質與內容是公共的，這表現為滿足互惠準則的一系列政治正義合理思想之合理總念達成的公共推理。」〔註52〕社會達到至善的價值體系必須有互惠的價值取向。當代社會出現公平正義的問題首要的原因在於這一互惠價值取向的缺失，有可能是單純的政治取向而忽視了公共價值，有可能是單純的官方意見而非民眾意願，甚

〔註50〕約翰‧羅爾斯：《正義論》，中國社會科學出版社，1988年，第60～61頁。

〔註51〕〔法〕盧梭：《社會契約論》，商務印書館，2003年，第19頁。

〔註52〕〔美〕約翰‧羅爾斯：《萬民法》，吉林人民出版社，2001年，第143頁。

至有可能是極少數人的權利和資源的享有而沒有人民的參與，「公共理性觀念確立於基本道德與政治價值之最深的層次。」〔註53〕因此當代社會公平正義的問題是一種價值導向偏差造成的問題。公平正義的價值是社會調節層次的價值，有了公平正義，使人即使在德性不優先的條件下也能成為一個對社會有意義的人，即是一個好公民，劉進田教授認為建立公民意識在於「好公民」優先於「好人」，「將評價個人的標準和要求由『好人』優先轉換為『好公民』優先，是現代社會區別於傳統社會的重要標誌。」〔註54〕公民意識的構建在於成為「好公民」而不在於成為「好人」，這個觀點有一定道理，但從社會發展的長遠觀點來看，「好公民」的構建即是為了成為「好人」，二者不是優先不優先的問題，而是相互促進的問題。

　　社會至善的價值建樹首要考慮的社會的公平正義，其原則多種多樣，目標只有一個，即是社會發展達到一種公共至善，是對公共價值的關切，是對公共事務的協調和均衡，沒有公平正義的價值建樹，社會公共秩序難以建立，社會不可能進入良性發展。人民生活安定解決的是生存的人本價值，這方面的價值建樹稱為生存價值建樹，社會公平正義解決的是公共的人本價值，這方面的價值建樹稱為公共價值建樹，一個是個體層次，一個是整體層次，從社會發展上權衡，都是一個價值共識，是社會個人、群體、國家都必須面對的價值問題。這一價值問題的解決對公共秩序的建立起到關鍵作用。

3、崇高精神，幸福至善

　　社會達到至善的價值必須有崇高的價值體系建立，意思是整個社會有追求價值崇高的願望，以崇高的價值為榮耀，並且人人為之奮鬥。崇高的價值是一種超越，它來源於現實社會的德性建樹，繼續向前延伸即是一種價值崇高。社會的德性樹立只是維繫社會發展的「當下」狀態，使社會井然有序而不出現混亂，但這是為了解決眼前的現實問題，德性問題是個人的問題，公平正義的問題是社會調節問題。社會為了長遠發展，必須解決一個更高的「善」的問題，即是說必須從長遠設想人類共同追求的「善」，這種「善」的價值能夠引導社會向前發展，使社會趨於幸福和崇高。我們說這「善」是目的的「善」，也具有終極「善」的意義，而不是說人性「善」的「善」。「善」是一種完美

〔註53〕〔美〕約翰‧羅爾斯：《萬民法》，吉林人民出版社，2001年，第142頁。
〔註54〕劉進田：《人本價值與公共秩序》，中國社會科學出版社，2010年，第419頁。

和崇高，《說文解字》說：「善，吉也。從言從羊，此與義、美同意。」〔註55〕。
這種「美」從著崇高的意義上去理解，意思是實現了大義，價值崇高，成為
社會豔羨的對象。這種「善」也是內在的「善」，因為與崇高價值相關，外在
的「善」有可能是形式上的。在這種崇高的「善」的驅使下，人人因為「善」
而感覺到生活有幸福感，精神有快樂感，物質有滿足感，達到一種盡善盡美
的和樂境界。

　　「善」是東西方哲學一致追求的崇高價值，蘇格拉底、柏拉圖都追求
「善」，蘇格拉底的「善」是德性，柏拉圖的「善」既是終極理念還是世界的
目的，亞里士多德認為事物運動的目的是「善」，「善」是第一動因，認為最
高層次的思想是以至善為對象的思想。古希臘哲學的「善」是一種崇高精神，
這一脈後來發展到德國古典哲學也是以「善」為崇高價值和終極目的。儒家
的「仁」是「善」，「善」是社會發展的目標，是人行為的向度，儒家君子人
心向善，「善」成為崇高的精神價值，「君子以見善則遷，有過則改。」〔註56〕，
「善」在這裡是崇高的價值。羅爾斯將「善」論述為「正義的善」，認為正義
是社會追求的崇高價值，對個人來說，「善就是理性欲望的滿足。」〔註57〕既
然是理性的，即是要符合社會正義，「善」則是一期望，這種期望是社會正義
觀，「期望就被定義為一個代表人能合理地期待的基本善的指標」，「對期望的
這一解釋實際上代表著一種共同意見」。〔註58〕羅爾斯的「善」體現為具有普
遍意義的崇高價值。

　　當代社會在「物化」和科技化的時代話題下，對「善」的崇高價值有些
弱化，價值導向不以過於追求崇高精神，而追求「量化」的公民，即是說一
種人不必成為崇高的價值主體，價值主體不一定是時代的受益者，而是需要
成為一個符合社會規範要求的公民形象，只要不違反政策制度，遵紀守法，
儘管違反了道德原則，只要沒有觸犯法律，他還是一個合理的公民形象，其
存在的自由依然具有合法性，這是明顯的「量化」主體，而不是價值主體。
這種公民意識的培養不計較本質的價值，有一定的合理性，將人從價值「虛」
性轉化規則「實」性，目的是為了讓社會發展統籌在社會契約的規約之中，

〔註55〕　許慎：《說文解字》，中華書局，1963 年，第 58 頁。
〔註56〕　《周易‧下經‧益》，《周易正義》，《十三經注疏》，中華書局，1980 年，第 53 頁。
〔註57〕　約翰‧羅爾斯：《正義論》，中國社會科學出版社，1988 年，第 93 頁。
〔註58〕　約翰‧羅爾斯：《正義論》，中國社會科學出版社，1988 年，第 95 頁。

利於社會治理，增加社會的治理的可操作性，避免一些人鑽了法律、制度的空子，但是其弊端也是顯而易見的，沒有價值的自律恰恰讓一些人缺乏道德責任感和崇高價值指引，他們更是加強了鑽法律、制度的空子的機會。當代社會的一些亂象說到底與崇高精神價值的缺乏密切相關，或者至少存在千絲萬縷的聯繫。

　　社會發展必須有崇高至善的價值引導和價值追求，這種崇高價值儘管不可能人人實現，但卻是社會發展的精神指引方向，可以導致社會公平正義、和諧發展，並且可以充實人們的精神內心，避免空虛、孤寂和恐慌，讓社會的精神狀態處於有所寄託之中。人是有靈性的人，沒有崇高的精神嚮往，內心無有價值依託，人感到精神無助，人的存在就將失去意義，人們對社會的發展處於無望的境地，社會發展將非常危險。果真出現這種情況，社會犯罪、自殺、變態等非理性的情況明顯增加。因此社會需要崇高精神價值的建構，這是社會正常發展的指南針，是黑夜裏的靈光，給黑夜摸索中的人們以希望和方向，崇高精神價值是人通向幸福的關鍵精神力量。社會至善的崇高價值建樹需要樹立一個崇高的精神，比如仁義、正義、偉大、愛國、奉獻等等，並為之終始不渝奮鬥。

　　綜上所述，社會至善需要進行價值建樹，「善」即是一種合適、合宜的狀態，也是一種崇高價值，社會價值建樹從生存價值的安定，公共價值的公平正義到崇高價值的幸福至善，完成了初級、中級、高級的三個層次的價值轉換過程，初級價值是人本生存價值，中級價值是社會公共價值，高級價值是精神崇高價值，高級價值是指引方向和發展目標，中級價值是調節均衡觀念，初級價值是價值起點和基礎，整個社會發展在層層推進、環環相扣的價值建樹中達到社會發展井然有序，公共秩序在這些邏輯進程中逐步成為現實。

三、管理至真：制度建樹

　　社會公共秩序的建立經過人文至美的理性建樹、社會至善的價值建樹的邏輯進程終於到具體的現實之中，這種「具體」就是公共秩序本身，即制度管理。因為制度管理才與公共秩序的建立直接關聯，制度建設和管理實施才最終落實到公共秩序的實現，沒有制度建設和管理實施，社會公共秩序不可能達到實實在在、真真切切的狀態。正是基於公共秩序的現實實現，才將管理與制度作為公共秩序重建的最終實現點，稱為「真」。這種「真」是相對於

「美」、「善」而言，由思維理性之「美」達到道德價值之「善」，但這兩者的實現需要制度管理之「真」。因此，「真」是現實之「真」，是具體實現，不是「真理」之「真」的內涵，而是要闡明在具體的現實中去落實和執行，是真切之「真」。主要從公民意識、公共制度和公共管理三個方面展開。

1、公民意識：人人同心

制度的建樹是爲了建立公共秩序，要建立公共秩序首先要建立公民意識，即是說社會人人具有成爲一個公民的意識心態，只有成爲一個具有現代社會特徵的公民，並且達到普世化，社會才能實現公共秩序的建立。

何謂公民？公民與市民具有明顯的不同特徵，市民注重個人利益，具有個人主義的傾向，公民則是對社會制度的一種規約和遵守，對違法行爲進行規避，「以追求物欲爲目的的市民是市場經濟的主體」，「當市場中的人在關懷利益的同時亦開始關懷和遵守社會共同規範時，他就賦有了一種新的身份——公民。」〔註59〕市場經濟培養了市民心態，但市民也並不是劉進田教授所說的以個人利益的滿足爲中心，市民在一定程度上也是公民，必須對違法行爲進行規避，否則個人利益也不能實現。劉教授說：「『好公民』則是對個人的低度要求和標準。它要求個人在不違反紀律的情況下自由地追求欲望和滿足個人利益的實現，利己利人，義利並重，注重維護和實現自己的合法權利。」〔註60〕因此公民實現社會調和，既以個人利益的實現爲中心，又以對社會規約的遵守爲條件，實現二者「和合」。

盧梭認爲公民是「主權權威的參與者」，〔註61〕是社會契約的締結者，而國家則是這一共同體的被動者，同時，社會契約者的行爲必須符合契約規定，「結合的行爲包含著一項公衆與個人之間的相互規約；每個個人在可以說是與自己締約時，都被兩重關係所制約著：即對於個人，他就是主權者的一個成員；而對於主權者，他就是國家的一個成員。」〔註62〕意思是公民必須達到兩個方面的調和，一是享有自己的主權即權利，二是遵守國家的法律制度和履行義務。羅爾斯將社會契約進一步規約爲類同於「共同感情」的結合，「自由人民有三個基本特徵：服務於其根本利益的合理正義憲政民主政府；由穆

〔註59〕劉進田：《人本價值與公共秩序》，中國社會科學出版社，2010年，第234頁。
〔註60〕劉進田：《人本價值與公共秩序》，中國社會科學出版社，2010年，第419頁。
〔註61〕〔法〕盧梭：《社會契約論》，商務印書館，2003年，第21頁。
〔註62〕〔法〕盧梭：《社會契約論》，商務印書館，2003年，第22頁。

勒所謂『共同感情』結合起來的公民；最後是道德本性。第一方面在於制度，第二方面在於文化，第三方面則要求牢固地繫於權利與正義的政治（道德）總念。」〔註63〕羅爾斯所說的「人民」與「公民」概念有一定的類似性，只不過是「人民」的重點在於集體的性質，而「公民」的重點在於個體的性質。「公民」概念具有普世化的含義，類似儒家「君子」概念在古代社會的普世化，「君子」的重點在於個體的性質，而不是集體的性質，強調個體的獨立性，但「君子」範疇在古代社會卻是普世性的稱謂，言必稱「君子」。

　　「公民」的普世性內涵主要表現在：一是「公民」可以實現了個人利益的滿足，公民強調了「主權權威的參與者」；二是「公民」可以實現國家利益和他人利益共同享有，不損害國家和他人利益的實現，原因是公民是社會契約的締結者；三是「公民」具有一定的規避意識，具有自律的德性，就像羅爾斯所說的「人民」的文化方面的內涵，並且具有「共同感情」，因此具有社會良心，有基礎的道德性質；四是「公民」強調了義務的同在性，權利和義務是雙向的，這一點得到社會大多數人的認同；五是「公民」概念語言形式具有樸素簡易性，語詞本身並不深奧難懂，聽起來、讀起來耳目清晰，易於大眾接受。因此，「公民」概念具有普世化的基礎和大眾化實現的條件。

　　當代社會需要建立一種「公民」的意識，這種「公民」的意識即是在社會上樹立人人視自己是公民，而不是市儈形象的市民，也不是像古代社會的純粹的「德民」，公民形象是古代的德性優先與現代的市場利益優先相調和、結合的新生體，是德性與市場利益的並存。「公民」形象的橫空出世在於對以下原因的反思：一是當代社會特別是中國市場經濟發展不很成熟的社會，人對自身的公民覺悟明顯不足，不少的人沒覺悟到自身是一個公民，而只認識到是一個自我的存在，沒有認識到自身是一個公民，人人都比較自我，這不是一個良好社會存在的社會心理基礎，人人自我的結果是，社會人極易產生恐慌、孤寂、無助的心理，犯罪、自殺、變態等非理性行為極易發生；二是國家對公民意識的建立明顯不足，國家為了科技進步和經濟發展，思維重心在於科技理性和工具理性，忽略了人文理性和公民意識的建樹，沒有很好地宣揚公民的身份和本份，只是純粹地以結果來述說人存在的意義，即是說不管人的行為過程是否符合社會價值導向，只強調行為結果是否給集體和國家帶來效益，實際上有的行為過程完全違反了「公民」的內涵。國家對公民意

〔註63〕〔美〕約翰・羅爾斯：《萬民法》，吉林人民出版社，2001年，第25～26頁。

識的建立具有重要的作用，公民意識來源於國家意識和社會意識，國家要努力培養公民的道德責任感和權利義務的分配。黑格爾說：「一個父親問：『要在倫理上教育兒子，用什麼方法最好』，畢達哥拉斯的人曾答說：『使他成為一個具有良好法律的國家的公民。」〔註 64〕國家對公民意識的建立負有關鍵責任，因為國家理性是現實理性的載體。

培育公民意識首先培養人民的責任意識。公民意味著責任，公民意味著規避違法行為。這種責任意味著為家庭、社會、國家承擔義務，為他們的發展盡到自己的努力。孟子講浩然之氣，顏回不改其樂都是強調人的社會責任意識，儒家的獨立人格就是一種社會責任人格的體現。孟子說：「古之人，得志，澤加於民；不得志，修身見於世。窮則獨善其身，達則兼善天下。」〔註65〕這是責任意識，孟子體現了當時作為知識分子「公民」的意識。當代知識分子需要加強公民身份意識的培養，使社會知識分子階層具有古代「士」的責任意識。但是，當代社會很多知識分子不具有這種意識，個人主義過於強烈，導致一些人徇私枉法、銀鐺入獄，出了問題方才醒悟，原來缺乏公民意識。有公民意識則不會見風使舵，堅持真理，規避邪惡。胡適說：「一是獨立思想，不肯把別人的耳朵當耳朵，不肯把別人的眼睛當眼睛，不肯把別人的腦力當自己的腦力；二是個人對於自己思想信仰的結果要負完全責任，不怕權威、不怕監禁殺身，只認得真理。」〔註 66〕公民對責任具有強烈的意識，儘管有一定的功利傾向，但是將功利規約在合法的範圍內，在一定程度上也可以稱為一個道德人，將自身的言行舉止放入公民規約的範圍之中，符合中國古代儒家的價值理念，從這個意義上說，公民是一個規範人，類同於古代的禮制人。公民意識即是一種人本意識，也是一種國家意識，包含人本生存價值和道德為人價值。

就整個社會而言，需要廣泛的公民意識的建樹，如果人人同心，心有公民，推己及人，己所不欲不施於人，則社會公共秩序的建立沒有難度，因為社會人人心往一處想，勁往一處使，正如孟子說的「心之所同然者」，天下將實現安定。當代社會物質橫流而無從節制和調和，社會混亂，需要公民意識的建樹而達到公共秩序的重建。

〔註64〕〔德〕黑格爾：《法哲學原理》，商務印書館，1961 年，第 172 頁。
〔註65〕《孟子·盡心上》，朱熹《四書章句集注》，中華書局，1983 年，第 351 頁。
〔註66〕胡適：《哲學與文化》，中華書局，2001 年，第 463 頁。

2、公共制度：上下規範

管理至眞的制度建樹在公民意識的建立基礎上需要進一步建立管理制度，公共制度的建樹是公共秩序建立的關鍵環節，沒有制度或者制度不健全，不可能出現較好的公共秩序。制度是對社會混亂的限制，制度是對無序的制衡。對社會治理而言，首先要考慮到混亂和無序的出現，以加強混亂後的應急機制的制訂。《孫子兵法》說：「夫未戰而廟算勝者，得算多也；未戰而廟算不勝者，得算少也。多算勝，少算不勝，而況於無算乎！吾以此觀之，勝負見矣。」〔註67〕意思打仗要計算周密，計算周密則打勝仗，計算不周則打敗仗。對社會治理也一樣要多計算謀劃，提前設計應急方案，加強制度建設才能實現社會治理。

中國古代的治理有條不紊，原因是以禮制加強社會治理，以禮制規定社會秩序，禮制成爲一種公共制度，社會上所有的人都需要遵守。荀子說：「人生而有欲，欲而不得，則不能無求；求而無度量分界，則不能不爭；爭則亂，亂則窮。先王惡其亂也，故制禮義以分之，以養人之欲，給人之求，使欲必不窮乎物，物必不屈於欲，兩者相持而長，是禮之所起也。」〔註68〕之所以這種禮制具有公共性，是因爲禮制得到全社會的認同。中國古代禮制的公共性不是建立在利益的公共基礎上，而是建立在血緣倫理關係的基礎上，即是說禮制的產生由於血緣關係的認同而實現等級禮儀，達到社會差等秩序的建立，這種血緣關係爲基礎的禮制得到社會的認同。因爲血緣關係是自然關係，深入到人的內心和骨髓，必須得到人的認同，出現「差等」也被認爲是順理成章。禮制以「親親」爲宗旨，即親近親近的人，親近的人是以血緣關係爲紐帶形成的家族、宗族群體，進一步沿伸到民族、國家共同體。《禮記》說：「是故人道親親也。親親故尊祖，尊祖故敬宗，敬宗故收族，收族故宗廟嚴，宗廟嚴故重社稷，重社稷故愛百姓，愛百姓故刑罰中，刑罰中故庶民安，庶民安故財用足，財用足故百志成，百志成故禮俗刑，禮俗刑然後樂。」〔註69〕「親親」的結果帶來一系列的管理制度，從家族、宗族、社稷、百姓到禮俗、刑罰，建立了一套完整的管理制度。

〔註67〕《孫子兵法·計篇》，《孫子兵法新注》，中華書局，1977年，第9～10頁。
〔註68〕《荀子·禮論》，王先謙《荀子集解》，中華書局，1988年，第346頁。
〔註69〕《禮記·大傳》，《禮記正義》，《十三經注疏》，中華書局，1980年，第1508頁。

以血緣關係為基礎的管理制度具有公共性的原因是實行的仁義。「親親」的根本宗旨是仁義，在仁義的基礎上建立了等級秩序。「故為政在人，取人以身，修身以道，修道以仁。仁者人也，親親為大；義者宜也，尊賢為大；親親之殺，尊賢之等，禮所生也。」〔註70〕公共制度一般需要能夠被大多數人所認同，具有合理性，為了協調大多數人的利益和要求，調節人與人間的關係，要建立合理、合宜的制度，儒家「仁義」而「親親」做到這一合理性，禮制以仁義為基礎建立的等級制具有公共性質。「凡為天下國家有九經，曰：修身也。尊賢也，親親也，敬大臣也，體群臣也，子庶民也，來百工也，柔遠人也，懷諸侯也。修身則道立，尊賢則不惑，親親則諸父昆弟不怨，敬大臣則不眩，體群臣則士之報禮重，子庶民則百姓勸，來百工則財用足，柔遠人則四方歸之，懷諸侯則天下畏之。齊明盛服，非禮不動，所以修身也；去讒遠色，賤貨而貴德，所以勸賢也；尊其位，重其祿，同其好惡，所以勸親親也；官盛任使，所以勸大臣也；忠信重祿，所以勸士也；時使薄斂，所以勸百姓也；日省月試，既廩稱事，所以勸百工也；送往迎來，嘉善而矜不能，所以柔遠人也；繼絕世，舉廢國，治亂持危，朝聘以時，厚往而薄來，所以懷諸侯也。凡為天下國家有九經，所以行之者一也。」〔註71〕禮制之所以具有公共性在於周密地設計，考量了各個方面的關係，調節了各個群體和族群，非常有效和適用，實現了政治上的縱橫捭闔。「親親之殺」的意思，由親到疏，演化出禮制關係，被認為是合理的制度。因此公共管理制度的建樹必須具有合理性和合宜性，並且達到上下規範的目的。

上下規範不僅僅是對民的限制，需要做到上下都得到限制，黎民尊敬君臣，君臣愛護百姓，孟子說：「君子之於物也，愛之而弗仁；於民也，仁之而弗親。親親而仁民，仁民而愛物。」〔註72〕君臣對百姓要仁愛，百姓對君臣要忠心。「為人君，止於仁；為人臣，止於敬；為人子，止於孝；為人父，止於慈；與國人交，止於信。」〔註73〕仁、敬、孝、慈、信是對不同的人進行不同的禮儀節制，達到上下各盡義務，行為是雙向互動、有機結合，稱為「合宜」的體制規範。

〔註70〕 《中庸》，朱熹《四書章句集注》，中華書局，1983年，第28頁。
〔註71〕 《中庸》，朱熹《四書章句集注》，中華書局，1983年，第29～30頁。
〔註72〕 《孟子‧盡心上》，朱熹《四書章句集注》，中華書局，1983年，第363頁。
〔註73〕 《大學》，朱熹《四書章句集注》，中華書局，1983年，第5頁。

當代社會公共制度需要參照和借鑒古代儒家在社會規範上的把握了公共性的方法，這種制度能夠得到社會的廣泛認同，進而實現社會的遵守，實現社會規範。荀子說：「禮有三本：天地者，生之本也；先祖者，類之本也；君師者，治之本也。無天地惡生？無先祖惡出？無君師惡治？三者偏亡焉，無安人。故禮上事天，下事地，尊先祖而隆君師，是禮之三本也。」〔註 74〕荀子對禮制的根源進行了探索，這種方法對當代公共制度的制訂非常有價值，意思當代社會制度的制訂需要一個公正合理的理由，給群體百姓一個合理的界說，讓人心服口服的制度是具有公共性的制度，一是制度制訂和出臺的理由和根源要讓公民清楚明白，二是制度本身是否具有公共認同性，三是制度是否關注了百姓，即「仁民而愛物」，四是制度本身是否上下都得到了規範，是否只限制了百姓而放縱了當權者或者當政者的利益。公共制度的上下同構性要求公共制度本身考量群體利益的廣泛性和包容性，不只是一個單向的、被動的關係，而是一個雙向互動的關係，公共制度的性質決定公共秩序實現的效果，公共性自始至終都是制度是否合理的標準。

3、執行管理：家國同安

公共制度制訂與健全是公共秩序的關鍵環節，但公共制度還只是公共秩序中的一個環節，公共秩序的真正實現還需要將制度付諸實施，以制度進行管理，以制度進行行為規約，以制度進行行為規避，將制度執行下去進行公共管理才能真正實現社會并然有序，達到公共管理的目的。

制度的執行之所以非常重要是因為理論只有付諸實現才能發揮作用。制度用於治理，治理需要制度的執行，沒有執行的制度只是一種擺設。一般而言，有法可依是一個方面，有法必依才是關鍵。中國古代的禮制強調禮法必須遵守，「非禮勿視，非禮勿聽，非禮勿言，非禮勿動。」〔註75〕人的視、聽、言、動都以「禮」表現出來。「君子博學於文，約之以禮，亦可以弗畔矣夫！」〔註76〕用「禮」是實現事半功倍的關鍵。荀子說：「聽政之大分：以善至者待之以禮，以不善至者待之以刑。兩者分別則賢不肖不雜，是非不亂。賢不肖不雜則英傑至，是非不亂則國家治。若是，名聲日聞，天下願，令行禁止，王者之事畢矣。」〔註 77〕荀子認為「禮」的運用可以達到國家治理，英才歸

〔註 74〕《荀子‧禮論》，王先謙《荀子集解》，中華書局，1988 年，第 349 頁。

〔註 75〕《論語‧顏淵》，朱熹《四書章句集注》，中華書局，1983 年，第 132 頁。

〔註 76〕《論語‧顏淵》，朱熹《四書章句集注》，中華書局，1983 年，第 137 頁。

〔註 77〕《荀子‧王制》，王先謙《荀子集解》，中華書局，1988 年，第 149～150 頁。

順。中國古代的禮制的運用在開始非常有成效，其原因是「禮」的運用以仁義爲基礎前提，但到了後來，「禮」被統治階級濫用，成爲統治者實行專政的工具，只是片面地強調了禮制的等級，而忽視了仁義的基礎，這使禮制成爲封建專制的代名詞，因此有些學者，如王海明直接就說孔子的理論是專制主義理論，「『三綱』確是孔子『君君臣臣，父父子子』應有之義的邏輯推演，是儒家關於社會治理道德原則的完備化和系統化的專制主義理論。」〔註 78〕王海明教授的觀點有一定道理，但也有些偏頗，原因是禮制本身沒有問題，因爲有仁義的理論前提，問題在於它被統治濫用而成爲政治化的產物，這才導致專制主義的發生。禮制本質上是一種調和制度，在執行的過程中發生了偏離並非它本身的初衷，因此在考察成效的過程中，還要認識到制度本身與制度實施並不是一回事。實施有可能是對制度的偏離，因此管理者的態度和才能非常重要。

公共管理者的理想目的是使國家治理、社會安定，實現家國同安，國泰民安。因此管理者要行得正，站得直，坐得穩。孔子說：「政者，正也。子帥以正，孰敢不正？」〔註 79〕意思是管理者是社會治理的垂範者和風向標。儒家君子在古代也是一個公共管理者，他行得正，以德進行管理，正義直行，《詩經》說：「豈弟君子，民之父母。」〔註 80〕朱熹說：「若偏於德行，而其用不周，亦是器。君子者，才德出眾之名。德者，體也；才者，用也。君子之人，亦具聖人之體用；但其體不如聖人之大，而其用不如聖人之妙耳。」還說：「『君子不器』，事事有些，非若一善一行之可名也。賢人則器，獲此而失彼，長於此又短於彼。賢人不及君子，君子不及聖人。」〔註 81〕因此君子之名來源於才德兩個方面，行得正而有威信。當代公共管理者要確立管理中對制度的執行力，行得正而樹立自身威信。

對制度的執行力度加強了，並且不偏離制度制訂的理論和初衷，國家和社會必然得到治理。管子說：「故善爲政者，田疇墾而國邑實，朝廷閒而官府治，公法行而私曲止，倉廩實而囹圄空，賢人進而奸民退。其君子上中正而

〔註 78〕 王海明：《公正與人道》，商務印書館，2010 年，第 3 頁。

〔註 79〕 《論語·顏淵》，朱熹《四書章句集注》，中華書局，1983 年，第 137 頁。

〔註 80〕 《詩經·大雅·生民》，《毛詩正義》，《十三經注疏》，中華書局，1980 年，第 544 頁。

〔註 81〕 《論語六·爲政篇下》，卷二十四，黎靖德《朱子語類》，中華書局，1986 年，第 578 頁。

下餂諛，其士民貴勇武而賤得利，其庶人好耕農而惡飲食。於是財用足而飲食薪菜饒。是故上必寬裕而有解舍，下必聽從而不疾怨，上下和同而有禮義，故處安而動威，戰勝而守固，是以一戰而正諸侯。」〔註82〕管理得好即是「善為政者」，這種管理是有所為和有所不為，該執行的執行，該禁止的禁止，那麼國家治理會達到理想的境地，物質生活豐富，公民遵紀守法和貴德守義，人才輩出，和諧安定。《韓詩外傳》說：「水淵深廣，則龍魚生之；山林茂盛，則禽獸歸之；禮義修明，則君子懷之。故禮及身而行修，禮及國而政明。能以禮扶身，則貴名自揚，天下順焉，令行禁止，而王者之事畢矣。」〔註83〕令行禁止，做到有令必行，有令必禁，有所為有所不為，天下大順。當代社會需要政令暢通，不能上有政策下有對策。只有這樣才能實現公共秩序的井然有序。

從公民意識的建立實現人人同心，到公共制度的建樹實現上下規範，再到制度的執行實現家國同安，公共秩序的建樹在管理層次上得以實現，管理是為了達到現實秩序的真正實現。沒有制度的建樹不能實現管理至真，沒有公民意識的樹立不能實現真正的天下和順，沒有制度的正確執行不能實現社會正義，管理是將理念和制度回歸到現實之中，理念的東西要轉化為現實確實不易，只有轉化為現實才能說公共秩序完成了它的邏輯進程。

綜上所述，公共秩序的建立是公共理性向現實的轉化，從人文至美的理性建樹到社會至善的價值建樹，再到管理至真的制度建樹，層層推進，完成了從「美」到「善」再到「真」的邏輯推演過程，這是思維形成中的「真」、「善」、「美」的反向推演，意思是公共秩序的建立是從思維回到現實實踐，思維向現實轉化需要「美」、「善」、「真」的邏輯外化。

〔註82〕《管子·五輔第十》，黎翔鳳《管子集注》，中華書局，2004 年，第 192 頁。
〔註83〕《韓詩外傳》，卷五第二十一章，許維遹《韓詩外傳集釋》，中華書局，1980年，第 189 頁。

參考文獻

一、傳統經典文獻

1、阮元：《十三經注疏》，中華書局，1980 年。

    （1）《尚書》，《尚書正義》

    （2）《周易》，《周易正義》

    （3）《詩經》，《毛詩正義》

    （4）《周禮》，《周禮正義》

    （5）《儀禮》，《儀禮注疏》

    （6）《禮記》，《禮記正義》

    （7）《孝經》，《孝經注疏》

2、朱熹：《四書章句集注》，中華書局，1983 年。

    （1）《論語》，《論語集注》

    （2）《孟子》，《孟子集注》

    （3）《中庸》，《中庸章句》

    （4）《大學》，《大學章句》

3、王先謙：《荀子集解》，中華書局，1988 年。

4、郭慶藩：《莊子集釋》，中華書局，2004 年。

5、黎翔鳳：《管子集注》，中華書局，2004 年。

6、高明：《帛書老子校注》，中華書局，1996 年。

7、朱謙之：《老子校釋》，中華書局，1984 年。

8、樓宇烈：《王弼集校釋》，中華書局，1980 年。

9、孫詒讓：《墨子閒詁》，中華書局，2001 年。

10、譚戒甫：《公孫龍子形名發微》，中華書局，1963年。

11、王先慎：《韓非子集解》，中華書局，1998年。

12、孫星衍：《尚書今古文注疏》，中華書局，1986年。

13、王聘珍：《大戴禮記解詁》，中華書局，1983年。

14、《孔子家語》，北京燕山出版社，1995年。

15、洪亮吉：《春秋左傳詁》，中華書局，1987年。

16、許慎：《說文解字》，中華書局，1963年。

17、段玉裁：《說文解字注》，上海古籍出版社，1988年。

18、司馬遷：《史記》，中華書局，2006年。

19、周敦頤：《周敦頤集》，嶽麓書社，2002年。

20、周敦頤：《周敦頤集》，中華書局，1990年。

21、王利器：《新語校注》，中華書局，1986年。

22、王洲明：《賈誼集校注》，人民文學出版社，1996年。

23、閻振益、鍾夏：《新書校釋》，中華書局，2000年。

24、朱謙之：《新輯本桓譚新論》，中華書局，2009年。

25、石光瑛：《新序校釋》，中華書局，2001年。

26、向宗魯：《說苑校證》，中華書局，1987年。

27、王利器：《文子疏義》，中華書局，2000年。

28、何寧：《淮南子集釋》，中華書局，1998年。

29、汪榮寶：《法言義疏》，中華書局，1987年。

30、蘇輿：《春秋繁露義證》，中華書局，1992年。

31、屈守元、常思春：《韓愈全集校釋》，四川大學出版社，1996年。

32、張載：《張載集》，中華書局，1978年。

33、程顥、程頤：《二程集》，中華書局，1981年。

34、邵雍：《邵雍集》，中華書局，2010年。

35、劉勰：《文心雕龍注》，人民文學出版社，1988年。

36、傅亞庶：《劉子校釋》，中華書局，1998年。

37、陳立：《白虎通義疏證》，中華書局，1994年。

38、孫武：《孫子兵法》，《孫子兵法新注》，中華書局，1977年。

39、朱熹、呂祖謙：《近思錄》，上海古籍出版社，2000年。

40、黎靖德：《朱子語類》，中華書局，1986年。

41、陸九淵：《陸九淵集》，中華書局，1986年。

42、王陽明：《王陽明全集》，上海古籍出版社，1992 年。

43、王夫之：《船山全書》，嶽麓書社，1996 年。

44、許維遹：《韓詩外傳集釋》，中華書局，1980 年。

45、屈守元、常思春：《韓愈全集校注》，四川大學出版社，1996 年。

46、來可泓：《國語直解》，復旦大學出版社，2000 年。

47、戴震：《孟子字義疏證》，中華書局，1961 年。

48、范仲淹：《范仲淹全集》，四川大學出版社，2002 年。

49、譚嗣同：《仁學》，華夏出版社，2002 年。

50、康有爲：《大同書》，華夏出版社，2002 年。

51、黃宗羲：《黃宗羲全集》，浙江古籍出版社，2005 年。

52、黃汝成：《日知錄集釋》，上海古籍出版社，2006 年。

53、《二十四史》第二、十九卷，中華書局，1997 年。

54、謝保成：《貞觀政要集校》，中華書局，2009 年。

二、研究專著

55、趙吉惠：《中國傳統文化導論》，陝西人民出版社，1994 年。

56、牟宗三：《寂寞中的獨體》，新星出版社，2005 年。

57、牟宗三：《才性與玄理》，廣西師範大學出版社，2006 年。

58、李澤厚：《美學三書》，天津社會科學院出版社，2003 年。

59、張立文：《朱熹思想研究》，中國社會科學出版社，2001 年。

60、胡適：《哲學與文化》，中華書局，2001 年。

61、陳來：《朱子哲學思想研究》，華東師範大學出版社，2000 年。

62、張岱年：《中國哲學大綱》，中國社會科學出版社，1982 年。

63、唐君毅：《中華文明與當今世界》，廣西師範大學出版社，2005 年。

64、張立文：《宋明理學研究》，中國人民大學出版社，1985 年。

65、張立文：《和合與東亞意識——21 世紀東亞和合哲學的價值共享》，華東師範大學出版社，2001 年。

66、錢穆：《朱子學提綱》，北京三聯書店，2002 年。

67、錢穆：《國學概論》，商務印書館，1997 年。

68、張立文：《傳統學引論——中國傳統文化的多維反思》，中國人民大學出版社，1989。

69、余英時：《士與中國文化》，上海人民出版社，2006 年。

70、余英時：《現代儒學的回顧與展望》，三聯書店，2004 年。

71、張立文：《中國哲學範疇發展史（天道篇）》，中國人民大學出版社，1988年。

72、張立文：《中國哲學範疇發展史（人道篇）》，中國人民大學出版社，1995年。

73、馮友蘭：《中國哲學簡史》，北京大學出版社，1996年。

74、馮友蘭：《中國哲學史新編》，人民出版社，1999年。

75、馮友蘭：《中國哲學史》，華東師範大學出版社，2000年版。

76、馮友蘭：《三松堂全集》第二、四、五卷，河南人民出版社，2001年。

77、張立文：《新人學導論》，廣東人民出版社，2000年。

78、杜維明：《<中庸>洞見》，人民出版社，2008年。

79、杜維明：《儒家傳統與文明對話》，人民出版社，2010年。

80、南懷瑾：《南懷瑾著作珍藏本》二、三、六、十卷，復旦大學出版社，2000年。

81、伽達默爾：《真理與方法》，洪漢鼎譯，上海譯文出版社，2004年。

82、張加才：《詮釋與建構——陳淳與朱子學》，人民出版社，2004年。

83、羅安憲：《虛靜與逍遙--道家心性論研究》，人民出版社，2005年。

84、彭永捷：《朱陸之辯——朱熹陸九淵哲學比較研究》，人民出版社，2002年。

85、張宗舜、李景明：《孔子大傳》，山東友誼出版社，2003年。

86、林銘鈞、曾祥云：《名辯學新探》，中山大學出版社，2000年。

87、陳衛平：《孔子與中國文化》，貴州人民出版社，2000年。

88、胡治洪：《全球語境中的儒家學說：杜維明新儒家思想研究》，三聯書店，2004年。

89、葛榮晉：《中國哲學範疇通論》，首都師範大學出版社，2001年。

90、馬克斯·韋伯：《儒教與道教》，商務印書館，1995年。

91、馬克斯·韋伯：《新教倫理與資本主義精神》，中國社會科學出版社，2009年。

92、恩斯特·卡西爾：《人論》，上海譯文出版社，2004年。

93、約翰·羅爾斯：《正義論》，中國社會科學出版社，1988年。

94、約翰·羅爾斯：《萬民法》，吉林人民出版社，2001年。

95、盧梭：《社會契約論》，商務印書館，2003年。

96、柏拉圖：《柏拉圖全集》人民出版社，2003年。

97、亞里士多德：《形而上學》，商務印書館，1996年。

98、黑格爾：《法哲學原理》，商務印書館，1961 年。

99、文德爾班：《哲學史教程》，商務印書館，1987 年。

100、康德：《道德形而上學原理》，上海人民出版社，2002 年。

101、康德：《實踐理性批判》，商務印書館，1999 年。

102、費希特：《國家學說：或關於原初國家與理性王國的關係》，中國法制出版社，2010 年。

103、馬克思、恩格斯：《馬克思恩格斯文集》第一、三卷，人民出版社，2009 年。

104、馬克思、恩格斯：《共產黨宣言》，人民出版社，1997 年。

105、約翰・穆勒：《功利主義》，上海人民出版社，2008 年。

106、利瑪竇：《利瑪竇中國札記》，中華書局，1983 年。

107、張世英：《天人之際：中西哲學的困惑與選擇》，人民出版社，1994 年。

108、蒙培元：《心靈超越與境界》，人民出版社，1998 年。

109、北京大學哲學系：《中國哲學史》，北京大學出版社，2001 年。

110、唐文：《鄭玄辭典》，語文出版社，2004 年。

111、趙國璋：《文獻學大辭典》，廣陵書社，2005 年。

112、張善文：《周易辭典》，中國大百科全書出版社，2005 年。

113、安作璋：《論語辭典》，上海古籍出版社，2004 年。

114、徐中舒：《甲骨文字典》，四川辭書出版社，2006 年。

115、張志偉：《西方哲學史》，中國人民大學出版社，2002 年。

116、陳修齋、楊祖陶：《歐洲哲學史稿》，湖北人民出版社，1983 年。

117、萬俊人：《尋求普世倫理》，北京大學出版社，2009 年。

118、于丹：《于丹〈論語〉心得》，中華書局，2007 年。

119、劉墨：《生命的理想——原始儒家眼中的中國人格》，江蘇教育出版社，1996 年。

120、林毓生：《中國傳統的創造性轉化》，三聯書店，2011 年

121、張立文：《中國哲學邏輯結構論》，中國社會科學出版社，2002 年。

122、朱義祿：《儒家理想人格與中國文化》，復旦大學出版社，2006 年。

123、張耀南：《「大人」論——中國傳統中的理想人格》，北京大學出版社，2005 年。

124、周光慶著：《中國讀書人的理想人格》，湖北教育出版社，1999 年。

125、林語堂：《吾國與吾民》，長江文藝出版社，2009 年。

126、唐君毅：《文化意識與道德理性》，廣西師範大學出版社，2005 年。

127、張立文、張緒通、劉大椿：《玄境——道學與中國文化》，人民出版社，2005 年。

128、陸玉林：《中國學術通史》（先秦卷），人民出版社，2004 年。

129、劉進田：《人本價值與公共秩序》，中國社會科學出版社，2010 年。

130、張立文：《新人學導論——中國傳統人學的省察》，職工教育出版社，1989 年。

131、向世陵：《理學與易學》，長春出版社，2011 年。

132、張立文：《中國和合文化導論》，中共中央黨校出版社，2001 年。

133、向世陵：《中國哲學的世界》，首都經濟貿易大學出版社，2009 年。

134、杜維明、范曾：《天與人——儒學走向世界的前瞻》，北京大學出版社，2010 年。

135、王海明：《公正與人道》，商務印書館，2010 年。

137、王海明：《倫理學原理》，北京大學出版社，2005 年。

138、張立文：《和合學概論——21 世紀文化戰略的構想》，首都師範大學出版社，1996 年。136、朱義祿：《從聖賢人格到全面發展——中國理想人格探討》，陝西人民出版社，1992 年。

139、張立文：《和合學——21 世紀文化戰略的構想》，中國人民大學出版社，2006 年。

140、李景林：《教化的哲學》，黑龍江人民出版社，2006 年。

141、張立文：《和合哲學論》，人民出版社，2004 年。

142、張學智：《心學論集》，中國社會科學出版社，2006 年。

143、李翔海：《尋求德性與理性的統一》，1997 年，文史哲出版社。

144、李翔海：《現代新儒概要》，2010 年，南開大學出版社。

145、李長泰：《天地人和——儒家君子思想研究》，人民出版社，2012 年。

146、張康之：《公共管理倫理學》，中國人民大學出版社，2009 年。

147、郭湛：《社會公共性研究》，人民出版社，2009 年。

148、黃建洪：《公共理性視野中的當代中國政府能力研究》，中國社會科學出版社，2009 年。

149、譚安奎：《公共理性》，浙江大學出版社，2011 年。